珍藏本·增订本

纪念版

汉译世界学术名著丛书

逻辑原理

下 册

〔英〕F. H. 布拉德雷 著

庆泽彭 译

商務印書館

SINCE 1897

The Commercial Press

F. H. Bradley

THE PRINCIPLES OF LOGIC

VOL. II

London

Oxford University Press

1922

增补附注 …… 559—563

第四章　推理的主要类型

分析和综合为两大主要类型（第一节），并非明显易见（第二节），通过全部证例的阐示（第三至七节），表列说明（第八节）…… 564—571

增补附注 …… 571—572

第五章　推理的另一特点

每一实验过程都以同一性为中心（第一节），困难各点（第二至三节），认识及辩证法中的同一性（第四节），比较与区别中的同一性（第五至六节），进一步的说明（第七至九节），空间结构与算术中所表现的同一性（第十至十二节），抽象中的同一性（第十三节），选言推论中的同一性（第十四节）。结论（第十五节）…… 573—585

增补附注 …… 585—587

第六章　推理的最后本质

推理过程的原理（第一节），分析与综合为同一过程的两面（第二节），两下相同的发露（第三节），及其差异的指出（第四至七节），分析法与综合法（第八至十节）。

判断和推理的关联（第十一节），每一判断均含有分析与综合（第十二至十四节），但判断本身决非推理（第十五节），如追溯原始，则判断与推理又似为同一过程之两面（第十六至二十二节），再现作用中所表现双方的联系（第二十三至二十四节）。

在分析与综合之外的第三种推理原理（第二十五节），分析与综合的缺点（第二十五至二十八节），这些缺点便暗示有一种自己发展的作用（第二十九至三十节），此作用即显示于我们的第三种原理之中（第三十一至三十二节），要点的重述（第三十三节），通过整个推理过程而表露的自己发展（第三十四至三十五节）。 …… 588—617

增补附注 …… 617—624

目　　录

下册

第三部第一篇　推理（续）

第一章　重新探讨的绪论

前面有关推理的说明是不够的，许多推理不能纳入我们的公式（第一至九节）。
…………………………………………………………………… 489—493
增补附注 …………………………………………………………………… 493

第二章　推理的新类型

推理存在的测验（第一至三节）。新例的要求：A，推论的三项结构（第四至五节）；B，算术与几何推理（第六至十五节）；C，比较与区别（第六至十七节）D，认识（第十八节）；E，辩证法（第十九至二十二节）；F，抽象（第二十二十四节）；G，选言推理（第二十五至二十九节）；H，直接推理（第三十八节）。…………………………………………………… 49
增补附注 ……………………………………………………

第三章　推理的一般特征

推理作为一种观念实验的特性（第一至四节），这一型式通过各种
五至十节）。
并非每一种心理活动都成为推论（第十一节）。判断并非
节），也不是再现（第十九至二十二节），亦非幻想（第
结论（第二十五节）。…………………………………

第七章　推理的起源

明显推理与精神生活发端之间的鸿沟（第一至二节），理智活动最初的出现及其缓慢的进展（第三至八节），关于初期理智流行的误解（第九至十一节），对这个问题正确研究道路上的阻碍（第十二至十五节）。……………625—640

增补附注……………640—644

第三部第二篇　推理（续）

第一章　形式的推理与实质的推理

没有纯然形式的推论（第一至二节），也没有单纯公式意义的相对形式（第三节），同样，如果把实质推理解作从特殊出发的推论，那也是没有的（第四节）。每一个推理都有一种形式或原理，也有一些无关的细节（第五至六节），我们可以抽象地来看这个形式（第七节），但它决不是一个大前提（第八至十三节）。形式当作一种原理，既不能证明任何实例，也不能被实例所证明（第十四至十六节）；它可以用三段论式表达出来（第十七节），所谓“形式的”其他意义（第十八节）。……………647—664

增补附注……………664—666

第二章　原因和因为

中词是否就是原因（第一节）？这一名词的意义必须加以限制（第二节），原因可由推论而知，因为它便暗含着所讨论的事例观念的结构（第三至五节），追询原因是否仅乎就是惯例是没有用处的（第六节），说明并非间接细节的知觉（第七至十节）。

理由不一定是原因（第十一节），“因为”的暧昧性（第十二节），心理的原因与逻辑的根据之区别（第十三至十四节），结果不比原因或根据更复杂（第十五节），总结（第十六节）。……………667—683

增补附注……………683—686

第三章　推理的正确性或其效力

问题的两种主要意义，这里不能有最后的回答（第一至二节），推论是否在形式上正确有效？如果结论由我们的干涉而作成，便不能视为正确有效（第三节），在综合结构中我们是否有所干涉而无遗漏（第四至六节），抑或也有遗漏（第七节）？这一过程在比较及其他活动中是否任意而不可靠（第八至十节），其次，在抽象活动中又是怎样（第十一至十五节）？选言的论证（第十六至二十节），怀疑的各点（第二十一至二十二节），结论（第二十三节）。

论证的推理是否具有实际的用处？问题的说明但这里不能回答（第二十四至二十五节）。…… 687—715

增补附注 …… 715—722

第四章　推理的正确性或其效力（续）

推理是否不但形式上正确而且真实有效？问题的述明（第一至二节），推理似乎并非总与事物相符，比较的例证，三种可能的看法（第三节），实在是否能由我们任意改变，还是出于自然和谐，抑或仅有某些适合？除非彻底变革我们的信念，就必得放弃逻辑与事实完全同一的想法（第四至七节）。

推论从来不十分符合当前呈现的事实，它一定带有探讨性（第七至十一节），就连辩证法在内，正因为它有探讨性，也似乎是不实在的（第十二节）。即使逻辑符合已知成串的现象，它也不一定就此成为真实，因为现象的系列并非给予而是引出或推出的。要完全切合呈现的事实，逻辑必得符合感觉，而这是不可能的（第十三至十五节）。

我们是否可以不承认感觉表象的真实性，而把实在本身当作逻辑的真理呢？另一相反的见解，我们的逻辑仍然可以证明并非真实（第十六节），可是为什么真理和实在就一定要有确切相同的本性呢（第十七节）？无论如何逻辑并不能模写现象。…… 723—739

增补附注 …… 739—743

编末论文

第一篇　论推理

逻辑的次序，我们关于推理的探讨所能得到的结论。 ……………… 747—748

I. 推理的定义，逻辑必须假定的东西，逻辑的要求是否能够满足？…… 748—752

II. 推理类型的考察：辩证法、选言推论、三段论式、算术推理、时间和空间的结构、分析与抽象、比较。 ……………………………………………… 752—764

III. 以上各种推理的缺点，一切逻辑还有一个失败的地方就在于脱离心理过程的抽象，逻辑与心理学范围的不同，这两种科学都是独立的也各有其缺陷。 ………………………………………………………………………… 764—768

IV. 推理是否忆想而且不真实？关于推理琐屑支离指摘的答辩，在什么意味中推理是"真实的"？ ………………………………………………… 768—772

V. 一切推理的偏差性，心理成分的掺入，逻辑型式本身的不完整，没有齐全的表解和规范，也没有任何"形式的"标准，推理的个别性。 ……… 772—775

VI. 标准是什么，逻辑的用处和目的。 ………………………………… 775—777

第二篇　论判断

I. 推理总显示为一种判断，但决非一切判断都像是推理，然而大体仍可认为确系如此。 ……………………………………………………………… 778—780

II. 一切判断都暗含着而且就是推理，单纯判断只不过是一种抽象，一种反对意见的答辩。 …………………………………………………………… 780—783

III. "判断"和"观念"的意义跟"推理"相同，都随所属阶段而不同。因此，判断有广义与狭义之分，但本质上总是一样，只限于表示逻辑的真理。 ………………………………………………………………………… 783—784

IV. 一个美学的对象；在此意义中就不是真实的。 …………………… 784—785

V. 一切判断都有选择性，而每一个判断的主词又都是实在的宇宙。一种理解的揭露。主词的双重性使每一判断在原则上已经成为一个推理。 ……… 785—788

VI. 一切判断都须靠着抽象作用撇开自己一定存在的条件。即使作为有了一个对象，它就已经作了抽象，而它的"实在世界"也是一种抽象。判断总须抽象撇开其本身的心理存在，从而必得依赖一些条件——在形式上为其所忽视的“因为”。因此，每一个判断虽然形式上看不出，实质已经是一个推理。……788—791

VII. 一切判断不但受到制约，而且是有条件的，关于根据和条件，“因为”“如果”的区别，一种驳论的回答。……791—796

VIII. “如果”的意义进一步的说明，所谓“无条件”的意义，在什么程度上“有条件”便含有怀疑？关于“假定”与“假说”。……796—799

IX. 每一个判断都是有条件的，即假言的。知识的理想是什么？没有像单纯判断这样的事实，虽然在实际上，这里如同其他的地方一样，相对的东西或多或少也必得看为绝对的。……799—801

X. 恰如没有“单纯判断”一样，也没有“单纯观念”。“实在”乃是具体的整体，而所有这些东西都不过是从它而得的抽象。逻辑中论述的次序在某种程度内都是人为的，随意决定的。……801—802

第三篇　判断外延的解释

I. 每一个判断都能从内涵方面来理解，但没一个判断只能限于这样理解。同样的话也可适用于外延的解释。……803—804

II. 是否一切判断都可视为对于某一“个体”或“多数个体”有所肯定或否定？如果把所谓“个体”解作通常的意义，便不能采取这样看法。对一切判断都看为如此是不妥当的。……804—806

III. 任何观念都可以当作一个特殊的心理事件，由此造成一种曲解，虽然说得过去，但在原则上仍然是不合理的。……806—808

第四篇　论独特性

I. 独特性的两方面，(a)积极的方面，(b)消极的方面。后一方面即使经常呈现，仍以前一方面为基础。难点的解答。……809—811

II. 绝对的独特性与相对的独特性，原则上的独特性与事实上的独特性。正面的积极的独特性可以看为绝对的。怎样才能视为有其独特性：(1)宇宙，(2)唯一单独的性质，(3)杂多的性质。一个重要的区别。所谓多就只是多数特别物么？这不过是一种虚妄的抽象，并非给予的事实。企图维护那种见地的依据：(a)外在的关系，(b)诉之于指示。(4)“这个”自身确乎显示其有独特性，但此要求只限于感受的阶段上有效。而且就连在这里，“这个”的特质也是不一致的，并非独立自存的，因而“这个”的地位便已经动摇了。(5)有限的个体。如果把它们看为属于一个完全的体系里面的成员，我们就必得承认共有独特性。但另一方面，这个要求又不能在细节上得到完全的检证。总结。…… 811—823

第五篇 论“这个”

(1)“这个”并非外界知觉特有的标志，跟“我的”和“现在”一样，它可以属于一切直接经验或一般感知。…… 824—825

(2)它能不能作为一个观念，用来表述超乎它现实本身以外的东西呢？它是可以这样用的，但是它的使用决不能超出与它本身成为一体而分不开的宇宙范围之外。…… 825—827

第六篇 否定判断

I. 每一个判断都有选择性，从而在本质上都带有否定和选言的意味。但表面上不一定如此，因为判断(正像推理似的)也存在着不同的阶段。…… 828—830

II. 一切判断含有互换的或选言肢的原理，否定便暗示双方具有正面的根据，也就是有一个选言结构的统一体系的整体。…… 830—832

III. 否定并非“不实在”和“主观的”东西。它总是“真实的”，虽然我们可以看不出它在细节上如何成为真实。更决不仅是“主观的”。否定的东西还比所谓单纯正面的东西更为实在，因为纯粹的正面性和单纯的排斥一样，都是不实在的抽象。…… 832—834

IV. 一切否定都必有所修饰限制，不过我们可以在细节上看不出它确切如此的情形。无论何处决没有一个判断，不管它是否定的或肯定的，能够真正成为赤裸的毫无目的的东西。…… 834—836

第七篇 论不可能、不实在、自相矛盾和无意义

可能性是什么，它的危险的暧昧性，及其否定的方面，真实的东西在什么意义上是“可能的”。…… 837—839

不可能性是什么，它跟不实在有什么不同？所谓“无”又是什么？什么是“无意义”？何为自相矛盾，这是怎样想法，它在什么意义上才能有其存在？……839—842

在什么程度内以上各种观念实际运用可以不加区别？它们终极的实在是什么，都不外乎片面的抽象，在有限的经验是必具的，但在究极具体的实在终能取得完全的补偿。……842—843

第八篇　关于绝对真理和盖然性的几点意见

I. 没有一种知识能够依靠作为单纯剥夺或否定因素的未知或无知，或为其所影响。绝对真理和相对真理。一个真理如何既是不完全的而又能成为绝对的。……844—847

II. 以盖然性为根据来反对绝对真理这一论点是站不住脚的。正确意义和不正确意义的盖然性。前者假定了这样一种世界，在原则上排除了“其他”相反的可能性。……847—849

III. 关于绝对真理一般反对的论点，其中没有一点正面的东西在我的方面不能加以接受，举例说明：(1) 不合理主义，(2) 多元论和实在论。这些都和我的见解有所不同，但这个不同是否真能表示什么正面的东西？要借相对主义来求得妥协是不可能的，但是照我所能理解，实在论与多元论所能含有的正面的成分都已包括在我的见解之中，根据我的看法就可说明其他见解的存在。小结。……849—857

IV. 为什么较低的从属的真理可以显得比高级真理更为真确？这个困难的解答，关于较高真理与较低真理的一段插话，困难主要来于一个错误的假定，就是认为事件的“实在世界”更加优越，因此（也许是不自觉的）遂把高级真理置于这个迷妄的水平之上。两方面的例证。……857—865

第九篇　分析略论

实在论者逃避了一个根本问题，一个错误的二难推论，关系的见解不能把握终极的实在，“相关联的事实”必须解答但没有解答，经验证明分析不能带来最后真理，这个证据却为我们所忽视，关系及其各项都是抽象，它们都不是给予于直接经验之中。全体与部分的范畴并非到处都可应用，也不是终极有

效的。……………………………………………………………… 866—870

第十篇 蕴涵一解

蕴涵总是间接的通过一个整体，否则便毫无意义。如果这个整体只是直接的东西，此时就决无（真正的）蕴涵可言。……………………………… 871

蕴涵的意义还是要靠着直接经验的事实，一切宾语只要是关系的，便是不合理的，除非作为有条件的东西。归根结底，离开了低于心灵和真理的论证阶段，以及超乎其上的东西，所谓蕴涵便毫无意义。独立自存的实体决不能蕴涵另一实体。……………………………………………………………… 871—873

蕴涵不能是单方面的，那不过是一种抽象，否则便是改变了原来的条件。"A 先于 B"实际是可以对换的，所谓"先于"和"后于"也没有什么抵触的地方，除非置之于某种条件之下。……………………………………… 873—875

第十一篇 可能与现实

1. 讨论的限制，可能性可以有三种意义与现实性相反，(I) 没有根据，或 (II) 有完全的根据，或 (III) 同时兼有两种情形。主要为第二种意义只有唯一真实的个体。……………………………………………………………… 876—879

2. 现实性并不等于"存在"的东西，亦非定须建立于存在之上，相对可能与绝对可能的区别并不能保全这种立场。与"幻想的"东西相比照，"存在"的东西可以成为仅乎是可能的。…………………………………………… 879—881

3. 在真理的世界中可能性仍然与现实性相反。为什么逻辑不能保持终极的首尾一贯性。指示是什么？小结，可能与现实并存于一有根据的整体之中。
……………………………………………………………………… 881—886

4. 以上与另一反对观点的比较，杂多独立实体"和、同"或"集合"的世界，依照这种见解便不能有任何真正的世界，而可能性也将终于失其意义。
……………………………………………………………………… 886—890

5. 实在和真理的关系。…………………………………………… 891—892

第十二篇 理论与实际

I. 没有纯粹理论的活动，也没有单纯实际的活动，一切理论的活动也都是实际的，凡是实际的活动都有其理论的方面，并且包含着一个观念和判断。……………………………………………………………894—896
II. 这一论点及其误解的说明，(i)在实际中判断具有不同的水平，(ii)但它的本质并不在于预期将来的事实——即使含有对未来的指谓。这里诉之于低级的经验是无益的，判断也非仅乎过渡于将来，“为实际而实际”的说教。要点概述。……………………………………………………896—903
III. 在什么程度和怎样的意味中，理论和实际的区别能成为合理而有其用处？这一问题的解答和说明，宗教为一切方面的统一体。……………903—907
IV. 我对于真理、能动性和实际的见解的总的说明。真理作为一种期待和预见，或实验与检证。哲学的限制及其真正的任务。…………………907—911

索引 ……………………………………………………………912

第三部第一篇

推理（续）

第一章　重新探讨的绪论 389

第一节。本书上册第二部第二篇中，我们从消极方面讨论这个问题，驳斥了关于推理的一些谬误见解。从这个否定的过程，我们怀着信心和希望，认为可以获得一个积极的结果。但是我们切不要自欺。我们已经得到的积极的结果一部分只不过是虚幻，指望中的平静马上又会被打破。我们也已知道一切推理都含有一种观念的综合，围绕着同一性的一个或几个中心[①]，把两个以上的名词组成一个结构。所谓结论便是这些名词的一种新的关系，我们由直观而知觉到它存在于我们所联结的各别的整体之中。这样的说明一点也不假，它完全符合于我们所引用的各种推理的实例。但是还有许多其他同样重要的推理，却为我们所忽视，不能由此而获得解释。所以这种理论仍然是暂时的，它的范围是很有限的。

第二节。例如，有一点我们就不能不越出这个理论。我们讨论否定推理的时候，曾经考虑到保留中词的可能性（第二部第一篇第五章第八节）。假如我们组成了一个结构，情愿停留在这个结构之中，假如我们拒绝把整体之中所包含的某一种关系孤立起来，偏要认定整个复杂的综合体才是我们所需要的结论，这在逻辑上是否就必得成为不对？是否有什么法律规定我们必须取消中词，否则，就不许我们推理？这一提问就可构成它本身的答复，使我们明白关于中词的一些盲目的迷信，是经不住仔细推敲的。

既然如此，我们就不得不越出我们的公式之外了。因为结论不
390 一定是各边端名词的新关系[2]，它也可以仅乎是整体之中的相互关联，不容许在观念上划分出一种新的关系。说到这里，我们便势必还要再进一步。假若综合既经成立之后，我们不一定由它得出一个新的关系，假若我们有时可以停止在我们所组成的整体之中，那么，为什么我们就断不可以在某些时候做出一些别的花样呢？为什么不能够找出一个新的办法呢？须知这个世界上除了关系而外，还有别的东西；我们都知道有各种各样的性质，而且一个整体组成之后，即使不是经常，至少有时也会发生一些新的性质。假如通过结构我们可以得到一种性质，而不是一种关系，那我们又是已经打破我们的公式的界限了。

第三节。下一章中将要明示这种推理是确实存在的，但是现在我们先须就它所引起的各种疑惑，以此为线索来仔细研究一下。如果我们的公式概括得不够，如果我们制定这个公式原是为了适合摆在我们面前的事实，我们自然要怀疑我们所根据的事实。它们是不是全面？有没有其他推理是我们所不曾考虑到的，如果考虑到了，是不是就会改变我们所得到的结果？问题一提出，我们马上看出我们隐藏的缺点。我们虽已把我们的事实扩充出传统逻辑的范围之外，但我们并没有搞清它们的真相。我们只是以犹疑不决的诺言，来劝诱读者走上一个不容易撇开的旅程。我们现在等于到了一个海洋，这里尽管有警报却并无危险，我们可以承认这个事实，我们在上文确实遗漏了这个问题的很大一部分有关材料。有很多推理我们故意加以忽视，正因为它们可以打破我们苦心孤诣所造成的公

式。下一章中将要详细说明这些推理的性质，这里我们不妨先作一个简单的列举。

第四节。我们受到的逻辑迷信的教育首先使我们想到直接推理。各种直接推理是否都已说明了呢？三段论式本身解释直接推理也许是失败了，但是三段论式的失败并不能为我们辩解。毫无疑义，我们可以采用仇视传统逻辑的某些人所提出的理论，宣称所谓直接推理根本不成其为推理，我们无需乎给虚妄的东西作出什么特殊的解说。但是这种回答我以为是说不过去的。即使有些直接推 391
理似乎不免于同义反复，可是也有许多直接推理更难处理。它们显然可以得到一个新的结果，并且不是依照我们的公式行事的。

第五节。现在我们已经开始列举我们的困难，至于究竟怎样处理这些困难乃属于另一问题，并无多大关系。我们第二步可以在算术里面找到一个实例。加法和减法好像也是推理的过程，但决不能说它们代表两端名词的新的关系，依靠对中词的关系[③]。几何学也有同样的情形，当我以想象的重叠来证明相等的时候，这种论断是不是就不能成为一种推理？另一方面，这当中是不是也能发现出两个名词通过对第三个名词的共同关系而联接起来呢？也许最后我们能够解答这一疑义，但是这里面似乎便暗示一个问题，为我们所根本不曾提到。在这一点上，我们的公式大概又是不中用的。

第六节。还有一种推理不好解释。如果给予了我们的是 A，我们进一步发觉了有两种可能，A*b* 和 A*c*，再如果我们已知 A*c* 并非实在，于是我们便可以放心大胆地假定 A*b* 就是事实。这里我们似乎也是在作推理，而且这种推理至少表面上看来是很正确的，但是这一推理形式也不能由我们的公式而说明。即使我们假定这种推理能够还原为我们所承认的型式，无论如何这一还原的工作至少直到如今我们还没有着手，更不要说这种还原也许会证明是不切实际的了。

第七节。我们的困难当然不止于此。当一个对象 AB 被认为 C 的时候，这个 C 在观念上便是一个附加的补充物，我们也似乎是作出了一个真正的推理。可是这个推理却没有我们所需要的前提。就我们考察过了的实例来说，前提就是**材料**，但是这里我们看到除知觉外便无所谓材料。这又使我们的公式不能不有所改变。其次，我们在假言判断中似乎也可以找到一种根据非改变我们的公式不可。光是幻想一个 A[4]，也许并不能发生什么效果；但是假定 A 是真实的，我们似乎就必得要得出 A—B。这个结论我们一加研究，马上又会使我们想到另一个难题。辩证法的方法所得到的结果，其观念的活动也很难认为就是把几个名词或项结合在一起。可能有

392 人说这种方法不过是纯粹的幻想，但是这样看法未免太简单了，反而可以导致许多很不容易解决的困难。在逻辑上最好能搞清楚辩证法究竟属于哪一种类型的推理，这一问题又会使我们的公式发生根本动摇。

第八节。假若凡是可以达到新判断的观念活动，都有理由——这个理由毋庸置疑是可以成立的——称为推论，我们就不能不又考虑到一直为我们所忽视的一些其他问题了。先说**抽象作用**。这里面便含有对某种**材料**进行分析的作用，所得结果是关于原来的整体所包括的某一因素的判断[5]。我们这样得到的判断是否便是一个结论呢？如果是的，那么这种推理是否也属于我们所承认的类型？这就很值得我们怀疑和讨论，而讨论的结果将会使我们获得进一步理

解。因为在**比较**和**区别**里面，我们也分明得出结论，而我们所以能达到这些结论则由于一种观念的实验。这种观念的实验是否也是一种推理？假如是的，那我们又须说明这究竟是属于哪一种类型的推理。我们也许已经预想到这种推理而给它安排了一定的位置，但是我承认各方面情形多跟我们抵触。我们不能随便抹煞这一类推理的过程，可是我们也很不容易把它们纳入我们的公式之中。

第九节。由此可见假若我们本来抱有什么希望，以为这个问题可以迅速解决，现在必须放弃这种希望。我们一定要准备好重新开始探讨推理过程的一般本性。下一章就是要仔细研究我们在这里所列举的各种心理活动的真相。我们首先要问清它们是不是真正的推理，然后再逐一辨明它们各自的特点。在这个基础上，我们也许可以希望最后能够得到一些正面的结果。

增补附注

① “一个或几个中心”。但是归根结底只有“一个中心”，参阅第三部第一篇第五章。

② “不一定是各边端名词的新关系”应为“不一定是**对照**一种新关系”等语。

③ “依靠对中词的关系”，“中词”之前最好加“给予的”字样。 393

④ “幻想一个 A”等语，但须参看第一部第二章第四十八节及第三部第一篇第二章第十八节，又索引“提示”条。

⑤ “是关于……某一因素的判断”，应改为“似乎只关于局部”，比较好。参考第三部第一篇第五章第十三节，又编末论文第一篇及第九篇。

394 第二章　推理的新类型

第一节。上卷中一个有利之点现在没有了。那就是：以前我们所研究的推理的例证，都明白无疑。凡是没有偏见的人都不能够否认它们是推理，我们所探究的亦只限于它们的原理和内在性质的问题。但是在现阶段，一切方面就都可能引起疑问了。不仅我们所举推理类型的性质如何成为争论焦点，而且它们是不是能成为推理的范型也值得商讨。我们不但要探问它们究竟属于哪一种推理，而且还要追问它们是否真的成为推理。

抱着这样的目的，在讨论前先作一个初步考察可能有帮助。我们可以提出什么标准来用于推理呢？在推理的事实不是那么简单明了的地方，如果我们能有一个公认的毫不含糊的“准则”，那当然要好得多，因为有了一定的依据，我们讨论起来就不至于茫无头绪。

第二节。我们可以说推理就是论断，二者是一样的东西，只论断而不推理，或单是推理而无论断，都是不可能的。但我们究竟什么时候在进行论断呢？是不是我们下了一个判断，对这个判断具有一定理由的时候，便进行论断呢？假若这里所说的理由，只把来当作单纯知觉所把握的事实，那么这个问题大概就只能有一个否定的回答。但是假定我们的理由不是感觉的事实，而是另一个判断；不是存在着的某种事物，而是我们关于这个事物的知识，在这种情形下我们的回答当然就不同了。凡是我们提出一个真理作为相信另一个真理的理由的地方，我们就可以说是在进行论断或论证。换言之，如果我们所肯定的不是“S 是 P”，而是说“S **必得**是 P”，即有了一个**必然的**真理，那就是在作论断和推理。当我们说到“为什么”和“因为”的时候，便是以不同的方式使用这个同样标准。如果这些字眼能有一种实在的意思，如果我们有可能先问一个“为什么”，然后再回答一个“因为”，在这种场合，我们似乎都有了一个真实的 395
推理。这里显然有了一种判断，本来是可以怀疑的，这个疑义现已得到解决，并非靠着指明一个事实，而是通过推理掌握了必然的真理。这里面具有一种心理的活动，它所得的结果可以看出乃由于观念的**材料**而来。大家也许都可同意，只要发现有这种标志的地方，就有推理存在。

第三节。还有一个特点我们也可把它当作推理的表记。就是凡有虚妄的见解存在之处，这些妄念似乎都从错误的推理而产生；因为感觉不知道推理，从而也就不会错误，一切错误只能起于推理。假如这句话是对的，那么错误的发生当然便意味着推理的存在，而我们也就可以用前者为辨别有无后者的标准了。但是这里我们实在踏上了一个很危险的境地。如果说一盆水之对一只手是热的，对另一只手是冷的，这个错误是推理不当[①]造成的，无疑一定有人会予以否认的；不过这种否认在这本书里不便详细讨论。确实我们不能认为每一个场合只要可能有错误，就一定有推理存在，所以我们定下这个规准是不免要失望的；然而无论如何，这总可算得是一种公认的指标。我们不能不同意，凡是我们发现有错误的地方，我们要找出推理来总不会错的，至少在一定范围内我们可以期望发现有推理存在。

第四节。有了这个了解作为武装，我们马上就可以开始分析第一章中所列举应该仔细研究的推理的实例。这些实例自然不是包罗无遗，我们提出来也并没有整然的系统。但是我们却可以希望而且相信，最坏不过如此，至少我们现在还不知道有比这些更不容易解释的推理实例。

（A）首先要谈的是三名词的结构，（i）有的地方根本不用省略一个名词，（ii）这种推理方式也可以得到一种性质。对于这两种推理我们将怎样解答呢？

（i）三个名词可以同时并存，这一点我们简直无法否认。假若给予了 A 在 B 之右，B 又在 C 之右，于是我便断定这三个名词应该照此安排：C—B—A，这分明也是一种推理。这个结论为我事前所不知道，而是我把两个判断的真理结合在一起所得到的结果。如
396 果说这不能算是推理，试问为什么当我断定 C—A 的时候就能够算得是推理呢？这个诘问是无可置答的，我们不能不承认 C—B—A 也由推理而得来；然而这种推理却并不遵照我们的公式。

第五节。（ii）不止于此，我们还得出了另一个结果。我们由推论而引出了一个整体 C—B—A。这个整体可以备具一种前所未有的新的性质 x。但是既然如此，我们从相互关系的名词 C—B 和 B—A 进行推论的结果，所得到的就不是一种新的关系，而是有了一种新的性质出现了，[2] 这又要打破我们的公式。

任何一个青年朋友都可提供我们这种推理的一个实例。假定我环绕陆地航行，然后再通过综合把我的行程联接起来，这样组成的整个的海岸线我可以把它解释为属于某一个岛屿。例如 A—B，

B—C，C—D，D—F，F—H，H—A 结合一起便成为F⟨H A / D C⟩B；（H A 在上，D C 在下，组成六边形）由这个环形的图景，我可以想起某些岛屿的名称，以及其所具有的其他各种性质。也许有人说这个名称以及各种性质假如确乎是有的话，也并非直接来自这个结构本身，而是由一个另外的附加的前提获得，不过这个前提没有说出来罢了。我承认这一解释完全可以适用于名称，对于其他的性质也有一部分是对的。可是仍然有些东西确乎来自整个结构，而且直接为这个结构所产生。圆形的状况及其本身包含的独特性，实在不止于各别前提单纯的相互关系，不一定来于我们先前所已有的关于这些岛屿的知识。你当然不是离开了这个结构从别的地方找到了这些东西，如果没有这些东西，整体也就不成其为整体了；然而它们毕竟是整体的另一侧面，而与整体之所包含的各部分加合在一起有所不同。可是果其如此，我们的推理就确实达到了一个新的性质了。

我以为我们有时不怕麻烦，细心考虑如何悬挂我们的图片，或者布置我们的家具，可以想出许多排列的方式，觉得这也不好那也不好，最后才决定一种陈列的方法，所有这种思考都是从假设的材料出发进行推理，我们都是由一种结构直接过渡到一种性质，也就是作出一个判断。至于这个性质是不是属于美学的，那都无关宏旨，因为我们所说的并非整个心理的形象，我们不是研究某种布局 397
有伤我的美感或可以给我一种好感。我们所说的只是前提里面所包含的内容，这个内容可以导致而且必得导致一定的结果。这实在就是一种推理，而为我们的公式所不能解释。

我认为这是很明显的，当我们在现实世界中试图把真实的东西合拢或分开来，看它的结果怎样，或者在纸上画出来的时候，我们往往发现预想不到的性质而引起惊异。同样的话也可适用于观念的实验[③]。在这两种场合，都是预先给予了事物之间相互的关联，我们所知觉到的一种新的性质虽由那个相互关系而来，却决不止于而是超过了单纯的相互关系。不过后一场合，观念活动过程所达到的结构本身便是一种推理，而它所得的结果也恰好就是一个结论。但这个结论确实不是原来**材料**的什么新的关系，而是结局所产生的一种性质。

第六节。显而易见，推理的结果似乎并不一定能使我们得到原有各名词之间的一种新的关系。这样，我们的公式很明白地已经丧失了它的权力；这个权力一经丧失，我们讨论起来就用不着那么焦急了。前一章中所列举的还有一些更有力量的推理，我们自可平心静气地承受下来。既然不再有绝对排斥它们的借口，那么承认每一种像这样的推理，当然就不是什么原则性的问题，而只是选择和便利的问题了。

（B）采取这种态度，我们便很容易解决算术推理的问题，[④]这在下面我可给以间接说明，但是为了便于理解起见，这里不妨先来一个绪论。

大家早就知道，如果有几种空间关系备具若干同一之点引起我们的注意，我们可以把它们合置一起，从而发现一种新的关系。之后，我们又在上面指出了这些前提供给我们的可以不是一种关系，而是一种前所未知的性质。例如，给予了三个线段 A—B，B—C，C—A，我们便可以构成 B△C（顶点为 A），并从这个结构得出一定三角形

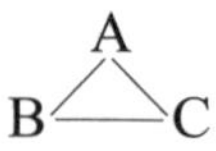

所具有的性质。在这种情形下，我们所获得的结论便是直言的，必然的。

但是还有一点却时常为我们所忽视。我们可以有三条直线，例如 A—B，C—D，E—F。这些直线就其所给予的那样，不一定标明 398
有同一之点，我们也没有什么理由把它们放在一起。但是只要我们愿意，我们却尽可以这样做去；如果它们的长度没有什么阻碍，我们便可以在观念上加以安排，把它们组成为一个三角形，从而赋予它们一定的性质。这里明明继综合之后又有了一个直观或直觉，我们要问的就是：我们是不是也有了一种推理？

假如说这里我们有了一种推理，试问这是怎样的推理？这个推理当然不是"AB，CD，EF 备具 x 性质"。那样说就是假的，因为这些直线并没有合在一起，不可能集体具有任何一种性质。其次，它也不能是这样的推理，"AB，CD，EF 三条直线的终端点相合一，便具有 x 性质"。这样说固然不错，但决不能成为真正的推理。因为这个性质虽然一定要通过一种观念的安排才能被知觉到，却并非由这个安排得来。[5] 这里的组合并不是这样一种结构，作了出来以便得到某一判断，从而可以把判断与原有材料联系起来。我们在这里乃是先发现了一个整体，针对这个整体才作出一个判断，它并没有说到这个整体在观念上的组成方式。因此上述第二种说法也不是我们所得到的结论。

真正的结论乃是"AB，CD，EF 可以联合起来，当它们组成一体的时候，便具有一种性质 x"，或者这样说，"如果 AB，CD，EF 以某种方式受到调制，便可以产生 x"。这些线段加上我的安排的活动便构成前提，而整个的结构连同它的性质遂由之而产生。

这实在备具着推理的一切标志，但是很明显地又与我们从 A—B，B—C，C—A 所得出的推理大不相同。这一场合的结构乃由所与的材料本身得来，[6] 而前一推理的实例，则非加上我自己任意的安排，就不可能形成我们所得到的结构。我的自由调制已经代替了通过 B，C，A 三个终端点的同一性强制综合的地位。所与的线段不需要有任何真正的同一之点，我也不一定要把它们放置在一起。这些前提都是假设的，因而结论也是臆断的 [7]。然而它仍然是一种推理，因为这些线段如果组合起来，由于构成一个整体，就必得会产生一种性质。

第七节。上面一节并没有离开算术推理的本题，因为我们可以认为加法和减法都是我们刚才说过的推理过程的实例。为使我们
399 的观念更加明晰，让我们先来研究一下像“两个一等于二”这样简单的命题到底是什么意思。这是不是说一个单位再加上另一个单位便是整数二呢？这样说便是不对的，因为一个整数决不止于一个单位再加上另一个单位并拢来看。它们所构成的整体具有一种新的性质，这个性质定须等到它们组合成为一个整数之后才能为它们所获得。所以说“一加一就是二”实在远非真相。它们造成了二，但是如果不是我们把它们组合在一起，它们就不会造成功这个二来。而我之所以把它们组合起来，也不过出于任意的选择，不一定非如此做不可。所以这个结果还是假设的，臆断的。

第八节。在我们继续讨论之前，先须辨明一个错误。读者也许意识到，程度和数量之间存在着的逻辑和时间先后的关系，形成一个很困难的问题。[8] 这个问题限于篇幅不便详细讨论，这里只能作一个简略的论述。“程度”一词用起来可以有不同的意义，你可以把这个名词理解为性质的尺度，它很明显地与数量的尺度互相关联，甚至还以数量的尺度为依据。同时你也可以把它理解为差异的尺度，依照这个尺度只是觉得某种东西或多或少地有所不同，却不一定牵涉到任何单位数字的尺度。假若你使用前一种程度的意义，那么，无论在时间上或者逻辑上，数目的知识或计算的能力一定先于强度的指标高下的知识，后者是与不同的单位具有显著的关系的。这里面就是未有程度之前，先已有了数量。但是假若你采取后一意义，而把程度理解为多少、升降、增大或缩小的一种含糊不定的意思，那么毫无疑义，我们又可以认为程度在前而数量在后。

我们所说的错误一部分正由于忽视了这些形而上学的抽象的区别，一部分便由于对许多明显的事实熟视无睹。大家时常认为数量差异的知觉一定暗含着有单位计数的能力。有一个为大家所熟知而用不着重述的故事：据说实验证明喜鹊也识数，可以数到两个或三个，再多就不行了。[9] 例如，假使有三个人走进室内，只有两个人又出去了，喜鹊就晓得没有把人数完，所以它能计数是不成问题的。不过照这样说，如果知觉到食物多少或者一个野兽大小的差别
的能力，也可算得是计数，不识数的动物就很少了。其次，如果能 400
够区别部分和全体，而当只有部分出现的时候，便预期看到其余的成分，有了这种智力就能证明懂得算术，那么所有较高等的动物便都可称作算术家，因为它们都习惯于加减的作用。这样说也许并不成为一种归谬法，但事实还不止于此。虽则较高等（乃至低级）的动物都能够计数，可是有些未开化的人类却不识数，或刚开始有了最粗糙的数量的意识。但是这些野蛮人一方面虽可以被三和四的差数弄糊涂了，甚至连一条普通的狗都不如，但是另一方面，在实

际计数中却往往比我们来得还要更加熟练。假定一个羊群有四十头羊，你如暗中牵走一头，他们一看马上就会知道。在我们还没有来得及开始点数的时候，他们就已经计算好了。从这些地方看来，这个问题我以为很明显的还有待进一步的研究。

这里的错误就在于没有见到数量就其严密的意味来说，乃是一个晚近才有的抽象的产物，在数的意识尚未发生之前，早已存在着较多与较少、全体和部分的知觉。不过这些东西只是存在于一种未经分析的**性质的**形式之中。

第九节。以上指出的一点非常重要，因为由此可以推知，在考察数的时候，决不能抹煞性质的方面。假如各整体之间程度差别的模糊感觉发生在前，后来这些整体才被分析成为各部分，然后各部分又化为许多相等的单位——假如心理发展的过程便是这样，我以为我们也必得认为是这样，那么，显而易见我们就没有理由可以把数量当作仅乎杂然并呈，单纯聚集在一起的许多单位了。纵使我们注意到抽象数目的时候，每一个整数也断不止于是单位和单位相加。作为一个整数，它就一定具有一种另外的性质，这个性质由多数单位相加的结果而产生，如果各单位减去了它马上便要消失。一加一本身并非就是二，二加二也非就是四，恰如它们不是三加一。凡是一个整数都是一个有个性的东西，每一个整数都有它的统一性，构成一个整体，把它所包涵的各单位统一在一个更高的境界之中，超出于我们所看到的共存并立的迹象以外。这个统一的纽带
401 究竟是空间知觉的残余呢，抑或来自什么其他的地方，这里我们不必加以考虑。我们只要知道它是存在的，这就够了；我们只须知道每一个整数都是一个整体，在它和其他整数之间存在着上下高低的

关系，表现一种特殊的性质。所以我们可以说单纯计数决非就是整数，它只不过造成了各种整数。我们循着数目的阶梯上升或下降进行计数，便可使这些整数一个接着一个地产生或破坏。

可见整数跟整数之所包含的单位并不相同。如果说单位就是整数，那不是同义反复，而根本是谬妄的说明。我们只能说由单位变成功了整数，这才切合实际而又非同义反复了。

第十节。加法和减法都可以产生新的结果，都是一种观念的活动，能够得出结论，并给以合理的根据，所以很明显的就是一种推理。这里推理的性质无疑也许很简单，因而很容易为人所轻视。可能有人说，"这不过是机械的工作，决不是头脑的工作。"但是如果从一定的材料出发，确乎由头脑通过观念的实验而获得一个新的判断，那我们就必得称之为推理，否则我们真不知道称之为什么才好了。所以我们必须指出，这种责难还是由于先入为主，非哲学的偏见而来。

这个推理活动跟我们在前面(第六节)所说到的想象的空间任意的安排相类似。我们所从而出发的单位是一加一，我们随意把它们安排一起，于是结果便得到了一个整数二。但是这个结果实在是假言的，因为我们并不能说一加一就必得成为二。它们可以按照某种方式予以安排，如此就必定得出二，换言之，即如果我存心要这样来处理一加一，便会有二的数目出现。可见这里并没有什么直言或必然的东西。一和一假如不是由我把它们加在一起，让它们维持原状，那就仍然不过是一的旁边还有一个一。我可以把它们加在一起，也可以不这样处理，完全凭我的高兴，当我进行调制的时候，我根本没有一定非把它们加起来不可的道理。它们本身没有加在一起的必要，只有在我把它们相加起来的时候，那个必然性才会发生。但是**这时**它们就必得成为二，而我也就作出了一个推理了。

这从减法看来更为清楚。我们有时可以说“三就是一”，或“整数三成了其所包含的单位之一”，这句话当然是错的。可是当我首先把这个整数分解开来，然后再舍去它的两个组成部分，它就确乎
402 变成功了一个单位。三如果减去二显然便成了一，但这个结果实在是假言的。我们并非一定要分析原有的**材料**，抛开它的一部分；假如不是我们自己任意决定采取这一步骤，就根本没有非作出这个结论[10]不可的理由。

第十一节。很容易看出，像这一类的推理是不能够纳入我们所建立的公式之内的。它们不能适合这个公式，恰和前面所说空间里面各种整体的观念的安排不能适合这个公式一样，我们已经知道那个安排可以产生一种新的性质。但是这一点我们无须细说，我们还有更值得注意的问题。也许有人反驳，“以上的说明不能成为加法和减法正确的见解，因为它们确实能够得到一个直言的必然的结论。算术上的判断决没有任意的气味，而给予了一定的**材料**，所作的推理也明明不是假设的。砖石灰泥当然要由建筑师选择决定，才可以造成一个房屋；但一加一**是**等于二，却不管我们选择或不选择都是这样。”我承认这里所说的区别是真确的，也愿意赞成这种看法，但这跟我所作的说明实在一点冲突也没有，因为直到此时为止，我们对于**相等**的问题还只字未提。我们所要做的一直只是强调算术推理过程的一方面，忽视了这一方面就会使计算程序隐晦不得其解，或成为毫无意义的同义反复；尽管其他的看法可以是对的，但加法总归不外乎是我们刚才所阐述的那种推理。这种推理确实只

能假言地证明：如果多数单位相加在一起，它们就会**变成**某种迥然不同的东西。要想正确理解这个问题，对于这一真理的认识是极关重要的。

以上也已说明了算术过程的一个重要特征，现在我们可以再从一个不同的方面加以考察，把它当作差异之中相等性的直言的证明来研究一下。

第十二节。什么是相等？这当然不是简单的同一，除了“权威的思想家”而外，对于这两种不同的东西，谁也不能够任意混淆。因为相同的事物不一定相等；而相等的时候，除非就某一方面来说也未必相同。相等便是指数量的相同而言，它是事物之间的一种关系，这些事物在其他方面尽可以不相同，但是它们所具有的单位的数目却完全同一。或者更正确一些，我们可称之为两个不同的东西所包含的单位的同一。这个界说可能会引起疑问，如果在别的地方
我便要欣然加以详细的讨论，但是为了现在的目的说到这里也就够 403
了。一加一等于二只是因为双方的单位数目相同，而三**减**二等于一也正因为两下都只是一个单位。

这个结论是真确的，而且似乎是直言的，所以我们还得再来一问我们是如何得出这个结果的。既然我们所得到的结论**并非**假言的，我们有什么理由可以把这个推理活动看作是任意的呢？可是另一方面，我们又是怎样知道一加一等于二的呢？我所以知道这个，便因为我把它们加在一起的时候，它们就**变成了**二，而当我把二加以分析的时候，它又**变成为**两个单位。这样，我便清晰地看出两方面单位的同一，但是我之看出这个同一性实由于任意调制的结果，我并不一定非如此办不可。同样在减法中，我也推断出 3−2=1。但

是我怎样达到这个结果的呢？我先把三分开为三个各别的单位，再把二同样分析开来并把它抛弃掉，于是我便察觉到三个单位之中去掉了两个。剩下来的一个作为一个单位，恰和任何其他的单位完全一样。这里所得到的结论是必然的，然而这个过程却是随意而定的，因为并没有什么东西一定要求我们加以分析和比较。所有结果还是决定于我的任意的选择。

第十三节。这样一来，我们似乎便面临着一个很不容易排解的困难：结论是无条件的，而它所依据的过程又是任意的。这个困难暂时我们必得简单地予以承认。其实我们也只好承认下来，或者也可不必加以注意。在算术上得出一定结果的推理过程，我们都假定它对于这个结果并不能发生什么影响；大家都默认了只要你不改动单位的数目，你就可以按照你的意思来处置它们，不管得出什么结果都是无条件的真实。这个过程不过是就原有**材料**做一番准备的工夫，其所证明的东西本来就已存在。这决不是我任意改变出来的产品，因为我并没有改动原来的成分；算术推理活动不是要造成人为的新颖的景象，而只是排除了挡住我视线的屏障[11]。

换句话说，就是我们假定了任何数量之间都可**存在**相等的关系，而表述这种关系的判断则具有其独立的效力。不管我见到了这个效力与否，我总是把它当作真实的，而我所以得到它的方法对它并不起什么影响。因此我的推理活动是自决的、完全任意的，但推理本身却是永恒的真理。正是我的推理过程使我能够从给予的**材**
404 **料**发现出符合于原**材料**的结论，但依靠那个过程的确实不是所得的真理，而仅乎是我的识力。一加一等于二，不是因为我把它们加在一起，而是因为它们**是**相等的。

第十四节。知识的基础[12]对于实在的基础一般的关系究竟如何，以后将要成为我们一个很不容易解决的问题，可是这里不必预先提起，因为我们现在所要做的只是找出我们实际运用的过程。我们也已知道，这个过程就是一种任意的安排，结果造成一种量的同一的知觉，其为真实被认为完全与那个过程无关。新的结果由于使用各别单位进行实验而产生，但它被看作符合这些单位却超乎这个实验以外。本章不打算对这种结果提出什么疑问，我们只想知道它是否真正成为一种推理，其次就是要探明它是否能够归属于我们起初承认而现在已经对之怀疑的公式。

关于这确乎是一种推理，我们已不能再有所怀疑。我们当然可以永远争论不休“二乘一是否是二”，因为当一个结果在未被了解之前就已经学会了，现在呈现于心灵之前好像是现成的、自明的、一目了然的，当这个时候，确实很难看出它原来出于辛勤的推理，不知等待了几多岁月才逐渐形成的结果。但是一遇到稍为复杂的例证，马上便能使我们明白这是错误。如果我们撇开已经背熟了的数目表，便不难发现证明这个结果须要经过一定的过程，随时都可以发生差错。这个过程就是一种观念实验的活动，最后得出了一个前所未有的判断。假使我们对于什么是推理，不是脱离事实先存一个成见，那就不能不认为这确乎是一种论证活动，它的结果必得成为一种推理。

但这种推理是否遵照我们的公式呢？那当然至少是不可能的，因为它没有在前提所包含的各个名词之间建立起任何关系。相反的，出现于结论之中的关系还有一个终点，这是在原来的**材料**中所根本找不到的。就这一点来说，我们寒伧的公式便不可能指望受到重视，无论怎样解释也不能保持它的地位。

第十五节。空间和时间可以凭类似的过程来加以处理。如果一个任意的重叠的安排，或者分为许多部分，或者随便加在一块构成一个整体，结果得到一个相等或不相等的关系，这个结果我们都
405 把它看作一个直言的、必然的结论。我们所介入的改变只要在分量上不引起变化，就不会改动原来的事实；大家都默认地位或机构的改变，分析或综合的作用，都不能使量的关系发生任何差异。所有这些处置的工夫（我们假定）都只能及于材料的外表，而与材料本身无关，它们仍然还是和从前一样。真理通过这个程序而显示于我们之前，但此过程对于事物因何是这样却不能提供什么理由。证明的效果只能除去挡住我们视线的屏障，或者给予我们一种人为的视力，但是它决不能从各种成分当中造出一个事实来。

可是无可置疑，这里我们又是有了一种推理，这种推理也为我们所不能解释，因为它不能够还原为相互关系。譬如，当我应用重合法证明一个三角形跟另一个三角形相等时，试问有什么第三个名词可以作为联系的中介，或者什么三段论式可以表示这里面实际的过程呢？我知道如果不顾一切地生搬硬套，要从一种形式化成任何其他可能的形式都未尝不可以做到；但事实总归是事实，不会改变。这里我们明明有了一个比较的直觉，由于一种自由的观念的重新配合而产生。这确乎是一个推理，不过是一种新的推理。

第十六节。（C）唯其是新的，含有一种新的转变，所以它使我们不得不问到比较[13]是否也成为一种论证，如果是的，那么无论何时我们有所比较，也就可以说是进行推理了。这样说也许和我们一切既成的观念相反，但是我们又如何能否认这句话呢？我们从材料

出发，把这些材料加上一番观念的调制，然后得出关于这些材料的一个新的真理。这个新的真理，在我们所以认识它的范围以内，确实依靠着这一活动过程，因为这一过程而来，如果不是凭着那个理由便不可能产生；不过假如是这样，我们就必得称之为一个结论了。

举一例来说，假定我们有了 ABC，DBF，我们可能不知道它们在什么地方有相同之点。于是我们详细加以考察，期于能够发现有什么一般的或特殊的相同性，这就是说，从一定的观点来注意研究。我们把它们互相比较，看它们有没有同一性，这个同一性或者是在质的方面，或者是在量的方面，也可以是在某种更特殊的发展方面。无疑我们很不容易指出这个过程确切的特点，不过这里面有了一种过程也是毫无问题的。我们对 ABC，DBF，确乎作了一种 406

观念的处理，这个处理的活动便提供我们一个判断。我们本来不知道 ABC，DBF 是相同的；现在我们知道了它们有一个共同点 B，这个直觉靠着处理的活动而来。这里的结论就是，“如果 ABC，DBF 互相比较，它们在 B 点上是相同的”；又因我们假定了处理的作用并不能使事实发生任何改变，所以我们可以断言，“这两下是相像的。”当然我们可以怀疑这样推理的效力，但我们实在看不出有什么理由可以否认它的存在。另一方面，它又明明不是两个给予的名词之间，通过同一性而在一定结构里面看出来的关系。

我们把像下面那样的联系过程[14]都归属于这一类也许是不错的。“A 是 C，B 是 C，所以两者都是 C。”这里面各部分互相连贯，而决非单纯的接续，结论便断定了 A 和 B 的同一性。

第十七节。对于成立同一性的比较所说的话，同样亦可适用于发现差异的过程。假如区别就是一种观念的作用，可以证明一种真理，对我们来说是新的真理，[15] 那么在这个限度之内，它就必得是一种推论。试简述：我们也许把 $B^1B^2B^3$ 看为实际都不过是一个单纯的 B。我们把这个材料 B 加上一番观念的处理工夫，这个过程的性质如何暂且不谈，总之结果所得便是 $B^1B^2B^3$。由于这样一种过程是任意的，结果当然是假言的，但是这里我们仍然认为随便怎样处理并不能改变这个材料，于是我们遂把所得的结果按其实际面貌当作是直言的、必然的。所有的标志是找到了，所以它们就是那样。实在的情形是，苟非事物本来是不同的，便不可能有什么区别；但对我们来说，不先加以区别，便不能有何差异。就是因为有了这个过程，于是差异才灼然显露而证明是存在的，所以这个过程必得视为一种论证和真正的推理。

应当承认，我们对于差别和同一的认识活动也有一定的困难，因为我们可以说，所有这些并不能告诉我们最后获得的真理有什么确实的理由。不止于此，它们也没有要做到这一步的用意，我们还可以说它们甚至首先便表明了，其所证实的无非本来就有的东西，决不靠着它们而始存在。这个困难的关系很大也许没有人怀疑，以后我们还要仔细讨论。不过现在我们须着重的乃是这个过程的另
407 一方面。我们通过观念的实验而得到一个结果，关于这个结果我们所能说的是：虽然它不由于我们的处理作用而成为真实，可是我们确乎因此而认识它，它也由于我们的活动而成了为我们所认识的东西。[16] 但是既然如此，我们当然又是作出一个推论了。

第十八节。(D) 虽然我们并不曾给事实本身找出什么理由，我们的证明亦偏于认识而建立之功较少，但我们仍然能够推理似乎是没有问题的。为了思想的一贯，我们不能不怀疑到认识 [17] 是否就是

推理。探讨的结果也许出乎我们意表正是如此，因为发现 AB 是 C，并把它当作这样来认识，实在便暗含了一种观念上贯通的过程。我开始有的是 AB，而观念的综合 BC 便供给了我据以论断的一种结构。即使我所想起来的仅乎是一个名称，或只能说出我一定在什么地方见过这个东西一面，这仍然是一个结论。这里面的联系可能是不甚清楚的，加上去的因素也许很琐屑或者非常含混；但无论如何，我们总是通过一个综合性的恢复的程序才获得了它，而这自然就是推理。

也许有人说，“诚然，这是一种推理，但还是平常的推理，而且仍然具有三个名词。首先有了 AB 和 BC，接着形成一个整体 ABC，然后又来一个省略而只剩下了这个结果 A—C。”但是我回答，究竟在什么意味中可以说 BC 是一个前提呢？它当然不是原有的**材料**。其实，它就根本不是一种**材料**；它是一种认识作用，没有表露于心灵之前，却把它活动的结果显示于我们仅有的**材料**之中。假如 BC 是一个前提，那也决不是这个名词的平常意味所能解释的前提。无论如何，这里我们是发现了一个没有预料到的情况，在这个实例里面推理似乎是不容争辩的。

本节临了，我们对于假言判断[18]还要加上几句说明。假言判断总是一个推理。这个意思决不仅乎是指着我先要说“如果某种东西是 B 它就是 C，但是这里 A 是 B，所以它是 C”，这就是一个推理。我的意思乃是说这种推理根本不需要明白举出这样的一般原理。A 只是单纯假想的东西，在实验中提出来作为实在之所备具的一种属性，我们从这个属性便直接过渡到 C，并没有任何其他的前提出现于心灵之前。这种过程我以为正是一种为我们不曾预想到的推理，

408 但是它却不能要求有一个独立的地位。在它不能归入上述认识一类的时候，就一定可以在下一节中找到它的位置。

第十九节。(E)这一节所要讨论的题目我们无法避免。在这样性质的一本书里，我实在宁愿不谈到辩证法，但是我又找不到任何理由可以不提到它，因为我们既讲到了上一节中的推理，就不能不连带一谈这个问题。我并非说辩证法可以归入上节所说的推理，认为它只是一种认识的过程。假如采取这样一种见解，那就等于抹煞它所有的特点，而我在这里的目的却是既不要作什么批评，也不要维护任何东西。我所要做的只是简单地考察一下辩证法究竟是怎样一种作用，假定它确有其自己的活动方式。

我们只要作出这个假定，马上便可很自然地从认识的过程谈到辩证的运动。恰和一般认识一样，辩证法也是从某种单独的**材料**出发，不需要有任何其他前提的帮助，便能得出一个新的结果。然而这个结果却并非由于对起点单纯的分析得来，而是得自一种心理功能的活动，便是这种活动通过观念的综合而把原来的**材料**扩展开来。在这个范围内，辩证法正好与一般认识的贯通作用全然相同。但是另一面却有一个分别，即辩证法用以会合并补充其出发点的观念的综合，决非来于过去知觉的再现，或更正确地说，它就根本**不仅乎是**这样一种观念的再现。纵使其所包含的综合作用复演了一种原来由表象而获得的联系，也断不止于单纯的重复。这种作用我们不觉其为心灵的努力，因为它作出这种活动已经训练纯熟，所以显得比习惯的行为还要更加自然，其所带有的必然性也超出了任何惯性之上。这里不同的原因就是，在一个场合里，好像传来的是外在的消息，其所以信为如此，便因为接到了的时候就是这样；而在另一个场合则似乎是我们自己的启示，其所以成为真实，乃由于我们体认到我们本身的经验之中有了它的见证。这两个场合所具的内容，一个是本身不合理的，好像是由外在世界渗入我们的理性之中，而另一个则显得出于我们内在本性自然的结果，其所以能使我们满足，便因为它可以代表我们自己。这一**内在的**必然性为上述作 409
用及其成果之所同具，正是辩证法的特质之所在，而构成其存在和地位的基础。

第二十节。我不是要对辩证法的地位提出什么争论，而是要试图消除一些误解。这些误会当中的一个我们也已提到，就是认为辩证法所引出的一切结果都不过是外在经验已经给予的东西，没有一种综合不是出于原来加入进去的资料，确定这一事实并不能切合辩证法的要求。所有这些我们都可以承认，但并没有接触关键的问题，这里问题不在能够出现的是什么及其如何出现，而是要问当它被引起出现的时候，它的出现的**方式**是怎样，以及我们的心智对它能有怎样特殊的改造方法和看法，尽管这个材料它可以另一手段得来。如果用我所不大喜欢的两个术语来说，这里争论的要点不在所得的结果是否属于**后天的**，而在于这个结果虽然是**后天的**、经验的，是否同时一样也属于**先天的**或先验的。在这一点上如果有了误解，那就会使我们白费许多时间。

第二个误解的性质有所不同。有个流行的观念，以为辩证法乃是一种真空里面概念的实验。有人认为我们没有别的东西，只有一个单调孤立的抽象观念，这个寂寞孤零的单子接着便以发芽的方式进行繁殖，或者直接由自体分裂，或者从一无所有的真空中摄取物质，从而由少变多。但这实在不过是一种歪曲的图画，把心智当下获得的东西及其本身包含的东西混为一谈。须知呈现于心智之前固然只有一个单独的概念，但是整个心智本身虽不露面，却贯彻于全部过程之中，对材料进行加工，并制造出最后的结果来。心智之所把握的断片性的实在，与心智内部所感知的真正的实在，二者之间的对立，便是所以使辩证的过程能够发生的动力的原因之所在。

第二十一节。我们可以有两种不同的方法来理解这种过程。一种见解就是认为辩证法全靠否定的力量而进行，它联合加入一个新的因素，这种综合作用总是由否定而来，由起点的矛盾而来。每一个真理都是看作具有两个方面，由两个互相关联的肯定组成，每
410 一个肯定都是另一个肯定的逻辑的否定。这两方面每一个直接的结果都是肯定其本身，而否定另一方面，但是同时每一个又须依靠其所否定的东西，从而对它又重新加以肯定。所以它一面肯定其本身，同时也就被迫而不得不肯定它自己的反面，于是在其自己追求的自己否定之中遂变成为它自己的反对物。或者更正确地说，代表这个过程两方面的全体排斥了单方面材料的要求，而以实际暗含的另一反对的方面来使之成为完满，终于通过否定而产生一个平衡的统一。这个旅途刚走完，同样的过程又以新成立的整体而重行开始。但是我们发现这个新的整体又是更高一级的综合的片面的表现，因此又产生了一个对立物而和它并联起来成为第二次的整体，这个新的整体一经成立马上又下降为断片的真理。如此，这个过程可以不断继续下去，直到暗中存在的心智找出了一种结果，跟它的不自觉的观念相符合，圆满充足成为其本身的材料，这时它的活动遂在它的对象之中成为自觉，而达到宁静的状态。这种自我发展，和自然演进的伟大理想，在黑格尔手中获得了极有意义的成果，即

使有人把他的否定的原理当作错误而加以拒斥，所有这些主要之点还是可以屹立不移的。

因为辩证法不一定含有对立物同一性的意味，这个意味就是认为同一因素在其本身肯定之中便以自己否定来补充它自身；我们可以采取一种比较简单的见解，避免这里面的困难。我们可以如同前面一样，假定实在只有一种孤立的**材料**出现在它的面前，而且就在这个孤立的**材料**之中以其自身为沉思的对象。接着后面而来的更是感觉到这个**材料**是不够的，唯其如此，所以遂加以否定。但是在这个否定之中，通过这个否定，实在便产生了为使原有材料成为完全所需要的补充物，这个补充物无形之中为心智所预觉，正是所感到的不满以及继之而起的否定的积极、能动的基础。这里的要点就是，依照上述第二个见解，这个互相关联的两方面都是正面的，这一面决不仅乎是另一面单纯的否定。随便哪一面的出现都不能与另一面的不出现相调协，也不能与另一面孤立的存在相配合。因此，双方面自身的否定都不是单纯的**被**否定，而是**由于**它有一个正面的对应物做它的**基础**，这个基础经此否定遂成为自觉的而呈露于
光明之中。我完全意识到这样说乃是一种异端[19]；但是这种异端我 411
想却反而可以保全正宗理论的实质。

第二十二节。其实我们所关心的倒也并非这个异端之见是不是真理，我们真正所要注意的乃是这样的问题：究竟在什么意义中可以认为辩证法[20]是一种推理？它确乎是一种论断，由一种观念的活动而得到一个新的结果。有了一个**材料** α，经过一番处理，你便得出了 α—β，再进一步最后遂得到了一个结果 γ。这里的结论就是，α 必得是 β，所以它就是 γ。由于这个程序决非任意的，由于它自始

至终合于实在，所以你并没有作任何假说。你所用的中项也不是你所随便决定制造出来的东西，而是完全必然的，因此你才能够得出 α 是 γ 的结论。但是这种推理是不是能为我们原来的公式所解释，我想也用不着多所说明了。

第二十三节。(F)现在我们要谈到抽象作用[21]的过程。在认识中，我们时常要用到综合的机能，这种作用很明显地属于普遍性，我们自然要问起它是怎样获得的问题。如果它就是由分析和抽象的作用而产生，那我们就不得不问这样一种作用是否一定不能成为推理。因为它明明也是一种观念的实验，获得了一个新的结果。这里我们是从一个给予的整体 abcd 出发，我们加于其上的作用便是忽略或者消去了 bc，剩下来的当然只有 ad，于是我们遂把这个 ad 作为宾词来说明实在。实在的东西本来是 abcd，由于我们活动的结果，现在我们知道了它是 ad。我们借以消去好像是不重要的成分的那个过程的本性暂时不必讨论，但毫无疑问这里面确有一种过程，而这个过程所得的结果之被认为真理也并没有任何其他的理由。而且这个实验又是任意的，[22]因为我们不一定要这样做，同时我们也假定了这对事实本身也不会造成一点差异。然而这却可使我们的知识和判断发生变化，它给我们新的知觉提供了一个“因为”，所以它实在备具了一切论断和推理应有的特征。

第二十四节。我们首先做的是分析，接着便消去或省略内容的一部分，最后作出一个正面的活动，把剩下来的内容归之于原来的主词。这个活动的过程为我们大家所熟知，而且是广泛应用的，但是它的效力如何确实很成疑问。这一点我们可以留至以后再来考察，现在只须指出这里值得怀疑的就是，经过这样的裁剪省略是不

是会使原来的对象大大地走样。只要去掉了一个因素，你也许就 412
破坏了整个其余的部分所有的意义。我们的老朋友密尔的所谓差异法便是陷入这个迷误，正好作为我们的鉴戒（第二卷第二部第三章）。本来“实在”是 ABC—*def*，然后又是：BC—*ef*，我们遂假定除掉了 BC—*ef*，剩下来的 A—*d* 仍然合乎实在。但是这里（我们可以重复一下）确实犯了两个错误。首先假设我们的材料都是纯粹的普遍性[23]，但是你仍然没有试验过曾经与 A 在一起的那个原来的 BC。你所使用的乃是第二个也就是另一个 BC，你没有任何根据能够断定前一个 BC 和后一个 BC 的活动方式不会有一点差别。前一个 BC 也许能赋予 A 某种东西，同时又换取回来某种东西，所以 A 可能对第一个 *ef* 有份，而 BC 和 *d* 也可能有一部分瓜葛。不考虑这一可能性，就会使你的证明整个垮台，你的差异法不啻自己宣布破产，因为它虽以差异为名，却忽略了这个唯一真正的差异。

你的错误不止限于这一方面，同时你又忽视了一个根本的困难。要想获得你的纯粹普遍性 ABC—*def*，你就必得要使用一个省略的过程，这便是说，一开始你就使用了“差异法”，而这个差异法却更不可靠。你的前提，“实在是 ABC—*def* 和 BC—*ef*”都不过是一种抽象的结果，这些因素本来都出现于许多错综复杂的细节之中，而我们却把它们分离开来加以考察。这样原来的做法究竟有什么根据呢？你怎么知道你所抛开不算的细节便毫不相干，没有这个细节，实在仍旧是 ABC—*def* 和 BC—*ef*，跟以前一模一样？如果说前一难点可以直接打击差异法的上层组织，那么后一难点便可彻底摧毁它的全部基础。由此可知省略的结果不能不引起我们极大的怀疑，现在我们必得满足于这样一个结论。

不过无论有效也好，无效也好，抽象确乎是一种推理，但并不属于前面所说的任何过程。

第二十五节。(G)我们要说的还没有说完。我们在本书第一卷中，曾经提到选言判断[24]含有一种潜在的推理，现在是应该给以详细说明的时候了。我们可能认为如果把这里画的过程还原为三名
413 词推理的形式，那就比较容易解释。“A 是 *b* 或 *c*，A 不是 *c*，所以它是 b”，我们可以说这里的推论是三段论式的，应该归入下面的类型：“A 非-*c* 是 *b*，A 是 A 非-*c*，所以 A 是 *b*”。但这个企图是徒然的，因为[25]还原必得预先假定相互代替的成分都是说得一清二楚，作为彼此排斥的选言肢而出现。然而我们如何可以获得这样一种确定的说明，这一问题却仍然没有解答，而且我们还将发现这个确定的说明仍然来自一个推理，不过决非三段论式的推理。三段论式根本不能代表选言推论的精神和原理，它只是表示这种推论的产品与结果的一种人为的、模拟的方法（第四章第六至第七节）。

第二十六节。在时间上和在观念上，它的前面先已有了一个真确的过程，我们必得研究一下其本来的状态如何。我们知道 A 可以是 *b*，也可以是 *c*，又可以是 *d*；我们知道它决不能是把这三者都完全排斥掉的东西；所有这些我们便可以称之为我们的出发点。接着我们了解到 A 不是 *b*，所以我们遂断定它的着落一定不出于 *cd* 的范围之外。再进一步，我们发觉了 A 也不是 *c*，于是我们遂断定所以 A 是 *d*。这里我们很明显的有了一个推理，但是它的作用究竟是怎样呢？它的作用实际不过就是将一定主词的各种可能的宾词逐一加以消除，直到剩余的成分本身完全一致[26]，最后遂从这个剩余的可能性立即进而确认其实在。所剩下的唯一的可能性便成为事

实了。

我们的推理不是从这样的大前提得来，例如“凡非 *b* 亦非 *c* 者必为 *d*”，这样的大前提并不能做我们结论的证明。相反的，我们这种观念实验的过程正好证明这个大前提。我们知道 A 不是 *b* 也不是 *c* 而必得是 *d*，只是因为我们已经试验了，并且看出了 *d* 成为最后的结果。可见假若我们确有一个大前提的话，这个大前提就一定是这样的原则，即剩下唯一的可能性必得就是真确的事实。但这样的原则也决不是作为一个给予的前提，我们并不是因为先知道了这个原则是真确的，才照这样推论。我们乃是因为先已照这样推论，所以才知道这是真实的，这个原则本身便是我们观念实验的结果。

第二十七节。而且就连这个原则也不是怎样根本性的东西。因为它暗中含有一个判断作为它的先决条件，就是，我们已经毫无遗漏地列举了 A 的各种可能性。我们的推理少不了的一步便在于肯定 *b*，*c*，和 *d* 代表 A 的整个范围，A 的下落（假如能有下落的话）
必得在此范围之内。但是选言推论最初的形式却不需要这样一个 414
初步的说明[27]。与 A 有关的各种不相容的提示呈现于心灵之前，在一场观念的角逐之中，获胜而残存的提示便被认为事实。因此我们遂直接作出断言，而用不着声明我们先前的否定已经把主词的成分穷尽无遗。这个过程我们在讨论到低级心灵推理起源的时候，还要转回来再说，现在我们只须对这个初期推理作用所依据的原则作一个简单的陈述。

这里面有一个公理[28]我们不断地加以利用，虽然我们也许很少意识到它的本性或存在。我们都假定了一切提示的观念全是真实的，只要它们没有被排斥。如果一个观念的内容不符合实在，那它就不是事实。其次，如果它跟另一个内容不相符合，那么两者现在就都还不是真实的。凡是提示的观念大体上总是可能的，但是假若找不到任何东西与之抵触，这个观念我们便会认为是真确的。所以一切提示都是真实的，除非它们遭到反对；一个提示如能在观念的实验中保持其自身，而消除相反的观念，这个提示便**证实了**它自己正确有效。各种观念好像互相竞争似的，最后残存的也是最适宜的，**因而**它就是真理。这实在便是选言推论根本精神之所在，我们对之当然不能免于怀疑，当我们探讨由此假定而产生的过程效力如何的时候，尚须慎重考虑所有这些可疑的地方。但是这里却只须指出一点就够了，即我们又发现了一种作用，并不是三名词的推论，却分明是一种推理。

第二十八节。我们不妨暂时停顿一下，先来看一看这个原理活动的范围。任何一种判断，只要经过简单的改变，都可成为一种推理。我们只须提出一个反对的观念，或假设实际真理不是这样，我们原已有了的宾词马上就会排斥那个提示，再回转来显出它自己**必得**是真确的。这样，它就成了实在，**因为**它必得是实在；而且是一个**必然**的真理，道理就是它已经加入了一个观念实验的角逐场而终于胜利归来。这个过程似乎是很琐细的，它只是兜了一个圈子；我们又回到了原来出发的地方，必然性的宾词只不过加上一个空洞而
415 无意义的形式，等于说“它是如此，因为它是如此”（参看第一部第五章第二十九节）。我们先把我们的判断降低为一个单纯的观念，然后再借判断的力量来申述这个观念。不过这个过程适用于判断固然是循环的说法，一旦适用于单纯的观念便大不相同。试就任何一个观念来说，不管它是怎样，假定你用它来说明实在的事物，并

发现它是相符合的；然后再把它和其他相抵触的观念对立起来，看出它战胜了所有反对的提示，于是你遂终于断定它的实在——这样一种令人诧异的过程显得并不受到什么限制。但是不管有效抑或无效，这确乎总是一种推理。无论我们明白说出所有的可能性都已列举无遗，还是简单地忽略掉这一可能的表述，在这两种场合，我们都是一样有了一种推论，不过是不能归入任何其他类型的推论。

第二十九节。我们还可以指出，所谓间接证明或归谬法的推理也就属于这一种类，因为不管它所可利用的中间步骤如何，归根结底总必依靠一个选言结构。它就是从一个宾词的否定过渡到另一个宾词的肯定。而这个转变也正假定了没有其他可能的宾词存在。随伴着间接方法之应用而产生的大量错误推论，主要都由于这个事实太容易忘记。各种哲学论著中常见的拙劣逻辑，大部分便在结论所根据的选言判断过于草率匆忙。[29]也许没有一个著者能够希望完全避免这种差错，因为这一过程大家使用的机会最多，有时不由自主地便会这样做去。

第三十节。(H)现在我们只剩下了古老的所谓直接推论[30]未说。这种推论本来成为问题，可疑的不仅限于它的程序的本性及其原理，而且是否真有这种推理存在也很值得怀疑。如果仅乎是同义反复，或词字的重新安排，而并没有改变原来的观念，那就不能够成为推理。然而有些直接推论便恰是这样。例如从“A 是 B”而推断“有些 B 是 A”，这就很可引起怀疑，如果我们再说“B 等于 A 因为 A 等于 B”，或“A 必在 B 之左，因为 B 确乎在 A 之右”，那就更加可疑了。在这些场合，我们都可以问一问通过这一过程究竟得到了什么新的结论。另一方面，如果给予了 A 是 B，有人便说“非 A

416 是非 B”，我们也许拒绝承认这句画蛇添足的断语。[31]如果有人说，“非 B 就是非 A”，我们就更可称之为很坏的推理，或者根本否认它是一种推理了。

像这样的例子是否真的成为推理，抑或仅乎是绕圈子说法，我们也无需吃力不讨好地逐一加以探究。因为这种争论实与逻辑原理无关，我们只须指出，假定直接推论有其效力，那么我们已经举出了这种论辩所能有的各种类型。无论如何，这样的论辩并不能使我们已经说过了的推理的种类有所增加。

第三十一节。所谓推理如果只是重复原来出发的断语，那当然就是没有告诉我们什么。譬如由 A=B，经过一番证明的手续而得出 B=A，这一过程便毫无意义。两个场合所表明的都只是同样 A 对 B 的关系，至于你所采取的这两个名词先后的次序确实全不相干。这里面所作的改变仅乎是心理的，而决不是逻辑的，其所造成的不过是字面的不同罢了。

我们还可以举一个例子，其过程似乎也很可怀疑。下面的问题便不容易回答，“没有一个 B 是 A”是否即系“没有一个 A 是 B”的单纯的重复，或“有些 B 是 A”是否真的比“A 是 B”更进了一步？但是假定这些都是推理，它们便都可归入我们已知的类型里面去。如果给予了一个真理，你看出了它暗示或包括有另一个真理，这个过程其实就是分析之后再加上抽象。与此不同，还有一种选言推论。例如，要察觉到非 B 就是非 A，这时便须作出一种实验，超乎“A 是 B”的观察的范围之外，这一过程在这种情形下就变成了间接推论或归谬法。以下让我再就直接推理，作一个详细的说明。

第三十二节。假如我们先来考查一下从肯定判断得出来的直接结论，我们便可发现它们许多地方会引起我们的奇异。单是“有些”一词所含的暧昧性，便足以使传统逻辑丧失体面；在这个暧昧性的后面正隐藏着一些不可究诘的成分。让我们把它当作实然判断来看。“一切 A 是 B”，我们可以提问，除了这个同样的关系而外，直接推论还能给予我们什么呢？我们不妨先从外延方面来理解这个判断，把它看作“一切 A 就是一切 B”，如果改为“一切 B 就 417
是一切 A”，这是不是可以告诉我们什么新的东西呢？难道这就不是原来的关系了吗？或者假定你已经知道这些 A 是 B 的一部分，当你明白了 B 的一部分便是这些 A 的时候，你是不是多添了一些知识呢？其次，假若从“一切 A 就是一切 B”，规定了我必得引出这样的结论，认为它们至少是那些 B 的一部分，那么我就要请教一下，这样一个可疑的公式到底能有什么意思呢？假使这就是说一个集合体看为每一个成分便是分立的成分，即假使我看见了 a，也看见了 b，又看见了 c，那我就必得看见了每一个——试问这样还成什么推理？假若这就是说凡符合于一组事物的东西，亦必符合于这一组的某些或每一成分，那么这个推理还是兜圈子，而且这里的所谓一组大概也不是从外延方面来理解的。最后假使有人要替我这样解释，即因为我明确了每一个，当然至少亦必明确了某一些，这一点纵使我不能确知每一个的时候也可以是实在的，那么我就一定要回答，照此说来，岂不是暗示我应该要怀疑我的前提是否确实可靠了吗？

再假定你不从外延方面来理解这里的宾词，如果你这样说：因为一切 A 都具有 B 性质，所以有些东西具有此性质都是 A——这样我实在也看不出你在哪里前进了一步。你早已知道了有许多东

西具有 B 性质亦必连带具有 A 性质，除此而外，你还多懂得了什么别的东西呢？你所说的“**至少**有些 B 是 A”，根本就不是一个正面的结论。假若这不是同义反复，也不是彻底错误，那么就是对你自己的一个警告，要你**不**作某一种推论。这句话就是说，“我有了一定的关系，不能越出它的范围之外，如果不用‘有些’两字当然是粗疏鲁莽，而要改成‘至多’两字又不免显得毫无根据的失望。这个真实的心境乃是一种狐疑不决的希望或怀着期待的无知”。但这总不是推论，即使是推论，这个推论也等于同时断定我们决不能够作出一个推论。

如果我们保持它的直言的特性，按照内涵来理解这一整个的判断，也不会有更好的结果。这是事实，属性 B 一定随伴着主词或属性 A。从这里出发，无论你怎样变换花样，是不是能够得出什么超乎空洞的重复以上的东西呢？单是插入“至少”两字是没有多大用

418 处的，因为这只能提醒我们想起我们**没有**说出，而且也决**不**能说出的一句话，就是，B 断不能离开 A 而被发现。但这实在不是作出了一个很好的推理，而只是要阻止一个很坏的推理。

假若你回答，“阻止一个坏的推理也就是推理。因为我如何知道我的推理是坏的，如果不是我先已作出了这个推理，然后又把它跟我的观念实验中的材料相比较？我所说的‘**至少**有些 B 是 A’，实在还意味着**仅仅**只是一种可能性。关于这一可能性的知识对我来说决不超过，也决不能设想为超过可能性，如果不是通过一个推理，我如何能够得到这样的知识呢？”那么，我可以指出，我是能够接受你的论点的，因为现在你自己也已承认了你的结论不是**真言的**，而只是**假言的**了。

第三十三节。这里的真相是，如果你只就直言的肯定判断来说，你的换质变位便不是合理的，而仅乎是文法的。能够成为真正推理的唯一的变换便是模式的变换，而这种变换却必须原来的判断具有假言的特征。这个最后一点用不着多说，以下我只是要来证明假言判断可以改变其模式。

它不可能有任何其他的改变。譬如“给予了 A，便会有 B”，在这个判断中，你就是以 A 作实验，而结果获得了 B。但是你不能单是取出 B 加以实验，从而得出它对 A 的关系。这一点我想是很明显的，如果我们在失望之中拿出我们的老办法，使用“至少有些”等字眼，那也不会使我们前进一步。这样，我们只不过说明，“给予了 B 你就有 A，如果你假定一种场合 A 产生了 B”。这纯然是同义反复。

真正的结论乃是“B **可以**是 A”，但这还是可以归原为单纯字面的变化。如果你从“砒素可以造成某种征候”出发，断定“这些征候可能由砒剂而来”，或者从“任何一条狗子都是一个哺乳动物”，推出“一个哺乳动物可以是一条狗子”——这时你可能仍旧停留在这样一种境地，不是陷于虚伪的推论，便是空作无用的赘言。你的用意当然是要超过原来出发的真理，并不满足于这样无力的结果，光是依据砒素曾经引起这些征候这一条件，遂而认为这些征候便由于砒素而来。实际上你的意思乃是说**它们可以是也可以不是起于砒素的，但是你却有某些理由可以断定它们是如此**。这才是要点之
所在，因为你并没有直接判断有关真实的事实；你没有作出一个荒 419
谬的引申，断言给予了某些别的药物，也可以发生同样的征候；你也没有凭着一个传统的但也是无力的方法宣称：因为砒素是致命

的，所以服用它至少是死亡的原因。这都不是你所要说的话，如果有人理解你有那样琐屑而不恰当的意思，也许会使你很不开心。你的真正的判断乃是关于你自己信仰和不信仰的根据，不过是间接关于事实的说明。说死亡可能由于砒剂而造成，这句话的意思也许就是说，在死亡的各种可能性之中，别的情形是不知道的，我们可以特别举出这一种来。你所要说的大概就是这句话，不过更可能你的意思还不是这样。因为你原先并不知道砒素是可能致死的原因，除非你有更多的理由相信这个甚于相信任何其他的情形。但是现在基于砒素确能造成死亡而且具有一定的征候，从这个知识你当然能够作出一个推论。当你探求死亡最可能的原因的时候，你就有理由可以强调那个特殊的因素。在一切可能性当中，只有这个力量最大，可以有决定的作用。这些征候可以属于也可以不属于砒素，但是对于前一方面，至少我要考虑到砒素是确可产生它们的。所以有利于砒素方面的盖然性较之任何其他原因的方面为多。我以为这才是你真正要说的意思。

既然换质变位具有这种模式的特性，它便显然暗含一种推论建立于各种可能的选言结构之上了。

第三十四节。这样由确定性到盖然性的论辩，我想才正是肯定判断变换的真义之所在。也许有人告诉我们，这种变换和反对关系并非如我们所指摘的那样空洞，而是一种很有价值的教育的方法，所以正统逻辑在这一点上不能认为完全错谬。我可以回答，这里正统逻辑所提供的理论是最荒谬不过的，但是可能不无用处，因为人们对它的误解反而使它成了几分合理的东西。应该说，教会一个学生懂得，从“每一条狗是一个哺乳动物”，可以断定“所以有些哺乳动物是狗”，根据这个又可以作出下一得意的结论，“有些狗是哺乳动物”，这是不可能给他多大好处的（参阅陆宰《逻辑》第81节）。420
我总认为这样反而不如使他知道，除非有了特殊的情形，决不能直接从属性推出主词或从效果推出根据，也许还要来得更好一点。我们可以告诉他，前者的出现对他的心智固然是一种标志，大体上增加了后者的盖然性，但仍旧不能证明它的现实存在。这才是他必须要学习的东西，如果他不甘居愚蠢而真的要有所学习的话，即使他嘴里说的又是一套，这一点他也非学习不可。这里恰和在其他的地方一样，也是就无学的职业理论家来说的。这种人似乎坚决要保持迷信和荒唐，当作真理来传播。

第三十五节。如果谈到否定判断的变换以及换质换位变换法，以上所作的指责便不能不略加修改。不能说在这个新的范围之内全无琐屑无谓的成分，但另一方面也不能认为除此而外便决没有别的东西。从“A不是B”过渡到“B不是A”似乎有了一个真正的转变。毋庸置疑，这里也可以引起问题，也许有人说我们先已知道了A和B是不相容的，现在我们不过又知道了B和A不相容；我们这样所得到的确实是同样的关系，只是有了一些文法的差异罢了。这种看法我以为是不对的。确实，在否定中，我们可以说是使用了我们所有的两个名词进行实验，而在肯定判断中我们却仅乎使用了第一个名词。可是这个否定实验所得到的结果，实在不是A和B的不相容性。我们所发现的乃是，给予了A，B就不可能出现在那里；但是假定有了B，又将是怎样，我们便毫无所知。因此，这样得到的大体上还是一种片面的、单方面的关系。

我们怎样可以掌握到这个真理的另一方面呢？可以确定，这是不能凭着任何一般原理所能做到的，因为那个原理本身先须要从这里成为问题的过程里面产生出来。这个过程必得形成另一次的实验，把 B 当作真实的，再提出 A 来和它相印证，终于又发现了一种排斥的情形。这样的推理本质是很可怀疑的。我们可以把它看作一种新关系的明显的知觉，乃是从一个暗含的整体抽象得来；但是我却宁愿把它当作一种间接证明的方法。假定有了 B，则 A 或是被排斥，或是可能的。首先假设它是可能的，那么 A 就可以是 B ；或
421 者 B 也可以是非–B，因为 B 能够是 A 而 A 不是 B。这样，我们便是间接证明了 B 排斥 A，这两个东西是不相容的。正是凭着同样间接的过程，我们也才能够从效果的不存在推出根据的不存在。

第三十六节。由此我们很自然地说到换质换位法，这里面无疑我们也有真正的推理。给予了“A 是 B”，我们就能够确定非–B 便是非–A ；可是我们却不能说是直接看出了这一点。这个过程是间接的，靠着选言结构的作用。非–B 必得是 A 或者非–A，但 A 是不可能的，因为给予了 A，我们必得有 B ；结果这便无异于说 B 可以排斥其自身，或 B 不在又必须在。由此可知“非–B 是 A”不能成立，剩下来的只有唯一的可能性，所以这就成了真确的东西，即非–B 是非–A。我们当然希望能有一种更好的推理，不像间接推理一定要依靠所列举的选言肢包括无遗，但是这种希望却很难实现。

第三十七节。最后我们可以说一说所谓附加定语的推论。假若我们确认了每一个黑人都是我们的同类，那么我们就可以推定一个黑人受到苦难，也就是我们的弟兄在受苦难。现代人的成见认为这个真理是一种同义反复，不承认有这样的推理存在；但与此反对，还有一个道德上的成见，就是一面承认这种推理过程的存在，实际

上又否认它的结论。这一过程在形式上确实是有缺点的，因为附加的因素与其所附加的各名词，可以说是形成了一种化合，也可以成为两个互不相容的成分。譬如撒谎是一种不好的行为，如果说有德性的谎话是一种有德性的恶行，那就只能是文法修辞上的说法了。同样“朋友是受欢迎的”，但是“朋友在苦难中”便可以使得加上去的相同的定语有所不同。这个推论的形式显而易见是不能成立的，所以最好还是把它归原为以下两个主要的类型。这两个型式头一个就是“A 在任何条件下都是 B，C 是条件制约了的 A，所以 C 是 B”。另一型式是依照三段论式的第三格，只是在结论中并不省略中词。“A 是 B，A 是 C，所以 CAB 是真实的”，或“这个黑人是我们的同类，这个黑人受着苦难，所以此黑人就是我们的一个苦难的同类”。

如能这样自由保留整个的结构，另一个疑难的问题也就可以得 422

到合理的解决。“因为马是一个动物，所以一个马的脑袋就是一个动物的脑袋”（杰文斯《科学原理》第 18 页）。如果这种论断不能还原为三段论式，那就是因为三段论式首先使自己残缺了。有了一个脑袋和是一个动物，这两种属性本来都结合于一匹马的身上，你的结论依照第三格便是，在某些情况之下一个动物必有一个脑袋；或者不作省略，便是就马来说一个动物总具有一个脑袋。但这跟杰文斯教授所得的结果比较起来，除文法的形式不同而外，实在没有什么差别。整个的困难都起于我们认为非把中词省略掉不可。

还有维恩先生所说的**略去**定语的推论（《符号逻辑》第 285—286 页），我感到很难提出什么意见，因为我确实摸不着头脑。“‘人是有理性的会死的东西，所以他们都是会死的东西’，这里我们略去了‘有理性的’一词，就是缺少了一个定语。或者我们也可以略去‘会死的’一词，而说‘人是有理性的’”。不过假如我们是这样做的话，这种做法确实没有多大道理。如果我们的结论是以某一名词不生关系之另外的知识为根据，那么这个另外的知识就应该以前提的形式出现。但是如果我们的意思光是依据我们自己所说的单纯的一句话，那我们就根本不合逻辑了。我们的用意可以是说人们“在与‘有理性的会死的东西’相合一之前，现在先跟一个较大的种类‘有理性的’或‘会死的’不确定的部分合一起来”（前引书第287页）。不过这样，我就必得要重述一下前面所作的一段批判（第三十二节）。这就是说我们的推理反而从确定的知识倒退于不确定和无知。换言之，即因为我确知某一事物，正以此故，而且没有别的理由，我反而又不知道它。这当然完全不成话。

我们还有其他的根据可以提出反对。一个判断只要你除掉它的任何一部分，它就可以变成假的。例如“宗教的奇迹假托为事实，其实都是必然的妄想”，我们可以试一试如何省略。或者我们也可拿文恩先生自己的证例来测验一下。如果人不是会死的，他就不是有理性的；如果他不是有理性的，他也就不是会死的。在这两个场合，他都不再能成为人。这种论辩便可证明上述类型的逻辑错误。
423 因为人们如若纯粹是有理性的，不受必然变化的影响，那便要上升到如同天使一般；而如若单纯只是会死的，便要丧失其所以与野兽相区别的预见。这两种可能都会剥夺人性的存在，在赤裸的理性之前，或只有眼前生存的范围之内，人的本性都是不完整的，因而人也就不能存在。

第三十八节。以上逐一说明的所谓直接推理不能成为一种新的推理的类型。它们都可归入前面说过的各类，严格地说没有一个能够称为“直接的”，因为没有一个结论不经过一定的程序。但是如果撇开这些，而谈到本章最后所得一般的结果，我们便可以这样说：我们已经发现了许多明显的推理，根本不能纳入本书上一部里面所提出的公式。我们所列举的这样的过程也许并不详尽，但是已很够证明推理过程一般的本性还要作进一步的研究了。

增补附注

①　“是推理不当”，最好在“是”的后面插入一句“(即使它暗含着推理)”。

②　达到新的性质的推理当然依靠并且按照整体的结构，这乃是一个预先的结论。杂多的名词必得已经成为一个统一体。参阅第二部第一篇第三章第六节。

③　“观念的实验”，这里的分别是有严重错误的，参阅鲍桑葵《知识与实在》第 296 页以下。任何处所，只要明白见出或感知一个结论的必然性，在这个范围内，我们便有了一个推理；除此而外，决没有任何别的推理可言。不管在什么场合都是一样，凡有一个“必然”的地方，那里也就一定有了一个“观念的”的结果。参看附注⑤及第二部第一篇第三章，又索引“实验”条。

④　关于算术推理，参阅索引有关各条，又空间结构，参考“结构”条。至于两下所用推理的本性，可参看编末论文第一篇。

⑤　“因为这个性质……非由这个安排得来”，这句话正重复了附注③所说的错误。无论这个组合是观念的产物抑或由外发现的东西，都毫无关系。在一切情况之下，推理都同样是观念的，否则就是不存在的。

⑥　“这一场合的结构乃由所与的**材料**本身得来”，这是从来所未有，也不
可能有的事。即使各终端名词的同一性已经被给予，一个观念的整体仍然为推 424
理所必要。参阅编末论文第一篇。

⑦　“因而结论也是臆断的”，参阅索引关于“推理”各条。至于有关任意

性的一般问题，可参看编末论文第一篇。

⑧ 这里我不能够详细讨论程度或强度数量的问题。但是我可以这样说，要想否认这个心理事实的一切企图，在我看来都是错误的，而且很明显的说不过去。参考《心学》杂志新编第13号。

⑨ 关于对某种鸽子以及其他动物所作的试验，我所拒绝的当然不是那些事实，而是由那些事实太匆忙地引出的结论。讲到“未开化人”，遗憾的是我已遗失了我的参考资料，而且我认为这个事实也不止于只能有一种解释。参看鲍桑葵“知识与实在”第87页以下。我所要坚持的就是，对于组合或群体的东西，我们在许多场合都能够辨别其较多或较少，而并无严格计数的意味。当然，这也决不是说较多或较少的知觉，能够只限于单纯性质的方面。我完全同意鲍桑葵博士所提出相反的见解（“知识与实在”同上部分及“逻辑”第一册第三至第四章），并承认他关于数的本性的说明大体上都是正确的，读者可以参看。还有我在《心学》杂志新编第13号所发表的一篇文章也可供参考。

较多与较少的知觉我同意确乎暗示有“某些东西和别的东西”，从而暗含着多数“单位”和一个整体。可是我却很为怀疑，在我们达到相等单位更抽象的阶段之前，知道了“几多”或“多少”而与“许多”，“更多”及“较少”相区别之前，我们是不是能够谈到“计数”，实在还是一个问题。不过这个疑问并不影响这里提出的主要的论点，即所有单位离开了整体和整个的性质，到底都是不可能的、毫无意义的抽象。

⑩ 关于任意或臆断的问题，参考附注⑦。不能说如果过程是任意的，推理也一定是这样。这里推理决不是“程序”的本身，而是现于其中的逻辑观念结果的知觉（第十三节）。但是关于“一个同一个”是否以及如何不仅“造成了”二，而且就“是”二（第七节），可参考编末论文第一篇里面的讨论。

⑪ “只是排除了挡住我视线的屏障”，参阅第十五节及第三部第二篇第三章第五及第九节附注。任何作用称为推理都是错误（现在我应该这样说），如果它既不能表明，也不能成为一个实在对象本身的发展。参阅编末论文第一篇。明示一个对象，把它当作完全不动的东西，这种观念的作用就这个对象本身来说，并不能算是一个推理。然而它如果表明了，而且就是那个对象在我的知识之中必然的发展，在这个限度以内，它便可以成为一个真正的推理。但是这里真正的对象乃是所知事物的过程，在一定的条件之下，其本身确实而且必得发

展成为某种结果，这个结果如果以前就已有了，对我也是不存在的。几何上想 425
象的或者看见的，用以证明合一和同一性的“重叠”便是这样的实例之一。这种过程只要你认为它意味着某种事物必得是如此，在这个范围内，那就是一个推理，否则在一定的条件之下，我定然看出它不是这样。参阅附注㉔。

关于算术和空间结构里面对象本身，必须在怎样的程度内把它看作真实运动的东西，可参看以上附注⑩。

⑫ “知识的基础”，参阅第一部第七章第四十九节及第三部第二篇第二章第十三节。这一问题牵涉到真理与实在整个关系的问题，本书并没有提供什么最后的解答。我们所能见到的大体只是，推理之中所含的知识的基础本来是，而且在某种意味上必得总是一个实在的基础。但是反过来说，实在的基础总是一个知识的基础，那就当然未必真确，至少不能直接得出这种结论。这里我们的解答将取决于我们究竟认为实在是在怎样的程度内(a)与真理同一，(b)与知识同一，这个知识可以采取越来越广的意义，直至最后(c)完全与经验相同。可参阅索引“基础”条。

⑬ 比较和区别，参阅索引。我在《心学》杂志旧编第41号及第47号对于“比较”曾有所论列，鲍桑葵博士的论著则登载于第43期。我所注意的主要是关于一种我们可以称之为真实推理的辅助的过程。作为推理的“比较”的本性以及“区别”的本性，在其属于“分析”和“抽象”的范围以内，我已经在编末论文第一篇里面加以讨论。但读者仍须参考鲍桑葵《逻辑》第一卷108页以下，又第二卷19页以下。

⑭ “联系过程”，这样说似乎很含混，如果认为用了“两个”名词便一定暗含着比较，我以为是很难维持的。下面的说法也许稍好一些：“联系的过程，在其含有比较作用的限度以内，便是属于上述种类的推理”。

⑮ “对我们来说是新的真理”，这里我们有了一个很大的错误。对我新不新的问题其实毫无关系。真正的问题乃是对象本身在观念上是否发展成为不同的东西。参阅鲍桑葵《逻辑》第二卷8页。

⑯ 关于“区别”，参看附注⑬及㉒。“由于我们的活动而成了为我们所认识的东西”，这件事本身当然仍非推理的主要本质之所在。参阅附注⑪。

⑰ 认识一词本身就是很暧昧的(参阅鲍桑葵《逻辑》第二卷22页以下)，它的本义究竟如何，值得仔细商讨，不过这里似乎不需要多说。要点就是只要

认识含有一个“因为”和一个“必得是”（有时它是确乎含有这个的），那就一定有了一个推理。可是纵使在这些地方，我们也不一定要有一个作为“前提”或材料意味的中词。

⑱　假言判断（参看第三部第二篇第三章第十节）。这里的要点还是同上面一样，虽然一切假言判断都含有一个推理，但并不一定需要一个中词作为我们眼前的材料。关于假言判断，参阅编末论文第二篇，又第一部第二章第四十节。

426 ⑲　“是一种异端”，关于这一问题，读者可参阅麦特格博士的《黑格尔辩证法的研究》。

⑳　关于辩证法，参看编末论文第一篇。

㉑　抽象作用，参考资料见索引，关于抽象的本质，参阅编末论文第一篇及第九篇，又鲍桑葵《逻辑》第二卷第 20 及 144 页。

㉒　推理本身这里仍然并非“任意的”，至少可以认为一种实在的本身的发展，虽然对象如何乃是一个问题。参阅附注 ⑩ 及 ⑪。

㉓　“我们的材料都是纯粹的普遍性”，这里“纯粹”一词恰如下一段中一样，意思便是“脱离所指杂多的细节”。如果 A、B 及 C 都是“纯粹的而且不含有一切不相干的成分”，在“无条件的”意味中，它们本身便不可能作为单纯的 ABC 而“显露”在一起。

㉔　“选言判断”，参看第三部第二篇第三章第十六节，并参考索引。本书关于选言推理本性的说明含有错误，必须加以澄清。首先指出这一点的是鲍桑葵博士（《知识与实在》第 255 页以下），我在我的《现象》中回到这个问题，希望所站的立场已比较坚实（参阅索引“打消”条）。但是要给选言判断及推理求得一个满意的解释，读者可参看鲍桑葵博士《逻辑》。在本书上册中我已经在第一部第四章附注阐明了上述判断，并在书后论文第一篇里面指出了这种推理的主要缺点——这个缺点是无法排除的，除非我们越出选言结构的范围之外。

以下我就是要把真正的选言推论，跟不能够归入这一类的推理过程区别开来。为了这个目的，让我从一切真实选言结构所必须作出的假定说起。在这里面我们不但需要假定我们所处理的乃是整个的宇宙——在一种意味上所有的知识都是这样做的，而且也必得这样做。凡是真正的选言结构，还要含有另一个假定。这就是说，我们还得要假定作为我们推理主词的特殊实在（无论它是什么)，其本身便是整个的实在，这个意思就是，它便是我们此时此地与之发生关系或可以由之受到影响的全部的东西。上面所说的假定可以是明显的，也可以是或多或少暗中默认的。即它可以就在于，而且起初确实就表现为，对一切其他的东西都完全抹煞。不过在这两种场合，上述假定都同样是必要的；只要是这样，它在原则上便排斥了(以下我还要更清楚地说明)任何诉诸剥夺和无知而产生的怀疑。

在选言推理中，我们的主词所具有多数的宾词，如a，b，c，虽然都是真实的，可以决定它们的主词(S)，但另一方面又是“不相容的”。这就是说，如果就这里所举的例子，认定我们特殊个别化的主词为Sa，那么在这个特质的范围之内，它的本身就必得排斥Sb或Sc。从另一方面看，a，b及c都是修饰限制S的，从而可以决定S的内容，无论正面和反面总是同样的有效。因此a，b，或c的 427
排斥，视一定场合之下有怎样的条件占优势而定，事实上必得是确认S所剩下来的无论怎样的内容。所以否认Sa，Sb，或Sc任何一个特殊化的性质，就是从反面肯定整个S本身此时此地在剩余成分中必然个别化的表现。如果所剩下来的不止于是一个交替的因素，这个表现当然还是有条件的；但是如果只剩有一个因素(不管它是什么)，那它就成为确定直言的东西了。换句话说，选言结构必须假定一个整体具有完全的系统，各部分内容的特性和联系同时在正面和反面已经完满充足，包罗无遗。

凡是选言推理真正有效的地方，它一定(i)建立于上面所说的一种整体之上，其次还要(ii)包含这个整体全部特质的一部分，作为此时此地所给予或假设的特殊化的表露。从这个基础才能引出必然的结论，也只有在上述假设中才能给选言推理找到一个真正的“必然”和“因为”。这个推理过程是有缺陷的，因为这里所给予的整体的特殊化本身，并非全部已经知道包括在内的条件得出的结果。这样S本身观念的发展便为一个虽无端插入却又是少不了的X所打断(参考编末论文第一篇)。然而这个论断除开这一点而外，在逻辑上实在无可指摘。依据所假定的东西，必然得出这个结论。如果你一定要说这里的结论便靠着单纯地诉诸剥夺或打消，那么我们可以回答，这种情形在原则上已被排除。选言推理的基础本身有一个先决条件，就是必得认为“否则”或“其他”的干涉是不可能的。

能够根据剥夺或打消作用和人类的无知而加以反对的，不是我们的推理过程的结果，而是它的基础本身。试问在什么地方（这一点是很重要的）我们的推理所从而出发的根据可以真的包举一切，以至不容许设想除了已经知道的而外，就根本不会有其他的情形呢？假若我们的知识能够成为“绝对的”，对于这一问题我们自可有一个肯定的答复（参阅编末论文第一篇及第八篇）。如此，便不可能有暗示任何“其他”成分的观念。如果我们的知识能够十足齐备、具有完全的体系，这样的知识无论在什么地方都是自足的、无所欠缺的，那当然就没有了可以设想其他情形的余地。但是就事物的真相而言，这样完全系统的知识是没有的，在具体细节中我们一切的知识都只是“相对的”，因此对于上述问题也就只能作出一个否定的答复。只要除开（我们必得撇开）绝对的真理，可以说我们的知识都是不完全的、有缺点的，随处都可合理地提出“其他”情况的问题。因此，选言推理少不了的假定，实在还是完全建立于无知和剥夺之上。但另一方面，我们也决不可忘记，我们的知识（虽然总是不完全的）愈扩大愈统一，则容许合理怀疑的余地与根据亦越来越少。

最后我们可以一探，在可能的“其他”情形单纯被忽视的地方，是否仍然
428 有选言推理可言。显而易见，在这种场合并没有明白说出或理解到，摆在我们面前的范围之内各种可能性都已包举无遗。这里我们能不能说已经确实地，虽则是沉默地，作出了我们所需要的假定呢？我们可以这样说，如果我们对于任何另外的东西一概加以抹煞，使我们的忽视达到完全彻底的境地，这就是说，我们从一个正面的基础出发，从而排除了一切的怀疑，那当然等于作了这样的假定。可是另一方面，这里只要有一点那怕是最少的“其他”的暗示存在，我也认为真正的选言推理便是不能成立的。

说到这里，不能不进一步讨论起有些推论过程虽看来好似选言推理，却仍然可以配不上这个名称。

譬如，有了一个主词 R 受到一定的修饰限制而成为 Ra，我可以企图给 R 找出另一个决定因素 Rb，却终于找不到，或虽然提出了 Rb，经过仔细审查，我又发现了 Rb 并不是真正“其他”的东西，在这种情形之下，我们是不是也在进行一种推理呢？如果是的，这样的推理究竟属于哪一种类？这些问题我以为都是很值得仔细考虑的。

（a）第一，假若我们兜了一个圈子之后，结果毫无所得，我们所有的还是原来的东西，当然就无所谓推理。这里我们找到的仍然是所从而出发的东西 Ra，最后所得的结论完全和先前一样，还是说 R **必得**是 a。

(b)但是其次，这个场合也可以有所不同。因为我们可以得到这样的结果，使自己认悟到每一个判断实际都是一个推理，Ra 所意味的就是：“实在”的秩序就是这样安排好了的，**所以** R 便是 a。这里如果我们不曾确实进行了推理，至少我们总认识到了 Ra 现在是推理，以前也是推理。不过我们只能说到这里为止，没有理由指明这个推理一定是选言推理。

(c)第三，我们也许会发觉这个暗示或找到的“其他”因素(Rb)，在某种意味上确乎是一种“其他”因素。然而尽管这样，它却并不能修饰限制我们的主词，因而在这个限度内，对于我们的判断 Ra 并不发生影响。在这种情形下，我们的判断既没有被削弱，也没有被加强。换言之，我们所得的结果就是发现了 Rb 乃是一个错误。这个错误在我们的认识过程之中，自然是一种真确的东西，作为这样来看，它是有其实在的；但是另一方面，在逻辑上就 Rb 的特质来说，它却并非当作实在。关于我们的发现，如果其所得到的结果仅乎是排除了一个错误，那么在这个限度之内便显然没有什么推理。可是另一方面，这个虚妄 Rb 的提示以及被排除又是我们知识过程的一个必要的步骤，在这个范围内我们又明明有了一个“必然”，一个结论，也就是一个推理。而且这个推理还是一个选言推理，因为我们的知识世界乃是看作一个体系，包含了这个错误的 Rb 作为它的重要而少不得的一部分。这样一来，Rb 便变成了一种反面的东西，它的否定正好帮助我们建立起 Ra 这一结论。当然我们决不能说 Rb 本身现在是或者曾经是与我们逻辑的主词互相一致，或在逻辑上确为 Ra 的一个可能的相异的“他物”。但是关于这个错误的问题究应如何处理，读者可参考拙著《真 429
理与实在论集》。

(d)我们还可以(最后)断言我们的主词必为 Ra 而决不是其他的东西，根据就是假如真有其他的成分，我们一定会已经找出了它。这里我们也可以有一种推理，不仅乎是真正的推理，而且还是选言推理。这就是说，我在这里可以假定我的知识包罗无遗，因此如有任何“不同于 Ra”的东西，那就一定是错误。但是在我的知识世界中，这个某种“其他的东西”，我们也已知道，作为一种错误是可以看作真确的成分的。既然如此，它自然又可视为一个正面的因素，否定了它，就必然得出 Ra 的结果。在这个意义中，这样的结果便是从一个选言推论引出来的结论。

我们决不能直接从剥夺，从无知、不存在或无能出发来进行推理。没有一种推理可以直接建立于这些论据之上，凡是认为它可以拿这些东西做根据的任何想法都不过出于误解。任何推理，只要它是一个真正的推理，在这个限度内，就必得有一种正面的东西做它的根据。这里真正重要的问题乃是，我们必须使用的正面的假定，不管其为单数或多数，究竟在什么程度上可因我们的无知而具有缺陷，以及因未知的“其他”因素可能存在而引起的疑虑，在什么程度上方为合理。关于这个问题，我在前面也已说过了。

现在对于所谓消去法，也许还要再说几句话。这一过程就其在算术及抽象作用中所表现的情况，可参看附注㉑，编末论文第九篇，及索引。这里必须指出的就是，只有在一个整体之中排除某一因素，而且这一整体本身确乎属于选言结构的时候，在这个范围之内，所谓消去法才真正包含着选言推理。因为仅乎在这种场合，被排除的因素（通过上述整体）才能成为肯定剩余成分现在必为实在的正面的基础。至于为什么单纯的**抽象**不能达到这种结果，另一个地方即将说到。参阅上面所举的各种资料。

最后我希望已很明显，第二十七节所述的“公理”乃是根本错误。这里又
538 是使本书受到许多损害的那个关于“单纯观念”的错误作祟。实则任何一个观念，如果确实是一个观念，就必得在某一场所或某种情况之下成为实在。其次，我们现已认识了一个真正的原理，它的地位反为虚伪的“公理”所篡夺。终极的**整体**以及与我们的目的有关的任何从属的整体，都是我们必须认为实在的东西。整体的决定愈能包括及表现整个的宇宙，其完整性愈能个别化于所统摄的部分以内，则此特殊的体现在一切处所亦必愈益成为实在。不相容的“其他”因素之被排斥，也可以说因为不相容而在此限度内被排除，正好加强了剩下来
430 的东西。这个“其他”的成分继续生活于剩余部分所表露的整体之中，而获得正面的反映。这里的过程正好相反于一场抽象的决斗，决不能认为最后胜利完全靠着其所固有的特殊的力量，也不能说是由于外在安排好了的干扰或盲目不合理的偶然的机会所造成。

㉕　“因为”之后应加“如果没有别的理由的话”，参阅第二十七节。

㉖　“剩余的成分本身完全一致”，即不含有互相冲突的可能性。以下“唯一的可能性便成为事实”一语在原则上是错误的，参阅附注㉔。

㉗ “最初的形式”等语，就是说我们一开始马上便，或最后终于在实际上抹煞了任何“其他”的可能性，参考同上。

㉘ “有一个公理”等语，这些话及下文都是不对的，第二十八节大体也错了，参考仍同上。

㉙ 根据我自己经验和错误所获的结果，我可以重复一句，虚伪的选言肢乃是一个最容易犯的错误，极不容易避免。

㉚ “直接推论”，我的说明是不充分的，读者可参阅鲍桑葵《知识与实在》第188页以下，又《逻辑》第一卷第七章及第二卷第一章。主要的一点在我看来就是，没有一个推理确乎是或能够是真正直接的。除非有一个“为什么”和“因为”作为联系，除非有一个观念的整体，得以通过它来实现一种必然的自己发展，任何地方都不可能有推理。当我们察觉到某种给予的事物的另一方面的时候，如果我们不是把这个第二方面看作与前一方面相连，通过并由于某种有关的整体而来，那么这个结果便不能成为推理。可是所有传统的直接推理里面，应该指出，这个根本特点却是找不到的。

㉛ “另一方面……断语”，关于这一点以及否定的变换，等等，本书看法在这里和第三十一，第三十五及第三十六各节，都是错的。排斥的作用根本是相互的，我现在同意这种知觉不应该当作推理。其次，现在我也赞成鲍桑葵博士的意见（《逻辑》第一卷第六章及第七章），在“A是B”或“如果有A便有B”中，这里A和B的关联在原则上都是可以互易的。如果不是这样，那就一定是有了一个不相干的成分，换言之，即A和B都不纯粹，暗中有了一个X隐藏在我们的断语之中。参阅索引“原因”条及编末论文第十篇，又《现象与实在》第362页附注。

关于直接推理这一问题，除了再请读者参考鲍桑葵的著作而外，我便说到这里为止。如果再探讨细节（大家也许都能承认）不过徒劳无益。

431 # 第三章　推理的一般特征[①]

第一节。我们现在的立场可以简单说明如下。并非每一个推理都可使原来各别的成分，通过把它们互相关联起来的结构，获得一种新的关系。这决不是普遍一致的推理型式，尤其显然不能代表推理的本质。观念的程序决非总是建立于几个给予的边端点[②]同一性之上的综合的作用。这样一种结构可以为各种不同的过程所代替，这些过程的本性一部分我们也已知道，但是我们还没有谈到

540 它们是不是能够归原于一个一般的型式。这一问题我们必须留待另一章去研究。现在我们无需乎马上就来鉴定这一大堆纷歧错杂观念的过程，试图将它们约化为共同的类型；因为在我们作这个尝试之前，最好停顿一下，先把另外几个问题弄清楚。

第二节。第一个问题是，我们能不能马上断言推理的本性具有某种一般的东西？除掉我们所已揭示的各种差别之外，是不是还有一些特点可以适用于一切推理？我们回答，很清楚的，我们可以找出这样共通的质素。不管是怎样一种推理程序，它总得是一种活动。这个活动过程[③]必得是一种观念的实验，以某种给予的东西为对象，而把所得的结果一定归之于原来的材料。这里正是同一性原理[④]应用之一例，因为凡是在我们的观念实验活动范围之内符合于某一材料的东西，在某种意味中脱离这个实验亦必符合于那个材

料。这一公式可以施于我们所举的一切例证而皆准，所以很值得我们再从这一侧面来考察一下各种推理的本性。

第三节。在推论中我们总有一个给予的出发点，继之而起的便是一个活动程序，最后使原来的出发点受到修饰限制。如果用抽象的形式表示出来便是这样：起初是 A，通过观念的实验 A 变成了 A*b*，终于断言 A*b* 是无条件的或有条件的⑤真实。这就是说，我们 432
有了(i)几个或一个前提，(ii)一个活动过程，(iii)一个结果或结论。⑥第一是 A^1，第二是 A^2b，最后是 A^1b。凡是一次与 A 相符合的东西即永久与之相符合，而 A 在以 A^2 表示的程序机构中所获得的性质，在一种意味上离开这个过程亦归属于 A。我们现在的目的就是要来检证一下，这个型式是否贯彻于我们所有的实例之中。

第四节。我们的研究可以从因果律开始。不管因果推论与其他推理过程之间存在着怎样的关系，我们总可断定它们具有一些共同的成分。在因果律中，你首先要从所谓“条件”的成分出发，第二步就是一种变动的过程，终于获得一种结果，等到这个结果被归属于原有条件的时候，整个的推理便告完成。这恰和一切其他的推论一样。原来的材料加入一个过程之所产生变动的结果，都是归之于那个材料。因果关系与推理活动都要依靠同一性、相同性，尽管有差异发生⑦，这个同一性之能保持其自身，不是因为它拒绝差异，而正是因为它掌握了那个差异。二者都起于材料的改变，原来的材料发生了变化，但仍然残存于变化之中，并使所有变化都成为它的属性。至于一个原因的效果和一个辩论的结论二者之间的关系如何，我们将在下面另一章中作进一步的探讨。

第五节。现在我们要回到上面所说的任务，把我们一般的说明付诸应用。让我们先来一看使三个名词互相关联的推理，这些推理如此便可以产生一种新的关系。在这等推理中，起初有的是我们的结构里面各自分开的因素，以后才出现了一种结构，最后才有了一个新的关系。例如，“A 在 B 之右，B 在 C 之右，所以 A 在 C 之右。”这里我们有了的是（i）两个空间关系或两组名词存在于空间关系之中，这个出发点我们可以称之为表现成对关系的实在。接着便是第二步[8]（ii），就是把我们开始有了的几个名词综合起来。这样成立的一种结构当然就是差异，但是这种差异却并不能使我们的名词丧
433 失原来的同一性。然后（iii）我们遂察觉到一种新的关系，也就是由结构而产生的结果。但是由于各个名词虽然有了这个结构，仍然保持同一，所以等到有了这个结果 C—A 的时候，它们也还是一样。因此，描写为 C—B，B—A 的实在就是被修饰为 C—B—A 的实在，也就是具有 C—A 关系的同一的主体。在这个结构的里面和外面，我们都有的是同一的主体，而且通过结构得出来的结果也为此同一主体所占有。

再举一个论辩的证例，“A 等于 B，B 等于 C，所以 C=A。”这些名词通过 B 而实现的整个的综合正是我们所说的第二步，继之而起的第三步便是 A—C 另外的知觉。结构的结果便视为它的属性，也就是这样作为宾词来使用；同样，结构本身也被当作各名词所具有的一种属性。A、B 及 C 在这个结构里面还是各自保持其同一性，结果总的结构是发展了，但它们仍和没有这个结构时一样。整个过程的效果只不过表现它们本身的存在。

这一点我们在普通三段论式中也可加以检证。例如，“哺乳动物是热血的，人是哺乳动物，所以人是热血的”[9]里面，我们能够找

出相同的成分。首先是各别的判断都当作真实的陈述给予了我们，我们的实在便显示于“人这种哺乳动物”及“有热血的哺乳动物”这两个综合的归属之中。然后才产生了结构，由这个结构又有了“人这种有热血者”的直观。可是我们用作宾词来说明各边端名词的关系，却决非由外强加于它们的本性。因为过程的效力、变动的结果并没有消除它们的同一性。它们在变化之中始终如一，而接受[10]下差异来作为自己固有的属性和收获。

第六节。在我们从这个结构所得到的不是一个新的内在关系，而是整体所具有的一个性质的地方，上面的解释仍然可以适用。譬如前面所说环绕陆地航行途中，我们陆续发现了许多孤立的因素，这些因素首先互相联结成为一个空间的整体，然后又接着获得了若干性质，于是我们遂理解到这是一个“岛屿”。但是客观的实在现在跟以前都是一样。呈于我们眼前的确乎是不断变化着的图画，从不知道的地方浮现出新的景色，转瞬又消逝于视线之外。对我们的判断来说，它好像是一系列各别的空间布局，我们的论辩便是凭着
这个系列开始。依靠着不可区别的成分所具的同一性，这就可以给 434
我们造成功一个理性的整体，由这个整体表现出某些性质。我们发现这些性质，便归之于显露在连绵不绝的海岸线断片印象之中的实在。毫无疑问，这个实在既在我们的手中经过实验，一定也受到一些改变。它已经不是本来的面目，然而它却仍然是同一的东西，因为它还是它自己而不是别的。它不过是原来的对象，通过我们观念的作用，又加上一些另外的属性罢了。

讲到空间配置的时候，我们可以发现同样的情形。这里我们的前提便等于建筑工人的砖石与灰泥，这两种东西合成的作用与反作

用可以称之为结构，最后造成功的房屋正相当于一个结论。也许有人怀疑我们开始时原有的各种因素，在最后的结果中如何还能保持不变，可是我们思想起来没有别的办法，只能承认它们以某种方式继续存在。否则要说房屋是由这些原因造出来的效果，便一定是假的。我完全知道这个同一性也有它的困难，但是如果要把事物存在看为不连续的，把实在割裂为许多孤立的部分，那就更不容易说得通。因为假如一座房屋没有一定的材料作为建筑工人施工的对象，你就不能说出这种话来，好像有了确定的目标。苟非利用综合判断假定了一种同一性，甚至连有了这座房屋出现你也不能够断言。纵使“实在”发生了变化，存于我们之前的总必还是这个实在；如果实在并**没有**发生变化，那就不会有什么改变；因为假若仅乎只有一联串的差异，便没有了可以更变的东西，那么就连一点改变的痕迹也无从出现了。

恰和这个一样，当我不在外面而仅在我头脑里面，根据任意的选择[11]把各种因素重新配合的时候，这个过程最后所得到的结果也与我们所从而出发的基础相符合。那个原来的基质一直保存了下来，只是获得了一种新的性质，并没有丧失掉它自己的同一性。这个结果是假言的，因为我的自由活动不过是可能的。原因之中某一因素脱离了其他的成分，只能是这个后果的假想的成因，不外乎是我们所说的一个“条件”罢了。

第七节。关于加减的计算我们可以很快地说完。我们有了许多单位以一定的方式排列起来，这便是我们出发的材料[12]。第二步
435 便是要把这些单位加以重新配置，终于发觉它们所具有的另一种属性。这些单位在计算过程中始终都是同一的，并且占有了实验最后

所得的结果。由于我们假定了实验的过程并不能给它们造成什么差异，所以最后得出来的差异便成了一种直言的宾词。各别单位原来带着某一整数的性质加入实验过程，拿出来的时候就取得了另一种性质。可见正因为这个改变，同一主词遂能与前后两个局面或机构相吻合，换言之，即我们着手时所有和最后所获得的两种不同的排列被看作同一的东西。

显而易见，对于几何学我们也可采取同样的见解。所与的材料都是分开来，或者重新配列，或者同任意的新环境组合起来，最后从这个调制手续得出一个新的结果。但是这个实验既不会使原来的材料有所增加，也不能使它有所减少，通过实验的过程我们的材料自始至终还是一样，最后所得的结果便成了它的直言的、突然的属性。

第八节。[13] 在“比较”中，更容易看出同样的型式。原先给予我们的 A 和 B，都是脱离它们彼此之间的关系而言的。继之而起的次一过程便是把它们配合在一起，从而察觉到一种相似的关系。于是这个关系遂被用作宾词来说明 A 和 B，并跟我们的比较活动分离开来。这两个名词都是原样的、相同的，因为它们的变化成为这种关系并非由外强加的结果，也因为它们的同一性在这个变动之中始终没有受到损失。同样的话也可适用于“区别”的推理。

只要稍微加上一点变通，这些话也可拿来应用于辩证法的推理、认识活动以及假言判断。所有这些都是只有一个明显的前提，我们从 AB 出发，使它受到一种观念的实验，接着我们使得出了 ABC。原来的材料遭遇到一种炮制的作用，因而产生了一个结果。但这里又是假定了虽然有了一番综合，却并非由外强制的有所增加；因此，试验的材料还是跟未试验以前一样，而所得的结果便当作它的性质和属性。

说到“抽象”也没有什么不同，我们所据以出发的实在，其性格为 $abcd^1$。这个同一的内容受到一种观念的作用而成为 $abcd^2$，最后变成功了 $a—d$。以此为根据，我们遂断定 $abcd^1$ 也就是 ad，或更
436 直截了当地说，我们所考察的实在就是 ad。但是假如我们不预先默认了这两个不同的格局之中的主词具有同一性，我们的结论便一定是虚伪的了。

第九节。最后在选言结构中，我们还是可以找到这个同一性。这里我们的出发点究竟是言明为互相排斥的选言肢，抑或是单纯可能性的范围[14]，实际上都没有什么不同。我们总是从包括几个可能的宾词一定的范围以内所限制的主词出发。这个主词经受一种作用，缩小了那个范围，终于只留下一个剩余的成分，作为它自己确实的属性。但是如果它停留于这个过程之外，或者消失于过程之中，就不可能做到这一步。它一定要本身主动参加在这里面，又要保得住它的本身，还要带着差异走出来而并不放弃这个差异。

同样的特点也表现于间接推论或归缪法推理之中，它的修饰限制的作用也是要通过被摈斥的提示，（利用一个反对的假设）把“它是”变为“它必得是”。这里存于我们的实验之内及其以外的同一性是用不着说明的。最后还有各种直接推论，我们刚才也已说过，都不能够独立。这都可以归入我们已经讨论过的各种类型，前面已经解释得很明白了。

第十节。这里我们可以得出一个结论：推理就是从一定的**材料**获得一个新的结果。这个结果便是对**材料**加上一番观念的作用而

取得，一经取得之后马上就成为原**材料**的宾词。足见推论一定要靠着一定的内容在心理实验之中与那个内容在心理实验之外所具有的同一性。在这整个过程中，我们又一次发现了个性化的要求，恰和我们以前在中词结构中所察觉的一样。我们也已知道，中词结构如果不能把各边端名词连结于一有个性的整体之中，那就决不足以给它们得出一个新的关系；同样，这里所说的整个过程如果不具有个性或个体化，也不可能造成一个结论。而它所以能成为个性化，便由于贯彻在那个内容之中的同一性，把最后的结果和最初的出发点连为一体。我们对于什么是推理这一问题，至少可以提出如上的答复。但这只能算是一个答复的端绪，以下还要继续指出一些重要的区别，以求进一步的了解。

第十一节。并非任何或每一个心理活动都能恰当地称为推论。437
假使有人提出这等要求，那是站不住脚的，但是这个要求的本性却很值得我们来研究一下。也许有人认为我们以上的说明不啻默认了那样的见解，他可以说“每一个观念的作用岂非都是从一种**材料**出发，在这个**材料**上面实现某种观念的过程，从而产生一个结果吗？试以判断为例来讲，在判断中我们便是有了一个实在，再把一个被提示出来的内容归之于那个主词，使它受到修饰限制。这就是一种观念的活动，而且这个活动之所实现的变化也非它所得而创造或建成。最后的结果仍然归属于原来的**材料**，而这个归属也是通过一个观念的作用。”对于这种错误的看法，我们必须予以一个简单的回答。

第十二节。这里面有两个问题，我们决不可加以混淆。这两个问题都是探询判断是否即为推理，[15] 但探询的意义却有不同。[16] 第一个问题问的是一切判断是否都暗含着一个推理，换言之，即是否每一个判断都先行假定了，并且就是上面所说的那种推理的结论呢？这是第一个问题，第二个问题很不相同，它所要问的乃是，每一个判断本身是否**即系**一个推理，离开我们直到现在所称为论辩的任何过程而独立？我们先从这后一个问题说起。

举一个例，假定我们有了这样一个观念过程，以 X 为对象，而把一个单纯外来的提示 y 附加于其上，因而断定 X—y。我们能不能说这就是推理呢？毫无疑义这里也可以说保持了一种同一性；并且最后获得了一个判断，亦即以某种新的东西来表述原来的**材料**，这也是没有问题的。同样无疑，这也是一个观念的活动。但是尽管如此，这却不是一个推理。结论里面归之于 X 的 y，在任何意味中都不是凭着某种作用**从 X 取得**的。它完全是由外面附加上去的，正因为结论里面所表述的结果并非**从**出发点得来，所以这个结果也就不能成为一个真正的结论。

第十三节。我们把一个提示[17]跟实在这样任意综合在一起，所用的宾词实非真正来于原有的**材料**。因此，它便缺乏了为推理所具有的一个根本的特质，不是依靠前提，并从前提里面引出来的结果。

438 但是我们还可以换一个方式来为原来的论点辩护，我们可以说判断乃是这样一种推理：先有了(i)一个实在连同一个提示，除了这两个而外，还掌握有任意连接的权力。这三个因素便是我们的前提，同时我们还有(ii)这些因素实际的结合，由此遂产生了(iii)宾词和实在的综合，这个结果也就是一个结论。不过这个变样的说法还是跟头一个解释同归于无用。因为第一，这个判断就决不是直言的。在这一点上，它恰跟自由的空间排列相同；所以这里的推理，假如真有一个推理的话，也根本不是单纯的断言 X—y。它不可能超出“如果X受到某种方式任意的处理那就会变成为X—y”的范围之外。这就也许没有一点意思。因为在空间排列中，**材料**的组合还可以产生一个新的性质来，可是这里相反地却只能造成功它们的组合。我们思维的过程结果只能写成这样：“如果 X 是 X—y，则 X 必定是 X—y。”这就似乎看不出有什么推理可言了。

第十四节。以上所说的问题都很乏味，然而我仍然要继续讨论下去，便因为我们所能找出的答案都可对我们的一般理论投射一线光明。直到这里为止，我们也已知道判断不是推理，一个过程如果除了一个判断而外没有别的东西，就决不能成为推论。现在我们可以再来讨论第二个问题：是否每一个判断都是推理的一**部分**？换言之即，是否判断一定要预先假定一个必须称为推论的**过程**？一个断言是否总是可以看作一个结论？这确实是一个相当困难的问题，以后我们还得转回来细说（第六章十五节），这里只须简略地一谈。

第十五节。有些判断，我们知道，确乎包含一种推理。前面也已说明，假言判断[18]就是如此，因为 A 是**实在**这个假定本身便是加于内容之上的一种观念的作用。A 一经与实在相连结，立即发现一种综合的机能，从而表露一种新的关联。其次，还有一般超出表象之外的判断——我的意思便是指着可以使我们有过去或看不见的现在的知识的那些感觉的延长而言——它们当然也都属于推理的性质。我们已经知道这些判断都含有一种观念的程序，正因为如此，所以我们才称之为“综合”判断。除开这些而外，最后还要提到关 439
于呈述现在知觉一类的判断，也就是所谓“分析”判断，就连这里我们似乎也要靠着推论的作用。这些断语都建立于一种割裂的过

程的基础之上。它们不外乎是抽象的结果，而抽象我们现在也已知道其实就是一种推理。唯其如此，我们就更有根据可以认为判断和推论的作用是分不开的了。

第十六节。但是另一方面，我们又有理由可以否认这个正题。我们可以说，"即使承认每一个判断都能通过一个反面的提示[19]变为一种推理，仍然不能说一切判断都容许这样的做法。第一，这种作用可以完全是循环式的（参阅第二章廿八节），因而也是虚妄的；其次，撇开这一难点不说，还有很多的场合，连这个作用也是根本不存在的。这等场合在此限度内自然谈不到有什么推论。说到这里，还有一个更为真实的困难。我们可以承认一切判断虽然不一定能够组合，但至少总有割裂的作用。可是由此决不能就认为它们都包含着推理。本来'割裂'一词就很模糊，因为你可以实施这种活动，也可以仅止接受这个活动的结果。这就是说，一个判断可以从某种给予的东西出发，在这个东西上面通过一定的活动，就能抽出一种隔离的和抽象的产品，这当然很清楚的便是推理；但是另一方面，一个判断也可以不加选择，而只限于接受。如果原来的整体没有给予在判断之中，如果判断仅乎采取一个外来的提示，而这个提示本身就是割裂的，那么，我们的结论所表述的虽然是一个抽象，我们还是不曾作出抽象，从而这个结果对我们来说也就不成为一个结论"了。

第十七节。[20]我们还可以接着说："你应该这样看。除非你从一个给予的东西出发，[21]并且除非这个给予的前提包括一个判断，* 你

* 这句话必须结合第六章第十五节的说明加以理解。

就决不能够进行直言推论。现在又说一切判断都要靠着推理，这样岂非无从得到一个普通的判断？要想避免这个循环论，唯一的办法是从不含有推论的判断着手。这也并非不可能，因为你可以得到这样一个结果，它含有选择作用，然而你自己却没有进行选择[22]。传递到你的心灵之前可以有一个抽象的内容，虽然你对本来的原料并 440
没有加以处理。我们得自别人的见证便是一个实例，其次，除了别人理智的推论而外，我们还有自己的感觉。归根结底，判断总得要靠着感觉的提示[23]，而这些提示决不是均匀一致的，我所感知的没有固定划一的东西，我们所接触到的根本不是一个平面；所有的判断都不是无缘无故而自来，或随便形成各种自发的联结。假如这样是可能的，那我们就能不用推理而推理了。但这当然是不可能的。在判断尚未出现之前，感觉的提示里面先已有了一些显著之点。A的地位超出一般水平之上，还有 B 也跟着它一样高高升起。它们两个一起敲判断的门，并被接纳了进去，其余的都被挡驾。结果就造成功了一个观念的综合，一种理智的抽象但这一过程实非理性的选择。这仅乎是一种自然的选择，我们所看见的只有适者生存，而最强有力的成分便是最适合的成分。因此，这里的结论对理智来说，不过为机会所造成。心灵并没有掌握论辩的说服力，而只是为感觉的坚持和强调的力量所屈服。”

第十八节。我们对于“判断都是推理”这个主张的回答就这样；在另一章中我们还要审查一下这个否定的价值是怎样。但是现在我们可不能停下来详细考察这一点，只好对这些问题作一个简略的、局部的答复。如果**单纯的**判断都要抬高到推理的地位的话，那么一切判断便都不是推理。这是可以确定的。但是如果你要问到判断是否预先假定有了推理，简言之即这两种作用是否为同一机能不同的阶段，那么我们现在还不能提出解答。不过我们也已揭示了一些理由，至少暂时可以认为这两种东西是各自分开的。

这就是说，判断并非推理，而推论和理智作用也不是同一回事。[24]现在我们必得换一个范围较狭的问题来讨论，就是，是否一切复原或贯通的作用都可以称为推理？

第十九节。[25]每一个再现都显然是这样一种心理功能，从一定的基础出发，获得一个新的结果。所以有些再现很自然的就是推理。当 AB 被给予了的时候，C 即随之俱来，并作为宾词归之于
441 AB，在这些地方我们当然有了一种为我们现在所熟悉的推理。通过这个过程而产生的是一个观念的整体，从这个观念的结构[26]便得出了一个判断。如果复原或贯通的作用总是带有这样的特征，那么如果要问它是否总是可以称作推理，这个问题马上就能解决，而且只能有一个肯定的答复。

可是也有许多再现似乎并不带有这种特点。复原的心理作用好像不一定都会产生一个判断。我们发现一个对象可以引起一种模糊的快感，或者隐约的痛苦之情，然而这些情感却不一定归之于那个对象。这些情感的内容不一定跟它们的存在分开来，作为形容词之一种适用于某一事物。它们可以仍然只是我的情感，仅乎是一种心理现象，虽然与我们的对象相连却不成为它的一部分。这样一种过程当然不能称为推理。因为它的结果不曾得出一个判断，在这个过程里面出发点的东西并没有继续存在，保持其同一性而掌握结果所产生的差异。我们只是从它过渡到另一个存在，而这后一存在跟头一个存在都是在同一的水平面上。这种过程一方面是理想的、

观念的[27]，这个意思就是说，它凭着各种普遍之间的联系的力量向前发展。但是另一方面，它又不是逻辑的，因为这个普遍虽由于观念联系而来，却并非用作一个内容，赋予原来的对象，通过这个指谓的作用而特殊化。相反的，这个普遍却可以容许成为一个独立的事实，它的内容与存在合而为一，而个别化的特质则由我的整个心灵状态在心理上所供给。因此这里是没有逻辑的个性化。其所具有的统一性并非通过一个变化的过程而出现于原有材料的发展之中。它仅乎局限于我有所感觉的自我范围以内，结果只能造成功一种连接，而不是真正的结合。[28]

如果认为这个结果最后可以成为一个判断，它可以对我的灵魂里面存在着的这一单纯的连接加以肯定，这样表示异议是没有用处的。因为那样结果便不是从原来材料得出的推理。你可以说我们确乎从材料得出一种连接，但是无论如何那个材料却并不残存于连接之中。所以我们也就没有获得一个内容，没有获得一个宾词，我们所得到的结果不是属于观念的，从而也不能成为一个结论。当你
再从这个单纯的心理事实出发，并继续推求到一个判断的时候，你 442
可以把它当作一个推理，但是这个推理实在不是从你开始出发的内容引出，而是从一个附加的存在事实得来。

第二十节。这里的讨论也许很不容易理会，读者如果感到过于困难的话，不妨暂时抛开，先从下一章读起。因为我们现在还要提出一个问题，虽然很重要也很切当，但是对于理解下文并无多大关系。[29]

我们可以对上节所说这样作答。我们可以承认确有某种贯通的作用存在，它的最后结果不是逻辑的，然而这个过程本身连同它

的直接产品却仍然是一个知性的推理。就这种情形来说，一切再现作用都是推论。

我们在联想论一章中，曾经反对沃尔夫所定下的公式，理由就是再现作用总是超过知觉之外。根据同样的理由，我们现在还是反对把这个过程无论在什么地方都看作有推理的性质。我们所发现的这个过程的统一性，可能与认识的个别性有所不同。但是对于这个结果究竟是不是有了什么误解，我们现在仍可提出疑问，也许这里的回忆和改造归根结底都是纯粹理智的东西。

这一可能的反对的论点，可以说明如下。争论的双方有一个一致之点，就是都承认一个对象过去伴有某种感知，当其在观念上复现或重新呈现于感觉之前的时候，可以引起那些同样的感知。这里的争点就是，这些感知本身究竟可以说是再现抑或是初现呢？直到这里我们都假定了前一解释是对的，但是这样的假设当然大有商量之余地。我们可以说，感知如果不先变成普遍性，就决不能够为我们所回忆；这里面含着一种不自觉的抽象的活动，暗示有理智作用的存在。因为我们可以设想一个对象呈现于我们面前的时候，这个对象连同那些感知都引起我们的注意。这里单纯的注意就是一种理解，暗含着选择[30]的作用和初步的判断，单是这个本身就可在各种因素之间造成一种逻辑的联系，使整个的局面都能够被知觉到，从而现在给予了某一部分，其余的部分便会跟着出现。因此这些感知之被唤起恰如知觉的场合一样，这样一种过程自然就是推理。这
443 些感知确乎作为心理的事实而出现，但这个最后的结果实已落在推理的程序之外，而成为单纯的心理的附加物了。

第二十一节。让我们再进一步说明一下。我们必须记住，每一

个心理现象都很复杂；因为一方面没有一种知觉不带有感知或情感的音调，另一方面每一个感知也都具有一部分知觉的特征，换言之，就是也有一个内容、特质、或我们所认识的性质[31]。现在假定这个感知的知觉性的方面与其对象都为我们所注意，在这种情形下，我们的对象就可以通过推论而使我们所感受的东西回复，用这个推得的内容来补充它的自身。这就是推理，但是它仍旧缺乏它所需要的东西，因为还是没有说明单纯感知的方面。我们可以反问，你怎样可以回到那一方面？假如你还要通过贯通的复原的作用才能做到，那么绕了一个大圈子之后，你仍然不能不承认你所否定的东西，同意有非逻辑的再现了。

这正是问题的所在。我们现在所要提出的主张就是把这种再现的作用看作非逻辑的，不过这样就必得要否定这种再现的存在。那就要得出一个反对的论点，承认这里面回复了的东西不过是属于感受的可知觉的方面，而且直接产生了真确的感知，并不通过再现的作用。这个知觉的方面可以首先由于其所加入的心理的结构而成为特殊化，但这实在并非要点之所在。最要的一点乃是，它可以直接对心灵发生一种作用，通过这个作用造成一种真实的感知，与原来的感知相类似。这样，旧时的感知作为感知，在任何意味中都没有回复；真实的事实乃是，我们的心灵本来就是或者已经成为那样，不需要有再现或复原的作用，除简单的反应而外不要依靠别的东西，便能与观念相呼应，配合起来而产生一种感知或情感。假如这样说是对的，那就可以省掉许多的麻烦。这就是说，感知并非一种推理的结论，而是单纯心理的效果完全存在于推理的过程之外。果其如此，那么，实际的再现作用也就超脱于感知之外，而只能保

持理智的联系的性格了。

第二十二节。我以为这种看法是很值得我们仔细考虑的，但是我也不认为它完全可取。并非我怀疑心理过程的真实性，我相信在
444 某些情况下这种过程是存在的，而且它的存在还具有一定重要的关系。以英国的道德哲学为例来说，关于“动机”一词的意义，所有混乱主要便由于错误的假定这一点。只要我们能够把观念本身和它的心理效果区别开来，这个混乱马上可以烟消云散（参阅《伦理学研究》，论文 VII）。

但是说一个过程存在是一回事，而否认有任何其他可能的过程存在却是另一回事；正是在这一点上我有一些踌躇莫决。我们根据“再现总是逻辑”这种见解，也许就可以说明所提出来的一切现象。这一见解在推崇理智并主张理智第一的人们手上，也许成为一个无往不利的武器，可以简捷爽快地解决许多难题。但是有些地方，这种解释就难免抹煞事实。还有一层，任何推理从再现的东西所具的一般性或普遍的性格出发，过渡到再现的过程逻辑的本性，在我看来都是很成问题的。逻辑的东西固然都是普遍性的，但我实在不相信凡是普遍性的东西就必得是逻辑的。

还有一点也很可怀疑。这样简单化的办法也许言之过早，因为假定我们对于我们自己的本性各种因素之间的关系，已有了一种终极真确的理论，假定我们已经清晰地知道了理智对情绪和意志（如果真有所谓意志的话）的关系是怎样，即使是这样，我们是否就能断定这个武器将继续为我们所需要，而且所有的困难都仍然是现在的老样子？对于这种怀疑[32]我只能顺便一提罢了。

但是这个问题虽然说到这里为止，关于推理有一点我们却可以

肯定下来。单纯情感或感知的结果，还没有归于一个对象，决不能成为一个结论。无论它是由回复而产生的也好，或者不是这样产生的也好，不管怎样，它都不是直接从推论得来。后一场合，它已越出这个过程之外，而前一场合，则这一过程便根本不是推理。说清楚了这一点，我们便可转到另一问题了。

第二十三节。单纯感知的结果，我们也已知道，决不是推理，因为它不是观念的东西。然而**幻想**的结果却可以说往往是属于观念性的。它可以跟单纯情绪和欲望有所区别，同时又可提供我们一种纯粹知觉的系列[33]。既然是这种情形，我们能不能把幻想称为推 445
理呢？

这个问题我们必须简略地一谈，因为它牵涉到一些别的重要论题，在这里用不着细说。我们可以直截了当地回答，没有一个单纯幻想的结果能够成为推理。它不能成为结论，因为它不是判断。无疑幻想的成果也可以严格遵循逻辑的程序达到一定的限度，但是一到这个限度它就会打破原有的程序而越出其范围之外。例如，Ab 可以通过逻辑函数 b—c，c—d 而达到一个想象的结果，但是这个结果获得之后却并不与 A 逻辑地合为一体。相反的，它可以显现为个别的意象 D，而那个意象也不是 Ab 的宾词。它当然与 Ab 保持一种关系，不过一定要经由心理的共存[34]才能进入这种关系，这又是只有连接而并无密切的关联。

这里我们确实没有判断，因为这个结果只不过是存于心灵之中的单纯的事实，它不是一个离开自身存在而指向他物的象征的内容。它是确乎存在的，而且发生一定的关系，但是决不能当作一个非真即假的形容词。其次，我们所从而出发的给予了的 A，也没有残存于这个结果之中，它不能占有这个内容，作为它的属性而加以使用。这个内容打破了它的逻辑的纽带，浮游于心理的空间，跟超乎A以外的存在的东西相接触，而产生了一个独立的实体D。这个实体D本身不受任何外界的约束，一面又与A保持实质的关系。所以在这个对象之中找不到逻辑的统一性，也没有观念个别化的作用。

第二十四节。幻想当然不能毫无逻辑的过程。无可置疑，它的大部分环节可能都由严密的理智的程序而组成。它的序列可以只包含有很少的意象，除最纯粹的象征性观念而外也许并没有多少其他的观念。可是有些地方我们却可以发现连续性的中断，有些地方原材料的同一性完全消失；我们在一定的限界上，可以从归之于我们的基础的某种形容词的内容，转移到不属于它的宾词的一个意象上面去。无论什么地方一碰到这样的破裂，我们自然就是已经离开了判断而入于想象，不是关心真理而是和心理的事实打交道了。[35]

这样的讨论无疑是很有意思的，不过这在大体上实在没有什么
446 逻辑的意义。它首先是在心理学上有关系，其次在美学上也许不无趣味。但是总的说来，仅乎是幻想出来的东西，决不能认为真实，这个大概的区别就可表明幻想是出乎逻辑领域以外的东西。关于这一点，我们在讨论初期推理的发展的时候（第七章），还须转回来再说。

第二十五节。如上所述，推理便是一种观念的实验，可以从一定的基础得出一个结果来。这个结果就是一个判断，其所包含的新的产品便当作宾词用来说明给予的东西。在这整个的程序中，我们又发现了我们在本书第二部里面察觉到为中间结构所必具的同一性。但是我们的探讨尚未达到最后的目的。我们很自然地要求理解这个中间过程。我们一定还要探问，能否就在这里面找到一种中心的同一性？这个问题我们将在第五章中再说，但是在我们能够答复它之前，我们先须考察一下各种推理的类型，假如能够做到的话，最好还要把它们还原为某种更一般的形式。

增补附注

①　关于本章全文，读者可参考编末论文第一篇，也许能得到一个比较正确的见解。

②　“给予的边端点”应为“现在给予的边端点”。

③　“这个活动过程”，“过程”和“观念的实验”这些方面确实属于推理，但其本质总是存于观念的本身发展之中。参阅上章附注及编末论文第一章。

④　“同一性原理”，参阅第一部第五章及索引。这一原理（读者应予注意）是正面的。它便是确认任何给予的内容的联系都可以当作一个“定律”。凡是在你推断或者假定这一“定律”没有受到抵抗的地方，虽然有了变化，旧的联系在新的条件之下仍然能够持续有效。

⑤　“无条件地或有条件地”这个区别我认为**基本上**就在于由 A 引出和不由 A 引出之分。

⑥　“(i)前提，(ii)活动过程”，这个分别是不恰当的，除非错误地把“前提”当作就是狭义的**材料**。参阅索引“前提”条及编末论文第一篇。关于活动过程，就其本身来说，并**非**即是“因为”，参阅附注⑤。

⑦　“相同性，尽管有差异发生”。这里整个的情况，简单重说一句，都是靠着自己发展。 447

⑧　“第二步”，但是这里包含着全部图式以及这个机制（在一定意味中）的观念的整体，实在便是一个必要的“前提”，参考第三部第一篇第二章第六节。

⑨　“哺乳动物……热血的”，这里的主词是“人”，它在一个观念的整体之中，而且通过这个观念的整体，必得作为“热血动物”而发展其本身。一个推

理的主词实际是什么,当然不一定显现于形式的陈述之中。参阅索引“主词”条。

⑩　在“接受下差异”中,“接受”一词改为“认为已有”或“要求”较妥。

⑪　“仅在我头脑里面……选择”,关于“我的头脑里面”,参阅第三部第一篇第二章第五节;关于“任意的选择”,参阅同章第六节。关于空间结构和算术推理,参考同上。

⑫　“我们出发的材料”即作为给予的东西。其次,下一段中所说“这个实验不能有所增加”是不实在的。但是推理的真正主词和另一方面的材料又是不能看为简单同一的东西。第八节第一段“外来的附加”之前可加“单纯”一词。

⑬　关于所有这等过程,可参阅上章各附注。

⑭　“单纯可能性的范围”应该包括对外面任何东西的忽视(参看第三部第一篇第二章第二十五节)。本节对于真正的主词是什么的问题也未加考虑。关于选言推论,包涵“被排斥的提示”,参考同上。

⑮　判断与推理,这是一个难题,读者可参考编末论文第二篇。这里讨论得不完满,请参看第三部第一篇第六章第十一节以下。

这里我应该说明,(i)一个判断不一定要有中介的形式;(ii)在其包含有中介的限度以内,这个中介要想使之成为推理,也必得先成为属于我们各类型当中之一的本身必然的发展才行。否则这个中介就是心理的,而非逻辑的。但须参阅第三部第一篇第六章第十五节。

⑯　这里提出的第一个问题是,“如果把推理看作现在为止所说的那样,是否一切判断都暗中含有这种推理?”第二个问题是,“假如把推理看成另一种样子,是否还能说它存在于一切判断之内?”对于以上问题这里只能回答一个“否”字。因为(a)如果一种推理活动只是停留在外面,而主词不是自己发展的,这个作用就决不是推理。(b)即使试图把一个外在活动纳入主词本身里面去,也不能避免同样的结果。

⑰　关于“提示”,参看索引“提示”条。

⑱　假言判断,参看第三部第一篇第二章第十八节。

⑲　“反面的提示”,参看同上第二十七节,又附注㉔。

⑳　关于第十七节的整个问题,须参考者已见于附注⑮。

㉑　“除非你从一个给予的东西出发”,参阅第三部第一篇第四章第十五节及索引“前提”一项。

㉒　“选择”，参阅索引“判断”及“选择”条。 448

㉓　如果说到单纯的提示，无论出自别人的心灵，或者起于自己的感觉，都只是谬误。事实上不可能有单纯的提示。任何提示之成为真正的提示，乃由于另有一个心灵世界可以接受这个提示而使之变为己有。如此产生的判断必得要靠着一个暗含的整体，从而也就一定成为一个推理。确实，这里的特殊结论乃是凭着一种强制力，在这个限度之内，这个判断便更加不纯洁，它包含着的外在求知条件的分量也更多，而且就建立在这个基础之上。但是中介的方面总是明确存在的，所谓“单纯的判断”（第十八节所说明）不外乎是一种虚妄的抽象罢了。关于这一整个问题，可参看编末论文第二篇。

㉔　“判断并非推理，而推论和理智作用也不是同一回事”，在“这就是说”及“推论”后面都应加“在此限度内”短语，这里所说的“理智的”就是“逻辑的”意思，参看附注㉗及索引“逻辑的”一项。

㉕　第十九至第二十四节我以为确实重要，很值得读者注意，其中所讨论的问题，可参考《心学》杂志旧编第47号，又“论集”的索引“推理”条。

㉖　“这个观念的结构”，应加说明“本节下文将更清楚地予以阐述”。

㉗　关于“观念的”及“普遍”，参阅索引“联想”及“普遍的”各条。“逻辑的”，参阅第二十二节。所谓“逻辑的”过程一定要有一个对象作为主词，就在这个过程之中而且依靠这个过程，在观念上实现其本身的发展。

㉘　凡是一个结合总是观念的，而且一定要通过普遍性，尽管如此，这个过程最后仍可使其自身重新特殊化，不是作为一个真理，而是成为一个事实。所以结果不但逻辑的同一性可以中断，而且这个结果甚至在我们的面前可以完全不再成为“客观的东西”。这就是说，这个过程当它仍然具有客观性的时候，最后提供我们的可以不是关于我们头一个对象的真理，而是另一个客观的事实。其次，这个过程结果还可以成为这样一种东西，整个或部分地根本不是我们面前的任何对象，而相反却是我们感受到的单纯情绪的状态。这里面我们既没有(a)关于我们原来对象的真理，也不是(b)一个对象单纯的变化，破坏了逻辑的同一性。我们最后所得到的(c)在这一点上可以称为赤裸的心理事实。

㉙　这里所提出的问题（第二十至第二十二节）不管答案怎样，我以为都不可能影响我们一般的结论。我在《心学》杂志旧编第47号及新编33号（最后几页上）也说起这个问题。

㉚　关于选择，参阅附注㉒。

㉛　“我们所认识的性质”应加上“或可以认识的”。

㉜　“对于这种怀疑”，这个意思就是，理智不过为我们的一般本性及其规律的一种特殊化的作用和结果。所以归根结底理智不能当作另外分开的东西。参考《心学》杂志旧编第 47 号。

449　㉝　“纯粹知觉的系列”即呈于我们面前的系列，在这个意味中便是真正“客观的”。

㉞　“经由心理的共存”，应加上“或至少通过某种非逻辑的联系或关联”。

㉟　这里我对于幻想只是从消极的方面来加以讨论，并把它作为单纯飘浮的幻念。我们可以确定地说，这样幻想的结果，对于始终发展其本身的主词决不能成为一个观念的宾词。所以就逻辑的目的来说，你可以把这一过程看为单纯的失败，也可当成一个简单心理的过程。这里需要说的便是如此。我所指出的这种“连续性的中断”当然经常是可能的，这也就是我在下文所要唤起注意的一般人容易陷于迷妄主要的缘因（第三部第二篇第三章第二十四节）。

但是我们可以说，纵使毫无羁绊的胡思乱想也总会使我们的面前出现一个对象，在这个限度内，它就是“客观的”。而幻想以某种方式受到“控制”的时候，马上便可带上严格的逻辑性，其本身也就可变得和“思想”相同（参考《心学》杂志旧编第 47 号及《论集》第 362—365 页）。其次，幻想也可受到另一种控制，而成为我们所谓“美学的”幻想。这里我们又是有了一种观念的发展，我们不能不认为它是“客观的”，虽然另一方面它也不是本来意味逻辑的东西。在以上所说两种场合中，严格地说，没有一种过程可以认为单纯心理的。本书如果有任何相反的暗示或说明，都一定是错误，与那个更一般的认为有“单纯观念”的谬妄的见解有连带关系，这种观念当然也不可能是实在的（参阅第一部第一章第十节）。但是美学的“幻想”（再以此为例来说）恰如逻辑的“思维”一样，也是进行抽象，而且必得总是从它的过程心理的方面来进行抽象。每一个过程都是必然的；但是心理的系列的必然性却跟美学的，或逻辑的，乃至伦理的系列所具的必然性有所不同，后三者（由于控制和组成它们的因素）都必得认为更高一等。

美学幻想的结果（我们必须记住）并非狭义的真实。这个结果不是一个主词，在一种单纯观念的形式中发展其自身，从而获得的一个形容词和宾词。美学的产品之成为真实只限于在一个广义的观念中，这个观念同时也就是一个实在的对象。但是因为美学的对象必得称为自存的和实在的，所以虽然是观念的，也不是“逼真”的。它所具有的不止是属于任何真理的东西，如果我们仅用逻辑的眼光来看真理的话。不过关于这一问题，须参考编末论文第二篇。

450

第四章　推理的主要类型

第一节。以上第二章中，我们曾经列举了好多种理智的过程，都可以要求称为推理。这些过程都具有各不相同的中间程序，我们已经看出这便是推论的一个极重要的部分。本章对于许多问题不打算加以注意，譬如，我们将不谈这些过程是否有效，也不管它们终极的本性如何。我们只想彻底弄清楚两三种主要类型的观念实验，也就心满意足了。

564 我们首先可以分清两个概括的大类[1]。我们所说过的各种程序，似乎都不外于综合的结构和分析的消除两种。我们至少可以说，我们找不出任何一种推理不包含这两种作用当中的一种。

第二节。从我们最熟悉的推论的形式中，便可证明这两种作用可以同时存在。例如，从 A—B B—C 可以综合成为 A—B—C，再利用消去法而得出 A—C。可见我们在最后的直观获得之前所作的准备步骤，便包含有两个方面。但是从另一角度来看，这句话又似乎不能[23]适用于**一切**类型的推理。举一个例说，当我们不经过省略而推出一个整体具有某种新的性质的时候（如前面所说我们发现了一个岛屿），我们所凭借的似乎只是一种结构；而在进行抽象中又似乎任何结构也根本用不着。我们分析一个给予的东西，略去一部分，而把剩下来的成分当作宾词来用的时候，更看不出有什么综合作用。但是这一点现在还不是我们所要关心的。这里如果要问到是或不是，以及在什么意味中，某一种作用可以单独生效，这样的问题提出来尚嫌过早，现在只要能够发现这些过程当中有一个到处都可以找得出，我们便可很满意了。我们将把以前所表列的每一个过程归入一类，可是决不要认为这就说明它跟另一类毫不相干。换
句话说，即每一种推理我们都将称之为综合或分析的，但这不过是 451
指在具体情况下某一类型占优势而已。

第三节。(A)我们可以先从结构说起，看一看哪些过程能够很自然地归入这一类型。(i)凡是围绕着一个同一性的中心而成立的各种关系的综合，当然要首先属于这一类。无论它们结果是形成一个新的内在关系，或者仍然联合在一个整体之中，还是得出一个新的性质，不管怎样，它们最显著的特点总是综合。这些可算第一种结构，乃以一个明显的同一性为基础，这个同一性可以说具有一种力量迫使各终端点结合在一起。

和这一种比较起来，所有其余的结构便似乎都是任意的。因为它们当中没有一个备具一定中心的纽带，甚至某些过程是不是存在一个中心也成疑问。决非任何地方都给我们预先规定了有一个观念的统一性。有些场合的过程好像很古怪而难于把握，所得的结论是否有这个过程与没有这个过程都一样可以成立，这一问题必得留到以后再说。现在因为这些结构似乎不像前一种那样成为必要，因为它们的中心，如果它们有所谓中心的话，显然不过出于我们的选择，所以不妨把它们分别开来，称之为任意的综合[3]。

第四节。(ii)我们认为算术里面的加法和几何图形的延长，[4]都属于这一类。它们每一个当中，尽管有许多差异，我们总能找得

出同样自由的重新排列的过程。我们通过各种因素的组合而得到一个结果，这个结果被视为与那些因素本身相符合。同样的话也可适用于“比较”。所谓比较，就是把几个名词放在一起，就某一方面联合起来，从而发现一种性质，于是我便马上拿这个性质作宾词来说明那些名词。在“认识”的过程中，我也许似乎不那么自由了，而在辩证法的推论里就更加不自由；但是这两种场合主要的特征都在于一个整体的结构，不过这个结构所环绕的中心并非给予的东西，其所造成的统一性也非来于原有的前提。

第五节。以上我们的材料都可很自然地列入“结构”一类，有些地方综合的作用似乎是必然的，而在另一些地方则是随意决定的。现在我们再来考察与前一类有联带关系的另一主要的类型。

（B）**分析**的本质就在于使一定的整体分割开来，而把独立分离
566 452 的结果全部或一部分用为说明的宾词。后一场合，省略的作用是很明显的，但就在前一场合，也很易看得出来。当我们的实在首先以一个整体的姿态出现，而后来又变成功许多分开来的单位的时候，这固然有所增益，但同时亦有所舍弃。因为本来具有的联续性或统一性的特点是抛开了，所以单纯的分析总是而且必得含有某种省略。

这一类的第一个证例便是“抽象”。譬如，我们被火灼伤，由这个具体经验遂而推得“火能烧伤人”。我们起初有的“实在”给予我们一个复杂的整体，接着我们便把所有的内容排除净尽，只剩下两个相关联的成分，然后我们遂将这个残余的部分用作说明：火能烧伤人是真的。这样的过程是不是妥当自然可以引起很大的怀疑，但无论如何它总是一种分析随伴着省略的作用。

算术的减法也有同样的情形。实在给予我们，譬如说，一个整数五。我们把它分为各别的单位，除掉其中的两个，得出一个整数三，于是我们遂用它来说明实在。这里我们又一次假定了所有的单位都不因它们的机构的改变而有所不同，这个假定可以是靠不住的，但是上述程序却分明是一个省略的过程。

在“区别”中我们好像有了新的发现，其实我们还是可以找出同样一般的轮廓。我们本来面临的许多因素乃是当作一个统一体。它们整个的内容或其一部分，以全体的姿态呈现于我们的面前，这个整体有时看不出，但无疑是连续不断的。区别活动的结果使这个整体归于消失。A 和 B 整个的或者在一个或几个属性上迥然分开，各自孤立起来，这个结果便归之于原来的实在。这里我们对于所牵涉的假设可疑之处也暂置不谈，只限于讨论实际运用的过程一般的特性，那么我们还是可以发现同一样的类型。一个整体凭着分析的机能割裂成为许多部分，又通过消去的作用而被忽视。

第六节。到此为止，我们也已看出，所有我们列举的例子都可归入两类。我们能不能得出一个结论，认为推理只有两个主要过程，一个是结构，一个是消除呢？如果这样想法，那就要遭遇一个意料不到的困难，因为我们还没有研究到选言推论[5]。我们不可能把选言推理完全归原于以上两种过程当中的任何一种，也不能够把它看为二者的混合物。这两种过程在选言推论中都有份，却都不能 453
代表它的全貌。

假若给予我们的选言肢都经说明是互相排斥的，没有这一个才会有那一个，在这种情形下，我们自然谈不到什么新的推论原理。因为我们的材料当中的一种已经消除了一个可能性，而这一消除凭着另一种材料，便确认了剩下来的可能性成为事实。例如“A 是 *b* 或 *c*”和“A 是非-*c*”，我们把这两个前提结合起来，便引进了非-*c*，而摈斥了 *c*；再略去这个非-*c* 的肯定，便可直接把 *b* 联系到 A 上面去。所以凡是在“或”字已经明白道出的地方，除了上述两个原理之外，我们没有任何别的东西。

但是假使我们出发的各种可能性，并非作为严格的选言肢给予了我们。例如，假使 A 可以是 *b*，也可以是 *c*，但不能成为别的任何东西；假使我们再设想 A 不是 *c*，这样我们能够得出什么结论呢？我们是不是可以说，所以 A 必得是 *b* 呢？事实上我们确乎是这样做，但是这样做法乃是根据一个新的假定，即认为任何无抵触的可能性就是现实的东西。这当然意味着一种新的原理[⑥]。因为这里我们用为说明的不是剩下来的真理，而是剩余的机会。我们所归之于实在的并非本来给予了我们，后来又经过我们加工的成分，而是由前提所产生没有正面内容的不现实的东西。我们不仅乎是从割裂一个整体而过渡到接受它的一部分，而且是从那一局部的可能性跳跃到它无条件的存在。这一原理我们以前也已提到（第二章第二十六节），今后还要再说，是既不属于分析，也不能归入综合一类的。

第七节。选言推论可以使用所有三种过程，却不一定要这样做。在选言肢都很明显的地方，我们也已见到它可以只用两种过程。还有一个例子两种过程便已足够。[⑦]就是肯定否定的过程，从“A 可以是 *b*，也可以是 *c*（但不能兼为二者），现在知道 A 是 *c*”，于是我们遂凭着一种观念综合的力量而得到“A 排斥 *b*”，在这种地方我们就不是被迫从可能跨越到现实。我们始终停留在真实的境界中，而排斥了的可能性也并非A的实在性质（参阅第一部第三章）[8]。

但是也有许多场合，三种运动都可以发现。这种论辩先是来一 454
个结构，接着就是消除一部分，最后剩下来的作为说明在本质上便起了一个重要的变化。这一类型显然唤起第三种运动，我们可以举出好几种例子来。

属于这一类的第一种例子（第六节）是所给予的各种可能性，不是作为明确的选言肢，然而合起来却可以把主词包举无遗；同时随伴着这些可能性也可以规定某一成分实际的排除。这是第一种。另一种例子是我们可以自行列举主词的全部内容，还有一种例子我们可以并无给予的可能性，甚至也没有排斥的说明。在后一极端的场合，我们所处理的便只是单纯的提示。[9]例如，假若经过试验，b被发现是可能的，A排斥了所有提示出来的c，d及e，如果最后我们发觉再也不能够提示出任何别的东西，我们就可以得出一个结论，“A必然是b”。这样，我们便把b跟A联结起来，消除了所有其余的成分，终于勇敢地从“可以是”跃进到“必然是”了。这里排除的作用是没有保证的，也不是本来给予的。我们唯一的材料就是A，便是我们自己造成一个整体，假定了它是完全无缺的，又省略掉一部分，于是遂一跃而断定我们的产品的真确性。

在所有上述最后几种选言推论中，我们都是先有一个综合，然后来一个消除，第三步是最高峰便由单纯的可能性过渡到事实。

第八节。上面最后一节中，我们也已说明了间接证明的推理（第二章第二十九节），并很快地把各种主要推理类型总结了一下。我们现在可以把所得的结果列为一表，但有一点读者必须谨记在心。就是当我们说到某一类的过程的时候，决不要认为另一类的过程就全然不存在了。我们对于每一种过程的分类都是按照其比较显著的特点，而暂时不管我们由可能到现实的另外的一步。

A. **综合结构**

(i) 在整体都**由材料**而作**出**的地方 ⎫ (α) 必然的。[1]
　　　　　　　　　　　　　　　⎭ (β) 任意的。[2]

(ii) 在整体的组成**越出材料以外**的地方 ⎫ (α) 必然的。[3]
　　　　　　　　　　　　　　　　⎭ (β) 任意的。[4]

455 B. **分析的消去作用**

在整体已经给予的地方，其消除为 ⎫ (α) 必然的。[5]
　　　　　　　　　　　　　　⎭ (β) 任意的。[6]

所有这些过程可以列举如下。第 1 项就是我们首先所讨论的三名词推理。第 2 项包括加法和比较。第 3 项以认识和辩证法的运动为代表。第 4 项是先提示一个可能的综合，从而作出一种决定（正面或反面的）。第 5 项为选言推论，其中各别可能性都是独立的，有一个可能性已被排斥。最后第 6 项内有抽象，区别，以及算术的减法。

我们还可以加上三点说明。第一点就是，假言判断[⑩]可以归入第 3 项。无疑也许有人说我们尽可以自由不必作什么假设，不过要照这样说来，不思想也是我们的自由。这里前提给予我们的**材料**并不是作为现实的事物，我只是按照逻辑的方法加以处理，于是遂得出一个结果，而我便把这个结果用作假定的表述。但是这里面确实什么也不由我自己选择，由我自主的只有下决心作出一个假设，然后再找出它的逻辑的后果来。不过像这样的自由权似乎在一切论辩中都是存在的，因为不管什么地方，我们至少总可以自己决定思想或者不思想。

第二点是在数量已经标明加号或减号的地方，加法和减法便成为必然。但是在这种情形下，它们的结果却是假言的。加减符号并非属于数量的本性（第二章第六节及第十节）。此外，读者必须记着随意决定的空间排列都可纳入第 2 和第 6 两项。

第三点必须指出的就是，先提出各种可能的宾词，然后再逐一加以排斥，从而证明其中的一个，这样一种过程可以视为第 4 项和第 5 项的混合；用不着把它单独列为一类。

最后我们可以很简单一述本章的结论。每一个推理的中间程序都不外乎是分析或综合，或兼而有之；不过在某些情形下，它还要借助于另一种补充的原理。

增补附注 456

① “两个概括的大类”，参考第六章。

② “似乎不能”应为“至少似乎不能”。

③ “任意的综合”，参阅下章第一至第二节。综合之所以为任意的，这个意思就是特殊结构所从而产生的各别联接点都非本来给予的。另一方面，我们还须记着，任何以及每一个推理之所依靠的观念的整体，其本身也决不是完全给予的。参阅第三部第一篇第二章第六节。

④ 关于第四及第五节所举各种过程，可参考索引。其次，关于省略及消去，再参阅第三部第一篇第二章附注 ㉑ 及 ㉒。

⑤ 选言推论，这里所作的说明（第六及第七节）在很大的程度内是不对的，大体上的校正见第三部第一篇第二章附注 ㉔，读者可参看。

⑥ “一种新的原理”，参阅索引“可能性”条，关于这里的错误，参看附注 ⑤ 所述资料。读者当能见出，任何事物成为可能，必须通过某种基础与实在的

东西相关联。因此，如果一切反对的基础都被排除，它马上便会被当作真确的东西联系起来，至于它现在所获得新的正面的支持，就更不必说了。参考同上，并参阅编末论文第十一篇。

⑦ “还有一个例子”等语。但这里的推理是否真正选言的呢？要使它成为严格的选言推理，你是不是必得至少在实际上把 c 以外的一切可能性都包括在 b 一边呢？

⑧ “并非 A 的实在性质”，但须参看第一部第三章第十三节。

⑨ “在后一……提示”，关于这一错误，可参阅第一部第一篇第二章附注 ㉔。

⑩ “假言判断”，这里推理本身是必然的，虽然整个的过程不是如此。这就是说从“A（x）b，b–c”，你不能够达到“A 是 c”，除非你可以去掉那个 x。关于假言判断可参看编末论文第二篇，关于假设的本性参阅第一部第二章附注㊵。

第五章　推理的另一特点[1] 457

第一节。我们必须深入探讨这些一般过程的性质，但是有一个问题须在本章直接作答。我们先假定每一个推理都是一种结构而环绕着一个同一性的中心。然后我们又发现推理还需要有一个本身同一的主词，这个主词必须能把实验所得的差异作为己有。但是我们还要回过头来研究一下中间作用，即这个实验本身。我们现在已知我们所作的第一个假设需要修订，因为这种实验并非总通过**一定**同一性的结构。不过这样的结果实在不能使我们满意。我们还要知道我们的中间过程是不是能够不要**任何**同一性。显而易见，并非总有一个**明显的**共同项或名词，当没有这么一个共同项的时候，我们是不是可以说任何东西也跟着化为乌有了呢？抑或我们仍然可以说还是有一个**暗含的**中心，没有述明却是同样的有效呢？我们在本能上是倾向于接受后一种意见。

第二节。但是我们怎样才能支持这种见解呢？很明白，这一程序里面包含着一种统一性，可是这是不是就可给予我们所需要的东西却很可怀疑。仅乎单纯的集合一起（姑且这样说）呈现于心灵之前分明是不够的，我们一定要把心灵本身当作一个中心，不是给予了完事，而是实际作为这样来运用，现在且来一看照着这个线路我们是不是能够有所进展。我们可以说，“在一切关系中，凡是各别名词或各项，在观念上能够彼此分开的地方，这种关系便可以视为一种相互关联[2]。这样结果就是一个推理，即把各种因素结合起来，这些因素在推理之前都是各自分离独立存在的。由于这些因素都与同一的心灵相关联，正因为有了那个统一性现在才集合拢来，所以这个心灵便可以看为相互关联的共同中心。”这是否就是我们所希望有的东西呢？我们只能作一个否定的答复；因为我们虽则相信这是实情，这是一个真理，而且有很大的重要性，然而单是它的抽象的形式，那便毫不相干。它只能告诉我们某种关系存在于思维的
458 各别对象之间，这些对象都是互相关联的。不过如此说来，这个知识就必得脱出任何**特殊的**推理之外。例如，A 和 B 被说成是相等的，[3] **因为**我已把它们两相比较；但是在我进行比较之前，我也许已经知道了它们之间一定存在着**某种**关系，因而这个知识也就不是我现在知道它们是相等的理由。

第三节。从单纯的相互关联出发，你决不能达到一个特殊的关系。这与心灵的活动怎样有效无关；你尽可以假定我们的心灵中有一个共同项这个事实是怎样的明确，在理智上引起强烈的注意，可是从这些一般性的前提你决不能得到一个特殊的结论。因为这个程序的中心，如果我们可以找出一个中心的话，必得要求之于那个特殊的过程所含的统一性之中。我们决不能仅凭抽象的反省来确定这样的一点，抽象的反省至多只能帮助我们建立一个模糊的假想。假如我们想要揭示我们的推理过程的同一性，我们便必得要就个别特殊场合弄清楚它的中心点才行。

第四节。让我们先从我们所谓认识和辩证法说起。这里给予了的是 Aγ，而我们的心灵便应之以 γ—δ 这一作用，这就是把 A 延

长到 δ。很明显，这里的中心点就是 γ，正是环绕着这个中心点，而且靠着它的同一性，A 和 δ 才能够结合起来。可是我们必须注意 γ—δ 并非给予了的东西，其次 γ—δ 也可以不是很明显的。我们的意识可以直接从 Aγ 过渡到 δ，根本想不到还有一个为一切之所依靠的共同中项的存在。因此我们可以说，我们已把原来的**材料**统括于一个综合的作用之下，这个作用除了它的效果而外是为我们所看不见的；但是这样说其实是不正确的，因为这个过程就根本说不上是什么统括。它只是通过一个隐蔽的中心而实现的组织或结构。

以上所说似乎相当明白，可以提供一个为我们所必须坚持的原理。但是如果进一步付诸应用，这一真理马上又会变成不容易看得出。

第五节。讲到“比较”和“区别”的作用，[4] 乍看起来也是找不
出什么中项的。我们可以说心灵是实施比较的一点，进行分辨的中 459
心；但是这样一种单纯的概括性纵然很重要，我们也不能认为就是我们所要求的回答。这里的问题乃是，在这个过程的本身里面我们能不能找到一种特殊的相互关联；我们现在试来解决这一问题。

这两种过程都表现着既有统一又有殊异的双重特色。这个事实在“比较”中一眼就可看出。在“A=B”中，我们当然有了 A 和 B 的各种差异。这些差异都保持于关系之中，凭借一个共同点而联结在一起，因为 A 和 B 的**量**是相同的。所以每一个差异 A 及 B 对于同一量的关系，正是它们相互关联的基础。除去了那个第三项，所有的联系都将随之而消逝；如果使这一项再现，马上我们的心灵又可不折不扣地构成同样的关系。

但是所谓“区别”是否亦复如是呢？举一个例说，“A 不是等于

B”，试问这里面是否也有一个第三项呢？我回答，这里有一个第三项，虽然我们不曾察觉到它。我们不妨详细考察一下，A 和 B 两者之间毋庸置疑仍然是有关系的，因为它们是被看作彼此不同的；这个不同决不是抽象的，而是特殊的、确定的。作为两个**量**，我们发现它们不是同一的。只要把握了这一点，以下的问题便很容易解决。恰如一般差异的知觉便暗含着一个分辨的心灵，有了这样一个心灵才能造成模糊的基础，来支持那个**一般的**关系，[5] 同样，每一个特殊的差异也是如此。我们对于一般的差异所能说的话，对于特别的差异也能适用。我们的思维一切对象首先必得具有**某种**关系，因为作为我们的对象，它们就都是同一的；至于每一个特殊性质的区别，例如各种声音或颜色，都需要有一个特殊的共同性做它的背景才能够产生。例如，红色和蓝色的分别暗中不自觉地已把它们每一个当作一种颜色来看；我们所感觉到的共同的性质正是我们的分辨得以实现的基础。量的方面也恰是这样。我们察觉到 A 和 B 不相等，但是所谓不等实已预先假定了两下都具有量。在这一点上它们都是相同的，而且也正因为这一点，我们才能看出它们的不等。这里大家都具有量，在这一点上便有了一个同一性，这个同一性正是推理所少不了的第三项，而各种量的差异就靠着对这个中心点的
460 关系而互相联贯起来。简单说一句，我们只有在同一的范围之内才能有所区别，一出这个共同集合的范围之外，这种关系马上就会归于消灭。

第六节。同一的知觉和差异的知觉，乃是同一功能的两种方式，或同一过程的两种功能。这两种场合的结果都是靠着殊异和统一性的综合，但是除了这一点相同而外，还有一个显著的不同。先

就“比较”来说，这里我们是从差异出发，终于差异却部分消失，而各别名词的同一性反成为明显[⑥]。区别却正好相反。这里我们开始有的是一个漠然而没有分别的统一性，可是在结论里面却出现了差异，同一性反而不为我们所看见。在这两种过程里面，同样都是各名词或各项的同一性构成功为一切所赖以维系的中心点，可是这个中心的用法却互不相同。在“比较”的场合，可以容纳一切的同一性与外表的差异形成对立，但同时又把这些差异吸收到它的本身里面去。它满足于确认它自己局部的力量，只要能够肯定各种差异在某一点上相同就够了，这个统一可以把所有其余的变异一齐掩蔽起来，使我们只看见相似的关系。“区别”的过程恰成一个对比，这里的同一性反对它自己没有发露的差异，从而使这些差异成为明显。它明认一种关系，使各种差异彼此分开，强调它自己在这一方面所起的作用，而忘记了它本身的存在。于是各种不同的成分遂好像成了独立的东西，附着于并且发为各式各样的关系，而存在于一种消极的气氛[⑦]之中。本来是同一性产生了各种差异，使它们各自分开，并作为它们的背景，结果反而为差异所掩蔽，较之“比较”中的差异为统一性所掩蔽还要来得更利害。我们可以说这两个当中一个不重视有关事物而只注意关系本身，另一个则忽视能动的关系而只注目于发生关系的各项。

第七节。在下一章中我们还要详细讨论这一点，现在我们可以先来发挥我们没有说完的意思。在比较和区别之中，我们都使用一定的功能，你可以不正确地说，这些过程不外乎是把给予的东西置于一定的作用之下。但是这里究竟有些什么作用呢？我们可以粗略地说明如下。[⑧]在“比较”中，我们就是对原来的材料 A 及 B 实

461 施一种综合的作用 $\underset{a\quad b}{\overset{X}{\wedge}}$ 。通过 A 和 B 具有 a 及 b 的性质我们便把它们跟我们的共同点 X 结合在一种关系之中。这个结果可以 $\underset{A\quad B}{\overset{x}{\wedge}}$ 表示之，但是这里的统一性已被降低而成为一种关系所以显露出来的结论只能是简单的 A—B。

我们对于“区别”，必须采取另一公式。开始的时候我们可以说只有一个模糊的整体，含蕴着内在潜存的变异，这个材料可以 $\underset{a\quad b}{\overset{X}{\wedge}}$ 表示之。对这个统一性我们加上了一种分析的作用 $\underset{A\quad B}{\overset{x}{\wedge}}$ 。于是一方面 X 与 x 相合一，变成功不大能看得出来；而当这一面显得暗淡的时候，另一方面却越发分明，a 和 b 因我们所施的作用而得以发展，遂一变而显现为 A 和 B。这个直接的结果就是 $\underset{A\quad B}{\overset{x}{\wedge}}$ ，但是由于 x 被完全遮掩住了，所以 A 和 B 遂各自分开而成为独立的事实，这就是区别的结果。

第八节。详细讨论这些过程的形而上学的含义也许是很有兴趣的，可是限于篇幅我们只能约略地指出一种顽固成见的错误。我们认为同与异至少在知觉的时候是互相关联的，但反对这种主张的人可以告诉我们差异是独立的东西，乃是从变化的激动而来。要想把握这种激动，并不需要有什么积极的作为，因此，我们根本没有任何观念的程序，从而也就可以放弃所谓观念的统一性。但是这一反对的论点，我们可以回答，完全起于一种错觉。这一部分是把感受和知觉混为一物，还有一部分就是把感受全然看错了。现在先说第二点。

要使一个激动被感受其为激动（我认为它必得要如此被感受），这个感受就非成为复杂的不可。一定要本来先已有了某种感受，然后新闯入的感受才能与之冲撞而使心灵发生震撼。假如本来一点感受也没有，那么纵使有了新的感受，也不会产生特别引起注意的 462
感觉了。所以一说起激动就预先假定了另一个因素，暗示已经察觉到了两种成分之间的关系[9]。如果这样说是对的，那么，在这个关系之中，我们岂不是又可以找到一个中心点，虽然不是知觉的同一，却是感受的同一了吗？换句话说，就是感受的连续性使我们感到了突然发生的变化和激动，这是我们所要指出的第一点。

但是这样我们还没有达到变化的知觉，而没有看到这一面，正是我们所要指出的第二点错误。不管你对所感到的激动是怎样想法，你离开差异的意识仍然很远，而要想前进一步就非找出一个观念的同一性不可。譬如有了一个感觉 A，假定它忽然变成功一个完全不同的 C。这当然给你提供了两个连续的心理事实，却并不就等于知觉到的变化的关系，而这里的问题正是要知道这种关系如何能够被发现。这种关系没有记忆[10]便不能把握到，而记忆如非先行和后随的东西具有某种共同成分又是不可能的。但是假使 AB（举例）后面跟着的是 BC，问题马上就解决了。如此，具有同一性的 B 可以令 A 还原，或者（如果你愿意，也可这样说）AB 的记忆给予我们一个 A，跟 C 具有某一共同点；无论哪一场合，结果都可写成 $\begin{smallmatrix} & B & \\ A & & C \end{smallmatrix}$。如果不通过观念的连续性，任何变化也无法知觉。

第九节。这个观念的同一性在变异的知觉中，乃是一个必不可少的要素。没有这样一个中心，边端各项便合拢不起来，而它们的

关系也就不可能呈现于心灵之前。这个统一性的作用方式可以表示如下。当一个整体 $\overset{A}{b\quad c}$ 经过我们面前的时候，*bc* 的差别起初不会被注意到。因此在我们有意要发现各别成分的同异之前，是看不出 b 和 c 彼此抵触的[11]。但是一到我们先注意 A*b*，再注意 A*c* 的时候，同一的 A 便会使 *b* 再现而强加于 *c* 以求同一，这时 *b* 自然遭到 *c* 的排斥，于是 A 退出视线之外，而我们遂知觉到了 B 和 C 反对的差异。

但是我们是怎样察觉到同一性的呢？我们至少须有两个差异的组合 B*a* 及 D*a*，当我们看到这一个再看那一个的时候，我们一定
463 感觉到它们并非**全然**不同。这个感觉因为有了 *a* 才会产生，可是它在这时还是不甚分明。定要等到通过 B 的再现，显出 B 与 D 互相冲突，上述感觉才会上升到显著的程度。由于这些不同的成分交相排斥，它们共有的同一性 a 才能解脱出来，而使 B 和 D 两项类似的关系在心灵之前成为明显。我们可以说起初只有一个模糊不清暗含的同一性，经过一定的处理，把暗中的差异揭露出来，又从看得见的差异重回到同一性，就在这样运动的过程中建立起一种相似的关系，也许还要加上一个找出来的明确的共同点。

我们可以说到这里为止，因为我们只要能够讲清楚了在“区别”和“比较”中完全一样，我们都是要有一个能动的中心与两个边端项成立一种关系，才能获得我们的结论，只要搞清了这一点，我们的目的就已经达到了。

第十节。关于同异的知觉，业经说明如上，接着我们要谈建立于这两种知觉之上的推理过程。剩下没说到的推理都不外乎是在一个整体中把各种因素重做安排。这里我们还可以作一个大概的

区分。假若我们新的配置是从分析出发，那么推理过程就会完全嵌入一开始就给予我们了的整体里面去[12]，这个整体便将构成统一性的关系，使各种成分相互联系起来。可是另一方面，如果我们的重新安排要求一种结构超出原来的**材料**之外，就是，如果在我们能够得出结论之前，先须加上一些新的成分，以便延长或扩大现有的与料，在这种情形下，我们的**材料**就不能成为全部所需要的[13]东西了。这样，整个终极的结构便将要暗含一个为其自己所特有固定的观念的中心，而所有的扩延以及重新安排自必形成一个更大的整体，包摄我们原有的**材料**在内，这个整体虽则是看不见的，但仍然是能动的、有效的。我们须把这一般真理用于细节的讨论。

第十一节。如果我们考察一下各种因素在空间里面的自由配合，立即可以发现这种运动便暗示有一个同一性的中心。除非我们所处理的各别延长的部分都归属于一个整体，我们的推理过程便将毫无效果。因为那样，我们就会始终只抱有孤立绝缘破碎的东西，彼此漠不相关，既不能由空间关系而联结，也不能凭空间关系而拆开。我们的结论便暗示我们开始时所用各种因素，都是同一空间里 464
面的成分。但是假如这些因素属于一个延长了的整体，那么它们就必得或者具有各自的同一之点，或者全体都由某一中心点连贯起来。这些都很明显，也许谁也可以承认。但是如果我们一问到什么地方能够找出空间的中点，马上就会引起严重的分歧。一切运动都是相对的吗？有没有一个真确存在的中心，其他一切都由之而定？抑或这个标准点仅乎是一种观念的东西，并不真存在，也不可能存在？但是这些问题我们无需在这里答复。我们只要能够一致认为所有空间的组合，无论知觉到的或幻想的，暗含一种共同的焦点，

不管这个焦点明显地呈现于我们之前也好，或者只是一个不自觉的含义也好，我们只要能有这样一个认识也就够了。不过假如是这样，我们新的关系便显然由于相互关联而产生，仍旧要以同一性作为支点了。

第十二节。同样的话也适用于算术推理。当一个整数被除的时候，这个整数统一体范围之内进行了分析，成分都从一个扩散中心分离开来。除的结果，我们所见的无疑是没有了这个相互关联之点。它已经是看不见的了，可是如果你真的把它完全取消掉，那又会发现所有各自分离的单元都将随之而消逝。在这种情形下，就没有了共同的关系可以使这些单元处于分离的状态，而显出它们独立的姿容。但是正像这里连续性在分离状态的发生中有其积极的作用一样，当各自分离的单元又回复了明显的统一性的时候，还是要有一个暗含的**连续的要素**为其先决条件。假如各别单位不和一个共同的中心发生关系，它们就决不能够相加在一起。现在我们先来研究一下前面所说最后的一句话。

即使我们采取一种不正确的看法，这句话的真实性还是非常明显。我们不妨假设许多单元相互之间毫无关系，仅乎由心灵的活动而堆集在一起，或集合在心理的空间中。对于后一场合，我们要问，如果它们不是同一空间世界的成员，如何都能够落向同一个中心点？其次，如果它们不是早有了某种东西作为一个中心，那个世界又如何能够再成为单一？对于前一场合，我们要问，既然我们假
465 定了心灵不过是一个外在的动力强制造成统一的局面，那么苟非每一个单元都跟这一操纵的力量有了关系，试问它又如何能对所有这些单元发生作用。而且如果这个启动者不是对于所有这些断片的

物质，先已采取某种特殊态度，当然也不可能完成这一特殊的活动。所以纵使我们接受关于加法的错误的见解，我们还是不能不承认有一种相互的关联。

可是实在说来，这些单元并不是各自独立的，我们也无需乎依靠外在的暴力把它们压迫在一起。因为它们都出自一个整数，整数分开了就变成各单元，如果它们本来不是一，现在也就不会成为多。这些单元或单位彼此之间的关系，正是它们在观念上的连续性所发露的降低了的形式，我们一旦想通了这不过是片面的外貌，就不得不向前再进一步。各单元的区分便暗示了每一个单元跟一个看不见的拒斥的中心之间的联系，但这在另一方面正意味着所有单元都通过一种统一性而获得共同的相互关联，这个统一性便以各单元所依存的整数全体的姿态重新显现。即使我们随意取出若干单位数字，把它们相加起来，也可以看到这一点。这里且不必问我们是怎样能够做到这一步的，虽则对于这一问题的答复可能有助于我们的探讨。假定不知怎样我们已经弄到了一些新的单元，那么不言而喻，在相加之前，新的单元对现存单元必定先已有了一种关系；这种关系便暗示有一个共通的数的世界[14]，还有一个中心点。没有这个，心灵就不可能行使相加的作用；所以相加便使一种观念的统一性由潜在能动状态变得明显。正是凭着这样一种观念的力量，心灵才能够进行工作，并使观念呈现。联续性不是幽灵，隐藏在各单位中，突然显现于整数里，使我们吃惊；而是灵魂看不见却可以察觉于四体之中，回复到中心点的时候便有了更丰富的生命。

第十三节。[15] 其次说抽象作用。这首先牵涉到分析的功能譬如在 A 里面，我们可以区别出 *b*，*c*，和 *d* 三个成分。这时我们出发的

材料便是 xA，而所得的结果便可写成 $\begin{array}{c} x \\ \diagup\mid\diagdown \\ b\text{–}c\text{–}d \end{array}$ 。我们知道，这是通过一个同一性的中心点而获得，并且仍然暗含着那个中心点的，因为 A 所具的统一性虽已隐没，但仍残存。

现在再来看一看它的第二步。我们已经有了 $b—c—d$，这里就
466 是要重新安排这些因素，通过新的组合，一方面得出了 $b—c$，另一方面又得出一个 d 来，放在一起就是 $b—c \mid d$。现在再把 $\begin{array}{c} x \\ \diagup\quad\diagup \\ b—c—d \end{array}$ 里面的 $b—c$ 和 d 跟前面所得的结果合并起来，于是得出一个这样的结论 $x\left\langle\begin{array}{l} b—c \\ d \end{array}\right.$ ，这里每一项都与 x 成立一种关系，而且每一项的关系都似乎是独立的、各不相干的。本来在整体之中分析出来的一个或两个以上的因素，现在都跟出现于整体之外的因素相合一或者脱离原来的整体而独立。这便是减法或差异法的情况。

然而这些过程仍旧暗含一个同一性的中心点，因为其中的组合，不管它是联合也好，或是分离也好，都须要从一个共同的吸引或拒斥的中心点出发，才能够实现。不过这个共同点有时显著有时隐晦，随情形而定。

第十四节。最后说选言推论，所谓间接证明或归谬法也属于这一类，我们仍可发现以上所述一般的规律。如果就一定的主词统一性的范围之内，各种可能性都已给予了我们，那当然只能因为它们都被确定在这个统一性之中，所以我们才能发现 b，c，和 d 互不相容[16]。它们对这个中心点的关系便把它们交互关联起来。而要进一步处理，除掉一部分，从而说明剩余的部分，我们的精心结构以及继之而起的消去的作用，还是非有一个观念的、想象的中心点作为

依据不可。不过这已在前面说过，兹不赘述。

再说到 A 的各种可能性并没有给予我们的时候，和我们可以凭着自由提示[⑰]制造各种可能性的时候，那么，大体上这个程序就成了一种建设性的综合。这时我们多分不会把 c 或 d 跟 A 联系起来设想，如果没有一点理由可以指望它们出现的话。假定有了指望的理由，这个理由就一定在于同一性的共通点 γ 及 δ。正因为有这两个共同点，所以 c 和 d 才能与 A 相联结，而在我们发觉这样提示的联系靠不住的时候，便定然是我们根据同一性的推理有了错误。

第十五节。以上也许过于简略的探讨的结果可以撮述如下。不仅推理的整个过程要始终保持一种同一性，而且就在实际试验本身我们也须靠着一个中心的同一。每一个程序里面都有一个统一的中心，每一个特殊的运思也都有一个特殊的统一之点。这样，我 467
们似乎又找到了本书老早就已说过关于推理的见解，这个见解似乎已经抛开很远了。但是它也并非原封不动地转回来。我们不能说一个结论在一切方面都是必然的结果，我们在两个给予的关系之中，还没有寻得一定之点，可以把它们这样关联起来，以便形成我们的结论。在某些场合，我们也已见到，除非我们有意**选择**，就不一定要作出那个结论[⑱]，像这等过程内在的任意的性质自不免引起我们严重的怀疑。本部第二篇还要仔细研究这些可疑的地方，但是首先我们必须更加切实搞清上面刚讨论过的各种推理过程。

增补附注

① 本章所要坚持的主要一点，就在于一切推理都须靠着一个整体，这个

整体不仅是观念的，而且是个别化的和特殊的；只有这样才能确保中项具有同一性，而缺少了同一性就不可能有推理。在这一方面，本章大体上是可以满意的。但是另一方面，我们必须注意到，这个必要的观念的整体又非无论何处（甚至在分析中）都**给予**在述明了的前提之中。在推理过程里面，在一种意味上，我们决不能超出我们的**材料**之外，因为我们必得要保持其本身的发展。但是从另一角度来看，一说到发展，在某种意义上，又非超越原有的材料不可。换言之，我们要想得出一个结论，就不能不需要某种**额外附加**的东西，而这个某种东西如果是仅乎额外**附加**的，又会使整个推理趋于破裂。至于撇开这个主要原理不谈，如果问到每一场合究竟有多少东西给予在前提之中，每一场合又有多少东西需要等着其他方面供给，这当然是一个枝节的问题。所有这些在编末论文第一篇中都有详尽的讨论，参阅以上三章附注及索引前提项。读者并须注意，本章所用各种公式均应参照上述各种说明予以校正。

② “在一切关系中……相互关联”，比较妥当一些应该这样说“任何关系，只要你出发点所用的名词是各自分开的，结果所得的关系便可以视为一种相互关联”。

③ “例如，A 和 B 被说成是相等的”等语。这里面所谓“说成”应改为“推定为”等语。

④ 关于“比较”和“区别”，参阅第三部第一篇第二章附注⑬—⑮。自
468 此以下的讨论（第五至九节），可以认为很重要，而且大体上是正确的，虽然还是很不够的。这里仍可参考编末论文第一篇。

⑤ “恰如一般差异的知觉”等语，“一般”一词并不意味事实上真有**单纯**差异这么一种东西。它只是意味着我们真确的知觉（作为与感受相区别）可以不超出那个结果之外的。

⑥ “终于差异却部分消失……明显”应为“最后这个单纯的差异变得看不见了，而各名词的同一性（也许还是连带着它们特殊的差异）却成为显著”。

⑦ “一种消极的气氛”，参阅《论集》索引“和”字条，又《现象》第二章。应该指出，关于“和”字的性质，黑格尔曾在“Auch”项下有极精彩的论列。

⑧ 第七节中所用公式应参照编末论文第一篇加以改正。我仍然以为第七、第八两节所说的话大体上是对的，虽然在细节方面，我承认，或多或少不无可以非难的地方。读者可将这里的论点与《心学》杂志旧编第 47 号的讨论比较

来看，并参阅《现象论》索引“变异”，“连续”，“时间”等条。

⑨　“察觉到了两种成分之间的关系”。但是在这个限度内，还没有作为一种关系成为体验到的东西。到此为止，我们只是有了一个感受，已经改变了，但仍然是一个感受，而且甚至还是同一样的感受。它的殊异被我们所感知，同时也就暗含了它的同一。但是仅乎有了这样一种单纯感受到的差异，在我们的面前还不能出现“这一个和另一个”或者“先是一个后来又是另一个”，因为这些都是**关系**的知觉。正是这种知觉为以下所谓“差别的意识”之所指示。关于“现在”的本性，参阅第一部第二章第十一节以下。关于感受作为直接经验，参阅《论集》索引“感知”与“直接”等条。

⑩　**记忆**。直接的变化和差异的经验，或这样的单纯感受的连续，仅靠它的本身，是不能够产生随之而来的关系的知觉的。但是它却可以在心灵中留下一种我们所谓倾向，以后在一定的条件之下，便会以一定的方式活动。参阅《心学》杂志旧编第 47 号及索引“再现”条。但是我仍然同意，我们由感知过渡到关系的意识这个过程的细节确成问题。无论如何，单靠一种“后感”（《现象》第 99 页）本身是不可能说明这个转变的。

⑪　“彼此抵触”，这是起于不相容性（参阅索引）因合一的企图而显现，详见《现象》附录，札记 A。

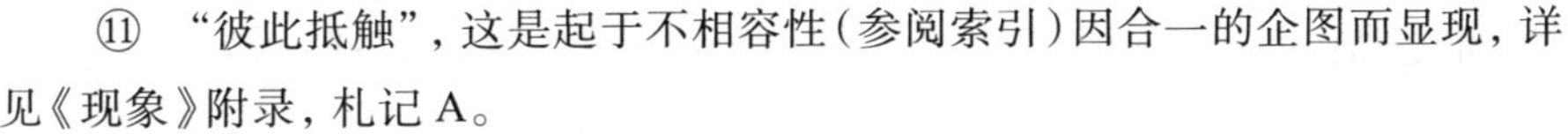

⑫　“推理过程……整体里面去”等语。但是也非**全部**嵌入，参考第一节。

⑬　“全部所需要的”，关于包括这一或那一图式以及全部机制的可能性，而且在一种意味中也包括其实在的整体，可参看编末论文第一篇。

⑭　关于一般算术，特别关于“共通的数的世界”，参考同上。 469

⑮　关于第十三及第十四两节所述各种过程，和任何地方都需要的观念的整体，参考仍同上，并参阅第三部第一篇第三章第二十五节附注。

⑯　“只能因为……”等语，参阅附注 ⑪。

⑰　“自由提示”，“自由”（如果它不是单纯地重复上文“没有给予”）我以为随意味着“发于 A 的本身，而不是起自 A 以外的东西”。这个过程确实经过中介而来；但提示的来源有异，所以不是推理。关于提示，参阅索引，及第三部第一篇第二章第二十五节，又第三章第十七节。

⑱　“我们有意**选择**……那个结论”，关于这种“任意的特性”，参阅第三部第一篇第二章附注 ⑦ 及 ⑩。

470 # 第六章　推理的最后本质

第一节。如果我们重新考察上面所已说过的各种过程，问一问它们究竟靠什么根本原则，那么我们首先就会找出同一性的公理[①]。凡在某一种机构中是相符的，则在另一个机构中也是相符的，在某一实验中对某一主词是有效的东西，出了这个实验之外也仍然是正确有效的。从这样的角度出发来研究我们的各种观念过程，便可发现它们都不外乎分析和综合的作用。再加上我们由可能的东西过渡到真确的东西所依靠的另一运动的原理，这似乎就可以包括我们全部材料的基础。本章关于同一律的公理所要说的不出这个范围，不过还有其余许多地方须待进一步的澄清。让我们暂时撇开残余可能性转化的原理不谈，再来讨论分析和综合，也许有一部分免不了重复之嫌，但是我们不能不彻底辨明它们更深的本性。

第二节。我们可以首先提出一个很浅显的问题，“这是不是真正两个不同的程序，假如是的，在什么意味上不同？它们是不是各不相关，即属于同一类的两个不同的种，抑或在同属普遍类型的推理之外还具有某种其他共同的东西？[②]对于这一问题的答复，马上就可直接导向我们所要达到的结论。我们将试图说明分析和综合有许多共同的地方，实际上是同一的东西。它们是同一过程的两个不同的方面，你决不能够有其一而无其二。因此它们是异而又是同。

第三节。为什么说它们是同一呢？因为试取任一分析的活动为例，使 A 成为（A）*bcd*，结果所得不同的因素都各自分开，但是这个分开却含蓄着一种关系。它们还是要靠着一个中心的同一性才能彼此区别开来，从而在相互之间成立一种关系。而这个关系却显然是综合的。它在分析之前是不存在的，分析之后才产生出来。可 471
见分析结果反而变成功综合。

现在再以综合的活动来说。我们有的是 A—B，B—C，从这里面便得出了 A—B—C。我们所发现的这种关系是以前没有的，但这种过程实在同时也是一个分析的活动。因为 A，B 和 C 是在一个整体里面[③]互相联系，而这些名词和它们的关系却正是 A—B—C 的整体构成的因素。可是作为这些成分，它们就必得先有一个整体然后才能够存在，决不能先于这个整体。所以综合同时也就作出了分析。

综上所述，可知分析同时就是其所分割的整体的综合，而综合同时也就是其所组成的整体的分析。这两个过程其实就是一个过程。

第四节。可是它们虽然有其统一性，却仍然迥不相同，因为它们代表的是同一运动的对立的表现和方面，至少有三个特点彼此大不相同。第一，（i）给予的材料不同。其次，（ii）所得的结果不一样。最后，（iii）在这两个场合我们所意识到的过程也不相同。现在逐一说明如下。

（i）一，在分析中，我们从不超出开始时所提供的范围之外。[④]整个的东西都是给予了的，我们只是对这个整体进行加工，给它所包含的各种成分造成一种综合。我们不能逾越明显的出发点一步，因而我们可以说分析就是一定材料内在的综合。但是综合的情形正好相反，整体不是给予的，而是造作的。这里我们的活动仍然是分析，但所分析的不是看得见的出发点，而是一种暗示的、看不见的和观念的东西。换言之，即整体性乃由我们所造成的结果里面得来。所以在分析中，我们就是对一个明显的整体加工，由外向内，找出它的不可见的成分。而在综合中，则是从我们不知其为有机相联的一个或几个因素出发，超出每一个因素的范围之外，从而揭示出把它们包括起来的全体性。这个出发点的不同便是第一个异点。

第五节。由此又导来第二个差异(ii)，因为这两个场合供给的材料不同，所以获得结果也不相同。前一场合，整体在前，而后随的是
472 它所包含内在的各种关系；另一场合，则先有各种外在的关系[5]，然后才产生了整体。凡是在所得的结果显为一定的因素，通过某种外在事物而受到进一步决定的地方，这样的过程就是综合的。而结果能把隐伏在与料之中的某种东西显示出来的地方，这样的过程自然是分析的。由此可见，在分析里面，你的结论不能越出原来前提的界限；而在综合中，结论却逾越每一个前提而超乎它的范围之外。分析就是**与料**内在的综合，使看不见的内部的成分变为明显。综合便是超越**与料**之外的一个潜在整体的分析，使**与料**作为一个组成分子成为明显，并跟一个或多数相似的成分相互关联起来。这是第二个差异。

第六节。而这又含蓄着第三点(iii)，在这两种场合，我们都只意识到我们的推理过程一个不同的方面。在分析中，我们忽视了综合；而在综合中，我们又忘记了分析活动。前一场合，我们从一个统一体出发，凭着一种差别的功能把它分解开来，但在结论中却抹煞了给予了的统一体以及所使用的功能。得出的结果使我们只看到分立绝缘的因素，但这些因素的**获得**实由于原有材料的连续性受

到了观念的区分。这个给予的连续性和这个观念的区分，在我们的结论里面都是看不见的；虽然都是暗含的、无形中存在的。另一方面，在综合中，统一性起初是潜在的，最后却成为明显，而我们所忽视的正是它的前一段的作用。我们根据已有的分别而作成的结构，就是最后统一性[⑥]观念的作用。但是我们却忘记了这些，终于只看到各个因素好像是**造成功**整体的东西，殊不知更正确地说，它们都是在整体之内发现的东西。现在让我们再换一个方式来说明一下。

我们可以说，在分析里面，给予的东西形成新分割物的连续性，而在综合中，它却变成了一个新发现的连续性里面单一个别物。但是我们关于这一过程的意识，在每一场合都是片面不全的。我们在一个场合中忽视了所得结果的连续性，而在另一场合里又忘记了它曾经有过的分离隔绝的局面。在分析中我们使用了一种统一里面的杂多的作用，[⑦]而在综合中又使用了一种杂多里面的统一的作用，

然而这两点我们却都没有**见到**。头一个情况的结果，我们抛弃了工 473
作时曾经依靠过的连续性，只着眼于本来就已潜在的隐蔽的辨别。后一个情况的结果，我们摈斥了原来截然分明的区别，而只着重以前为我们所忽视的连续性观念的作用。在分析和综合中都是一样，被使用的东西却不为我们所看见。其实一种看不见的分别，正是我们所以能够明辨分割物的根据；而一种暗含的连续性，也便构成我们所明认的事物**连续特质**的基础。但是假如是这样，那么在这些过程当中，我们就已证明差异之中有同一，而同一之中也有差异了。

第七节。假如我们不嫌烦冗，[⑧]以上一般的论点便可用符号表明如下。在分析中所给予的 A **加上了** $\underset{\beta\quad\gamma}{\overset{x}{\wedge}}$ 的作用，就可得出一个

结论 b—c。但是在这个结果里面，我们却忘记了 β 和 γ 除非在 x 内部便都是无效的，因此 b—c 必得暗含着 A 的整体。在综合中我们仍然是从 A—B，B—C 出发，这个材料加上 $\underset{x}{\beta—\gamma—\delta}$ 的作用就产生了 A—B—C。但在这里我们又忘记了没有我们所加的作用，A—B 和 B—C 便将各自分离，中间隔着一道不可逾越的鸿沟；而在我们的结果中，它们虽然显露于统一之中，实际上却表示以前早已潜在的一个整体 $\underset{x}{\text{A—B—C}}$ 的分析。

这个问题我想也不必再继续讨论下去，我们已经充分说明了综合和分析根本上互相关联。尽管它们各有异点，但毕竟不过是同一不可分的原理不同的两面。

第八节。如果以上所说在我们不自觉地应用这个原理的时候是对的，那么在以后的阶段当然仍是对的。我们可以有意识地采用所谓分析或综合的方法，而且两下也确有不同的地方。但所得的结果总具有两面性质。我们采取综合的方法，必得要从明白说出来的第一原理下手，然后由上而下地推至个别的事实。这样我们一方面固然建立起一个整体，但同时我们却在无意中进行分析。当我们把
474 原理实现于细节之中，并证明细节为这些原理的效果的时候，我们实际上是把一开始就有的一般观念割裂开来，整个的发展都可认为这个暗含的整体特别成分的显示。同样，我们使用所谓分析的方法，也表现这个双重的特色。这里是从一个显示得很含糊的整体出发，我们打破了，并穿透它的感觉的凝固性。这样我们便逐步到达越来越抽象的各成分之间的关系，简单说就是我们所谓规律。然而这些

规律却正是综合，所以继续分析下去，虽则完全销毁了起初模糊的整体，再把那个整体重新建立起来，形成一个抽象关联的世界[⑨]。日常经验可以明示我们，一个对象的分析总是揭发它的内在的统一。

于此，我们只要仔细一想，便可看出下面一句话寓有至理，“知识是从抽象到具体”。这便表明，出现于我们感觉之前而倾泻其丰富的内容的混沌的整体必须打破，因为我们不愿承受这样的报酬，而要求获得普遍的真理。或者，我们也可以说，感知的具体内容通过思维的提炼，初次带给我们的不过是一种瘠薄粗疏的果实。理智的产品初出现的时候，其所透露的联系虽然也是真理，但只能符合对象的一鳞半爪。一定要等到我们深入把握各种原理，我们的理智结果才能扩展到整个范围，而把所有细节都结合起来。我们愈能抽象，则所支配的观念的领域亦愈广泛，[⑩]这个领域不是感觉的具体，却是理智的具体。在这一世界是抽象的东西，在另一世界里面却成了具体的东西。

第九节。在这一点上，如果要评定这两种不同的思维趋向价值的高低，当然很困难。但是我们现在也不好讨论这个问题，因为关于这两种方法的相互含蕴，还有一点必须加以说明。归纳推理我们当然要把它看作是“分析的”，但如果我们就归纳的原始意义来加以理解，假定它就表示多数事例的集合可以得出一个普遍性，那么综合的作用又是很明显的。因为我们不仅得出给予了我们的材料之中内在的关联，而且越出它的范围之外很远，还把它当作一个组合以内许多事例当中的一分子。开始时只有我们所考察的个别的实例，而结果我们却达到了同样性质的其他的东西。我们所揭示的普遍性早已暗含在我们原来的材料之中。这样不知不觉地我们已从一个同一性的中心，运用了一种综合的机构，而这个潜在的普遍性一经我们实际应用，最后遂成为明显而灼然可见了。

在综合法的使用中，也可看出思维的过程同样不自觉的转变。当我们用综合的方法来说明各种事实的时候，实际上这些事实是受到了分析。我们重新组织所要考察的现象，在观念上把它造成为许多因素的结合，从而显示其为我们各种定律的交点。不止于此。我们的综合对于事实也不能够包举无遗，总会剩下一些非本质的、感觉的成分，作为不相干的东西而被弃置于一边。这个剩下的部分，为我们解剖事实的分析的作用所遗漏，可以是非常重要的。如果把它和我们观念上重新建立的结果相比较，便可发现一个前所未见的很大的差别。这就是说，我们的改建及其后随的对照，可以显示一种特色，假使不是这样做，就会为我们所知觉不到。可见在这一另外的方面，我们的综合也变成了分析。

第十节。分析和综合不仅原则上根本一样，实际结果也表现着一致性。在实施这一作用的时候，我们可以发现同时也就完成了另一作用；我们估计这两方面的重要性和优势，往往一不留心就会错误。为了说明这个盲目性，我们不妨再以所谓分析的心理学[11]作例。无疑这一门学问是名符其实的，因为它的目标就是把精神现象分解为各种简单成分的组合。但是只有盲人才看不出这一过程也是同样程度的综合，因为它还是从一定的成分及其定律出发，企图在观念上重新组织并建立起实际经验的复杂事实。而这样的过程当然就是综合的方法。

即使我们承认我们英国学派所提出来的每一个主张，以上的批判还是正确的。即使原来的各种因素及其定律都凭着初步的分析得来，以后在实际上特殊现象分析的约化，还是要通过建设性的综合而**先验**地完成。例如，视觉外延的“分析”就并非靠着解剖给予 476
的东西来进行，而宁可认为它便是选择了许多因素，合起来正可构成这种东西。所以纵在这个学派的主张得到完全承认的时候我们仍须指出它的盲目性来，实则我们还可以采取一个对它更不利的见解。我们可以说，这些因素如果确由分析得来，那么其所由而得到的分析也抹煞了主体所具有的重要的特征。其次，一部分因素便根本不是由心理的分析而得来。相反的，它们都是外来的粗糙的物理观念、生搬硬套的形而上学糊涂思想、毫无根据的成见。一句话，这种分析还是建立于一种谬误的**先验**组织之上。

第十一节。我们早已知道一切推理都可还原为综合和分析的活动，还加上有另一种作用。以上我们又已见出，分析和综合不过是同一茎干分出来的两枝。现在我们可以再来探讨一下这个另一种成分的本性究竟如何。但是我们感到首先还须再来研究一下前面已经说过的有关两种过程的问题。如果分析和综合在推理的萌芽中就已纠缠在一起，那么这对于我们在第三章第十一节里所提的另一问题能有怎样的关系？我们本来就已怀疑到是否每一个判断都是一个推理，这一怀疑现在似乎更加有力。因为我们可以提问，是否每一个判断都包含有综合和分析，假如是的，那么是否每一判断因此遂而成为一个论证？我们可以先讨论第一个问题，然后再来讨论第二个问题。

第十二节。让我们幻想一个判断先于任何再现作用而产生。[12]当然这样的判断是没有的，因为真正的判断一定要到贯通复原的作用见于实施很久以后才能出现，而且也就是它的应用的结果，不过为了辩论之故，我们不妨假定有这样一个判断，直接由表象而来。

即使这样假设的判断也仍表现出既有分析，又有综合。其所以必为分析，理由在于整个感觉材料、出现于我们之前的整体，决不能在观念上为思维所掌握，以至于马上就理智地归属于实在。因为
477 除了心灵具有一种相反的自然倾向而外[13]，还有我们的软弱无能便是一个充足原因。不管我们怎样办法，我们总不能够把感觉素材每一细节掌握无遗。我们必得忽略掉某些东西，而这一部分的舍弃便意味着剩余部分的强制的选择。[14]这样，我们也就是用了一种强迫的、非出于本心的抽象的作用，这自然便意味着分析。

但这个判断另一方面又是综合的。它所选择的内容是复杂的，包括着互相关系的若干成分，因同时选择而在我们的心灵中并合一起，这当然就是综合。不能说我们用于实在的某些宾词似乎很简单，或无论如何这里观念的内容毫无综合作用。因为在所有这种场合，作为主词而呈现的实在，其中便包含有内容的成分。真正的主词总以某种一般或特殊的姿态出现，而这个姿态正暗示着我们对于终极实在所要说的一部分（参阅本书上册第 114 页）。在我们表述一个整个给予的事实的地方，这句话也可以适用（同上第 56 页）；因为我们就是把那个整体的某种特性跟我们的形容词联系起来，将它们都看成真正主词的性质，[15]因此，实际上，虽然外表看不出，二者都已落入宾词之中。我们所能把握的与料决不会是毫无性格特征的单纯的存在，或者是这样的感觉素材*；所以我们陈述实在的事物时，总把实

* 在形而上学中，必须认清这一点。[16]例如，当我们说没有固定不变的东西，就不可能有变化的经验的时候，我们应该记住另一方面我们也可以说，除非这个固定不变的东西本身也属于现象，它就不可能有效，而现象之中又会有某种稳定的东西这一事实，就似乎不能由任何原理而推得的。

在事物看为在某种方式中受到了修饰、限制。不能说这个性质已成一种观念，可是它不自觉地与观念的内容相结合。所以可以说，假如我们向后追溯到底就可发现一切判断都是非正式地说明一种综合的关联，而这也就是对于其所陈述的实在事物的分析。

第十三节。如果说有许多判断我们似乎都很被动，这也不能成为一种反驳。因为在这一类判断中，我们都能找出一种选择和絜合作用来，因此，我们可以宣称，判断无不是积极能动的。我承认，478 我们并不一定主动谋取联系和选择，这是确实的。有些场合，我们根本不选择也不想联接，不过接受一种由外强加于我们的结合，这也是确实的。这我都承认，然而这似乎还不能动摇我的说明。

我们且假定我们的理智并不能完全反应我们感性判断中所能知觉到的东西。[17] 又假定它对于许多不得不记录下来的事件，没有可以理解的根据。并且承认单纯偶然刺激的力量、盲目感觉的强化是形成我们的知觉如此而非如彼的原因。最后，还可承认：无论你设想的哪一种理智的求同作用不知不觉发生效应，到头来判断的有效条件仍然要求之于单纯感觉的消沉和弛懈；因此，一部分表象被湮没，剩下的却呈现了显著的关联。不过我要重复一句，这些都无关宏旨，这里我们确乎找到了一个必要的条件[18]，如此而已。

尽管判断中的理智作用可以为不合理的暗示所发纵指挥，然而无论如何判断总归是一种理智的活动。因为感觉的强度虽可以影响判断，但结果在判断中毕竟是找不到的，心灵之于判断即使认为偶然凑合，然而归根结底总是心灵作了判断。最后发现于判断之中的选择和关系，决不仅止于是感觉的忽视和加强。它也许会受到后者的影响，甚至由之而产生，但它的本质现在却显然有所不同。单纯的差异是一回事，而区别当然是另一回事；吸引注意显著的特点决非就是认识本身；我们也许被迫不得不注意，但到底是我们有所注意。判断乃是我们的行为，它的内容里面所发现的分离和联合都是我们自己分析和综合的成果。假如你愿意，你可以说它是被迫的，然而无论如何，它还是主动的。

第十四节。单从感受的强弱这一面，你无法不间断地逐步过渡[19]到一种指谓实在的内容的关系。我们也已知道，首先出现在判断里的区别和分离暗示了有分析和综合的作用。我们所知觉到的某一
479 因素为另一因素所排斥，暗中已含蕴着它们彼此之间的关系，从而也就意味着它们寄托于一个兼容并蓄的整体。这个中心统一性的存在，就每一个判断的联系来看都很清楚。即使有时它是外表的，也要先有一个同一点才行；这就是一个整体里面的综合，虽然这个整体有了分别，也就是受到了分析。

现在我们可以作一个小结。一切判断都须包含一种关系，但是每一个关系除了一对相互关系的成分之外，还得预先假定其所依存的统一性。[20]足见判断一方面为不同因素的综合，另一方面也是其所归属的整体的分析。又因我们的感觉提示必得转化而成的经验都带有这一特征——这决不是感觉提示本身所能具有的特征——我们可以说一切判断即使接近感觉，基本上也仍然是分析和综合作用。

第十五节。这样，我们对于前面所说第一个问题已经有了一个肯定的答复。现在让我们再说到第二个问题。如果判断确为既有分析又有综合的行为，那么是否因此就可认为判断便是推理呢？[21]

关于这个问题，我们在第三章第十二节至第十八节中，曾经作

了一个否定的答复，现在好像受到翻案的威胁了。我们已经发现，推理大体上都可还原为综合和分析的双重过程，这样的过程似乎也存在于判断之中。那么我们是否就可以说，正如推论暗含着判断，判断也暗含着推论呢？我们不能说这句话，因为二者之间还是存有一种区别，不可能加以抹煞。推理乃是施于某种**与料**之上的实验，实验的结果即为**与料**所占有。可是在我们刚才所讨论过的各种知觉的判断之中，并无真正的**材料**可言。我不是说这些判断好像童话里的神仙似的，可以无中生有，他们能凭着法力从外在真空或内在空虚造成他们的世界。我的意思只是说，这些判断所从而出发或作用于其上的基础，就**理智方面来看**便等于无。它是一种感觉的整体，仅乎为我们所感知，而并没有观念化。这样一种东西决不能以其本来的面目呈现于悟性之前，而我们也决不能够把它当作推理的起点，除非我们有意以一种很散漫的意义来使用这一名词。

我们开始论证的进程，必得要有某种只是感知到而不是思维到 480
的东西，才好着手工作。改变原来的资料，使它第一次成为理智的对象，这当然还不是推理，因为它并非从一个观念的内容出发。在推论出现之前，必须先有一种作用可以转化这个未经调制的资料；这种作用确乎既有分析，又有综合。然而这却不是推理，因为它的结果虽则属于理智的，但它的前提仍旧不过是感性的。

这样，我们最初的判断够不上称为推理的地方有两点。[22] 第一，(i)这个里面实施的作用是不是纯然不可捉摸的东西，就很值得怀疑。当然在心理学上，它也非出于偶然；但是从逻辑上看来，它却似乎为机会所决定。我们不能提出任何合理的根据，可以证明我们所得的结果无误。此外，还有第二点，(ii)这个行为所对而实施的材料根本不是理智的东西。

第十六节。由此可见判断决非推理。不过以上我们所作的答复虽然大体上可以满意，却忽略了一点，这一点我们现在非提出不可。判断和推理这两个名词用起来都不止有一种意义。它们可以表示意识发展最高阶段的行为，也可以仅指着尚未发达的初期那种原始不自觉的心理活动。由于这个词意的含糊，是不是就使得我们陷于一个共同的误解，确实成为一个问题。

心灵演化的历程及其各别阶段所显示的不同力量，几乎所有不同阶段的残存乃至同时并存，这一切随时随地都可引起我们的困难和幻觉，使我们走上循环论证。因为这两种所谓智能彼此之间具有很特别的关系，你如果把其中任何一个放在较高的地位，那就一定预先假定了另一个处于发展较低的形态。因此，在某种意义中，每一个都是从另一个发生出来的，如果你不是这样想法很可能你便会把这个依存关系更加看成为是绝对的。这两种东西其实都是均等的，可是你却可以错误地认为这一个高于那一个。这乃是心理学上一个极普通的错误，而这里似乎又添上一个新的例证。

因为我们已经说过判断并非推理，其根据就是推理一定要从理
481 智的基础出发，而最初的判断却须凭感觉开始。值得怀疑的就在于，我们也未尝不可用类似的论据来证明判断之前先须有推理。假定这两种作用是同时的，并且都通过许多不同的阶段而进展，那么我们确实可以说原始的推理先于明确的判断而存在，恰如我们可以说明确的推理先须有一个原始的判断做基础一样。在这种情形下，我们的论断当然错了，因为判断一开始的时候实已暗含了某种推理在内。

第十七节。不过我们并没有犯这个错误。当我们说有些判断与推理无关的时候，我们知道我们所用的名词是什么意义。我们所说的乃是**明显的**判断和推理，这两种活动最后都肯定一个真理，不过其中之一还须有一个现成的真理作为出发的基地。在**这个意味中**，我们的判断确乎先于推理，因为由判断才能获得一个肯定，而这时我们还谈不到给这个肯定找出其所依靠的另一肯定。所以我们所指出的区别仍旧是不可动摇的。明显的判断一定出现于明显的推理之前。假定这两种东西归根结底真的是同一作用的两方面，那么以上的结论正是我们可以预期得到的。这里恰和任何其他的地方一样，也是所得的结果先呈现于意识之前，而实际过程反而在后。

第十八节。明显的判断确乎与明显的推理有所区别，但是如果我们要追溯每一个的起源，探询到哪一个初步的萌芽是在另一个起始之前，或者在它之后，我认为这就必得给以一个不同的答复了。最初的判断本来含有一种过程，虽然不是推理，却很像推理；而最初的推理开始的**材料**也近于判断，但并非理智的。所以一起始这两种作用便互相含蕴。你不能说它们当中哪一个比另一个为早，它们一齐出现，形成两个方面，暗涵于同一基本整体之中的两个要素。

如果从生理学的方面来看，我们可以发现同一过程包含着两个部分，其中这一个就是那一个的反作用。我们可以同意说人的经验起于周遭环境的刺激，不过这仅乎是一个方面，因为刺激一定要引起神经中枢的反应。我的意思并非说经验最初起于一种外来振动所引起动力的反射，也许实际确系如此，但这里所要考察的乃是 482
另外某种比较更一般的东西。如果没有神经中枢接应这个向心的冲力，从而发出某种反作用，不管这个反作用是怎样，我们能否还说这里面会有生理上的感觉[23]存在呢？显然，我们这样想的话就错了。

如果我们从心理方面来研究这个问题，结果仍然一样。毫无疑义，我们传袭的迷信使我们习惯于把感觉看成这样的东西，好像它们可以简单地闯入心灵之中，而这个心灵则是一无所有的虚空。但是这样的观念是靠得住的吗？我们现在也已知道，每一个感觉都包含有能动的心理反应的结果，这是不是已经使上述那种误解逐渐确实归于粉碎呢？因此我们可以说我们的感官虽给予了我们感觉，但是它们所提供的东西却含有一些与思维很相仿佛的成分。

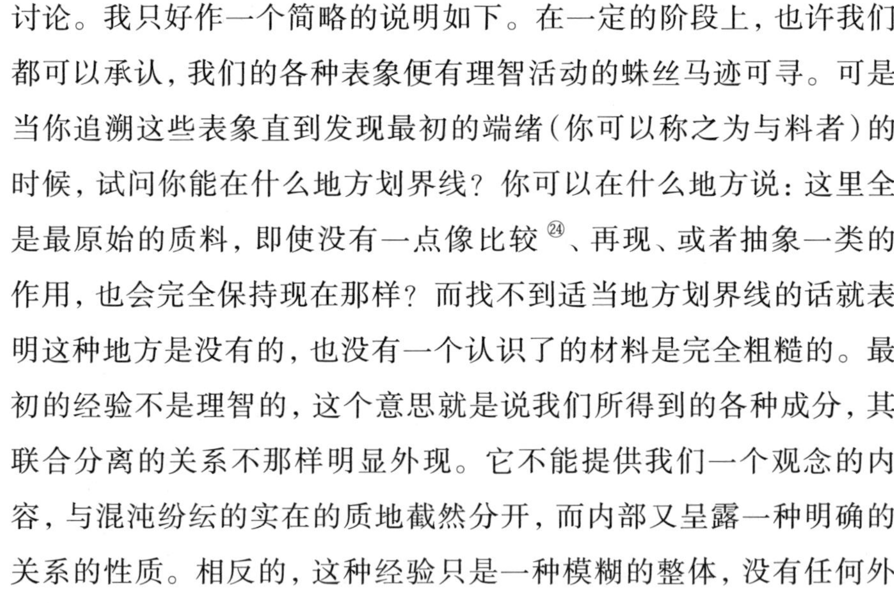

第十九节。我很明白这个问题还有许多困难，这里不可能详细讨论。我只好作一个简略的说明如下。在一定的阶段上，也许我们都可以承认，我们的各种表象便有理智活动的蛛丝马迹可寻。可是当你追溯这些表象直到发现最初的端绪（你可以称之为与料者）的时候，试问你能在什么地方划界线？你可以在什么地方说：这里全是最原始的质料，即使没有一点像比较[24]、再现、或者抽象一类的作用，也会完全保持现在那样？而找不到适当地方划界线的话就表明这种地方是没有的，也没有一个认识了的材料是完全粗糙的。最初的经验不是理智的，这个意思就是说我们所得到的各种成分，其联合分离的关系不那样明显外现。它不能提供我们一个观念的内容，与混沌纷纭的实在的质地截然分开，而内部又呈露一种明确的关系的性质。相反的，这种经验只是一种模糊的整体，没有任何外在的东西，在它的范围之内仅能感到一种无差别的情调，各别的组成因素都是看不出来的。可是在另一意义上，它还是有理智的性质，因为如果我们把它的**材料**仔细玩味一下，便可发现它有许多活动的迹象，一旦为我们**所意识到**而不停留在感受的阶段，我们就必得称之为理智的作用。很遗憾，这问题我只能说到这里。

第二十节。但是假定我们所感受或知道的第一件东西，便是对于一个刺激反应的结果，我们就定要否认两件事。[25]我们决不能承 483
认经验只是由于我们对某种**材料**进行的活动而来，或者只有一种**材料**离开我们的活动而独立。这两种说法都假定了某种东西已经给予，其实这时什么也没有给予。经验的起始乃是两个因素——一个刺激和一个反应合成的结果。在这里面我们只看见判断和推理的萌芽如何互相穿插在一起。此时并没有单纯给予的刺激，故推理尚不可能有其出发的东西。但另一方面，任何心理活动都不能以空虚为对象。我们同时就有了两个因素，反应和刺激，在一种不严密的意味中，我们可以把这两个因素当作一个判断的两个前提。而结果也可以看作一个结论，不过实际上不是从**材料**得来，而只是从不确定的基础达到确定的**材料**。

第二十一节。我们也不能说这个结论是靠不住的，不能认为这作用不过是随心所欲**造成**一个结果，[26]或者仅乎承受一个结果而作出形式的记录。诚然，我们的心灵对于其所不得不接受的感觉不能提出任何理由，在这个意味中，所得的结论就必得是不合理的。但是它却决非不可捉摸或徒具形式。它从它的前提得来是有其严格必然性的，在结果中结合着两方面的特性[27]。其次，它也不是单纯形式的承受。因为人的有机体以及与之相伴的经验的主体所具的特性，都在这个结果上面打下深深的烙印。我们可以说：我们的前提便是这个中心和由外而来的变化；中间作用不外乎二者的综合；结果就是结论。如果把推理一词解作这样一种不严密的意义，那么上述过程当然就是推理。

让我们再从一个较高的阶段来探索一下。我们可以设想已经越过了这两个因素初次产生感知的状态，假定感知已经发生，并且已经对主词起了修饰限制的作用。但是正如有些人所说：一个感知不能成为感知；主词光是决定了成为一个 α，是没有多大意思的。在这种情形下，我们只能设想当 α 持续存在的时候，又添出了一个 β，结果现在可以得到一个感觉 A，它既非 β 也非 α，而是二者联合的产品。这个结果很清楚当然不是真正的推理，然而它却有许多跟推论共通的地方。我们可以说这就是把 α 和 β 作为前提，从它们的
484 综合得出一个新的结果，就是感觉 A。这里我们也不好一定要说，无论如何**在意识上**，一个结果先须出现，而后才能应用。因为假若一个感知不能成为感知，那么意识最初也许就是由于一种复杂的表象而被唤起，绕了一个圈子所得的结果仍然包含了前提。头一个感知构成我们所以能够体验到第二个感知的理由，其本身在后来的结果中才成为明显，这样它当然既是起点，同时又是目标。

第二十二节。显而易见，当我们追溯到超过明显的判断范围之外的时候，而要对任一作用给以优先权，都是不妥当的。最好是把它们原始的形态看为同一整体的两个部分，只有从这个观点来考察我们初期经验的本性，才能求其正确。这样，我们就必得想到几个很有趣而重要的问题[28]。假使在我们的知识里面，主词和宾词，或主体与客体就是两个前提，那么是否每一个只限于客体的断语便是一个非逻辑的结论呢？任何一个生理学家也不会相信，颜色和声音仅乎是作用于视觉或听觉中枢之上的刺激的特性。但是即使如此，我们又有什么办法可以完全排除主词或主体在知识中的影响呢？

还有一个问题非常重要，假若知识之中的主词和宾词可以称作前提，试问我们对于中间作用又将作何解释？我们也已知道这个中间作用需要有一个同一性的中心，但是这里什么地方可以提到同一性的中心呢？如果没有这个中心，则各前提和结论之间又能有怎样的关系？这个疑问马上就会引起许多形而上学的问题，现在不去细说。

第二十三节。如果我们循此方向探究下去，势必立即越出本书范围之外。但是假如我们回到我们所要考察的直接的对象，即判断与推理二者之间关系的问题，我们便可以说明以上所指出的循环论证如何由再现的过程中表露。每一个判断一方面都似乎暗含着复原贯通的作用，另一方面这个复原作用本身又似乎预先已有了判断。我们的解释就是，再现本来暗含着一种初步的判断，但是这种原始判断除非到了已被用为推理根据的时候，是不能成为明显而以判断的姿态出现的。正是不自觉的综合的作用使它自己的原理或 485
前提呈现于我们的心目之前，在一种意味上也就使这个原理或前提变为真实。其实其中并没什么神秘。给予了我们的是 *ebf*，由 *abcd* 而发生复原作用，于是遂变成了 *ebfd*；再由 *ebfd* 抽象而得 *b—d* 的判断。这个 *b—d* 就是所谓结论，但它原来便是我们再现作用的基础。

毫无问题，我们也可以说 abcd 里面可能并没有什么判断的萌芽，这个基础中存在着的也许不是什么理智的活动、不自觉的选择、或者对 *b—d* 的偏爱和注意；简言之，也许除了 *b* 和 *d* 的感觉的强度和突出之外没有任何别的东西。但是归根结底，如我们所已知，这并不能造成任何差异。因为我们已经默认了从过去的 *abcd*

取出 *b*—*d*，是用来修饰限制 *ebf* 的。不过苟其如此，我们就要提出一个问题，什么形式中这个 *b*—*d* 才有用？[29]假如让它保持感觉的形态，是不是能为我们所利用呢？那是很不可能的。因为除了与整个 *abcd* 纠缠不清之外，它还具有一种特殊的性格、特有的色调，与 *ebf* 不相适合，更不能发见于 *ebfd* 结论之中。这样，*b*—*d* 在理智上实已经过一番纯化，而这个纯化乃是再现作用的一部分。这就清楚地表明了它还是含有为判断和推理之所同具的选择分析的性能。[30]

第二十四节。当我们通过再现来修饰限制一个知觉的时候，我们实施的乃是一个普通分析和综合的过程，这种情形研究起来非常有趣。假定给予了 *abcd*，又有了 *ebf*，并设 *b* 复原了与之互相补足的成分 *d*，最后所得的结果便是 *b*—*d*。这是一个综合的运动，可是同时它也作了分析，因为它已经分开了两个整体。第一，由于 *b*—*d* 并非给予的东西，它的应用和明显化就破坏了 *abcd*，所以也就是一种抽象。第二，现在我们意识到 *b*—*d*，于是遂有 *ebf* 出现，*b* 的不同的机构便成了 *ebf* 分裂的手段。这两个复合体的分析作用正显示于组织的活动之中。

486 这里让我再将上面所述的过程挑出一部分来详细说明一下。假定在我们面前出现的是 *abc*，并只注意 *b*，就其本身加以考察。这当然就是分析，我所要说明的即这个分析便可由组织而完成。我们不妨假设由于以前的经验，*b* 现在已成了其他组合的一分子。这样在 *abc* 里面，*b* 便可以使其他的成分复原，而且力图显示为 *b*—*p*，或 *b*—*q*，或 b—*r*，都是彼此悬殊，而且与 *abc* 不相容的。在 *p*，*q*，*r* 和 *ac* 之间必得发生冲突，结果使 *p*，*q* 和 *r* 受到排斥。然而这个排斥却可以引起一种区别。这些互相排挤的差异之中 *b* 所具有的同一性，由此遂能成为我们注意的焦点。这就是说，在这个过程里面它可以入于游离状态，因而综合也就变成了分析的条件。

这个问题还好继续谈下去，但是只要我们已能说明综合与分析这两种作用的相互关联，也就很够了。现在我们不能老是打岔（如果真是打岔的话），我们必须回到前面在第十一节里所说的话题接着讨论下去。

第二十五节。我们也已知道，除了分析和综合的作用之外，推论的时候所使用的还另有一第三个原理。就是从可能的东西一下跳到真实的东西，这个转变似乎不能归入这两类当中的任何一类。我们必须把这第三个原理更清楚地说明一下，假如读者允许，我们还可以采取一种间接研究的方法。以下便是要试图揭示，分析和综合的缺点如何引导我们的心灵越出了这两种作用的界限之外。

我们也已知道这两种作用乃是同一思维过程的两方面。由此可知它们只要有一个增加了，另一个亦必同时增加。我们对于一定的整体分析愈深，则它的统一性亦必愈加广泛；而在综合的结构中，你所联合的成分愈多，则其统一性之所包括的细节分化亦必愈益丰富复杂。这种情形正和我们在前面（第一卷第六章）批判过了的那种外延与内涵的虚妄关系[31]完全相反。照正统逻辑妄诞的看法，我们的推理过程便成了一种毫无意义的奇迹。一件东西愈少，蔓延的范围反而愈广，而内容愈多，反而愈加狭窄。这样一种违反人们理性的见解实在荒唐到了极点。它的根源便在滥用抽象的普遍性。那当然不可能成为实在，结果我们的思想遂完全蹈空而流于虚妄。
可是我们每一步之所遵循的具体的普遍性，表现为分析和综合之中 487
的同一性，却可以使我们回归真理而把握实在。

第二十六节。如果在形而上学中，凡是个别的东西就是实在的东西，凡是实在的东西就是个别的东西，那么在逻辑上，我们也可以说合理的就是个别的，而个别性就是真理。这决不是好为僻论。在每一种探究中，我们实际的标准[32]总是在于掌握所有的事实，而且求其彻底一致。但是这个简单的准则，不自觉地也已肯定了个别的东西就是真实的东西，真理总是个别的。因为从一个整体割裂开来的碎片，或者一个整体内部含有冲突，这两种东西同样都谈不上有个性。这样，无意之中我们已经力求实现一个完全的整体，纯一不二而自己充足，在统一的本体之中，兼有差异与同一作为同一过程的两个方面，其中组织活动同时便是自己解剖，而分析也就是自己综合。这个系统的观念正是我们思维的标的，而我们正是向着这个完满的景象而努力。

第二十七节。但是我们仍然还没有着落。我们的分析和综合具有命定的缺点，两者的统一很微弱，且限于浮面。我们的分析必得从某种材料下手，把它统一的整体分解为各别的成分。但是第一须知这里面本来就不是单一的东西。因为开始时所有的材料已经受到限制，既然受到限制，当然也就为外在的关系所规定。[33]这些外来的关联造成了它现在的状况，因此它的本身存在便包涵着外部因素在内。但是如果是这样，它的统一性也将随之而完结了。它的本身发展必须依靠外在的关系，从而纵使它的分析[34]是成功的，它所分析了的也决不是它本身。第二，这个分析的结果也是有缺点的。它不但不能够分析它本身，而且连分析也并未能做到。因为它所产生的许多成分本身也是不稳定的。正由于以外在的关系为其特征，渗入了外来的原理，这些成分固有的统一性遂破裂而变为其所包括的许多别的单元之间的关系；因此我们决不能得到任何可以正确称之为单一的东西。我们开始的材料缺乏个性，没有自己运动，也不可能有本身的发展，这是它的第一个缺点。就所得的结果来说，同样的缺乏个性，而且不断地分解为毫不相干的外界关系，488 这便是我们的分析的第二个缺点。这个外在性可以使它彻底归于毁灭。所有的成分内在地与其自身不同，又都由外而来，所以彼此之间以及对于它们共同的本源也格格不相入。可见，分析到底仍然不是综合，如果综合是指自身关系的话。

第二十八节。我们的综合[35]作用缺点也不小。我们从一个因素出发达到另一个因素，发现二者都是同一整体所含的成分。但是我们不能说我们便是靠着分析原有的材料才能获得这个进展。恰恰相反，新的成分乃是由外拉来凑合上去的。对原来的因素而言，这个新插入的东西决不是它本身的一部分，而是完全生疏的舶来品。可见综合也非自己决定。这个缺点的另一方面就是，你所达到的整体，其所包含的各种差异也不能构成一个完整的系统，因而根本不能成为一个有个性的东西。这些各别的差异只是堆集在一起，互相连接起来，并不是由一个统一体本身分析而造成。这许多成分固然也有一个结合的中心，从而互相关连起来，但是它们的关系不过是表面的，由外强加于其上。你不能由其中一个很自然地过渡到其余的部分，而是被迫不得不采取一系列的步骤，这些步骤与你所组合的各种因素，似乎就根本没有什么真实的关联。所以这个结合归根结底并无内在的纽带，而只是由外的揉合；你不能从一个中心得到各种差异所形成的系统。它决不是一个有生命的起点，可以统摄各种成分于其自己的生命之中，发展成为一个血肉相关确为自己所有

的统一体。这正好比一个车轮的枢轴，轮辐是钉上去了，然而辐眼和轮辐的数目却不相适合。

上述综合作用第一个短处也就暗含着它的第二个缺陷。我们所造成的整体是不会臻于完整的。它是被外来势力所决定，其所具有的统一性，在其对外界物体的关系之中，不能不受到分裂种子的侵蚀。外界物体当然是在整体范围之外，而我们在综合中随时完成的分析作用则在整体的范围之内。因此，综合的作用也就不能成为我们归之于它的那个整体的分析，因为这个整体并不包括外在的事物，后者只不过无端闯入结果之中。不断追求综合作用的完满，期于实现我们的精心结构里面所需要的统一性，徒成为自欺欺人的幻
489 想。它只会引起我们憧憬虚伪的无限，而每到能够看见它快要结成果实的时候，又永远使我们失望。这就是说，综合的作用不是自己分析。

第二十九节。我们已见出这两种作用都有不足的地方，自然要问有什么补救的方法，或者，由于病根很深，以至于要想有何补救便须改变这个过程的本性，所以我们也可以这样提问：我们所真正需要的究竟是什么呢？毕竟是什么引导了我们半自觉的思维，并驱使我们在指望成功的所在反而发现失败呢？当我们察觉有不完全的时候，总有一个完全的东西作为判断的标准，我们当然希望能够明白作为我们的标准和推理的试金石者到底是怎样的一种观念。假若我们实现了我们的理想，我们又将得到如何的结果？

我们应该得到的是这样一种思维，现于其中的实在的整体形成每一个差异所包含的各种内在差异的体系。在这个整体之中，如果取任何一个成分加以分析，就必得造成这一成分的本身发展，而产

生全部的完整性。任何一部分内在的展开，结果一定促成它的存在另一方面的成长，其实没有这个另一方面它也就不完满。各分子内在的发展便是一种自然的综合，使其本质趋于圆满充实。这种综合同时便是整体本身内在的运动。这决不是硬把各部分勉强凑合在一起，而是存在于每一部分之内的它的本身自行解放取得完成。这样获得的新成果又重新开始同样的过程，再由自己分裂而与它的对立物结合起来形成一个更高级的有机体。这个程序如是继续无有已时，直到整体彻头彻尾完全把握，毫无遗漏地变成功一个有意识的、自觉的体系。到了那时，所有成分都各自知其本身在整体中的地位，彼此之间也互有自觉，全部过程形成有意识的自我发展，充分实现其本性而达于大自在之境地，没有任何外物或不相干的东西可以损害它的和谐。在这个完全了的活动之中，一切异类成分都将消逝，只剩有绝对宁谧的快乐。[36]

第三十节。这个最高的希望也许不可能达到。实际上我们也
许永不能做到这一步，不可能完全实现这个理想。这样说，我是不
能否认的。不止于此，我也不否认这个理想本身许已越出了理智的
范围之外，而想构思一种为我们的思维能力所不可及而它的一部分 490
又是逻辑所不能证明的。这些话我并不同意，但也不反对。不过有
一点须指出，这个理想可以只是一种梦想，甚至于还是一个错误，
但决非单纯的幻念。它并不是我们完全欺骗自己的想法，而确使我
们看到一种境界，如果成为现实，就可以满足我们作为善于思维的
存在或人的要求。它表明了一种造诣，正因其不曾实现，所以才显
得一切其他的成就都是不完全的，于是我们遂不能安于一切较低的
成果，激起我们的理性永不满足的追求。我们本来可以说是囚闭于

狭隘的逻辑牢笼之中，只知道有两种抽象作用的翻来覆去，到了这时才望见一种绝对圆满的景象。这样分析和综合溶为一体，从这里面我们便可认识我们灵魂的理想面貌，就是这个全貌曾经以其他的姿态出现于其他的方面，使我们又是困惑，又是惊喜。但是不管其所表现的如何，在形而上学、伦理学、宗教或美学上看来，归根结底，它总归就是一种完整无缺的个性的总念。

第三十一节。我们现在也许似乎离开了我们的本题，但是实际上我以为这却正对我们的题旨。我们原来所要了解的是不属于综合和分析范围之内的剩下的另一种作用，[37]我们首先研究了前两种原理之所以不能成为完满的缺点。简单说一句，它们的毛病就是缺乏了自己发展。那么，假如我们在我们所要了解的，不需任何助力，由观念过渡于事实的因素之中，能够发现一种自己发展趋于完全的轨迹，这是否能认为一种不切实际的妄想呢？抑或千真万确，在我们日常论辩之中，对于这个另一原理，我们必得加以利用，虽然只限于一种不完全的方式呢？

我以为第一我们必须承认，当我们假定给予了唯一的可能性，这个唯一可能性便是实在，像这样的思维活动，决不能还原为分析或综合。而且这种思维活动还作为一种经常的作用而存在。这已成了一种规律：如果我们有了一个主词 A，同时随伴着一个可能的宾词 b，当我们（或者由于其他的宾词不存在，或者由于它们虽经提出，但都被排斥）看见了只剩下这一宾词的时候，马上就会承认为主词占有这个宾词，并径直视为自己所有的一个属性。我们也许不承认这一规律，否定它的作用，但是我们却不能不按照它行事。只
491 要有一个提示作出来的地方，[38]如果这一提示没有被我们出发的事

实或其他提示的性质所排斥，简言之，如果我们没有其他不相合的可能性，只剩有一个可能的东西，那么这个唯一的提示便必得总被当作事实。这当然是一种思维过程，似乎根本不属于前面所说的两种过程，但是它却形成我们一切推论的基础。从消极方面看来，你可以把它化为这种方式："我必得如此，因为我不能不如此。"其实，你可以把每一种推理作用都还原为这种形式。但是从积极方面来说，这是最真实的方面，你也可以这样陈述："我必须如此，因为我有些想要这样。"求全、人们心智对于无限完整性的向往，这种冲动促使我们的理性摄取一切与之不相抵触的东西。

第三十二节。我想，这个原理也许就是本书前面所说出于自然的"原始的轻信"（第二部第二篇第一章第二十三节）。培恩教授在哲学上的贡献很多，特别值得我们感谢的就是，只要有哪怕仿佛是事实的东西，他决不轻于抹煞。[39]这里和他的理论其余部分形成一个对照，跟他的各种原理毫无理性的关联，他指出了至少只要在这种过程有可能的时候，便可发现这种似乎是不合理的倾向，就是，把观念当为事实。与此相伴而来的还有一个类似的（如果不是同一的）冲动，就是"要把观念当作实在的倾向"（《感觉论》第341页）。照培恩教授所说，这些原始的弱点只有依靠经验和理性来加以抑制，都可以说是必须铲除和不应该存在的东西。这个结论我是不同意的，* 但是他明白承认确有这种心理的趋向存在，确实很值得我们钦

* 我不能同意培恩教授所谓"轻信"的公式，原来他是这样说的："我们一开始是相信一切的事物，无论什么东西存在了，便都是真确的。"这句话我们当然不能相信，除非我们是极端的唯心论者。我必得认为培恩教授的意思便是说"无论什么显现的东西都是实在"，或"凡是仿佛的东西也是真确的"。

佩。因为在这等原始迷信之中，似乎可以发现已经发展的灵魂之所具有的一种经常的活动，这种活动愈增加，则其进步的程度亦愈高。
492 我们的心灵要求扩大其领域的这个双重努力，一面以一切方法拓展知识的世界，同时也扩充了实际的领域，[40]便明白昭示我们这不过是同一自己实现的冲动的两面，我们大家都觉得这是很神秘的，但不管神秘也好或者可以理解也好，我们都必得依照它的指示，要想逃避是不可能的。

第三十三节。这个作用对于其他推论方式是否有效，可以留待以后讨论，这里我们先撮述现在已经得到的结果。[41]推理是一种实验，一种观念的实验，可以获得新的真理。它使用各种型式不同的综合和分析，而在所有的场合最基本的，并且就其中之一来说更为明显，便是我们的理智追求完全圆满的目的，促使它对于一切提示出来的观念，只要没有被抛弃，便都把来占为己有。推理必须靠着不可分别的东西所具的同一性；因为中介的作用非有一个同一性的中心不可，而我们开始所用的材料通过这个过程也必得要继续残存才行。它必得加入到这个实验里面去，而且一定要占有这个实验所获得的结果。所有这些我们早已知道了，现在又有了一些新的发现。我们在中间作用里面所找到的同一性，和我们出发所凭的基础之自己保存，说起来总是作为两种并列的东西。但是在一种意义上，二者确实是同一样东西，能够看出这一点来，对我们是很有益的。这便可以表明，归根结底，推理活动确实就是一种艰苦挣扎自己发展的过程。通过这个过程，自始至终只有一个主词的发展，而且在一定限度之内不外乎发展它的自身。

第三十四节。让我先从这些话的头一句说起，但一定避免重复

细节的说明引起读者烦厌。[42]因为这里所说的话是有坚实根据的，所以我们只要排除掉各种窒碍也就够了。一切都靠着我们对于开始时所有的前提能有一个正确的看法。譬如，假使我们有了几个空间要联合起来，或者有了两个主词要加以比较，那么在中间程序中就可以说是从外面输入了一种统一性。如果你误认这些空间和主词都是完全独立的东西，统一性就确乎由外而来。但是在那种情形下，你也就没有任何方法可以把它们强迫合在一起了。我们真正的出发点乃是为这些互相关系的各点所修饰限制的全体的空间[43]、显现于两个主词之中的共同的实在、给予之数作为分数而存在于其中 493 的一个观念的整数，或者一个支持一切的整体，其本身极其丰富复杂，却是经过抽象只用一个简单的宾词来加以形容。这个隐而不彰的主词便是我们的推理过程所引入的一切变化的基础，同时也就是这个过程本身活动的中心。

这里的第二点对空间和数字来讲是很明显的。但是在其他的场合，例如比较[44]，我们也可以发现同样的规律。我们开始先有了一个A和B，两相比较，从而找出它们彼此之间的关系。但是这个综合一定要有一个感知到的，为两方面所同具的性质的基础做中心，这个共同的基础便暗含在我们的出发点之中。当然，在你决定要把两个名词加以比较的时候，你可以还不知道它们有什么能够比较的特殊之点；可是你决不能实际进行比较，除非你已经不自觉地从某一方面来考察这两个名词。所以“实在”的显露决不仅乎是两个名词，而是具有某一属性或一组属性，具体表露于两个单位之中，每一单位都是许多性质的集合体。结果这个基础通过自己的活动，遂由隐晦成为明显。这里恰和任何地方一样，我们可以说真正的主词开始是暗中存在的，中间发挥了主动的作用，最后使它的某种潜在的关系或性质得到充分的发展，成为它的一种属性，从而显示了它的自身。

第三十五节。由此可见，在一定意味中，主词的运动就成了一种自身的发展。我们也已见到这还够不上是真正的自由。我们已经知道我们所完成的不可捉摸的变动，我们所引入的外表的结构，都给我们的推理的性格打上了任意的印痕，也使它的效力引起了严重的怀疑。[45]但是这里面还是剩有一些东西，我们非在下文很好地研究一下不可。我们假定了不管我们的推论含有多少任意的成分，至少结论总是自然而又必然地由前提得出，毫无篡改、勉强或增损。假使有人能指出我们凭着自己自由的选择，可以随便造成一个推理的环节，那么所有的连接都将破裂，最后的目的也要随之而崩溃了。这个假定在本书临了时，我们还要讨论到，可能仍须大伤脑筋。不过如果它确有一部分真理的话，那就只能是在于明示我们具有一种信仰，确认结论必得很自然地从前提里面生长出来，决不能以任何

494 方法生搬硬造。我们论证的工具正好比建筑工人用的脚手架，一到理性的大厦造成之后，马上就要卸除不用；可是如果**我们**仅乎是把各部分凑合在一起，那么在脚手架移去的时候，也就没有可以独立存在的东西了。要想我们的推理过程不至陷于毁灭，我们所用的装置就只能是一种支持物，可以帮助我们的论证成长起来，直到最后充分强固，能够维持其自身的产果而卓然独立。或者我担心这个比方太高了一点，那么我们不妨说我们的精心结构就是一种胶质，纤维，夹板，或绑带，它的作用便在于约束我们支离破碎的知觉，经过一个时候，使我们能够看见它们合拢起来。我们所能作的每一个

推理至少在这个可怜的限度以内，如果不能成为一个自己发展的过程，就决不是稳当可靠的。

增补附注

① “同一性的公理”，参阅本书第三部第一篇第三章第二节。关于“另一运动的原理”，参阅第三部第一篇第二章第二十五节。

② “它们是不是……东西？”这里“不同的种”，应为“不相合”之意。“在……之外”，意即“在每一个都是一种推理这一单纯事实之外”。

③ “在一个整体里面”，“整体”前插入“可见的”一词，下句的“作为”两字应加重点。

④ “我们从不超出”即止限于我们单纯的结果之中。下文“整体……造作的”，“给予的”之后插入“的**材料**”，又“是造作的”意即“其本身便靠着推理”。原来的话都不妥当，参阅上章附注⑮。

⑤ “外在的关系”，这里所谓“外在”即指“不在我们的**材料**之内”而言。关系之为“外在”当然也不能有其他的意义。

⑥ “最后统一性”后面应加“在一种意味上，一开始本来就有的”。

⑦ “我们使用了……一种作用”，这里的“作用”无论何处都要依靠而且暗含着一个**假定**。参阅编末论文第一篇。

⑧ 关于第七节所用公式，可再参看编末论文第一篇。第二个公式中给予的 $\beta—\gamma—\delta$ 显系笔误，应作 $\alpha—\beta—\gamma$。

⑨ “销毁了起初模糊的整体……抽象关联的世界”，“模糊的整体”之后应加“本身”二字；“形成抽象关联世界”应为“并寄托于其中”。

⑩ “理智的产品……所支配的观念的领域亦愈广泛”，这几句话不够明白，“联系”二字之后应改为“所具确实的真理只能适合我们的**资料**所包含的一 495
部分。非到我们已经获得了比较更特殊的真理——同时也就是感性上比较非特殊的一般的真理——我们理智活动的结果决不能扩展及于整个的范围，而成为总合和理解全部细节的原理。正因为越来越加分析，也就是越来越加抽象，所

以我们才能逐渐达到越来越广阔的相关联的观念的领域”。

⑪　“分析的心理学”，参阅第二部第二篇第一章第六节。

⑫　“让我们幻想”等语，关于“还原先于判断（本身）”，参阅《心学》杂志旧编第 47 期。

⑬　“除了……自然倾向而外”，语甚模糊，原意应为“除了有一个本能的反应或有知觉的注意而外”。

⑭　判断总是有选择性的，参阅索引“判断”条。

⑮　关于“实在”作为主词总是有了限制修饰，决非单纯“存在”之物，参阅索引“主语”条。**整个**的实在才是主词，见《论集》第 41 页并参考索引。

⑯　这里要点就是，如果在我们的感觉知觉往来不息的内容之中，没有某种稳定性存在，就不可能形成井然有序的世界。因为秩序决不能仅乎是凭空发生或者只靠抽象原理或作用就可造成的东西。

⑰　“我们且假定……”，参阅第三部第一篇第三章第十七节。下一句“没有可以理解的根据”，前面应加“其本身”三字。

⑱　“必要的条件”，后面应有“但我们所得到的便止于此而尽于此了。”

⑲　“你无法……过渡到”，仍参阅《心学》杂志旧编第 47 号。

⑳　“每一个关系……统一性”，参阅第二部第一篇第二章第十节。这是我所要说的根本主张，解释得已经很够明白了，然而现在还是有人误解，认为这里是假定关系为终极的实在，唯一的问题，甚至连我自己也非例外，不过是关于它作为这样实在的特质。参阅编末论文第九篇。

㉑　**判断与推理**，参阅第三部第一篇第三章第十二节以下及编末论文第一及第二篇。若问判断是在推理之前，抑或推理是在判断之前，对于这个问题的回答就是，二者实系交融在一起。每一个都不显得单独超前，都是整个过程的一方面。可是每一个又都可分为不同的阶段，如果就最初的阶段来说，则在不同的意味中，每一个也都可以言之成理地证明在时间上先于另一个。

但是判断自始便由中介而来，根本是间接的。判断须由一个察觉到的整体而发生，这个察觉到的整体决不能被遗弃而停留在判断的外面。它始终与判断的选择综合之所肯定而且就在其中的那个实在连为一体。所以从一开始起，判
496 断的形式便是 R（x）–a，或 S（x）–P。这个 x 里面便含蕴着“R 的本性使 S 成为 P”。有了这个“本性使然”，你当然就是有了一个间接推理。

另一方面，这个不可排除的一面却又很容易被忽视。由于一种很自然的抽象的作用，我们往往把判断看为简单或单纯的东西。确实，在或多或少的程度之内，对于许多判断，我们也许就根本不想，甚至也没有这个能力可以指出其中暗含的特殊的推理。我们在作出判断的时候，可以忽视或一点也想不到我们判断的基础，以及其所真正依据的体系和根底。但是尽管这个体系是潜在的，甚至于是不完全的，我们的判断却仍然体现着一种体系。

也许有人说，“上面所说的理论没有考虑到前面（第三部第一篇第三章第十七节）所提一个反对的论点，而那一点实在是很重要的。我们承认判断决不是无端插入单纯偶然的东西。在每一个场合（我们同意）它都是一个必然的结果。它总是由一整套的条件而来，这些条件假如你愿意的话，你就可以称之为一个体系，在这个意味中，一个判断便总是通过中介而完成。可是另一方面这里牵涉到的必然性，简单说一句，却可以只是心理的，譬如我们曾经谈到的相对力量的选择便分明是这样（同上）。你不能从‘心理的制约’直接过渡到‘逻辑的制约’。前一场合的必然性，一到逻辑的判断已经产生的时候，对那个判断来说，便全然是外在的。但真正逻辑的必然性则一定要属于，而且只属于现在包含在判断本身以内的东西，而不管这个判断的事实是怎样发生的。你必须要证明的就是，凡有判断之处总有上述后一意义的中介作用存在，而这一点却正是你不能够做到的。”

上面反对的论点我同意是很有分量的，但是更仔细地看来，却反而可以证明我们的结论。我要首先指出，把心理过程和逻辑过程完全分开，加以割裂，这种看法便含有一个误解。因为心理的过程（我们也已见到）在一切处所总是暗中存在的，虽然逻辑的目的一定要进行抽象，撇开各种事物所具这一必然的方面（编末论文第一篇）。其次，这一过程（我们又已知道），当它在某种意义上受到适当控制的时候，其本身大体上就可变成功我们所谓思想（参阅第三部第一篇第三章第二十三节）。还有这个控制作用本身也是心理程序有效的一部分，因为它不但自身出现，而且因它的出现还推动我们的心灵中其他的事物出现。因此，我们区别逻辑的和心理的两方面固然是很正确的，但一到我们要把它们绝对分开，那就很明显的是一个极危险的错误了。

但是说明了这几点以后，我们又必须肯定并强调以上的区别。不过这决不意味两种不同的东西要截然分割开来。这仅能说明心理学和逻辑对于同一题材

处理的兴趣和目的不同。心理学者所要探究的是我们的心灵之中，具有某种特
497 征的事件是怎样产生的。为了这个目的，他便抹煞了，而且必得抹煞这些特征之所暗含的一切其他的东西。例如，他就不需要研究一个判断和推理是否正确，以及正确到怎样程度的问题。但是这个真理的问题、判断和推理里面所用的各种观念跟实在是否相符，以及符合到什么程度的问题，在逻辑上却非予以解决不可。为了这个限定的目的，逻辑如果要存在，便必得靠着抽象作用。它一定要忽视这个事件另一方面的全貌和细节，实则这一方面与一切判断乃至每一个推理都是分不开的（参阅编末论文第一篇及《心学》杂志新编第33期）。

那么我们是不是要说心理的条件定须排斥于逻辑之外，在一切意义上都是两不相干呢？对于这个问题，我们只能回答一个“否”字。或者我们也可以这样回答，这个排斥是严格有效的，不过仅乎在上述各种条件要以原来的面貌登场的时候才是如此。我现在所要说明的就是，在逻辑里面它们仍然可以出现，但是不管一般也好，还是细节也好，它们总决不能保持自己固有的特性。这里我们可以回到前面说过相对力量的例子，譬如说，某种感觉可以成为特定判断形成的原因。

这种力量，我要重复一句，对判断来说，始终是外在的。它决不能以其本来的性格过渡到判断的内容里面去，而要求我们加以承认。可是另一方面，每一个判断（我们确信）却必须包含而且依靠着一个内在的x。它决不是单纯的R，而总是R（x），也就是我们最后加以修饰限制而成的S—P。这个x里面便包含了属于我们的“实在”的每一个特点，它虽然没有以其特殊的性格特征给予在我们的面前，但其本身所具一切特点却无不涵容在我们的判断里面。所以每一种心理状况，例如感觉的力量，在某种意味上，也可以出现于一定的判断之中，这个判断不过是它的外在的结果，同时也是一个要求完全独立的结果。

这个存于逻辑之内非逻辑的成分变形的发露，我们可以看出，尚不仅限于单纯一般的形式。不但每一个判断都要预先假定而且实际包括着一个没有说明的x，除非为了便利起见，决不能予以忽视。我们还有许多判断，甚至特别明认这个x便存在于我们所要肯定的主词当中。在所谓指示代词“这个”里面，我们的判断便分明受到我们所认为特殊的x的修饰限制。这里我们可以说，占了优势的感觉的力量明明能够表现在判断里面，在这个范围之内其本身也成了逻辑的东西。可是另一方面，这个力量作为心理的特质本来面目，无论是一般的

或者看成特殊的，却仍旧排斥于逻辑之外（关于“指示”，参阅《论集》索引）。

以上我想也已很够回答对于我们的论点反对的意见。我们可以保持我们的结论：没有任何推理不含有判断，同样也没有一个可能的判断不含有推理。在原则上，这两种东西不过是同一过程不可分割的两方面。除非出于一种抽象， 498
这个抽象有时是可以容许的，但到底是不合理的，决无单纯的推理，也没有单纯的判断。如果要问到它们当中哪一个在前，这个问题只有限于同一双重活动的发展不同的阶段才有其意义。

㉒ “我们最初的判断……两点，”但是诚如以下各节所指出，既没有（i）明显或者可以提出的根据，也没有（ii）一个严格意味的出发的对象，这就可以明示在一定发展阶段所能发现的推理，此时还不存在。

㉓ “生理上的感觉”，参阅第三部第一篇第七章第四节。这些话前面应加“即使”两字。我不知道这里所用的名词是否正确，但我的意思是说，如果这个由外而内的冲力仅止于是一股冲力，那么无论如何，它就决不能成为一个感觉。下文“传袭的迷信”指的是1883年英国的情形。第十九节的开头语应该是这样：“我希望，我确有所见。”

这里如果我把前面所说的话简略地重复一下，也许对于读者是有帮助的。有人认为，虽然每一个判断都具有特殊的心理条件，这些条件事实上发生了中介作用，而使每一个判断得以成其为判断，但是尽管如此，这些条件却并不出现，至少决非总是出现于判断本身里面。所以它们可以全部或局部停留于逻辑的判断之外。由此可见我们不能说一切判断都是从逻辑的中介得来。

回答这个反对的意见，我承认上面所说的事实，就是，这些特殊条件的细节并不出现在判断之中。我也同意说我们的判断在这个范围内是有缺陷的。要使一个判断在逻辑上成为完全圆满，所有的条件，包括心理的条件在内，都须呈现于判断本身里面。缺少了这个全面的中介因素，我们的判断就决没有达到其所应该达到的境地。这就是说，它将不可能实现作为一个逻辑的判断应有的特性。

另一方面，逻辑本身也指明了这个不完全性和缺点，要求我们无论何处作出一个判断，就必得在这个判断里面加入一个x。这个内在的x正好容纳为这一判断所需要的一切和任何条件。因此，这个判断本身里面实已包含了它自己的完全中介所不可少的任何补充的成分。虽则实际上这个补充物的纳入并非特殊面貌而只是一般的性质，但无论如何它总是被包括在里面。所以一定要认为这里所需要的中介作用仍然属于外在，这个反对的论点是站不住脚的。

其次，无论何处我们一使用指示代词，总是明认有某种东西当下呈现于判断的本身之内，它的细节虽然说不出来，但它的确是在那里。

499 足见我们还是可以维持这一结论：一切判断都是完全由中介因素得来。但是只要所需特殊中介没有说明白，*在此限度之内*，每一个判断便都不够完整，在逻辑上是不完全的。只有在这个意味上，一个判断才能受到可以称之为“外在”东西的制约。在原则上，每一个判断都已包括了其所具备的一切逻辑的条件，但是另一方面，又有许多特殊的东西作为特别细节却始终存于实际的判断之外。

㉔　“比较”应该从略，这里举出乃是错误。关于“比较”参阅索引及本书第三部第一篇第七章第二节。

㉕　关于第二十节所主张的结论，参考同上第三及第四节。

㉖　关于一般推理在什么程度上可以说是任意的这一问题，可参阅第三部第一篇第二章附注⑦及索引“推理”条。

㉗　“在结果中结合着两方面的特性”，假如这便是说原来“前提”的有效细节作为细节在*逻辑的*结果里面继续存在，那就要加以反对。参阅第二十三节及附注㉑。即使在一个被视为*心理的*结果里面，其中也不能保持全部细节。参看索引“再现”条。

㉘　“很有趣而重要的问题”，这里可以加上一句，这些问题现在还是很重要的，仍然值得研究。特别在这一节里，读者可以看出黑格尔的影响来。

㉙　“什么形式中……有用”参阅附注㉗。读者也许注意到这里有关“再现”的陈述没有提及“倾向”的形成。这也是推理过程一个必要的方面，但是在这里我认为却与主要的论点无关。

㉚　关于选择的分析，在一切判断和推理中都是少不了的，参阅索引“判断”条。

㉛　“外延与内涵的虚妄关系”，参阅第一部第六章第六节。

㉜　“我们实际的标准”，关于“实际的”一词适用于理论，可参阅索引“实际的”一项。关于“标准”，参阅“标准”一项。

㉝　“外在关系”，当然不是*单纯*外在的，但其外在程度却足以使结果受到

损害。参阅附注㉑及㉞，又索引“关系”条。

㉞　“分析”，如果材料里面所函蓄的整体性自始便包括于其中，而且这个整体性凭借分析的作用，本身便可获得独立完全的发展，结果当然可以满意。但是正由于不可能全然如此，所以结果不免有缺点。参阅编末论文第一及第九篇。关于材料及前提，参阅索引“前提”条。

㉟　“综合”，我们的材料，这里再说一次，决不是我们的过程里面所暗含的全部的整体。无论如何，这个整体总没有得到发展，纵有发展也不外乎是很不完全的聚集物的形式，好比许多砖石的两端为同一性所连结，但所有其余的部分在原则上都是外在的，不过借助于一个不相干的 x 而被粘附。所以在这个 500
整体之中，并无连贯的纽带，而从外面看起来，也没有实在的完整性。因为我们在这个过程里面，找不出一个统一的东西真正发展了它的自身。参阅编末论文第一篇。单靠同一性和差异的连接（我们将要见到），是不能解决为什么杂多又能成为单一的问题的。参阅《论集》第 240 页及第 264 页，又脚注。

㊱　关于“辩证法”参阅索引及编末论文第一篇。“在这个完全了的活动之中……绝对宁谧的快乐”等语，读者可以注意到“完全了的”与“完全的”不同。还有，在 1883 年，我好像就已经很清楚地辨明“活动”不是终极的东西，不能看作绝对之中实在便是那样。参阅《现象》索引。

㊲　关于所假定的“剩下的另一种作用”及“规律”，参阅第三部第一篇第二章第十六节及第四章第六节。这里我们有了一个误解，其根源便在于本书对于“单纯”或“漂浮”的观念看法不妥当（参阅第一部第一章第四及第十节）。至于第三十一节所讨论的推理，确实只有一个成分，乃由于“消去”的作用而来。这仍可归于分析和综合一般的类别，因为它不外乎说明存于主词之中的区别和联系。所以“不能还原”这句话从这一方面来看是错误的。只有当我们从实在所分解出来单纯可能的东西过渡到实在方面去，这句话才是对的。仍可参看第三部第一篇第二章第二十六节。

但是“自己实现的冲动”这个一般的动向，却是真正基本的东西。我们在各方面可发现这个追求完满的趋势，无论何处似乎都有一个目的要求达到“一种无限的完整性”。正是在这等地方，我们特别需要并假定实在本身就是一个理想的体系，其中一切区别都互相关联、互相维系，正面是这样，同时反面也是这样。

㊳　“只要有一个提示作出来的地方”，如果改为“被视为可能”，并在“事实”前面加上“特殊”两字，也许较好。关于“提示”，参阅第三部第一篇第三章第十七节，又第五章第十四节。

㊴　因为我对于培恩博士的态度往往总是批评的地方多，这里我倒要指出，现在我们很容易低估，甚至抹煞他的优点和在心理学上的贡献。我认为他是这样一个人，他所说的事实总要自行加以考察，而且只要是一个事实，无论出何代价，也必加以承认。对这一点读者也许和我一样，都会表示敬意的。

㊵　有的论者似乎从字面上认为我在这里就是主张，每一种形式的过失都值得在实际上一试。我以为这是由于不明“无限的完整性”与虚伪的无限二者的区别，所以才有这个很大的误解。参阅《伦理学研究》(1876)第 68 页以下。

㊶　这个“撮述”是很重要的，本来应该列于篇首，作为说明推理的张本。
501 编末论文第一篇还有一个总的说明，读者可以参看。关于“实验”，“程序”，“同一性”及“自己发展”，参阅索引和第三部第一篇第三章各项附注。

㊷　关于第三十四节的内容详情，可参阅第三部第一篇第二章各项附注。材料及前提，参见索引“前提”条。关于明显及暗含的主词，参考编末论文第二篇及索引“主语”条。

㊸　“全体的空间”，在这个场合，既是一般的，又是个别的。

㊹　关于比较，参阅第三部第一篇第二章第十六节。下文“特殊之点”可改为“特殊或比较更特殊之点”。你决不能够比较（我们还可加上一句），除非你是**进一步**加以比较。

㊺　关于“任意性”与推理，参阅第三部第一篇第二章附注⑦及⑩。“所完成”及“所引入”等语之前应加“似乎为我们”。因为一个结构，如果确乎是“外在的”，也就不能成为真正推理的一部分了。

第七章　推理的起源[①] 502

第一节。我们也已知道明显的[②]推理是什么。它是一种有意识的过程，自觉到其所实施的活动属于观念性，结局造成一个判断。这个判断也随伴着一种反省，明知是在推理之一端加入的东西，又在另一端出现。这便是**明显的**推理，我们将会同意，它是跟精神生活的起始隔有一段很大的距离的。

本书的目的不是要追溯我们的推理在这个间隔里面发展的轨迹。但是我们要想完全了解最高的形式，就非先把最低的形式作一个大概的考察不可。我们在说明判断的时候，已经不能不对原始心灵的性质作一些解释（第一部第一章第十八节），其后我们在试图纠正所谓联想推理论者的妄想时（第二部第二篇第一章），又重新提到那个问题。现在我们说起推理和判断互相交错，又使我们再一次不能不面对理性起源的问题。由于我们已经接近我们劳作的终点，所以这里可以把我们对于最初的理智所能说的话来一个总结，哪怕有一些重复也是好的。

第二节。最初阶段的理智是很难辨认的，因为如我们所已知，它缺乏理性的主要特征。它不能够判断，因为它没有观念[③]。它还不能把它的意象跟事实区别开来，从而不可能自觉地将这些意象跟实在的世界结合在一起。这就是说它不能够进行推理，假如它有所

推论的话，其结果也只能得到一个事实，而决不能是一个真理。它
不会意识到一种观念的或理想的活动，而只能盲目接受一个对象的
转变。甚至连这一点也还办不到。就黎明时期的理性所能了解的
范围来说，对象本身是不可能变化的；因为要想知道有所谓变化[4]，
就非保持原来的样相、确认一定不移的同一性不可。但是这样的一
503 种过程如果期之于方始萌芽的理智，那是未免太困难了。所以我们
断不能说它这时就能察觉到一个对象的起伏消长，因为它还谈不到
有任何对象。

我的意思不是说，在这个朦胧含混的整体之中，没有差别在，也没有一点朦胧的自我的感知对立于非自我[5]；所有这些相信最初便已出现，并且感知到了。如其不然的话，我就看不出我们怎样能够进展到今天的境地了。不过这些差别虽然感知到了，却没有成为意识的标的。它们仅乎是同一感知的不同方面，并非两个感知，这便意味着它们不是表现为彼此分开的两个因素。它们虽然出现了，但不成为两个实在的东西，因为这时我们离开实在对象的知觉还有一段很长的路程。因此，这时只有感知的改换，并没有事物的变迁。既然没有事物，再重复一句，当然也就没有观念。所以这时我们根本不会有什么观念的过程。同和异的认识必须靠着比较和区别，但是这两种活动我们还没有学会。因此我们对于任何两件东西，还没有能力说它们虽则是两件东西然而又相像。这时候没有记忆[6]，也没有期待，因为过去和将来都还没有成立，只感到现在的色调和性质。更谈不到有什么幻想的世界以及想象的作用，因为这非等到我们预先知道观念可以存在而又非实在不可，可是在原始的心灵，任何提示如果不与感受的实在合为一体，便是无法保存的。这时梦境

与醒觉也没有什么差异，因为梦中的景物还没有被回忆，在最低的阶段，可能跟白天的经历毫无分别。我们无论何时都是醒觉的，而生活好像也就是不断的做梦。

我们可以说起初的时候，我们的心智整个观念的方面[7]大概不会被意识到。在我们所知道的范围，它不过标志着一道感觉的长流，兴奋和消沉的一种钝态感受罢了。

第三节。我们理性的童年就是这样盲目而无智力，我们可能认为它就根本不含有理智的端绪。我们也许以为在这里面只能找出一种仅限于接受外来印象的纯然被动的东西，不过是感觉和机械提示的玩弄品。我们或许很高兴，以为在这个阶段上我们终于摆脱了一切理智的作用，不再有什么虚幻无稽的理性来麻烦我们了。在这个表象[8]的长流中，无所谓假亦无所谓真，此时自我意识好像只不过是其所感受到的苦与乐实际关系的表露，我们也许认为我们终于 504
找到了一种朴素的心灵，完全没有了通常归之于已发达的心智各种能力的根苗了。

不过假如我们这样想法，那就错了。因为即使在心理存在的最低阶段，我们还是能够指出一个中心活动，证明其中仍然含有一种雏形的推理作用。照我们所能看到的来说，一个心灵如果没有这个中心，也就不成其为心灵。那样的心灵只能是一种抽象，可以存在于人们的头脑之中，或者在理论家的文章里面有它的地位，但决不是真确的东西，也不可能成为真确。

第四节。生理学对于这么一种虚妄的看法不能给予支持。[9]关于这个问题，只有受过专门训练的人才有发言权，外行人本不应轻率作何主张，但是我只想很审慎地提出一点意见。依照生理学所说，也并不排斥我们承认一切感受的起源都含有两个属于身体的因素，一为由体外进入体内的刺激，其次为由体内引起对这个刺激的反应[*]。不过假如是这样，我们说最初发生的感觉便是由两种作用得来的结果，即由两个实质的前提通过中心的反应统一起来而成的结论，便没有什么不妥当了。我们如果从内省方面对这一问题加以考察，还可以发现我们所能体验到的最低级的感受确乎表现两个方面，其中之一为便利计可以称之为**自我**的感知。这个问题讨论起来很长，这里我不敢擅提什么主张，我也承认上述感觉所具的双重现象乃是一个很晦涩而困难的论点。但是我认为同时不能不注意到这一事实：如果把我们最初的感觉仅看为消极的东西，无论从心理学还是从生理学的观点，都说不过去。

第五节。我们还是从比较明显的地方来说，最为适当。如果你愿意，为便于讨论，我们不妨假设初期的感觉只是消极的印象。但
505 是没有一个清醒的读者会承认确有这种经验。我们也许都可同意，经验的起源应该在所谓反射的活动中去寻觅。可是不幸在这个范围以内却仍然充满着怀疑和争论。我们当然想要知道身体内的反射如何能形成心理的表现，然而这还没有方法可以知道。例如，反应的循环输出的一面**是否**呈现于意识之中，假如呈现了，又是怎样被表现的，直到如今似乎都还无从知晓。我们所谓“肌肉感官”，不但在心理学上，就连在生理学上，也仍然是一个疑问，所以在本书里面，我只好完全避而不谈。我们唯一的途径，我以为只有满足于一个不称意的见解[⑩]。我们姑且说：经验所从而开始的反射引起了

---

* 我有意用了这样极含糊的语句，因为我觉得不能设想在神经系统尚未发展之前，就一定没有心理生活。

意识，在**心理的**方面，这个反省的连环便是从一个单纯被动的感觉出发。接着便有一种发动神经驱使我们的肢体直接改造当前的环境。这个改变又表现为另一个感觉（虽然是一个副产品），在意识上紧随着第一个感觉后面。我们必得从这个很卑微的端倪，来发现上述中心活动如何开始发展成为初步的推理。

第六节。假定有了一个感知 A，以某种方式引起了一个反射活动 β，随伴着一个改变了的感知 C。这个感知 C 便间接由反射而来，因为它就起于那个反射在我的身体和对象中所造成的变化。现在我们假定发生了一个变动了的 A，通过单纯再现的作用跟着又引起了 β 的活动，但是我们再假定 β 却没有实现其对环境所能起的上述改变的效果。这样一来 C 就不会发生了。因此，也就没有了由对象而来的感觉以及起于这个感觉的体验。可是这时却会出现某种另外的东西。因为 C 有一部分便是肌肉、皮肤和分泌器官里面的变化所产生的感受。这些变化又一次为反射作用所引起，所以虽然这一回实际并无对象，结果还是会造成一定的感受。这一点很重要，因为既然有了 C 的一部分，它就会通过还原作用供给我们其他的部分。所以虽然这个对象并不存在，虽然不曾享受到完全占有的感觉和愉快，我们还是可以获得一种暗淡的提示与当前的表象不相调谐，从而不能使我们满足。这便给予我们一种冲撞、新的表象和不 506
切适的反射活动所引起的感受二者之间的对照。这个对照里面便涵着一种尚未发展的推理[11]。

这时我们还不会有受到挫折或失望的感觉，因为我们的心智尚未达到有所期待的阶段。它仍旧不知道它所发现的提示不过是单纯的观念。但是尽管如此，我们实已有了一个过程的两方面，最后势必导致这个重要的区别。我们起初有的是一种感觉为观念的提示所修饰限制。接着便发现了相应的不符和这些因素之间的冲突。偶然的苦痛或未能满足的欲望，必得驱使我们的心灵考虑这个对比，弄清楚其所必得感触到的差别之所在。所以无论在理论上或在意识发生史上，都是由实际方面的不幸和缺陷[12]才产生了反省的思维。

第七节。初期的精神生活（这虽然是一句老生常谈，然而却是一个真理）浸沉于实际之中[13]，其所追求的完全是要满足自己生理的需要，第一就是要寻求食物，其次就是保存种族。它对于相继出现的感觉序列接应的时候有选择的注意，便以这几个项目为归依，完全为饮食、男女、战争和社交的强烈的观念所支配。[14]由于这些观念的缘故，它可以忽略掉主要部分呈现的提示。在这种情形下，理智的活动当然是不自由的，最初的理性方面复原作用，如我们所已知，也许就是一种反射行为，不外乎生理的机能。这种“情欲”的制约，“理性”的束缚，在进化的阶梯上一直遗留到很晚近的时期，以至很难断言从什么地方开始便有了理智的自由出现。许多下等动物所表现的好奇心，以及它们显然对于美的事物也知道依恋，这等现象我实在不敢加以解释。很可能[15]在人类还没有演化之前，纯粹理论的好奇心就已出现，虽然我们不怀疑这时候推动的力量可能根本还是偏于实际方面。但是不管我们在这一点上作何想法，可以肯定的是，在进化的初期，理智一定是从属的、有所拘束的，到后来才变成至少局部是自由的。这里我所要加上的结论就是，如果我们所谓理性不是从最初便已存在并且发生作用，也许就根本不能够出现。我们最初开始可能只有一种反射作用，不自觉地与感觉相
507 呼应，由此而来的感受大体上可以视为一种被动的结果。但是随伴

着这种感受，通过一种综合的作用，却会唤起曾经与之并存的其他成分。而这个唤起的回忆却没有直接实际的联系[16]。这在心理的方面肯定就是一种雏形的理智和推论。

所以从最初开始，这便是一种尚未发达的推理作用，借助于观念的提示使所与的东西得到扩大。这些提示的选择起初都是实际的，换句话说，即除了欲望而外，不知有其他的注意。但是后来逐渐进步，注意力越来越广，跟欲望之间的环节也不断地加长。最后它已经不是一种单纯的心理活动，而成了以其本身为目的的东西。到了这个时候，理性可算已经获得了解放，整个智力发达史便说明了观念作用从不自由到自由的趋势一开始就已存在。

第八节。这种历史一定遭遇到很多困难[17]，各方面都会发现想不到的障碍。它可以找到靠不住的形而上学、片面的心理学、大部分不确定的生理学，或者对低级形态灵魂浅尝即止的探讨。但是我们的目的并非要追溯这个发展过程，哪怕是最简单的概略，而只是要我们注意到最重要的一点。智力的萌芽，理性最初的端绪，在心理生活刚一开始的时候便已存在。所谓“联想”的作用即包括了最高逻辑重要的原理。[18]这里我们必须把我们已经说过多次的话再说一遍。在最低级的心灵中，早就有了普遍性的活动。我们可以说，阻力最小的路线对于各种事实是太狭隘了，它们通过这条路线总是被抽剥减削而变成一般性的东西，因为好比云中仙路，只有摸不着看不见的精灵才好走过去。不管我们怎样说法，结果是很明显的，从最初起发生作用的便是普遍性。能够激发我们的反射的决不是整个的对象，而是对象所包涵的与我们源远流长遗传的倾向[19]相适应的成分。并非我们全部的感受通过复原作用，唤起过去有关系的

各种感觉。它只能是不为任何一面所持有，而为双方所同具的不自觉的典型的东西。我们所期待的意象，其本身也是一种暗含的普遍
508 性，否则它又怎么能够跟其本身以外的实在相合一呢？不过这里我们也不必重述前面讨论过了的细节。如果我们可以说已经获得了什么结果的话，那么这个结果就是：从最初起发生作用的便不是相似性的原理。能够起作用的乃是同一性，而这个同一性正是一种普遍的、概括的东西。

第九节。我们对于原始心灵的看法，必须坚决避免两种相反而又相同的误解。一方面我们要看到就连在最低级的生命里面，也有比某些人归之于最高级生命的那些机能还要更高的活动。要把初期灵魂打下不可能的愚昧的深渊，乃是应该反对的偏见。但是另一方面，我们也要坚决反对把最初的理智抬得过高。而极力贬低萌芽时期的灵魂势必迷信下等动物也有高级智能。这决不是说我已能指出低于人类的动物的智力发达到什么限度，但是我认为有些见解是一定要加以拒绝的。把远比人类为低的动物描写为能够推理，能够达到人尚且难以企及的推理水平（除非他在高度自觉的水平上进行），我想，这种看法肯定是错误的，其中的事实肯定被曲解了。[20] 也许我们还没有掌握真正的知识，然而我们的肯定所包含的盖然性却是很大的。

第十节。我们可以从古典著作中举出一个关于选言推论的例子，借以证明这种过高估计的趋势的存在。有一条狗追寻它的主人的踪迹，走到了一个岔口。它先是带着怀疑的神气走上可能的道路当中的第一条，但是马上这个怀疑便为一种不信任的态度所排除，终于下了决心，很有把握地跑上了另一条路，此时这只狗分明作了反省的推理。它已经明确了：如果某条路证明是不对的，剩下来的

另一条路就**必得**是对的。不过我以为这个证例大体上全属虚构。事实都是靠不住的，而解释更加荒唐。

就事论事，我敢说**普通**狗决不会先来考察试探第一条路，然后毅然决然地走上第二条路。狗碰到不认识的路，对于走任何一条路都是一样；如果它匆匆走上第二条路，这个匆促也决没有什么自信或得意的迹象。我认为正确的解释很简单。这只狗走到两路口时， 509
不会说："看吧，前面有两条大路，我知道有一条必定是错的，所以我是面临着两个互相排斥的抉择。"我想它是不会先作这些初步思考的，只不过最近的道路引起它不在面前的主人的观念，于是它便按照这个提示而行动。等到失败了，又看见了另一条路，遂把前一次的程序再重复一回，第二次的过程除了由于延宕而增加了它的焦急和仓皇而外，跟头一次完全一样。我们根本找不出什么迹象，可以认为在它的面前同一时间之内能够有一个以上的观念。它只会有一个提示跟着另一个提示，后一提示可以把前一提示排除掉，但不同的提示决不能结合在一起。我们应当记住，一个观念被否定而仍然保留下来，成为更进一步正面发展的基础，这乃是我们的心灵很晚近的时期才开始取得的成就。我们很难相信在语言尚未发展之前，这样的机能就已能够存在。

也许有人告诉我，许多狗看清了第一条路之后，用不着什么考察，立即会走上第二条路，所以它们必得使用了很明显的选言推论——这样说并不能使我想要收回上述任何一句话。纵然承认这是真的事实，我也必得认为这个解释完全荒谬。我们所要说明的事实乃是最后的一条路显现为主人的道路，这实在不需要由剩余道路否定的保留和回想才能够说明。我以为大家都会同意，这里每一条路都会暗示狗所要找的主人；如果真是这样，那么，只须假定其他道路的失败阻止了它们受到注意，整个的事实也就说明了。这些道路不再能有什么提示，正因为它们的提示现在已与失败的情感混为一物，所以一经唤起马上便被排斥，剩下来唯一的提示遂必得成为好像是直接单纯的事实。我认为：我们说明下等动物行动时，不应当假定过多的理性作用，除非为解释该现象所必需。

第十一节。关于原始心灵理智的现象，如果能作一个更细致的探讨，也许是很有趣味的。但是丢开别的理由不说，这里限于篇幅我们也只能简略地一谈，以上论列可以概括陈述如下：在理智初发
510 生的时期并没有必然性[21]。初期的理智追求一个结果，不是因为有了什么前提 A 和 B，而是因为它根本没有别的方向可走。其实就连这样说也还是不正确的。它之所以前进，不是因为它不能有别的做法，而是因为它是在前进。在它眼前确有观念的变化发生，其效果并且即起于它的行动，然而它却决没有想到那个变化存在，更谈不到变化所由而起的根源。这就是说，它固然是有所见，但并非因为它必得看出，而只不过是因为碰上看见了。正是这个原因，所以选言推论是不可能的。[22]在它确实还没有不同的可能性可加以选择，因为每一个提示都当作一个事实，否则马上就被排除。在心智还没有意识到任何观念的地方，当然不可能有真正的选择。思维作用也得要遵循最少阻力的路线，但此时它还不知道有所谓阻力，也不知道什么别的路线，甚至根本不懂它是在思维。当然原始的心灵也有它自己的困惑，但是无论如何它仍然没有认识它自己的力量和弱点。

还有一点可以指出。也许心灵的向上发展，已使它的多种极简单的机能大为改变，或者染上了不同的色调，以至在我们的本身里

面已经无从体会到下等动物心理的现象。这是可能的，就某些特殊的机能来讲，或者还不仅如此。不过，假如我们笼统地[23]接受这句话，那么，我就得明白承认我们没有根据可以认为这样说是对的。我对于动物智力的估计也许失之过低，实际上很可能我估计了我自己。我并没有怀疑我自己具有理性，可是我自己不甚分明时所确实体察到的一些感受过程（除了某种例外的情形而外）似乎很能说明最低生灵的行动。这些过程跟我的最高机能相连，中间贯串着一个总的前进的原理，其初是不自觉的，到后来才变成能反省的、有思虑的，但自始至终都是合乎理性的。

第十二节。我所以要不惮烦地一再申述以上不成熟的意见，一方面固然因为这个问题很重要，另一方面也因为它老是被一层阴暗的偏见的云雾所笼罩。本来研究低级动物的心理是很困难的，如果我们抱着很多错误的成见来做这个工作，那就更加困难了。我们且来大概谈谈这里面几个最有害的成见结束本章，这也许并非不适当。511

我所要说的错误的一个最大根源，就是关于一般心理学某些观念的混乱不清。人们时常讨论到这一类的问题，例如，“狗子有没有自我意识”，或“它们是否具备抽象推理的能力”。可是所谓自我意识以及抽象推理能力，这些名词大概是什么意思却根本是不确定的。现在就以我们本身而论，我们也可以发现很多不同的阶段，从最模糊的自我感知直到思辨的反省，应有尽有。在这种情形之下而谈狗的“自我意识”，实在毫无益处，因为我们还没有弄清楚，哪怕是在一定的限度以内，这些字眼能够表示些什么意思。至于“抽象推理”的能力，如果我们不首先探明这种能力经过怎样发展的阶段，有哪些地方跟仅乎能够修饰限制现在知觉的那种推理相区别，试问我们讨论起来如何会有正确的结果？缺点很多的心理学再加上拙劣的形而上学，这便造成了动物心理研究上的一个重大的障碍。

这就必得使我们的解释发生歪曲，而况我们的观察本身也有很多的毛病。一般喜爱家畜的朋友们都有一种倾向——轻信和夸张。只要我们实事求是地推敲一下，他们所说的许多故事往往就会露出马脚，证明不过是鬼话。这个倾向我想也不难理解。别的动物都不像我们自己，单是这个不像便暗示有某种东西为我们所不懂，而不懂的东西当然很容易神秘化。此外，这些动物还具有一些我们所没有而又难以解释的能力。这又会引起无穷的惊奇。与此相伴的还有一个极普通的错误的根由。许多热心研究动物心理者观察的时候，总是容易忘记了动物所表现的冥顽不灵的情形。他们遇到这些场合，好像认为理所当然，从来不肯多说，其实这样倒也省事，因为这就可以避免解决为什么不同等级的智力能够同时存在于同一主体的
512 困难问题了 *。否则如果你对于下等动物成功的地方既以人的最高智能作直接类比的解释，对于它的失败的地方当然也须适用同样的原则才对。不过这样一来就要得出一个不伦不类的混乱的结果了。

第十三节。前面所说的两大障碍，大体上便构成通常理论和无批判的观察的粗略基础。现在撇开这些不谈，让我们再来一说由进

---

* 我观察过我养的几条狗达数年之久，注意到许多别人关于狗的行动所持不同的见解，深切感到一般人很容易接受任何一种解释，只要这种解释承认有高级智力。说到我们不具备的能力，主要指（也许是不恰当的）称作“方位的感觉”者。我们似乎没有根据 ㉔ 可以怀疑有些动物可以察觉到远距离的东西，那是非嗅觉、视觉或听觉所能说明的。显而易见，我们如果假定不同的动物具有不同的感觉，这是没有什么前提上的非常不可能。并且照我所见，这个“方位的感觉”如果确能证实的话，就很可据以解释人类所具有的各种方式的二次视觉。所有二次视觉或类似第六识的现象，假如我们承认其为实在，大概便是这种感觉的残余或反常的复现，在一般的情况下它是不能发展的。

化的观念而产生的理论的偏见。这些偏见的表现一方面往往要尽量缩小人与兽之间的差别，而另一方面又有一种倾向要抹煞他们两下的类似点。不过这两种企图确实都起于缺乏理解。如果我们相信最高级的东西便由最低级的东西而来，自始至终贯彻同一原理的作用，那么，想要缩短这里面的过程岂非等于直接贬低这个原理？而如果它的胜利就在于从这一极端过渡到那一极端，当你移动或除去它的目标的时候，你也就剥夺掉它的胜利了。此外，无论如何，真确的世系已无从复现，我实在看不出在这个链索的此一端或彼一端，加速历史的进程，或竭力把演化的链环减少几节能有什么意义。我认为我们必得承认在排除偏见方面，降低人类地位的理论本身就是屈从了偏见。

但是另一方面，那些要极力保持人类尊严的人们又是怎样呢？只要不是为幼稚神话所迷弄的人，试问谁还相信他们的灵魂会因有了一个猿猴类的祖先而受到损失？你只须稍微一想便可见出，纵使你否认这个世系，可是你的存在的基础仍然属于动物一类实在是太明显了。你当然现在已不止于是一个动物，但是不管你的现状如何，还不是许多动物当中的一种？你也许会争辩，“既然不止于是一个动物，就使我与其余的动物有所不同，如果我的本源就是动物，岂不是连这个**不止于**也不能成立了吗？”其实这样的回答一点也不高明，不过证明你对于自己个体的历史还存有莫名其妙的幻想。如果两个在显微镜下才能看得见的可怜的原形物质，**无论如何**合拢起 513
来就成了你的生命的起源，还有什么东西比这个更坏，坏到足以威胁到你的灵魂不朽伟大的抱负？你既然能够承认精虫就是你的前身而并不感到难为情，那么说起猴子是人类的老祖宗又何必显得尴

尬呢？这实在是一种神经过敏，似乎毫无道理，在历史的面前徒足成为很可笑的偏见。

尤其更可笑的是，关于每一个灵魂投生到这个世界上来，都跟一个适当的肉身相结合的问题，在达尔文提出进化论引起教会的麻烦之前，老早已经成为争论的对象。在我们与这个论争无关的人看来，委实不明白为什么上述有关我们祖先颇饶趣味的不确定的情形，竟能使以前的老问题变得格外紧张起来，或者真的就能遮断了教会给我们大家找到的得救之路。假使我们对于这一点不能有一个合理的说明，那我们便势必得出下面两个结论当中的一个：如果现在的叫嚣不是很可笑的，就是从前的镇静无甚道理了。

总之，既然我们每一个人的历史都是从最低级的东西演进到最高级的东西，还要存有这种想法，认为扩大了人与兽之间的差别，便会阻碍由这一种类演变为另一种类，那就显然荒谬不合事了。

第十四节。直到这里为止我们所说的各种偏见，都可以称之为理智的错误。但是当我们极力贬低和蔑视低于我们的动物的时候，我们可以发现在我们内心深处实在还存着一线摇摇欲坠的希望，就是要维持人类特权阶级的地位。这里受到威胁的似乎便是死后生命继承的权利。因为一旦承认了人与兽类有亲属关系，那么兽是没有所谓灵魂不灭的，一死就完事，人如果和它们一样也是死了就完事，一切天堂地狱之说便要完全动摇了。但是即使从这一方面来说，必得指出，我也看不出有什么恐慌的理由。我要首先提醒正统基督教徒，他们竭力维护人性的时候，好像已经忘记了一些重要的事情。上帝允许人们的新的恩惠并不包括人的方面*自然的*要求，强求的结果只有引起失望。如果在我们自己的本性原来就没有希望的东西，我们当然也没有理由害怕这个本性会受到贬抑了。

还有一点不属于正宗的看法，但说起来是很合理的，就是，使我们承认我们跟下等动物有血缘关系，试问这对我们来世的指望又有什么损害？固然下等动物要想得到永生是有困难的。可是我们自己难道就没有困难吗？有什么根据可以认为哪一方面的困难较 514
多或者较少呢？你也许会说，“在动物界范围之内是无法划出一条界线的。”可是在一个人的生命的进程中，你能够划一根界线标出这个奇异发展的某一时期，作为他获得不朽的永生的起点吗？这样的问题如果公开讨论，答案是很明确的。我们跟动物的亲缘大概不会减少我们的任何希望，除非这种希望本来就是一种迷信或偏见。

第十五节。但是只要我们能够平心静气地摆脱自私自利的希望和粗野荒唐的恐惧，我们马上也就可以不再相信我们生命的起源和命运是孤立绝缘的，与别的动物不生关系。同样的生之喜悦，同样不可避免的死亡，共同具有的对于某种超越事物的不确定的情况，这些因素都把我们跟地球上一切其他的生物牵扯在一起。坦白地承认共同的祖先，并不妨害我们仍然是我们的这些可怜的亲戚当中的主宰，反而可以打破我们和它们之间的隔阂，这个隔阂如果不打破，只会助长我们的残忍，使我们膜视它们的不幸，轻忽它们的爱的表示。这个道德上的偏见一经扫除，我们理智上的偏见便不可能继续存在下去。那时我们研究下等动物的目的将不再是要建立一种借口或要求，而是为了要在不同的形式之下重新发现我们自己的灵魂，换句话说，就是更好地理解我们自己发展的过程，从而满足我们求知的欲望。这样的研究将会增加我们自己的信心，同时也将使我们回想过去的错误而感到懊悔、遗憾和惭愧。

现在让我们作一个小结。以上我们也已就各种特殊的推论说明了推理的一般本性。我们已经知道心理演化的各种不同的阶段怎样贯彻着同一样的原理。我们一方面反对把不同的发展阶段混同起来，同时也趁这个机会指出了一些特殊的偏见。最后我还要表明一点，就是我们只要能够把握并且坚持发展的观念，就不会老是想要抑低较高的阶段或抬高较低的阶段。我们所要求的是始终保持原理的同一，但最重要的在于知道，这个统一的原理实现的各阶段都有其变化不同丰富多彩的性质，我们决不能为了前者而牺牲后者。

515

增补附注

①　我要提请读者注意：这一章是很重要的。也许没有人把它跟本书上册对联想推理论的批评（第二部第二篇第一章）仅乎看为一种离开本题的心理的讨论。诚然我本来对于心理学是很有兴趣的，单是为了这一点，我也要起而驳斥我断定是我青年时代所流行的各种理论。除此而外，我还认为一种哲学如果根本错误了，它在心理学的基础上也必是不健全的。从另一方面来说，我也不能同意有些人所谓一种心理学可以正确到一定的程度，超过这个范围就变成不正确了这样的看法。所以本书目的之一是要证明比较真实的逻辑，对于心理的事实必得持有不同的见解。换言之，判断和推理在逻辑上获得正当解释的时候，那么即使在最初心理的阶段也必得表现它们所具有的根本的性质。它们可以备具没有发达的形式，但在心理生活一开始的时候必已确乎存在，而且真正发生作用。这便是本书关于心理的探讨所达到的结论，也是全部论证所要彻底阐明的一点。

我对于心理学的兴趣使我很早就注意研究黑格尔有关这一问题的理论。但是无论在这本书里抑或在其他地方，我从未自命为黑格尔主义者。黑格尔的心理学有许多我还不了解，也有一些，照我所理解，是我不敢苟同的。可是我仍然在这里面得到了我所最需要的帮助。只要懂得了联想仅乎限于在普遍相之间有效，就足以消除黑暗进入光明（参阅第二部第二篇第一章附注①）。黑格尔的知觉论把人的感受看作隐伏于各种关系之下模糊含混的连续之流，这种见地我一直认为具有极重要的意义。黑格尔自己总是反对把这一方面的重要性太夸大了。但是这里他的主要论点在我看来正可说明事实的真相。这里读者必须参考黑格尔《哲学全书》第 399 节以下。伏克曼《心理学》(第二或第三版第 127 节)所提供的解释也许是很有用的。遗憾的是我对于现代心理学的知识很不够，所以我不能够说这里黑格尔在什么程度上接受了别人的意见，虽然我认为他是继承了亚里士多德的思想。

假如有人问我为什么在这本书里面没有谈到黑格尔的心理学，那么我只好请他再去一看我在序文里所说的话。我过去和现在一直不明白自己受到黑格尔的影响其界限究竟如何，假如我在某一方面承认所受于他的启发，则凡遇未作此项承认的地方，就很容易使人怀疑我是否认或者抹煞了他的教益。我最怕陷入一种至少是沉默的自负，好像有了什么创见似的，这样的表示我在整个讨论中随处都竭力加以避免，而且对于这种态度我还感到一些鄙视。不过就现在的场合来说，我仍然承认，如果采取另一种途径，更为适当也未可知。

我不打算逐一追叙对我曾经有过帮助的心理学家，可是我不能不特别指出，这些心理学家并不包括詹姆士教授在内(虽然我也很重视他的著作)。这位心理学名家甚至在讲到本章内容时还称道我的创见，不过这一点我实在不敢承受(参考《论集》第 152—153 页)。詹姆士去世之后，相反的，希勒尔博士(就我所理解)在《心学》杂志第 95 期 348—349 页上，又说我在这一章里面所提出的见解渊源于詹姆士教授 1879 年在《心学》杂志上发表的两篇文章，不过我没有把这个来源交代清楚罢了。希勒尔博士似乎暗示我是《心学》杂志忠实的读者(照他所见)，一定会读到过而且使用了这两篇文章。事实在那时候不仅本章的题材在我的思想上早已酝酿成熟，而且在 1883 年我根本就没有见到，也没有听到过这两篇文章。当这两篇文章发表的时候，我并没有经常订阅或读到《心学》杂志，恰好相反，那时我实在很少有机会或者只是在例外的情形下才看到这个刊物。说老实话，我在 1883 年对于 1879 年全部《心学》杂志的内容根本毫无所知。至于希勒尔博士还进一步说过或者暗示(同上杂志第 347 页)，我在这里所说得于黑格尔的思想并不见于黑氏著作，这些话很奇特却无关宏旨，所以我也就不再置辩了。 516

这一点既经表白在前，关于本章存在的缺点，我只有请求读者不要忘了它发表的年代。在这些附注里面，我也几乎没有企图谈到本章的缺点，更不必说起有什么补救。这篇文章大体还是原来的样子，因为如果要有所改正的话，即使为篇幅所许，也受到我的学力的限制。

② “明显的推理”，所谓“明显的”一词在这里的用意不仅指着“意识”，而且包含“反省”在内。不过这里兼有后一方面的涵意似乎是说不过去的。

③ “它没有观念”，应改为“它还没有知其为观念的观念”；后一句“它不能够进行推论”中，“进行”前应加“自觉地”三字。参阅第十一节。再后一句，“一种观念的或理想的活动”后应加“纵然它是确乎存在”。关于什么叫作“观念性”，参阅《现象》索引。

④ “要想知道有所谓变化”，即知其作为变化的特质，而不仅限于单纯的感受。这里还是要参阅《现象》索引“变化”条。

⑤ “没有差别……非自我”，这些感知到的差别存在之初当然可以没有上述特殊“蒙眬的感知”，这便是后来我在《心学》杂志旧编第 47 期上所取的见解，现在我仍然倾向于这种看法。这本来是一个很困难的问题，幸而在这里没有多大关系，因此可以略而不谈。可是它对于我们活动的经验所具的本性却极关重要。关于这一点可参阅《现象》索引，特别是第 607 页说到《心学》杂志的一段话。

我在这一章里所采取的观点可以简述如下。我们的感知中每一个变化都是一个由外向内的骚动，在被改变方面又引起一个反作用。这个反作用在每一
517 个感知里面都表现为一种少不得的，同时又是可以区别的部分。如此感知的组合，即惯常反应的中心，后来便发展成为所谓自我意识的基础。现在我已不能肯定所谓“兴奋和消沉的感受”（第二节）和“感受到实际关系”（第三节），当我写下这篇文章时，是否当作恰好同一的东西，如果是的，究竟同一到什么程度。读者可参阅以下附注 ⑬。

⑥ “记忆”，参看《现象》及《论集》，索引。

⑦ “观念的方面”，这确乎是有的而且感知得到（参阅附注 ③），虽则没有作为这样为我们所认识（参阅第七及第十一节）。

⑧ “表象”的意思便是指“当下呈现的东西”而言，即“来至眼前之物”。但是后来我发现了这样的用法会引起困难，最好能够避免。同样第二及第四节所用“感觉”一词与“感知”并无分别，而是指着感受的某一侧面。关于“感受到的实际的关系”，可参阅附注 ⑤ 及 ⑬。

⑨　生理学等语，读者对于这种看法当然会自行加以评价。关于上文和所谓“两个实质的前提”，参阅第三部第一篇第六章第二十节以下。

⑩　“不称意的见解”，这里为便于说明，假设了在反应活动中，首先出现的是一种被动的感觉，而最后反应的结果则显示这个感觉已经改变。读者当知这里面有许多成分（我用不着指出究竟有多少）不过只是幻想的推测，仅在于使主要论点更为清楚而已。

⑪　“一种尚未发展的推理”，其本身便不是实际的。参阅附注⑬及⑯。

⑫　“不幸和缺陷”，参阅第一部第一章第二十节及第一部第二章第七十三节。

⑬　“浸沉于实际之中”（参阅第一部第一章第二十节）。所谓“实际”及“实际的”（读者须知）这两个名词用起来往往都很含混不清（参看《论集》索引）。“实际”的特色就在于存在或现状的改变（参考本书第一部第一章第十五节），这里所谓“维护保存”也应该归入“改变”的范围以内（《论集》第83页附注）。所以我无论做了什么都是实际的，只要我做了出来；因为很明显它在大体上总改变了存在的状况。如果忽略了这一点，认为观念的活动没有实际的方面，便是大错。与此相反，另一个错误同样的严重，就是认为我所做出来的任何事件都主要或者仅乎是实际的。不过在每一个场合，我们先要问清：在这里面我们有的究竟是怎样特殊的目的，而在这个目的达到之后，其效果对于最后造成的存在状况又有怎样修饰限制的作用？很易见出，我们所肯定的真理，本质上当然决不是仅乎作为这个“肯定”的形容词，而一定要符合某种其他的事物，在这个范围之内（例如美），它就是观念的、超越的，从而也就是非实际的。另一方面，“实际”之中无论何处也都含有心理的活动，这个心理活动除了具有为实际服务的意义而外，其本身自然不是实际的。简单说一句，所谓“实际的”和“观念的”活动，决不能看为两个彼此分离、独立存在的东西。一种活动是实际的或非实际的，完全取决于它的本身哪一方面占优势，并视当下你认为什么是最后的目的以及问题的本质而定。我不否认“实际”的问题是一个很困难的问题，518
但是我深信以上所述言之成理，不失为一种可能的解答，而且也许只有这样看法，才能避免片面性和危险的错误。

关于“实际的”一词有时用来指谓理论的东西之“效用”的方面或其细节，可参阅索引“实用的实际的”条。以上所述总的意义，参考编末论文第十二篇。

讲到“初期精神生活”，我以为称之为实际的是正确的，因为它的企求主要在于保持或改变存在的状况，虽然这个存在，例如在性的活动方面，可以仅乎有关于种族保存。另一方面，纵然在最初的心理作用中，我们还是可以找出一些本质上并非实际的成分（参阅附注 ⑯）。其次，在动物生命中，到了什么阶段，才有与实际相区别的目的开始出现，这个问题也是不能忽视的。

现在我们再来一看前面所提关于“兴奋和消沉的感受”的疑问（附注 ⑤），这种感受从一方面说来固然总是实际的，但是这一特点在一定的场合仍然可以仅乎是从属的、次要的，它的重要的质分反而属于观念的。同样的话也可适用于（第三节）苦与乐以及所谓“自我的感知”。如果把这等感受看作单纯实际的东西，或认为它们主要的特征经常不外乎是实际的，都是同样的大错。这个错误在本书任何处所总是极力加以避免的。

⑭　读者须知我在这里说的是一般的生命，不仅指着人生而言。所以像“饮食”及“战争”一类的名词以下用来一部分都不过是比喻的说法而已。

⑮　“很可能”，前冠以“也许”较妥。

⑯　“没有直接实际的联系”，参阅附注 ⑬。

⑰　“很多困难”等语，读者应须记住，这是指 1883 年而说的。

⑱　关于联想及普遍性，参见索引“联想”条。

⑲　“遗传的倾向”，这一点在这里并不重要，但心理学对于这个问题自然非慎重注意不可。

⑳　这一节以及下文，我在当时所想到的只是脊椎动物的世界，至于昆虫智力的问题，当时以及现在便不是我的能力所及了。

㉑　“没有必然性”，即指意识到的必然性而言，参阅附注 ③。

㉒　关于选言推论，参阅第三部第一篇第二章第二十五节；关于选择，参阅第一部第四章第一节。

㉓　“笼统地”之后应加“笼统到足够的程度”较为妥当，参阅附注 ⑳。至于前面所说的“特殊机能”，恰跟第十二节所说的“能力”一样，我写下的当时所想到的，无疑也就是以下第十二节脚注里面呈述的事实。

㉔　“没有根据”一语，对高等动物来说，也许过于强调，至于下文“前提上的非常不可能”原文中间尚插入“非常的”一词当然是不需要的。所谓“二次视觉”的真确出处现已不忆，可能也是引自黑格尔心理学。

第三部第二篇

推理（续）

第一章　形式的推理与实质的推理 519

第一节。物质和形式这两个名词也许有人不大欢喜听到，它们使我们回想起久已忘记了的许多玄之又玄的争论。但是我们准备不管这些，继续进行我们的逻辑探讨，这个探讨现已快近最后阶段了。我们必得暂时撇开有关形而上学的问题，其中说到这些名词很不容易一下搞清楚，而且纵连对于它们逻辑的关联，我们也在打算作深入彻底的考察。其次，我们也不想要直接讨论到所谓形式逻辑的一切要求。本章目的只在于进一步澄清前面已经呈述的各点。 647
在阐说的过程中，我们希望做到的就是破除几个成见，从而最后肃清某些很容易发生的幻想。

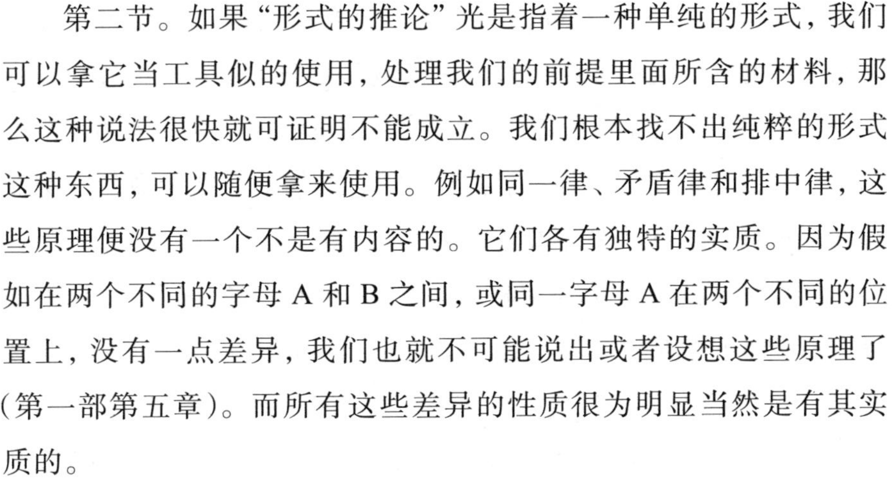

第二节。如果"形式的推论"光是指着一种单纯的形式，我们可以拿它当工具似的使用，处理我们的前提里面所含的材料，那么这种说法很快就可证明不能成立。我们根本找不出纯粹的形式这种东西，可以随便拿来使用。例如同一律、矛盾律和排中律，这些原理便没有一个不是有内容的。它们各有独特的实质。因为假如在两个不同的字母A和B之间，或同一字母A在两个不同的位置上，没有一点差异，我们也就不可能说出或者设想这些原理了(第一部第五章)。而所有这些差异的性质很为明显当然是有其实质的。

如果反驳说这里的实质不是特殊的，形式可以适用于任何材料，每一个场合给予的材料在形式上并不能影响所得的结果，这是解决不了问题的。不能说无论处理什么材料结果还是同一的形式
520 重新出现，在任何场合形式的作用都是一样，所以材料不过是消极的、被动的东西。采取这种看法便是重复形而上学里面引起许多无谓争论的错误，这也就是唯物论的主要支柱之一。你不能因为一个雄性对每一个雌性都证明有生殖力，于是遂断定只有雄性才有生殖的作用。那样说就太荒唐了。当一个结果由两个因素而造成功的时候，你不能因为某一方面因素的**特殊性**没有影响结果的一般型式，遂把另一因素当作这个型式的唯一原因，这样的断论总归是不妥当的。所有这些不同的场合在实质方面，可能也有某种共同的东西存在，并且发生了作用，所以形式作用本质上也未尝不可以具有一些物质的成分。“赤裸的”形式虽然不一定要有什么色相，但是如果一点“赤裸的”物质也没有，那便要等于零了。

第三节。形式的推理如果解作使用赤裸的形式进行推理，便是不存在的。这是一个不可能的空想。我们所用的形式作为一种排列组合的原理，也决非可以脱离一切物质的原理，它只不过是不依于这一个或那一个特殊的物质罢了[①]。这里面最后剩下来的少不了的物质的因素，乃是一种一般的性质，它能够通过无量数的实例而存在。这样的形式当然不是绝对的，而是相对的。

如果把形式理解为这种相对的意义，我们是不是还可以说推理具有形式的特质呢？其实，我们应该先问一问说这句话究竟是什么意思。我们的意思可以是说，凡是一个推理，只要是有效的，就一定能够证明为某种型式之一例。这就是说，我们可以意在说明，结

论中所引出的关系都由前提里面给予的各种关系而来，所有这些关系如果组合无误，在理论上都可以预见得到，并化为一定的公式。我们还可以加上一点：虽然在现实的推论中，你必得要有某种特殊的材料，用来填充这一类型空白的公式，可是这个材料或物质却存于空白框架之外，是完全不起作用的。因此，最后把几个名词联系在一起的关系，并没有因特别的前提而成为特殊化。它仍然仅乎是原有公式的旧关系的复现，其所支持的内容完全是外在的，公式本身一点也没有改变。根据这个见解，我们可以说型式或推理的形式恰似载运材料的车辆。

如果这便是我们所谓形式推理的真意，那么我也不好说这是 521
全然不可能的[②]。如果我们任意幻想，也未尝不可以虚构一种境界使这种逻辑得以行之有效。但这是与真实的经验不相符合的。如果照这样说来，不但三段论式势必归于崩溃，而且纵在最好的情况下，它也只能解释一小部分的推理。那就意味着没有一种可能的逻辑能够供给我们什么推理的方式，你可能有推论的各个种类及其实例，但是你决不能够有一套包罗无遗的型式。结论根本不适合你能够拿出来的表格。它可以带来一个在前提里面没有给予的名词。它也可以造成一种关系，凭你的格式决不能够预料得到，各种因素个别的综合可以产生完全特殊的新的关联。这里面的变化是无穷无尽的，要想一律加以规定，我们也已知道(第二部第四章)，不但是不合理，而且也毫无希望。显而易见，以这样一种意义来理解形式推论，那不过是另一种妄想；如果只限于三段论格式来讲，就是使这个错误更为扩大，而如果要从外延的观点来解释这些格式，这个错误就格外严重了。

第四节。以上所述的形式推理结果不过成为荒谬。现在我们再来一看它的反面，所谓**实质**的推理究竟如何。假如实质推理含意就是说结论并非真由我们对前提加工而来[③]，而是需要加上一些其他物质材料，那么根本就不是什么推理。但是假使实质的推理便意味着每一个推论都须跟事实相关联，并指谓着实在，照此说来，这就成了一切推理之所同具的一种基本性质和标记。认为判断和推论只能局限于观念的范围，这一谬见久已为我们所抛弃。所以如果所谓“实质”（材料）一词，意思就是超乎单纯的“概念”之外，而与真理一致，那么，整个逻辑里面的东西都必得是有内容的，便都可以称作实质的了。

但是如果我们撇开这样浅近的真理和如此明显的错误，而采取另一种意义来理解这个名词，我们就可以给这个问题找出一些新的线索。所谓实质推理也许指的是完全不管前提的形式。这就是说，一个推理借以得出结论的**材料**可以完全是特别的。换言之，即
522 给予了某几个前提的成分在某种特别的组合之内，我们虽然使用**这个**组合作为出发点，但所得的结果可以是崭新的。结论乃由于整个特殊的情况而产生，而**并非**凭着其所可能具有的与其他组合共通的东西。

第五节。不过我们要想把推理完全建立于特殊物之上，还是一样的说不通。我们已经知道，一切推论都可纳入几个类型，在这个限度内，它就必得放弃它的特性。不但如此，每一个推论的前提之中总必含有某些成分并不曾参与推理[④]，只是随伴着这一过程带到结论里面去，而其本身对于获致那个结论是不起作用的。无论如何，每个推论总会有一些实质与它的形式无关。

我的意思不是要重述单凭特殊物不可能进行推论这个极简单的真理。[5]那样的谬见即使仍能碰到，也已没有人会相信它了。很易见出，你虽然从感觉印象出发，但总是通过不自觉的选择，剥除它们的特点，把它们作为类型来使用。我不是指此而言，我所要说的乃是，根据你的前提的特性，使之约化为实际运用的逻辑的内容，你仍然会到处保留着某些东西，对推论形式来讲正是它的实质。你一方面有了一个过程，可以存在于不同的机构之中。另一方面又有一种具体细节显现于这个基础和结果里面，却似乎并不能对推理过程的特性起什么作用。在这个意味上，一切推论便都可以说是实质的，同时也是形式的，每一个场合，你总可以把推理的实质跟它的形式分别开来。我们在每一个特殊组合中，都能找出一个并非特殊的组合的原理。

第六节。大家许都承认，凡是一个推理如果不能适用于另一个实例，就一定不是一个很好的推理。我们也会同意，每一个论证除了现在的场合之外，总必另有某些想象的场合[6]，它的推论的原理也可施之而有效。我们正是利用这一点作为推论的试金石。我们不是仅乎把推理本身当作一种抽象的形式，应用于具体的实例以便通过细密的结果予以证明。我们所做的决不止于此。我们在论证的内容中，还造成了各种变化。因此，我们已使推理的原理与随伴着它的物质或材料分开，再把这个原理在类似的事例中加以证实，
这就可以显示我们的结论之所以获得并非由于利用了不相干的素 523
材。不过这样的过程实在暗含了一个信念，就是认为一切推论都有一个消极被动的细节部分，并不有助于一定结果的造成。[7]

这个信念也非毫无根据。例如，“A 在 B 之南，C 在 B 之西，

所以C在A之西北”，这里面A对C的关系显然不是由于A和C而来。这两个东西都寄托在一种空间关系里面，而对于这个空间关系它们都不起什么特殊的影响。它们彼此的差异都落在这个论证的形式之外。再举一个例来说，“D=E”，而“E=F”，所以“F=D”这里我们所使用的字母，对于它们各自排列的位置，也不能造成任何差异。固然你必得要有几个名词，否则你就不可能得到任何关系，但是这些名词的特殊性却是不起作用的。这些都是朴素的物质，它们的安排配列对于其本身的个别要求和特点是一概不管的。即使我们举出一个很抽象的例子，譬如，“一加一＝二”，这里我们还是可以找出同样的区别。我们可以说各单位组合一起便造成一个整数，这个整数分明具有一种新的性质，最后两边单位的同一性通过一个等式得到了肯定。试问这个整个过程里面，是不是包含有什么不相干的成分呢？除了一般加法的原理之外，难道这里就决无一点特殊实验的作用，出于我们整个材料合成的结果吗？我的回答是，上述等式里的两个“一”也不能够设想为全然赤裸和单纯的东西。某种性质的暗影，某种时间或空间的排斥关系若断若续的音调，虽然不清楚，却是存在着，这就使得这些单位相互之间以及跟其他可能的单位相比较，都具有不同的地方。可是虽然如此，这等差异对我们的论证来说，毕竟无足轻重，因为它们都存在于我们所谓形式之外。就连在辩证的推理中（如果我们不予忽略的话），也会找到同样的情形。我不相信任何时候我们所使用的观念可以是纯粹的观念。我们也许在每个场合使用了确很密切关联的成分，但是我想我们一定可以发现其他成分也同时存在。这些所谓消极的成分随时变化或可以改变，仍然能够称之为论证的物质或材料。

如果我们能有一种推理，其内容所具一切的性质，在产生一定的结果上，都成为积极能动的因素，在这种情形下物质与形式当然就是分不开的了，从而我们也就不再能够加以区别。这样的推论还 524
是可以归入比它更一般的种类，但是它的作用原理却只限于它本身以内。[8] 如此，便根本没有任何消极被动的东西带入结论里面去，而在这个意味中，也就没有物质或材料之可言了。

不过这样的推论当然是一种不会实现的理想，[9] 所以不管什么场合我们还是可以说及推论的形式，并且把它跟推论的实质即其材料区别开来。

第七节。以上所述这里不妨作一个小结。物质和形式本来不可能绝对分开，但相对的区别还是有的。一切推论都是形式的，而且只是凭着它的形式所以才能够有效。每一个推理都决不仅乎属于一个种类或某一类型的综合，而且各有其本身的原理，这个原理也可以说就是它自己的灵魂。任何推理，我们能区别[10] 为消极的和积极的成分、主动的和受动的部分。

但是既已到了这个境界，假如我们愿意，当然可以再进一步。我们既然可以作出这个区别，自可进而把这两方面完全分开。我们很容易把推理作用积极能动的原理加以抽象化，并给以一种说明，使它成为一般公理的形式，在实际论辩中通过具体的事例得到检证。我们可以把它写在这个实际排列的顶端，假如我们高兴，我们也可以称之为大前提（参阅第二部第一篇第四章）。

第八节。但是事实它**并非**一个大前提，而且根本不是任何种类的前提，也从来没有呈现于我们的心灵之前。它是一种作用、功能，不是什么**材料**，不管你加以怎样的处置也不能使它的特质发生变化。所谓大前提，我们也已知道，不过是一种幻觉（第二部第一篇）。前面已经说得很清楚，现在我们可以回到这一问题，以便彻底揭示它的真实的根苗。在这一点上是值得我们反复说明一下的，只要由此我们便能使这一顽固的成见得到最后的澄清。

拥护三段论式的人也许欢迎我们最后所得的结论，以为这可以给他们利用。如果每一个推理都既有物质又有形式，那么把这个形式用作大前提，我们岂不是就能证明每一个推理都具有三段论式的姿态了么？这个还原的可能性，他可以主张，也就足以证明三段论式是一种标准的推理型式了。对这个意见，让我再来说几句话，以补前面论证之不足。

第一，我要首先指出来，凡是一种正确有效的推论同样都可以
525 还原为等式的姿态。须知靠生搬硬套来证明三段论式，这样的方法也可以用之于一种反证。

但是这还不过是表面的论辩，最后我们且来揭露这个错误的根源。

第九节。前面已经证明了许多推论根本没有什么大前提可言。我们也已说明要想抽出所有这些推论的原理，逐一加以列举全面无遗是不可能的。此外，我们还指出了也有这么一种推理的原理，当它已经获得并明确表述出来当作一个大前提的时候，可以成为很奇怪的东西而为我们所不能承认，甚至无法把它作为一个论证的前提来使用。不过所有这些也已很为清楚，这里顺便一提，不再多说，现在让我们来继续讨论三段论式最后的辩解。可能有人说，既然一切推论到头来都可采取这一形式，那么在某种意味中它岂不是就成了一个概括的类型？

这个诘难是可以理解的，它所根据的就是这样一个事实：当你已经使用了一个推理而且得出了结果的时候，在你已经做好了这个之后，你总可以把那个推理的形式抽象地分开。你**先前**并没有使用这个形式作为前提之一，因为它并非一种**材料**。但是现在这个形式已经到了你的手中，你当然可以使用它。经过这样的转变，给以一个新的表述，于是这个推理本来不是三段论式最后也成了三段论式。我想这个见解大致不外乎如此，其实也是站不住脚的。

第十节。它站不住脚，理由是：这个大前提你虽然找到了，却仍然可以毫无用处。在实际推理过程中，它可以立于一个最高位置，然而对于求得结果并不能起一点作用。所能发生的就是这种情况：你的小前提也许包含了真正的推理作用，而大前提根本用不着。我们可举这样的推理作例来说，“A 在 B 之先，B 与 C 同时，所以 C 在时间上必晚于 A。”我们一定要使这个推理采取三段论的形态，所以不能不通过抽象，分出一种所谓形式的东西。这样一来，我们遂得出了“先于另一种事物的某种东西，亦必先于与前者同时存在的事物”，或“当两个事件同时存在时，如果有第三个事件先于第一个事件，亦必先于第二个事件”，这便成了一个大前提。在小前提中，我们所要做的当然是把一定的实例归属于已经获得的原理之下，可见小前题实在就是前面所有前提的总合。那么结论又是什么呢？所谓结论当然便是对小前提所包含的实例，就大前提里面给予的宾词而作的断语。我们知道宾词在这里就是先后接续的关系，这 526
个关系转移到现在证例里面去，便成了 A 和 C 之间的关系。所得的结果是不容否认的，它是确实可靠的，然而这却决不是**从**大前提**得来**。这里的结论还是原来的前提原有的结论，所谓小前提正是原

来两个前提的重述。单是小前提无需乎别的帮助就已得出了这个结论，我们很自然的可以断定这个小前提现在还是能够继续得出同一的结论；而大前提不过是表面的配饰，根本不起作用。

再从另一方面来看，我们假定有了一个三段论式，有人认为我们只要依式归类就可进行推理了。我们实际上是不是便依照这个格式来推论呢？换句话说，我们是不是坚持这个原理，按照三段论的格式填上 A，B 和 C 等名词，于是得出我们的结论呢？或者，事实上我们还是和以前没有大前提的时候一样，首先将 A，B 和 C 组成一个总的结构，然后便得出一种关系。而这一来，大前提就一点用处也没有了。我当然不是说有了大前提不会引起任何差异。至少在未有大前提之前，我们所形成的结构是无意识的、非反省的，它的实现是不自觉的。现在有了大前提之后，便不但可以自觉地实施这一机能，而且对于结果还能有几分预见。可是归根结底我们仍然使用这一机能，在我们的心灵中还是继续把 A，B 和 C 组合起来。我们没有过渡于主词属性的范畴，[11] 单凭套公式分别归类就能获得 A—C 的宾词。

现在再举一个不同的例子。假定我们有两对相等的东西，AB 和 BC。把这两对放在一起，我们便会察觉到它们的数量完全一样。于是我们遂想到一个原理：“如果两个名词各等于第三个名词，则此两名词相等”。由此，我们又构成一个三段论式，用上面的原理作大前提，引出原已获得的老结论 A=C。但是试问，我们在得到这个结果的时候，我们是否就不再把 A，B 和 C 合在一起，察知它们的同一性，从而看出它们相等的关系了呢？抑或我们真的先说“A 和 C 都等于同一事物”，然后不通过 B 的综合，只须照本宣科分别归类，便能得出我们的结论来呢？是不是前一途径来得更为自然而且合理？如果一定要说后一**可能的**凑合方为正办，是不是显得有些勉强和可笑呢？

第十一节。这大致是可能的。如果你不嫌儿戏，尽可穿凿附会，把**大多数**的推理都变成上面所说的那种三段论式。不但如此，甚至有许多不需要怎样勉强造作就能够办到。因为碰到这种手法 527
反复施行的地方，这里面从起点到终端的联系可以越来越加熟悉。到了最后，我们可以略去很长的程序，利用一定的公理，只要按类归原，马上就能得出所要求的结果。我不否认等式的公理便可以这样被利用。但是在这等场合，归类的作用很少能够成为**明显**可征。纵连这里我们所使用的也**非**三段论式，而仍然使用一种机能，这个机能明白表述出来的时候，也可以成为三段论式。

在这些地方，我们也可以说大前提有它的用处。建立公理的机能没有起作用，而结论则由于认识的活动得来，一到你把它弄明白了之后，这个认识便取得了另一前提，于是看起来就很像一个三段论式了。我们承认（在这些场合，实际仍然不是三段论式）这样的还原是合理的；同时承认在**大多数**其他的场合这个还原也是可能的，虽则全然没有什么意思。

第十二节。但是尽管如此，三段论式的价值还是很成问题。因为像这样的还原并非经常总是**可能的**。迟早你一定会达到一点，这种按例归类的办法完全成为虚幻。我们可就通常三段论式本身仔细考察一下。它实在包含有一种作用，根本不在前提之列。譬如，我们因“凡人皆死”和“约翰是人”，于是遂断定“约翰必死”，这里面并没有给予什么一般综合的形式。我们必得把整个的辩论写出来作为小前提和结论，而大前提则必得采取这样一种公理：“凡属于某一规则的条件之下者亦即属于此规则之下。”我们上面的推理便归入这个大前提之下，作为它的一个特殊的事例。但是现在须知这里面是有困难的。这个新的归类也是一个能动的机能，所以也应该有一个原理可以表现为又一个大前提。但这个大前提究竟怎样呢？假定我们同意我们最后一个公理是终极的公理，那么这个同一的公理就必得再度写在顶端，而成为它自身的原理了。

我这句话的意思就是说，假若你**决心**要把这个推理还原为归类的作用，结果一定会碰到某种终极的东西，你的归类不过是应用一个原理，以便再一次使用这个同样的原理，而归之于其本身之下。你首先有了一个论证，建立于一定综合的机能之上；然后你又得到

528 了这个论证跟它所依靠的机能之间的关联，还是建立在一种综合的机能之上；而这些机能头一个和后一个却一模一样。它们是绝对相同的。但是，果其如此，我就要请问，你这样还原又有什么价值呢？如果最后结局你还是使用了开始时所用一模一样综合的形式，那么又何必不停留在原来的地位呢？为什么不坦白说明，我只是**使用了**一种机能或作用，而并没有依据它来实施归类，进一步的还原不过使我意识到我在实际上已经做了的是什么？还原决不能改变原来的机能，顶多不过使它成为自觉的东西罢了。

把推理还原为三段论式，可以使推理的机能或作用成为明显，但并不能以另一种机能来代替它。不过这样说来，我们所能得到的结论对于拥护三段论的朋友们就不妙了。因为倘若我们一开始所用的机能并非三段论式，那么还要盲目地向后追溯，好像认为倒退到足够的程度，就能改变它的本质似的，岂非自欺欺人？假定 A 可

以是 b 也可以是 c，但不能成为二者以外的东西，于是我们遂由 c 的不存在而推出 b 的存在。这种推理很明显的不是三段论式，而你却一定要说它是一个三段论式，杜撰这样一个大前提“别无善法，我只好如此”[12]，再把原来的推理重复一遍当作这个大前提的一例。这实在完全是虚妄，因为你怎么知道你的小前提可以归入大前提的条件之下？这当然要凭着一种归类包摄的作用。而这个归类包摄的原理就在于你同意用来作为三段论式之基础的任何一种公理。不过这样一来，那个原理本身反而不是终极的东西，成为终极的倒是“别无善法，只好如此”这一公理，而且前者还须建立于后一公理之上了。这个结果是怎样呢？结果所得就是，在你所制造的三段论式里面，实际上你是使用了你先前已经使用过的那个更终极的原理。但是假如你的推论确乎是三段论式的话，你就必得要使用一种人为的从属的原理才对。这就是说，你明明使用一个高级的机能，却把它看为一个低级机能的应用，结果在你展开这个推理的过程时，它反而显得好像是从属的原理之一例了。

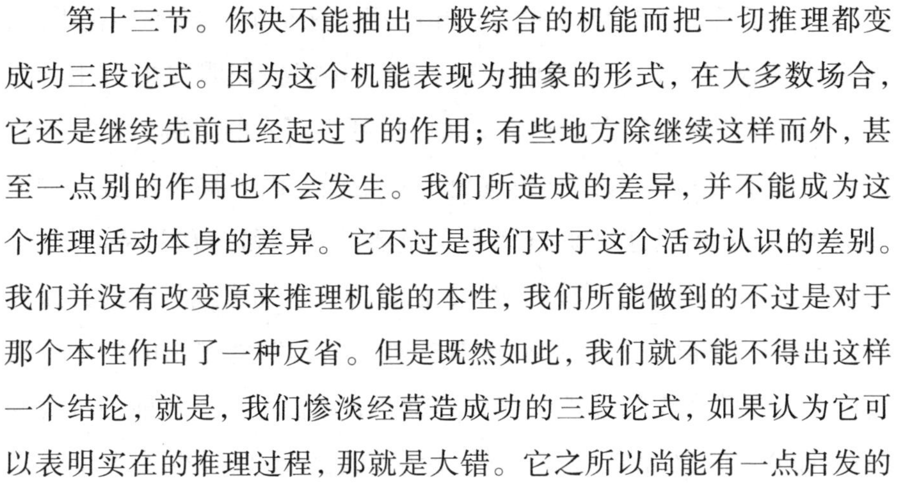

第十三节。你决不能抽出一般综合的机能而把一切推理都变成功三段论式。因为这个机能表现为抽象的形式，在大多数场合，它还是继续先前已经起过了的作用；有些地方除继续这样而外，甚 529
至一点别的作用也不会发生。我们所造成的差异，并不能成为这个推理活动本身的差异。它不过是我们对于这个活动认识的差别。我们并没有改变原来推理机能的本性，我们所能做到的不过是对于那个本性作出了一种反省。但是既然如此，我们就不能不得出这样一个结论，就是，我们惨淡经营造成功的三段论式，如果认为它可以表明实在的推理过程，那就是大错。它之所以尚能有一点启发的

意义，便全靠着你把它看作一种反省的方式，它的用处便只在于使你能够明确地表述并规定推理的机能，这一机能我们使用的时候完全与那个反省无关。[13]

以上也已最后揭露了一个古老的迷信，说明了它为什么能束缚我们心智的根源。在我们的推理之中确乎存有一种形式，比较推理本身来得更为抽象。我们可以把这种形式跟它的实质或材料分开，从而自觉地履行我们先前不知不觉所完成的推理活动，这对于我们来说也许不无裨益。如果这个抽象出来的大前提，我们把它理解为不过是在小前提中发生作用的一种原理的说明，如果我们始终记得在这些场合正是小前提，也只有小前提才能使我们获得结论，那么我们沿用这个由来已久的逻辑的传统实在没有什么害处。可是由于我们一定不能牢记，而且即使我们记住，也有许多别人会忘记，所以我主张把这个不愉快论争的陈腐对象扔向垃圾桶里去。[14]

第十四节。我们不要再硬把一个原理说成一个前提。我们应该要正名，必须名符其实地来指出各种事物，用不着要求制造一个大前提，而只合探寻推论的形式和原理。这是很合理而且有用的，在理论上很好，于实际[15]也有利。找出我们的证明之中所用的机能，我们才能够加以分类研究，从而得到更深入的了解。这也可以使我们在实际推理工作里面避免一些错误。因为揭示了这个抽象的原理，当然有助于我们分清有关重要的东西和没有关系的细节。当我们对某一推理有所怀疑时，我们也许要求知道我们的结论是怎样得来的。所以我们有时不能不探明这里面发生作用的能动的机能，根据我们当前的推理直接作出抽象，或者就一个先前的推理与其他的事例间接加以比较，以使这个机能由不明显变为明显。这样，我们或者单纯地考察推理形式本身，或者仔细探寻它在新的场合如何应用和进一步在演绎中如何起作用，就能够对这个形式进行 530
考察，并加检证。而这一过程当然是有益的，同时也是合理的。

第十五节。有两个同等的错误我们都须避免。第一个错误就是认为我们现实的推理可以由一个一般的形式，凭演绎来取得证明。第二个错误就是认为这个原理本身，只要聚积许多有效推理的实例就能获得证明。这两种看法都是不对的。普遍性并不能证明它自己特殊的应用，也不能够为特殊的应用所证明。

它之所以不能证明特殊的应用，其理由就在于它不是一种我们一接受就可以相信的陈述，而是一种机能或活动，必须做过以后才能够看出的。但是它又不能在纯粹的真空中来行使，非有某种实质足资利用不可。因此当我们规定这个抽象原理的时候，实际上使用的还是一个具体的实例，虽然我们把这个实例的物质材料跟它的形式分别开来。这就表明归根结底我们的标准必得是个别的推理活动。

我们就举下面的公理做一个例子来讲：两个以上的事物如果等于同一事物则彼此必相等。要想看到这个一般的真理，唯一的方法只有作出一个实验，将这里面各项名词的相等性和其他属性分开，辨明每一个成分对于所得的结果各自的贡献究竟如何。所以最后我们仍须使用个别的东西作为考察的准则。

也许有人说，“这个标准的应用却是普遍性的，我们各种特殊的推论都因为归入它的条件之下而得到证明”。这仍然是原封不动的错误。如我们所已知，一切新的实例之所以能证明为真确，乃由于我们再作了一次试验。标准的作用只能显示我们所作的推理活动本质如何，使我们在推论中对于它的形式和材料有所区别。但是意识到这个区别，让我再说一次，并不能成为实际结论的证明。我们毋宁说这个作用的新的应用才是这个公理的证明。

第十六节。上面最后一句话使我们马上想起另一个类似的错误。对于使用的机能，单靠聚积许多实例，并不能证明它的原理。实例的数目及其变化恰恰都是跟原理本身不相干的东西。当这些推理的活动看起来好像是类似的实例，所得的结果都能与事物的本
531 性相一致的时候，这就足以使我们推想到其中一定存在着某种有效的原理，虽然它还没有为我们所知道。但是这个原理的证明却只能从抽象得来，[16] 而我们应用的次数和差别则仅乎在这个抽象的目的上对我们有帮助。事例的作用不在于相互支持，[17] 而是靠着彼此对销。它们为了证明公理，先要消灭掉自身，而当它们共同连合起来互相证明的时候，实际已经抛开各自特有不相干的成分。

我们的结论可以概述如下：一个原理决不能证明它自己的应用，也不能**因**应用而得到证明。我们能在个别的活动**中**看出这个原理，并把它当作个别活动的机能，它才能够被证明。一个实例之被证明，首先靠着这个机能具体的实施，其次在这个实施过程中我们还须把形式跟消极、被动的材料分开，然后它才能够显示为一个推理的实例。

第十七节。你决不能将一切推论都还原为三段论式。每一个推理都是必然的，这个推理过程的必然性可以用公式表现为一普遍的真理。这就是一个原理，它比较推理本身更为抽象，也比推理所得到的结论更加抽象。这样它的本身便决非前提当中的一个。它从给予的材料里面推演出结论来，而其本身却不是给予的东西，我

们已经知道，正是要把它变为与料的企图，才使得我们走上吃力不讨好的道路。也正由于许多人对于原理和前提混淆不清，三段论式才有了苟延残喘的机会。

在这个基础上，我们可以成立这样的理解。假如一方面我们认为三段论式并不能提供我们推理活动的一般型式，那么另一方面我们也可以承认它不失为一种方式，足以表述推理活动应用的原理。它是揭示一种机能明显和自觉的使用之普遍的形式。

但是就我自己来说，我还得重复一句，我对于拥护三段论式的朋友们虽然表示同情，却不敢附和这种妥协的办法。当我想到一般学生为学习三段论式而白费许多精力，和大多数逻辑教师的癖性的时候，我便不能不预料假如三段论式还要继续教下去的话，它一定会被当作一切有效推理都能还原的形式来教给学生。这就是说，它决不会作为可以说明我们有关论辩原理知识的形式来教的。其实，
即使我们可以用这种异端的精神来学习正宗的逻辑，最后也只能 532
包括我们一部分的题材。至于这在教育上消极方面的损失，限于经验，我不能够多说，但是我仍然要大胆提出一点意见。[18] 我诚恳地忠告所有坚决维护三段论式的教师们，他们教给别人的东西不是偏而不全的，就是错误的。如果他们不是关心真理而是实际的结果，那么在我看来，他们至少也应该为了备受折磨的学生而试教一点等式逻辑。我们有理由设想在许多场合等式逻辑也许更有好处，无论如何它不会比三段论式差。

第十八节。关于逻辑上物质和形式的关系的问题，现在我们已经讨论完了。我们已经知道没有一个推论是绝对形式的，但是在逻辑上恰似一切其他的科学一样，形式和物质相对的区别是有的。所

以我们不惮繁复地最后表示，断然反对把推理活动当作就是依照某种活动形式进行归类的那种看法。我们表达的不是一种希望，而是一种虔诚的请愿，这个荒谬的见解连同三段论式都应该一并予以取消。

最后我们还可以加上一个警告，就是，物质和形式都具有其他的意义，为我们所不曾提到。一个推论从**形式**的观点来看可以是很好的，而实质却是不正确的，这时候从给予的前提仍能得出一定的结论。其次，我们说一个推理是**形式的**，也就意味着推理的步骤都经详细表明；或者它的原理已经明确地说了出来。此外，我们所谓"本体的"或"实质的"也可以跟"暗含的"或"含蓄的"是一样。还有一种推理过程也可以说是**单纯**形式的，即在某种场合，其排列组合对于推理实质并无影响。反之，在形式最为根本的场合，**单纯**实质的变更也可以同样毫不相干。至于进一步探询形式跟普遍性有什么联系，马上就会牵涉到关系和性质的范畴，侵入形而上学的领域。所以我们拉杂地说到这里为止，转过头来讨论一个久已等着我们来谈的问题。

533

增补附注

① "它……是不依于"，这里和在"是完全不起作用"（下一段内）里面一样，"是"字应改为"可以看为"，参阅第五及第七节。

② "不可能"应为"无论何处在逻辑上总是**实际地**不可能"。因为这里我们说的确实就是最后在原则上可以称为不可能的东西。

③ "由……对前提加工而来"，这是最广义的说法，参阅第三部第一篇第三章第三节，又索引"前提"项下。

④　“某些成分并不曾参与推理”及“其本身……是不起作用的”，说“不曾”和“是”都不免过于强调，参阅附注①。逻辑上抽象虽然是必要的，也不应当超出一定的限度。参考附注⑦，⑧，及⑨。

⑤　“单凭特殊物……进行推论”，参阅第二部第二篇第二章。

⑥　“某些想象的场合”，即使在一种意味上，有些推理在原则上可以是必然独特的，例如就整个宇宙进行推论，但在另一种意味上，它仍然不是特殊的。这个同一的推理我们昨天做了，今天可做，明天还可以再做，每一次推论也就是同一论证不同的事例。不过本文确实忽视了一种“独一无二”特殊推论的可能性，这是应该更正的。

⑦　“消极被动”，“并不有助于”以及（下一段中）“不起作用”等语，都须看作附有限制。参阅附注①和④。但是逻辑仍然有权利可以撇开这个限制进行抽象，而把那些**不用的**成分当作好像绝对**不活动**似的。

⑧　“这样的推论……限于它本身以内”，等语，参阅附注②及⑥。

⑨　这里我们有了一个“理想”，纵然就逻辑来说也是对的，因为一切真理要想成为充分和完全真实，都须包括其本身每一方面。参阅第三部第一篇第六章第十五节，第三部第二篇第二章第十三节，及编末论文第一篇。然而从另一角度来看，这个理想的实现又一定会使我们超出真理自身以外。因此，逻辑为要存在，它就必得或多或少地抹煞其自己的理想。

⑩　“我们能区别”，在“区别”前加上“为了我们的目的”较妥。

⑪　“我们没有过渡于……范畴”，更正确一些应为“我们通常并没有过渡于**单纯的**范畴”。

⑫　“别无……如此”，关于这一原理的本性和更正确的形式，参阅第三部第一篇第二章第二十五节。

⑬　关于归类包摄的作用无论何处在什么程度上对于论辩是少不了的这一问题，参阅鲍桑葵《知识与实在》第274—283页。我们可以同意，推论而能对于实际使用的原理有一个明确的意识，当然属于更高的阶段，而且更有理性。但决不能因此遂说这种自觉是必不可少的。认识了一个推理活动为某种原理之一例，即使这个认识与推理活动相伴随，也决不能使后者本身变成仅乎归类包 534
摄的作用。纵使我们在推论的时候，能够看出整个的宇宙形成一个严密的体系，我们的推理在其中所占必然的位置，同各方面的关联都弄清楚了，我还是要坚

持以上的否定。因为我认为这个世界一般性的理性的图式，以及归入和附属于这个系统之内的每一个细微特殊的情节，在其主要本质上都决非类的统摄或归类比附所能说明。所以为了一定的目的而将主词与属性的范畴适用于整个的宇宙，这样做法有时也许是对的，但是如果要把宇宙看为这样一个体系，它的所有各种内容单凭这一个范畴就能完全推演出来，并默认这个范畴包括着一切推论有效的原理，那便是另一回事了。

⑭　这里以及第十七节所用语句也许不免失之夸大。无论如何，这一问题我以为应该留待那些具有逻辑教学实际经验的人（这个条件我自己是没有的），或者在实际生活中使用逻辑规则的人（这个条件我自己也是缺乏的）去判定。

⑮　所谓“实际”即指理论的实践而言，参考索引。

⑯　“但是这个证明……从抽象得来”，“证明”应为“知觉”或“理解”。抽象是不能够成为证明的（参阅第三部第二篇第三章第十一节，及第三部第一篇第二章第二十三节附注）。无论何处真正的标准总是一个系统（参看索引“标准”条）。这个真理在以上第十五节中也是太过于被忽视了。

⑰　“事例的作用不在于相互支持”，这句话是片面的，虽然对于这里所谈到的那个错误说得过去。一个原理应用的范围愈广，也就愈显为真实。所以标准还是一个体系。参看《现象》和《论集》，又相关索引“标准”条。

⑱　这个意见无论一般地说，或专就等式逻辑来讲，都不免太轻率了。参阅附注⑭。

第二章　原因和因为[1] 535

第一节。我们已经知道，推理是一种观念的活动，可以提供我们一个结果。我们之所以获得一个结论便是**因为**这个推论的过程，从而很自然的大家会想象这个过程一定相应于某种**原因**。果真如此，我们岂不是一下子就可达到一个衷心向往的目的！在推论中我们总是根据原因来认识事物，至少就我们的知识来说，各种真理的联系与事件的过程便完全合一了。不过这个成功太便当了，不免引起我们怀疑。哲学上重大问题是不能这样速决的，求捷径往往导向错误的结果。我们稍微研究一下，就可发现这样一个概括的假设漏洞很多。

是否推理中所用的中词总可以代表原因呢？毋庸置疑，我们确有几分根据可以认为如此。凡是在我们说“因为”的地方，那里就一定存在着一个推理。无论何处，我们问到“为什么”，我们就是要探寻一个理由，这个理由一经提出马上便又是一个因为。所以我们可以断定，推论就是讲理，我们在推论中全靠把那产生一定结果的理由找出来加以使用，中词在论辩里的作用便是代表原因，而结论就是表示前提的效果。

第二节。对于这样一个笼统的说明，简单地肯定或否定都是不对的。因为我们很难说得定它真意所在。我们知道，“原因”一词含义很多，它的模糊暧昧不仅在于词义不确定，或基于语言偶然的粗疏晦涩。它牵涉到许多大问题共同的根源，本来就被云雾所包围，我们想钻进去势必马上迷失于形而上学的纠纷中。“原因”可以跟“原理”没有什么分别，这样看来，每一个普遍性的关联便都是一个原因。另一方面，“原因”也可以变成功“实体”的意思。此
536 外，它还可以被解释为“能”、“力量”和“势力”，②有些人把它看为实在的本质，又有些人说它是绝对的妄想。分歧很大，争论很激烈，在形而上学、心理学以及生理学中，几乎处处成问题，处处不确定。我们对于制约着能力发挥的感觉那种身体的过程，没有一致的见解③。谈到意识发生实际状况，以及我们所体察到的意志的真相，我们也没有一定的解答。④最后，如果我们要问到所谓“能”和“力”的拟想是否说得通，抑或仅是一种粗率的虚构，一加深究便站立不住，仍然是议论纷纭，莫衷一是。

这里如果我们想要追询我们推论的根据与实在事件的原因具有怎样的关系，那我们首先就须把我们所用名词的意义限制一下。所谓原因应该只限于指现象顺序定律⑤范围内的前件。我的意思不是说原因是一个不变的事件，在许多事例当中，同一事件在时间上总得先于某种其他事件而出现。我们必须把它理解为这样一种意义，即一定在前的事件。假定某种事件发现在前，则必有某种其他的事件跟在后面出现。换言之，它就是一种假设的材料，从它出发可以推出一个必然的结果或后件。这就是现象序列理想律之下的一个普遍的要素*（参阅第一部第二章）。

---

* 所谓“无条件的”一词也只不过表示这个同样的观念。如果 B 一定不移地由

第三节。假如我们把原因理解为现象接续顺序定律中的一个前项，那么我们马上就可讨论下一问题：是否原因和理由总是同一的？我们可以将这个问题分为两个部分来研究。(i)我们所知道的 537
原因是否总是一个因为？(ii)是否每一个因为都是一个原因？

(i)因果关系，我们首先要问，是不是可以由推理而知？能不能说在我们没有进行推理的时候，先已有了一个原因？这其实是不可能的，因为知觉到一个原因，我们必已知觉到因果律，而有了这个定律，我们的手中马上就有了一个普遍的联系。当我们断定这里有一个原因的时候，就是把一定的前件当作这个定律的一例，并把结果看为一必然的后件。而这个过程却正是推理。

否认这一点是没有用处的。你可以说实际因果过程乃是现实事物真实的线索，决非人们心智之所形成的观念的结构。但是这样的辩驳即使是对的，也无关宏旨，因为我们所谈的乃是我们所知道的因果。如果不经过这样一种改造，我们就不可能认识到它们。

第四节。也许有人说原因和效果都是呈现于实际的东西，即提供于感觉之前的与料。这样说很好，为便于讨论，我们姑且承认因果秩序可以局限于单纯的感觉知觉。但是我们也不能够由此推出感觉就能告诉我们因果关系。事实上我们决不能**看见**单纯的 B 跟着单纯的 A 而来。我们只能看见一个复杂体，包含着许多纷纭错综

(接上页)A 而来，那它就必得无条件地出现；[6] 因为假如引入一个条件对 A 发生修饰限制的作用，则 B 即不再能够一定随着 A 而来了。其次，如果我们只能说“当 A 附有某种条件时，B 可由 A 而来”，我实在看不出如何还能肯定 B 会一定不移地由 A 而来。我们当然不可能假设条件是不变的，或不管怎样变动也不会影响后件。这里我不预备触及固定不移和无条件的知识在事实上是不是可能的问题。参阅第十四节及以下，又第三章第十一节。

的细节，从这个里面我们分别出来一条因果相续的线索。所谓单纯的 A 在时间上直接在 B 之先，这个事实乃是一种普遍性的联系，我们所以能够知道这一联系，必得依靠一种理智的抽象的过程。它本来就是观念的东西，所以不可能成为存在的事物。因为 A 不是一个现象，B 也决非一个现象，二者都不过是抽象的结果。它们的关系同样也不是现象的序列。它已经通过一种精炼纯化的作用，涤除了所有不相干的细节，脱离了现实事件的长流。它确乎是一种真理，但只能在普遍性的领域和假言的世界之内为真，出了这个范围就是假的。这就是说，知道这个定律不外乎知道一个抽象推理的结果；知道或理解一个实例，就是把这个定律跟一个特殊因素综合起来，从而改造了这个实例：而认识 A 先于 B 这个所谓特殊事实，便是或则所知觉的某种东西一部分就与 A 在 B 之前这一单纯关系毫不相干，或则实际上必得就是在某一特殊事例之中理会到这个定律本身（参阅第一部第二章）。

538　例如，我看见有人打一只动物便说，这个射击乃是动物的死因，所谓原因在这里显然是因为和理由。我已经从现象的顺序里分离出一个因果相续的线索，现在无意中便把这个特殊事实当作适用的一例。假设整个射击的行动为 A（*cde*），动物应声倒下为 B（*fgh*）；而察觉到的联系为 A—B，正因为我们知觉到了这一点，我们才能够说：有了 A（*cde*）**所以**有 B（*fgh*）。这个推理也许并不明显，但它是确实存在的。须知这里我分明**运用了**我在**其他**许多事例中所观察到的连续性，假如它不是一个普遍性的东西，我如何能够加以运用？在**这个**场合，我所说的因果性已经不止于单纯的连续，如果我不是认为**这个**秩序具有一种原理，足以结合它的前后各项名词，又怎能做到这一点？然而这却正是推论和推理。

第五节。因果关系不仅是现象顺序。它暗示有一种原理存于各种因素的联系中，为我们所能够察觉得到，但这个原理所表示的关联却决不能呈现于感觉之前。这一点很重要，我们必须详细说明一下。我们很容易看出上面说的话对于简单的事物相续关系可以适用，其实对于真正因果联系的过程更加可以适用，因为（如果我们进一步加以正确的理解）后者更不可能只是一种**单纯**连续的关系。它是起于时间之内的变化，但是变化的发生非有多数因素聚合一起不可。要想理解因果关系，我们对于这些因素未曾结合一起之前的状态，先须逐一分别清楚。这就是说，我们要辨明各种所谓“条件”[7]（第 210 页）。但是这些条件各自分开的时候，尚不能称为原因。要成为原因，它们必得首先合在一起；而一经合为一体就必得引起变化的过程，当其被人为地固定下来的时候，我们便称之为效果。因此，要想知道因果律，我们必得（a）首先对各种因素作出观念的分别，（b）其次必须在观念上改造它们的结合，然后（c）我们才能察觉到其中所引起的变化。而所有这样的知识实在都不能由表象得来。

再说一句，你不能够确切地谈到因果律，除非你首先弄清楚本来有些什么，遭遇了些什么，接着在时间里又出现了些别的什么。圆满的“条件”决不是孤立分离的许多因素，而是通过变化互相连结起来，这个变化的本身也与它们融为一体。只有在这种结合已经 539
实现的时候，因果的作用才能开始，否则即使一个“原因”永远长存，它也不会引起什么效果。但是这个变化过程本身就**是**一种效果，严格说来，也没有别的东西能够配得上那个名称。我们首先有的是各

自分开的因素，然后把它们结合一块，最后才能得出一个结果。* 不通过同一性实现观念的综合，你的实例的定律便是无从设想的。

这样，要想体会到确定联续的关系，我们首先必得分清什么是不相干的、什么是有关系的。但这却正是进行抽象，从而也就是推理。察觉到那个联续跟着一种变化而来，这个经验便暗示已经通过同一律实现了一种改造，而且有了进一步推理的作用。但是主要是：把事物相续的关系作为一种因果联系来认识，就是把许多事实视为某种定律具体的表演。就多数事实之中看出一个定律的作用，便是利用一个观念的原理把这些事实结合起来，而这正是推论。换句话说，当我们称 B 为 A 的效果的时候，这个意思便暗示我们已经

540 知觉到 A 和 B 之间一种观念的联系。但是根据观念的联系来认识

* 可见一个原因总必有其**先行的**变化。它既然存在就不会不产生它的效果，从而如果每一个效果都必有一个起始，则原因也必有一个起始。正因为产生了某种效果，所以它才**成为**原因；而这个**成为**乃是时间里面的变化，自然又需要另一个原因来加以说明。所以**第一**原因乃是毫无意义的空想。

其次，所谓效果就是由各种条件的结合而产生的变化。它本来是一个转瞬即逝的事件，只是因为我们粗疏松懈，才把它看作一个固定的成品。实则它是时间里面的一个现象，当然不可能**长久持续**。这个效果还是要依照原因的结构，只有在综合的作用已经完成之后，它才能够开始出现。它决不能够跟它的原因同时并存，我们通常认为二者并存，这实在完全出于一种混乱。因为我们很容易忘记原因和效果都不外乎是一种事件，不知不觉地把它们当作实体的东西看待，好像经过许多事件也可以保持其本身的同一性似的。

但是因果的相续却是完全当下**直接的**。因果关系其实就是时间里面**连续不断的**变化过程之观念的改造。在各别条件的结合与过程开始之间，决无任何停顿或间隙可言。原因和效果并没有一段延续的时间或空间分隔。在时间上把它们割裂开来的，只是我们给这个不可分的过程划出一条理想的界线。因为如果原因能够继续存在一秒钟的几分之几，那它就也能终古长存。**固定的原因**除非你把它解作另一种意义并且当作实体来看，便纯然是妄想。因果律的困难很多，讨论起来很有趣味，不过这些问题都不属于逻辑范围。⑧

事物，就是把事实当作那个观念关联的结果来认识。推理都如此。这可以是潜在的、不自觉的，但仍然非如此不可。本来单纯的接续现在却变成一种关联，并且作为如此而被感知。这时我们又进而对其他场合里面的接续现象，也用这个联系来解释。不过既然如此，各种事实之相互结合都是我的内心之事，全靠普遍性的作用了。

第六节。因果线索是看不见的东西。认识它非经论证不可；而论证唯赖对诸事件进行观念的分解与改造。这就是我们在当前给予的现象之流里面，发现和进行的一种观念的、想象的统一。但是实际上它在这个现象的长流中是不存在的，它的生命只限于普遍性的世界之内。

从这里我们可以引出一个结果，进而改变历来成为争论焦点的一个老问题的方式。如果我们要探问因果律的信念是不是单纯连续现象重复的产果，这样提问便一定招致错误的解答。因为假如我们所能知觉到的真有确定的顺序，那么只要发现一回，又何必要它能够继续重复？[9] 单纯的 B 跟随着单纯的 A 而来，这个知识本身才是我们所要达到的目标。但是另一方面，如果这个纯粹的先后相续的关系决非通过简单感觉知觉之所能经验得到，那么，不管我们的知觉重复多少次，也无法重复那个秩序的经验。这里最重要的一点就是，我们以何方法从不纯粹的表象取得了 B 出于 A 这一纯粹理性的联系。我们已经知道，这个过程在原则上就是抽象，其本质不外乎观念的分析。至于重复的次数，不过对于这个抽象有所帮助罢了（参阅第一章，第 530—531 页）。

第七节。因为承认某一场合的因果关系，就是认识一个普遍定律的实例，而定律是不会呈现于感觉知觉之中的，所以我们可以断言，为了认识因果关系，我们非凭着推理不可。于此，我们可以先来谈一谈一个很荒谬的见解。有人告诉我们，所谓推论就是用我们心智的眼光来看事物，唯其如此，所以才能感知“对于感觉隐而不彰的细节”。“它就是一种心观或意象，使不明显的细节得以复
541 现。”“我们对于一个现象，找出它的原因来加以说明，不过就是揭露一些为我们所没有观察得到的中间细节，借以补足我们对它的描绘。”[*] 这种主张同我们的看法直接冲突。

实际上这些话是经不住一驳的。姑且假定整个细节都现于眼前，丝毫没走样，这个纷然一团是否就能成为一种说明？而说明又是什么？它是不是就在于找出这个纷然一团里面的联系的线索？显而易见，这些线索并非细节，也没有真的把任何明显的或不明显的细节[10]联结起来。所谓线索不过就是抽象，乃是离开了感觉细节及其感性关联，上升到普遍性的定律的境界，这些定律存于各种因素之间纯然是看不见摸不着的。科学的关联可凭观察而得来，也可加以清晰的描述，但这种观察适足以割裂现象，而其描述则使现象主要本质之所在的所有那些细节受到损失。

第八节。当你说明一个事实的时候，你总必得要把它显示为某一总的原理或几个原理结合的一例。单是看出某种中介的东西，这件事**本身**并不能成为一种说明。只有迷信的人才会认为找出两个事实**当中**的某种东西，就找到了这两个事实的因果关系。事实上，你的说明可以没有任何中间成分[11]，而有了中间成分的时候，你也

* 见刘易斯（G.H.Lewes）著《亚里士多德》第 76 页，我不想提出他后来所说（我看也是抄袭的）的话跟这种见解是否调协的问题。这总是一个典型的错误，是值得一说的。

不一定就能够有所说明。

这些道理很浅显，实在用不着讲，但是很可以帮助我们暴露一个毫无意义的谬见。假设我们把一个玻璃杯放在火炉里面，这个杯子马上就炸坏了。可能有人这样说，“如果你有更好的目力，你定能看到许多分子遇热膨胀，彼此之间的距离不规则地加大，于是整个的杯子就破了。这就是一个说明，因为你已经看出那隐而不彰的中间现象了”。但是，我可以这样回答：我已经察觉到的还有许多其他的细节，然而如果我不能作出一个正确的联系，我就仍旧不能看出其中的原因。这个联系实在还是由于我在纷然一团之中，分辨出一条因果相联的线索而造成的结果。试问我们是不是真的不可 542
能原因出现于眼前时却看不见这个原因？许多细节出现于知觉之中，与两个因素之间关系的察觉，是否完全即是同一回事？假如一个人经过仔细思考而不能体会这样一个简单的区别，我想他就大可不必再谈什么“钻研了现代德国哲学”[⑫]（前引书第 80 页）。

中间细节之接于感觉，其本身决不能就成为说明，没有中间细节，你仍然一样的可以说明。如果一个事件被视为某一规律的实例，那么光是这一点便足以构成某种或几分说明了。我也知道，有些人（而且是我所尊敬的人）这样说：这里面我们所得到的不过是单调的同义反复，试想你告诉我这一个瓶破裂了是因为所有的瓶都破裂了，岂非废话。但是我要承认，我实在看不出这里面仅乎是单调的重复。在这一场合，我们乃是把我们手上一个瓶的特性与一个概括的定律联系起来。这个瓶之所以破裂并非因为它是一个黑瓶，也非因为它是四分之一加仑的瓶，或者是一个异教徒在礼拜日不守安息礼做出来的瓶，而是因为这个瓶与其他许多瓶具有某种未经述明的共同的性质，这一性质就是它破裂的理由。以此为说明也许不能满足我们的要求，我们当然还希望连这一性质也阐述清楚，但是在此限度以内，它却可以提供我们一个原理，我们不能遽然斥之为同义反复。我们说一个苹果从树上落下乃是因为地心吸力的缘故，正是同一样意义，这种知识就是把这个降落体的许多其他属性跟物质世界的一个一般属性联系起来。这样的说明我也承认是很不完全的，但我实在看不出它只是一些空话或只能提供我们一些中间细节。

第九节。但是这个错误看法也有它的真实的根据，那就是一切说明都带有间接的性质。当你揭示一种联系的时候，你就是说它虽然好像是直接的，实际却不是如此。你指出了那个把第二个因素跟头一个因素联结起来的中间环节。而我们现在所讨论的错误见解便是从这个根据出发，进而把你所指出的环节竟当成了事件的链索的一个组成部分。这就是把观念上间接的东西，与时间里面隔着一

543 段间隙的东西相混同。例如，假使新教徒自杀者多于天主教徒，我们解释这事实指出，自杀现象由于文明的进步而增加，[13] 大体上天主教人比较愚昧而且不文明。这里较高的文明就成了新教和自杀之间的中介因素，但是这决不会总是在时间上介乎其中的细节。

毋庸置疑，在极大多数场合，要想找出真正直接的联系，你便不能不扩大眼前的现象。在分析无所施其技的地方，你就使出观念的综合来弥补与料之不足，正是在这个补充里面你才能找出真正的关联。可是这一点实属偶然，并非关键之所在。各种现象的说明，其本质还在于获得各种纯粹的关系，并通过事实的分析，把它们的细节跟那些纯粹关系连贯起来。它决不是，也不可能只限于单纯无

理性地从显微镜中瞪着眼睛看事物。

第十节。我现在的目的不是要讨论究竟什么是说明，也不是要探究一个定律或原理在形而上学上终极的本性是怎样（第一部，第88页）。但是我们理性的本能促使我们不能不假定，我们的说明就是提供一些普遍性和实在的东西。我们所知道一切现象的“定律”确乎都是普遍性，它们所能告诉我们的不是事实，而是其中的精华[14]。它们都是假言的真理，并没有自认为其所连贯的各种因素具有真实的存在。[15]不过这样说来，主张只有感觉方为实在的人便面临一个绝望的选择了。要么他就必得干脆承认，他是凭着不实在的东西来说明实在的东西；要么他就只有声明一切推论和说明都不能超出单纯感觉表象的范围之外。他必得坚持，所有论证解释都不外乎额外增加一些感觉所能达到的细节或感性的幻象。

可是我们也已知道，后一断语不过是一种为我们所惯见的谬论。我们所知道的因果关联决非实际现象的秩序，也不能够代表可以存在于现象系列之内的任何东西的联系。一切幻想的细节附加到与料上面去，只会使现有混乱益发增多。如果一个事物的历史可以成为这个事物的说明，那也正是由于历史就根本不是感性的东西。不管按照它的意图或反对它的意图，它必割裂事实，而代之以不可捉摸的连接的线索。我们关于因果相续的现象的推论和知识
之所以是观念的，这个意思决非说它是感觉提供的细节方面幻想的 544
复活或神秘的增加。其所以是观念的乃是因为它是有理智的，因为它证明了普遍性因素之间的联系，因为它用来代替事实和连贯事实的正是一种理性的结构。

第十一节。即使在我们指出一个原因作为说明的地方，我们也

必得上升到一种观念组合的世界里面去。因为推理决不是单纯的表象，而因果律的知识我们也已知道必得是推论。我们在前面所提出的第一个问题（第三节）已经有了一个肯定的回答。知道某种原因就是知道一个因为。但是第二个问题仍然没有解答。当我们知道了一个因为或为什么理由的时候，我们是不是就已知道了其中的原因？这两方面所指的是不是同一样的东西？现在我们必得试图给这个问题寻出一个解答。

（ii）假如我们把原因了解为就是原理的意思，那么每一个推论都必得建立于因果关联之上。无论怎样的论辩之中，我们都是凭着一个原因，才能够从前提里面得出一个结论。但是原理和因果律是否可以这样等同起来，却正是我们现在所要讨论的问题。如果因果关系只限于时间里面的程序，那么这个问题便可以陈述如下：各种推论的原理能不能都解释为顺序关联的定律？是否知识的原理必得就是生成变化的原理？

是不是推论里面的因为总是一个原因呢？显然不能这样说。[16] 当我们根据 A=B 和 B=C，于是断定 A 等于 C 的时候，我们实在很难看出 A 和 C 二者对 B 的共同关系能成为 A 等于 C 的原因。这一点不说则已，一说起来，类似的问题便多得很。几何学上所作的证明是否可以认为所获结论的原因？这个结果是因为我所作出的结构而成为真实，抑或只对于我的认识的心灵才成为真实呢？两个钱币证明具有同样的印纹，因为它们都跟第三个钱币是一样，但是这个原因却并不存于相互关系之中。这两个钱币之所以相同，其原因乃出于共同的铸模，这才是真正的原因。假定有一艘船出海驶向伦敦或利物浦，我们已知它不是驶向伦敦，于是我们遂而论断它的航程是向着利物浦进发。但是这个推论里面所用的中项，是否就是实际因果的过程呢？我们很难这样说，还有说不完的许多类似的问题 545
也为我们所不能回答。不但中词远非总会给我们的结论提供一个原因，而且只要有一个推理我们就会多出一个例子与这种见解相冲突。总的看来，真理多分是在反对的方面。

第十二节。我们平常所说“为什么”这一问题本来就很含混。它的意义可以是探问一个事物的原因，也可以是追询我的知识的根据。而我们的回答“因为”这两个字也正是重复了这两种意义。这一名词一方面告诉我们事实的理由，同时也告诉了我们所以相信这个事实存在的理由。可是它却不能给我们一点迹象可以弄清楚两下根本的差别。

如果我们能够成立一个假设的话，那么这个假设决不会有利于我们把原因和理由视为同一。无论如何，我们决不能把两者当作同一样的东西，除非我们的假设具有某种特殊的根据。随便什么地方，假使我们的前提代表时间中的一个实在，而这个实在由于其本身的必然性实际成为一种结构——随便什么地方，假使那个结构本身是真实的，而显示于结论之中的性质或关系便是它的直接结果——在这种场合，也只有在这种情形之下，因为和原因才必得合而为一。可是另一方面，[17]无论何处，如果一个对象的分离或连接由于我们的心智任意的选择而造成，这里知识的理由和存在的理由便必得分开十万八千里了。

第十三节。在下一章中，我们还要回到这个问题；现在我们可以先来揭露几个危险的谬论的根源。[18]这里面第一个便起于一种顽固的混淆。每个结论都有两种特性（参阅第226页）。它是一个心理的事件，同时又是一个逻辑的判断，对于这两个方面的某一面是对的，如果拿来套用于另一面就可能完全不对。假使你把判断看作一个心理的活动，那么前提就总归是它的原因的一部分。这些因素的出现加上心灵的某种状态，立即造成所以产生一定结论的那种心理变化。这样，逻辑的根据就是心理的条件，作为心理条件，它们对于一个结论的出现当然有其一定的作用。但是假如我们进一步说这些前提便等于原因，或构成我们的结论之所肯定的东西存在的原因之一部，那就是把这里面的真理化为绝对的错误了。因为我的心智与这些前提的综合，其所产生的并非最后所得判断的*内容*。A B 和 B C 合在一起为我们所感知，以此为原因所能造成的也并非 A
546 对于 C 的关系。由此而造成的不过是一种判断的行为或活动，当然纯系一种心理的结果，其所肯定的内容可以毫无实在可言。作为这些心理条件的效果而产生的，只不过是我们作出断言这个单纯事件，而决不是我们所断言的实际的真理。心理的原因和逻辑的基础必得要仔细分别开来。这两种系列可以互相平行，也可以部分重合，但它们决不能成为同一。

第十四节。这里我们可以顺便一谈对于上述原因和根据两相合一可能有的反对意见[19]。也许有人说，一个原因必得会产生它的效果，而逻辑的基础或根据则可以闲置于心灵之中，不一定要造出一个逻辑的结果。但是这种反对的论点确实起于一种误解。假如我们对逻辑的过程从它的心理运动方面来加以考察，那么无疑我们可以说，除非预先假定另一个条件，便不可能由前提得出结论。我们必得假设有一个心灵，不仅存在而已，而且有特殊能力，可以从中有所作为。但是我们可以回答，这里仍然能够说是得出了结论，因为心灵之所实施的乃是一种经常的作用。当我们说“得出”或“产生”一个结论的时候，我们的意思就是说给予了一种常态理智的作用，便自然会导致某一结论，而并不需要作什么任意的选择。我们的表述固然略而不详，但实际却并非不正确。因为在我们有关原因和效果的判断中，也可以找到同样省略的性质。我们从来不曾悉数列举所以产生一定效果的整个纷歧复杂的条件。事件之来决非来于，也不可能来于我们所谓原因的那种抽象的选择。我们的意思便暗示着有一些未经列明的条件存在，但是由于这些都是经常的东西，所以我们也就可以略而不谈。这个全面的陈述应该是这样：给予了如此这般的若干条件与实在事物成立某种关系，**而没有受到反作用**，于是我们遂有了某种效果。恰恰相同，给予了一定的前提与我们的心灵成立某种关系，只要这个心智不是盲目或有偏见，我们也就有了一个结论。这一回答现在说来可以认为已经足够了。如果你避免另加一个假设，逻辑的根据就可以视为心理的原因。但是如果你一定要假设我们的心智可以凭它自由的选择，对现有前提加上某种外在不规则的因素，那么前提就不再能够成为心理的结论所由而导致的原因了。正是在这一点上非常令人疑惑；[20] 才使上述反 547
对论调有所借口，并且具有相当力量；在下几章，它还要继续给我们引起其他麻烦。

第十五节。最后我们再指出一个很明显的错误。[21] 你也许以为结论总比根据更为具体，而效果则比其所由而产生的原因更为复杂，其实这都是同样的幻觉。如果你把“结论”理解为一个完整的结构，那它当然比它所包含的每一个因素来得更加复杂，因为它正是这些各自分开的因素结合而成的整体。但是如果“结果”只是代表整个结构的一部分，那么不仅前提的综合实际上比断语**更为**具体，而且就每一个前提本身来说也决非更为抽象。原因和效果亦复如是。一个效果如果你不把它孤立起来看，便跟其他现象具有无穷的关联，可以说对于今后整个历史的进程都能发生影响。可是另一方面，你又为什么一定要把原因割离开来，使之孤立化呢？原因的存在也和整个宇宙具有千丝万缕的关系，你如果愿意的话，同样也可以把它看为最复杂的东西。如果你把效果孤立起来，而**不**使原因孤立绝缘，你就可以和斯宾塞先生*对抗，得出一个**先天**原理，证明历史的发展是由复杂趋于简单。这在逻辑上也完全可以讲得通，决不比由单之杂由简之繁的天演论为差。

第十六节。话说回来，我们把本章讨论所得的结果作一个撮要。我们也已见出，要想知觉到因果律，你就非运用推论不可。我
682 们知道，原因就是因为。但是我们只能说到这里为止。我们不能假定凡是我们有了一个理由的地方，这个理由便一定是后件的原因。在某些场合，无疑它可以作为原因出现，但在许多其他场合就未必。总而言之，我们不可能作出一个概括的假说。但是有一点我们却可以推度得到：无论何处只要心灵作出一个任意的选择，换言之，即当它好像凭着意志来活动的时候（例如在区别，比较以及抽象作用中），这样一种不可捉摸的活动当然不能够代表事件的过程。我们势必发生疑虑：既然推理所得的结论不过是任意造作的结果，这种过程如何能够符合实在呢？这样说来，我们关于原因的知识本身便
548 将与我们所有一切推论同归于尽，而最后我们对于是不是能有所谓

* 参阅他的《论进步》一文，这一段里的话也就是对那篇文章所提论证的批评。

有效的推理也不能不引起严重的怀疑了。

增补附注

① 本章所谓“原因”的意义乃凭著者之见加以一定的解释，至于因果律则只适用于事件或事件，就是它们连续顺序的规律。参阅《现象》索引。

② “能”，“力量”，“势力”，参考同上。

③ “没有一致的见解”，这句话我以为现在还是对的。

④ “……也没有一定的解答”，即无公认的解答，这是一个很不容易解决的问题，我在《现象》第607页所引的几篇文章中已有详细的讨论。

⑤ 关于“定律”的意义，参阅第十节及索引。

⑥ 所谓“一定不移”和“无条件的”这些字眼都是很暧昧的，我们可以不把它们理解为绝对的意义，而视为这里有一个状语“事实上”加以修饰限制，即上述两词只能有效适用于一定事实的范围之内，并从属于一个未知的x。这种暧昧性上述两词都同样的具备，而且程度也是相等的。

⑦ “条件”，参阅索引及《现象》索引。

⑧ 关于这个脚注所说的问题详细讨论仍参阅《现象》，索引。

⑨ “因为假如……重复”，“只要”最好改为“已经”，“能够”改为“将能”，参阅上章第十六节附注。

⑩ “并非细节”，这里（同下）应为“单纯知觉到的细节”比较好，至于（下文）许多细节受到损失，原文尚有“所有那些”字样应从略。

⑪ “没有任何中间成分”就是“在这个意味中”。关于“说明”及中介作用参考第九节及《论集》第154页。

⑫ 所谓“钻研了现代德国哲学”，我希望现在已经用不着提醒读者，这句话如果出于晚近刘易士等人之口，实在不值得注意，所以这里也就不必多说了。

⑬ “文明”，“较高的文化”，很为遗憾，这里我没有写成“现代都市生活”，也没有干脆加上我所要说的一句话，就是，大部分天主教徒都不住在大城市里。如果照那样写出来，也许更为恰当，因为虽然就某一个人而论，你可以说他本来不属于任何宗派，长大后才皈依某一教派，但这实在并非原意之所在。

显而易见，新教运动也可以视为“较高文化”的结果，如此，后者在时间上就不是后于，而是先于前者了。

总之，读者首先应该问一问自己，是不是要把说明局限于我们所谓连续出
549 现的事件的系列。其次，即使他准备这样做（我认为那是错误的），他还是应该考虑一下，是不是一定要得出我所驳斥的结论。在我看来，这里主要的问题乃是：我们所说的定律究竟是什么意思？是不是各种“共存并列的定律”都能够还原为，“先后关联的定律”？一般说来，是否指出一个中介事件便是一切按照定律的说明的本质之所在？无论何处，当你碰到某种事物具有一定的本性或者哪怕是获得的倾向的时候，如果你凭着这个本性或倾向对于当前变化的反应来说明一个事件，我实在不懂如何能把你的说明所依据的“定律”或“倾向”老是看作一个中间因素。关于“说明”整个的问题，可以用我们所提出的解答（或至少为我们所不得不提出）里面的一句话来表示，就是，什么是定律？

⑭　“精华”，这是从现象论者的观点而言。

⑮　“具有真实的存在”，意即作为这样，其本身就是事实，而非仅事实的某些方面或特点。

⑯　这一节有些不正确的地方。“二者对 B 的共同关系……为 A 等于 C 的原因”这句中的“为”字应读作“必是”。下文我显然错误地把这里面的结构当作就是真正的证明（参阅第三部第一篇第二章第五节）。不过幸而这一问题在这里并无关系。至于两个钱币，我应该写成下面那样：“原因在这个范围内是不知道的。它也许是，也许不是出于一个共同的印模”。关于船舶的问题，应该这样说：“我们能不能认为一个选言肢的排斥——这个排斥事实上（如我们现在所知）是出现的——就是决定某一特殊航程原因之所在呢？”

⑰　“可是另一方面”等语，这里似乎是有语病的，应该这样写法才对：“另一方面不管什么地方，如果没有事件过程时间先后的问题，或者结论之所从出的东西并非推理本身发展的一部分，而是外来之物（第十四节）——即不管什么地方，只要有一个分离或联接”等语。

⑱　这一节里面有些细节需要略加更正。(i)的“完全不对”和“绝对的错误”，这里的“完全”和“绝对”并非说不过去，但还是略去较妥。(ii)“结论之所肯定的东西”后应加“即凡是肯定某种事物存在的地方。”(iii)“AB 和 BC 合在……实际的真理”等语，这个区别未免过于绝对化了。比较适合一些是在

“A 对于 C”后加上“作为存在物”词组，省去“不过”两字，而将“毫无实在可言”等语改为“其本身并非存在”，原话是错误的。相反，下文“部分重合”，其中“部分”两字应保留，因为这和第十四节末句“可疑”，原文“严重的猜疑”相呼应。

十三节的主要一点就在于每一个结论都是一个心灵的变故。唯其如此，所以它是一个事件，也是一个效果。各个前提既然跟造成这个事件有关，在这个限度之内，其本身当然也就是心理原因的一部分。但是结论的心理的存在并非结论之所确述的真理或实在。另一方面，推理之所肯定的真理和实在，从逻辑 550
上看来，也决不是我的心灵里面同时引起（我们还可以加上几个字）偶然出现的结论的心理事件。而且在逻辑上能够使这个结论失效的东西，却未必有损于这个无效的结论作为一个有本有源的事件自然的关联。

以上的区别在逻辑上是合理的，也是必要的，但在这一节里面不免说得太过，变成了全然绝对的分裂。其实这不过是一种抽象，在这里就逻辑的观点来看固然可以言之成理，但须知它依旧只是一种相对的说法，它的正确性是相对的。一般说来，没有一个真理不具有存在的方面，尽管就我们的目的来说，那个存在的方面可以完全抹煞。特别归根结底没有一个真理不是对于某一心灵为真，并且由此而进入某种心理事件的过程。譬如关于三角形之三角的结论，如果完全没有作为一个心理事件此时此地某种存在的方面，便是不可能的。全然脱离了它的存在方面的因素，它的真理最后也就不能称之为真了。

这个存在的方面是分不开的，但在逻辑上又必须抽象予以舍弃，这是形而上学所当承认的。但是如果要由形而上学来特别详细阐明其必然性和真实性，在我看来又是不可能的；我甚至还怀疑我们到底是不是能做到理解它的一般“所以然”的道理。真理和“实在”的关系的问题，特别是真理跟心理存在关系的问题，都是很困难的问题，不可能在附注中详加讨论。参阅第三部第一篇第二章第十四节，又《论集》索引“真理”条及编末论文第一篇。

⑲ “可能有的反对意见”，这个论点并非出于我的臆想，但是现在我却举不出它的来源。

⑳ “非常令人疑惑”就是在某些推理中，我们所谓结论实际上乃由于我的任意选择的干涉而来（参阅第十六节）。这里便不能说几个前提加上平常心智的平常作用，于是遂产生了这个结果。如此一来，这里“逻辑的”因缘便不仅不能与因果过程成为同一，而且也不可能和它相重合，至少是不能完全符合了。

因为在因果的系列中，当然不会有经常符合单纯心理不规则性的东西。

可是以上所说不够明显，我们可以说明如下，也许更正确一些。心理的不规则性作为心理的现象来看，在原则上并没有什么困难；其次，心理的方面与逻辑的方面两相重合或相符，只要逻辑的过程自始至终保持正常的秩序，在原则上也可以讲得过去。可是一旦承认逻辑的程序引入了随心所欲靠不住的成分，马上作为逻辑的东西，它就被毁灭，从而它作为逻辑的东西与任何其他的东西相符合的问题也就无形消灭了。关于推理中任意选择的问题，参阅索引“推理”条及编末论文第一篇。

㉑　第十五节实际上似乎与这里并不相干。原来的意思，我想，只是要读者注意斯宾塞特有的错误。

第三章　推理的正确性或其效力[1] 551

第一节。本篇标题尽管受人欢迎，也很使人担心。终点已经在望，我们当然很高兴，然而愈前走一步亦愈接近最后的冒险和焦灼。我们已经避免了一些风浪，但我们安全的代价也许很高。我们行程的最大阻碍是在最后，而现在我们已在眼前了。我们很难指望驶入这个港口而船身无恙，船旗飘扬，我们愿意妥协，唯命运是听。我们准备放弃一切胜利入港的希望，但求确保不至沉沦海上。殆难避免，但求保全一些东西。 687

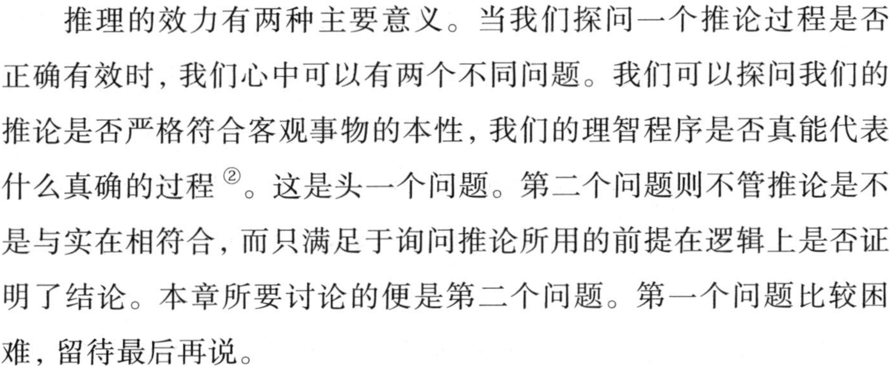

推理的效力有两种主要意义。当我们探问一个推论过程是否正确有效时，我们心中可以有两个不同问题。我们可以探问我们的推论是否严格符合客观事物的本性，我们的理智程序是否真能代表什么真确的过程[2]。这是头一个问题。第二个问题则不管推论是不是与实在相符合，而只满足于询问推论所用的前提在逻辑上是否证明了结论。本章所要讨论的便是第二个问题。第一个问题比较困难，留待最后再说。

第二节。不过即使我们把推论正确性的问题局限于由前提而结论的形式联系方面，我们仍然可以受到双重意义的威胁和纠缠。我们的探究可以只限于追求各种型式，也可以考虑到实际的必要。我们的解答自可因着眼的问题不同而各异。因为我们可以设想人们的心灵具有一种理想的推论形式，既纯粹而又完全，但在实际上我们的论证却总有缺点。所以对于推论是否有效的问题，我们不能不给以一个双重回答。如果你所说的推理只是按照实际从来不会发生的条件，那么它就可以是正确有效的；但是每一个现实的推理
552 却总会有很大的毛病。我们不打算研究后一个问题。这就是说，我们不问健全的推理活动实际怎样，而只问哪些辩论型式本身没有瑕疵，并不涉及谁能或谁也不能运用这些推论型式进行思维。

但是在我们着手这个令人困惑的讨论之前，先须提醒读者。决不要指望一个最后的解答。在本章，尤其是在下一章中，我们正走近一个为我们所不敢轻于进入的领域。非到形而上学首先解决了它自己的许多不可思议的问题之后，要想逻辑能够免于一切的疑难本来是不可能的。因此，我们到头来势必碰到一些实际上属于第一原理的中心问题，为我们所不能够处理，从而我们直接需要解决的问题也找不到一个无条件的绝对的解答。所以如果推论是正确有效的话，到了最后也必得在某种假定的基础上才能成为正确有效。假设了某种东西之后，始能得出一定的结论。可见最后我们只能希望达到一些**假定**[3]、一些假设，其真与不真这里不能加以讨论，但是我们的理智又非利用它们不可，因为它们对于人生的旅程有帮助。

第三节。如所周知，每个推理都可分为三部分。我们首先有了某种**材料**，然后加以处理，最后得出结论。我们真正的问题之所在，就是要探究最后得出的结论与最初给予的材料具有怎样的关系。给予的东西便占有了我们的实验所得的结果，而我们就是要知道它为什么可以这样。我们一定要探明它有什么理由可以将这个新的

发现归为己有。

因为我们不妨推想一下，大家都一致认为这个结果必得是新的东西[④]。如果我们所得到的没有一点新的东西，那我们也就无所谓推理了。但是如果推论的结果得出新的东西，那么，原来给予的**材料**就非发生变化不可，它已经改头换面变成了不同的东西，而其不同，我们必得承认，当然是由于我们的心智作用。然而在结论中这个极明显而重要的事实，一般人却熟视无睹。大家都大言不惭地说结论便由前提而得来，但是我们知道其所从来，实由于我们知道是谁把它拉了出来。我们煞有介事地宣称 C 为 A 的所有物。其实既然是我们自己窃取了它，并且人不知鬼不觉地把它置之于 A 的所在，又怎能不这样说呢？但是现在所有的疑问，以及各方面投射于我们的怀疑的眼光，都从这里面引起。他们都暗中指责，如果是你

自己**造作了**这个结论，还要假装不知道偏说发现了它，岂非故意骗 689
人？新的属性决不能真正属于主词，如果二者之间除了你的自由选 553
择之外没有别的联系。

首先我们必须坦白承认，如果我们确实基于我们自己的自由意志，造成我们所达到的结论，如果推论的结果并非由**与料**自然“得来”，而是凭着我们任意决定，出于勉强、矫揉造作而成；如果（用一个形象化的比喻说法）我们不是从前提当中“引出”了结论，而是将我们自己所预备好了的成果插进去——如果我们是要对我们的主词施以一种影响，使它通过这种影响可以有所改变，从而修饰限制它的各种属性——在这种情形下推理的过程当然就是无效的、靠不住的。像这样的结论便不是从前提中得来。[⑤] 如果要说它是从前提得来，那就必得加上一个条件，只有靠着这个条件，它才能成为真

实。或者更正确一点说，这些前提的得出是不妥当的，因为它们还应包含我们心智的作用在内才对。正如缺少了某一个条件，其他的条件都会失掉效力，没有一个可以成为产生结果的原因，同样，如果缺少了我们任意选择的因素，我们所给定的前提也就根本不成为前提。如此，即使仍能得出一个结论，这个结论也是毫无把握、臆测的东西。它必得要凭着机会，其所导致的结果只能认为给予了的，而决不是据理得之的。

第四节。假如这一点大家都能同意，那么剩下来的似乎就只能限于一个问题了。是否确有一种推理，它的结论只由前提而来，不需要借助于别的东西呢？什么地方能有一个结论，其真实的连接可以不靠我们的干涉呢？现在便让我们举一个特殊的例子来加以说明。

690 我们可以从一个似乎是最有力的实例说起。在一个综合的结构中，如果没有一点省略，我们好像可以免于任意的选择了。给予了 A—B B—C，由于对 B 的共通的同一性，于是我们遂察觉到 A—B—C；这个结论似乎完全出于**材料**本身。

但是这里却有一个反对的意见。推理的过程就在于把几个前提结合在一起。这些前提在心灵中本来是各不相干的，如果委诸于其自身，它们仍然会彼此分开不生关系。确实是你的心灵才使它们获得了统一，给它们提供了一种联系，这个联系是它们从来所没有过的。于此，你恰好处于一个两难的境地。如果你说 A—B 和 B—C 实际上并不是分开的，那就是把你所有的前提变成了假的。但是
554 如果这些前提确实是各自分开的，那么下面两种情形必居其一：要么这些前提都会自动连接起来，要么就是你强使它们结合在一起。

如果是你强使之结合，那又承认了结论是假的。事实上它们当然不会自动结合起来，因为经验告诉我们它们可以继续保持分离的状态，要想它们联为一体，非另外加上超乎它们支离破碎的局面之外的某种有效的因素不可。而这个因素就必得存于你的心灵的运动之中。

我们对于这一指责的回答，可以先从驳斥一个错误的假设说起。即使我们眼见这些前提在我们面前变成了结论，我们也不能就说所以是我们使它们发生了变化。因为前提是跟实在发生关系的，而实在本身可以提供一种条件，驱使它们联成一体。⑥但是这一点可以姑且不谈，让我们先来答复关于我们实施干涉的指责。我们可以反问一句：如果说我们进行了干涉，我们究竟做了些什么干涉？我们是从外面什么地方拿了 A—B 和 B—C，然后把它们配合在一起？你看见什么地方有一根革带或链索把它们束缚在一起？有什么胶质或螺钉可以使它们互相固着？如果它们的连接合拢乃是它们本质的一部分，那何需我们出力加强它们的团结呢？

以上的诘问我们的对方也许就很不容易回答，可是这还没有解决他的最大的困难。因为确实我们有所作为，而这个作为就是加上了一点东西从而得出一个结论。这里如果没有造成某种变化，那我们就是白日做梦；可是如果说我们只是袖手旁观消极地坐待这一过程，那我们又是明明自欺欺人。这样，我们又是处于一个两难之境——如果一点东西也没有改变，就根本无所谓推理；但是如果我们改变了什么东西，这个推理马上又成了穿凿附会。这就是承认我们自己善于造作。

第五节。要想解脱这个二难的困境，只有作出一个区别。这里我们牵涉到的并非我们的推论过程**真正的**效力，而只是有关它作为逻辑的转变所具的正确性。如此一来，我们便只须把我们的推理仅仅看作我们自己认识方式的改变。这就足以打破原来的僵局，而开辟一个新的途径。如果由于改变了的**我自己**，通过这个改变，我遂能察觉到前此所看不见的关联，那么我们的活动能够左右的，便不是结论的本身，而只是我们对结论的知识了。[7] 我的作为或活动只能造成我的认识之中的结论，却完全停留在我所认识的那个真理的外面。虽则由前提得出结论的机能一定要靠着我的理智，但是结论
555 之所断定的内容则完全不受影响，它不需要任何外来的帮助，一切都出于自身的发展。

前面曾经提到的一个逻辑的假定，便可证明这不单是一个可能性，而且是一个事实。不管对不对，一切逻辑都假定了单纯的注意，仅乎把某种事物保持或放置于心目之中，这并不能算是一种改变。假如一种逻辑的计算并不接触内容，假如 A—B B—C 根本没有受到影响，那么无论把它们同时加以考察，或者先看这一个再看那一个，或者只注意它们的某一因素，当然都不会使真理本身发生一点差异。受到影响的只是我的视象，至于客体本身的发展则始终并未走样。

譬如，在 A—B B—C 里面，B 的同一性便是整个结构的纽带。如果确乎是我**造成了**那个同一性，自可说我制造了这个结论。但是我们也可以认为在我的选择的范围以内，我可以看到它或者闭着眼不看到它，因此也可以说我的认识造成了其所察觉的东西。对于这样一种辩驳，我在这里不预备多说。我只是回到前面已说过的逻辑的假设，至于其余问题的讨论则一概归之于形而上学。

第六节。但是还有一个论点我们不能不考虑一下。虽则我们的活动只限于真理的知识方面，可是我们却必得要给我们知识的真理找出适当的理由。因为我们所知道的内容后来变了，而如果它确系真理，就不应该这样善变。[8] 我们可以说各个前提也许都非真实；我们可以只限于考察推论结果的正确性；可是即使这样，问题还是存在。前提尽管是假的，而结论仍可有效；我们要问，为什么推论的终点可以与起点相冲突呢？如果前提是真的或对的，它们就不应该变化；既然变化，它们最初的状态便必得是假的。但是既然如此，最后的状态就未必能与起初的情况相配合。因为它已经打破了其所从而产生的基础，而破坏了它自己的根据，当然也就毁灭了它本身。

我们可以完全接受这个论点吗？说我们的推论就是一个校正的过程，我们的出发点是对于真理的错误看法，并且说结论是一个必然的订正，这个订正在我们反省的光辉之下会从错误之中涌现出来，我们可以这么说吗？如果可以，那么，每个有效推理的结论就都和它自己的前提相矛盾。但是它并非一个外在的反对物，可以排 556
除它的对立面，而与之同归于尽。它乃是这样一种反对的东西，随母体的死亡而出现，能使对立物一面消灭，一面转化到它本身里面来。结论之所以能够废除前提的真理，正因为经过一种内在的变化，所有前提都转化成为与自己相矛盾的东西。

这种理论可能使传统逻辑动摇，但大体上却不一定会叫我们怎样恐慌。可是我们也不能够完全信从它的结论。说一切推理都是一个校正的过程，这是对的。说推理不能总让它的出发点保持原样不变，也是对的。但是说这两句话是一件事，而承认每个有效的推理都必与其前提相矛盾便是另一回事了。无疑如果所有的变化本身就是矛盾，如果知识在推论的活动中发生了变化，那么我们进行的推理便无不自相矛盾。但是我以为这个一般的原理很可怀疑，它在这里特殊的应用更显然错误。我承认在这两个前提里面，A 和 C 这两个名词*表面上*是彼此分开的，这个表面现象到了结论里面便被消除了。但是我实在看不出这两个前提在什么地方确认了 A 和 C 实际真是分开的。前提并没有肯定 A 和 C 二者相互的联系，但是确实它们也没有否定这一点。这里如果我们作出这样一个判断："A 和 C 毫无联系"，那就是把原来消极的不存在变为正面的排斥了（参阅第一部第三章第七至第八节）。这样本来是单纯的心理事实，好像就一变而成为有关内容的逻辑的判断了。其实真正被否定了的，乃是 A—B 与任何 C 不发生关系的*表面现象*，因为在结论中明明肯定了它们的结合；但是 A—B 的判断并非即指那个被否定的表面现象，而这个判断也一点没有被否定。它不是被废除了，而是更增强了。实际上受到废除的不是别的东西，只不过是我们自己的错误的成见，这种成见使我们老是认为，凡是不作为一个整体之内的成分而*显示*出来的东西，就*当然*是独立不相干的。

第七节。在上举实例中，我的任意选择并不影响推论的结果。我可以决定注意或不注意，可以保留起来再加考察，也可以闭起眼睛置之不顾。随便我怎样。[9] 但是假定我有意来进行考察，各个前提本身势必转变为推论的结果。究竟在什么意味中，我的心灵参加了这个转变的过程，这实在是一个有关第一原理的问题，为我们所不能够讨论。但是有一点很明显，就是我自己的欲望要求还是与推
557 理的结果不生关系。一旦决定加以注视之后，我仍然无力可以改变

我的视觉的对象。

现在再讲到使用简略方式的推理，这种推理所得的结果不是整个的 A—B—C，而是简化为 A—C，解释起来一定要更加审慎。B 的省略当然决定于我的选择。我们非把 A—B—C 全部联结起来不可，但是消去 B 则决没有强制的性质。如果是这样，我们的结论便有一部分是任意的了。是否因此推理的结果就成为不正确呢？

它**可以**成为不正确。如果我们无所顾忌或善于遗忘，以至于完全忽视这里面的中项，如果我们从这个结构马上便进而就它的一部分的内容作出绝对的断言，我们可以造成一个极普通也最危险的误解。假如我们用意要使 A—C 本身离开别的东西而独立，那就定须说出这个转变，并且给它提出理由来。而暗中假定了 A—C 的独立性便是一个逻辑的错误。

然而省略却未必含有这一谬误。简略的说法本不外乎是表明 A—C 的一种断语，它要受到另一些没有说明的条件的支配。因为给予了 A，就产生了我们能够察觉到 A—C 的一种结构。我们可以说 A—C 是一个间接的后果。换言之，如果 B 成为涵蓄的东西，隐没于这个联系赖以支持的背景之中，马上就可凭着假想的作用得出 A—C（参阅第一部第二章第五二至第五六节）。我们的断语是省略的，[10] 但在此场合实在没有什么坏处。可是另一方面，如果我们从消极的说明“我只察觉到单纯的 A—C”，一下过渡到排斥的说明“我找不出别的东西，因此没有任何别的东西，只有 A—C 是实在”，那就不正确了。

第八节。我们讨论“抽象”的效力时，还要回到这一点。现在我们先把我们的题材作一个区分。我们可以看到，确有一些推理，我们所做到的不过是逻辑上的注意或考虑。大家都假定了这样的知觉并不使认识的对象发生改变。这一类的推论进行的时候可以继续使用消去的方法，而这当然是任意加入的因素。但是只要我们明认了这个加入的因素，推理所得的结论仍然是正确的。在这个限度之内，它固然变成了假言的性质，但虽则是省略的，它还是可以成立；因为它所肯定的并非**单纯** A—C 的**存在**，而只是 A—C 已为我们所知道[11]。

这里第一个浪头固然可说是避开了，但是接着又发现了一片波涛汹涌推理的海洋[12]，其中所有推论活动似乎彻头彻尾都是任意的。
558 例如，我不一定要作**比较**，也不需要有所**区别**。此外，在算术和几何中，我也不一定要作什么结构，或者非进行分析不可。但现在我却不止于注视对象的发展，而是用我的双手实施干涉，作出某种实验，从而获致一定的结果。在这种情形下，所得的结论自必都不外乎是臆想的东西，或至少也一定是有条件的。

试举自由空间结构为例来说，假定我移动 A，B 和 C 的位置，加以安排，使之成立一定的关系，这个结果实在不能作为宾词归之于 A，B 和 C。单是栅篱自身并不能造成羊栏，你决不能由前者直接过渡到后者。场地之外，一定还要加上牧者的活动，开始的时候非预先假定有它不可，而在结果之中也须暗含着它。因为牧者本身决不能从围栏产生，我们也不能把他看为 A，B 和 C 所包含的条件之一。所以我们必得在原来的材料之外加上某种东西，或者在我们说明结果的时候承认另有一个条件，然后才能使我们的实验产生新的花样。否则结果便一定有缺陷。除了自由空间结构的实例而外，可以提出同样问题的地方还很多。

第九节。这个最后不能不走上的道路，首先使比较的作用遭到毁灭的威胁。因为“比较”就构成一个过程，而比较的**材料**确实是被动的东西。我们能说 A 和 B 造成了它们自己的相似性，这岂不是恰和说围栏本身就变成了羊栏一样不合情理吗？难道 A 和 B 本来就相似吗？果然我看出了**它们自己**是相似，而非**我的造作**的结果任意加之于其上，实际上宾词确实不是出于我所加上去的成分吗？同样的话也可适用于区别的作用。究竟是我的区别作用标志了前提里面本来就已包含着的东西，还是由我加上去一个另外的成分，与原来材料合在一起才产生出新的结果呢？如果我的全部知识告诉我某种东西本来看不见，经过我的活动，遂成为明显可见，那么我有什么根据只说我仅乎把它造成明显可见的状态，而不干脆说我**造成了**这个某种东西呢？算术也不能有其他的出路。因为我们早已知道，一个再添一个并不就是两个，这两个一必须合为一体，**变成**一个整数，这个变化似乎决非起于其本身的改变。但是既然如此，它们就都不是掌握后果的真正的主体，而应该由我们自己负责并且享有不可否认的主权了。几何也遵循着共同的轨迹。我们能说各式各样的奇妙的几何结构都由所与**材料**而产生，如同一棵树的枝叶之出于树根似的吗？这些必然的图形难道仅是对象的素描 559
吗？如果我们把它们比作建筑工人的脚手架，岂不是更加正确一些，而当我们看到刻画出来的手痕刀迹的时候，岂不是更应该要想到外科手术图解[13]？所有区别、比较以及组合结构的过程，都明示各有逻辑的假定，其中可能含着毁灭性的错误，却没有一点东西可以支持我们的立场。

第十节。这里我们又要转回来依靠一个假设。只有形而上学

能够判定我们是不是对的，但是在逻辑上我们确实不能不假认某些程序并不会使它的效果发生变动。我们只是环绕着某一内容而活动，但并不能对它有所影响。例如，保持记忆以及连合注意，我们都假定了对于我们所看到的客体不会造成什么不同。这里我们又是认为所有比较，区别乃至综合的作用，都不接触或者改变与料的内容，而只是除去了挡住我们视线的某种障碍，也可以说是以一种人为的反射来帮助我们的视觉。这些东西似乎都跟前面所说的羊栏不是一样。栏栅的位置构成羊栏的本体，牧者的活动确乎使它起了某种变化。但是这里当羊群已被圈围的时候，毫无疑问，确有某种东西为羊栏本身所具有，如整个羊栏的性质，或者数字，或者范围大小，呈现于我们的面前，决非出于牧者随意造作。这个牧者当然不知道研究第一原理进行校正，但是牧者一定把最后所得的结果
698 归之于原有的东西[14]。他这样做的时候，如果插入一个间接的条件，那就是不对的。诚然，没有他的任意的活动，他也许就不能看出结论来；但是不管看出看不出，结论总在那里。过程只是改变了一个不完全的视象，[15] 使他的知觉变得充实了。确实是他决定后才透露了光明，可是我们逻辑的假定使我们相信，认识的对象自始至终绝对还是原样。只要我们说的完全是真理，我们就必得取消中间的作用。

当我们采取一个观念而假想其为实在的时候，或者各种宾词的提示在主词方面引起一个反应的时候，同样的假定也给予我们同样的信赖。[16] 在这等情形下，仍然跟上述场合一样，虽则我们对后果的洞察可以为我们的选择和我们任意的活动所左右，然而这个看见即我们所知觉到的东西，我们却必得认为决没有改变，或无条件的。

这个过程还是不会影响知觉的内容。它只是把后者置于一种实验之下，给它加上一番准备工夫以便于观察，但对于它的本质却一点也没有动摇。

第十一节。可是如果说到抽象[17]的过程，情形便不相同。当我们在观念上将某一原素从一个整体分割开来的时候，我们便不仅是在与料上面加上某种作用了。凡是在我们把这个行为的结果归之于所与的材料的时候，我们便不仅是从已知一跳而过渡到未知，而且还对这个冒险行为自己承担责任。我们有一种逻辑的本能驱使我们采取这种行为，然而没有任何逻辑的假定可以保证其所得到的结果。所以通过抽象活动进行推理实在具有一个致命的缺点。

因为我们怎么能够告诉别人，而且有什么理由可以相信我们的某一成分，当所有其余的部分完全除去了的时候，仍然可以保持不变？譬如，我们被烧伤，于是我们遂说"火能烧伤人"。我们取消了有连带关系的许多细节，而把剩余下来的一部分看为实在本身的东西。但是试问，谁能够断定这里不是完全歪曲，当我们把实在跟它的细节一刀斩断的时候，你能保证我们没有将所选的因素赖以存在的根株也一起砍掉吗？如果我们发现 a—b 在 x 内部是真的，我们凭着什么根据可以一下就跳到这个断论，认为 a—b 就是无条件地真实呢？须知特别注意到某一成分是一件事。断定这个成分无论如何一定发生于某种情况之中是一件事。可是如把这一成分割裂开来，并且假定它始终跟厕身在整体之内那个期间一模一样，那就成了大不相同的另一回事了。这样把理论和事实毫无顾忌的混为一物，盲目地认为我们理智的活动总能够代表事物的本性，正是"经验哲学"特点之一。恶劣的形而上学又助长了这个错误，而置逻辑与事实的呼声于不顾。

第十二节。如果我们想要避免一个不可靠的冒险，并且真正证明我们所达到的结论，那么，除非作一种省略的说法，[18]便决不能消除我们分析不了的部分。如果你期于从一个整体除去某一部分，使之离开原来的机构而独立，你就必得要找出构成这个整体的各部分，并须确切知道每一部分的作用。因为不如此，你便无从得知你所留下的是些什么，而舍弃了的又达到怎样的程度。你所进行的切
561 削的作用，也许不仅松开了全体的纽带，甚至完全破坏各部分赖以维持其存在的联系。这个结果就是，正确的抽象除了通过实际试验而外，没有别的保证。你必得在事实上或者观念上把一个整体分解为某些成分，然后再把这些因素逐一加以试验。你可以发现这个整体分散成为各别的部分，而当你试把各部分合拢来的时候，又可发现这个整体重新造成，而且在这一过程中各别的部分仍然跟从前一样没有改变。你可以发现不管你怎样安排，各部分还是保持它们自己的特质，安排的性质并不能使那个特质发生任何差别。假如你终于能使 a 孤立，[19]你当然可以看出所得的效果是否真的为 b。凡是这样的过程被认为可能的地方，省略和抽象就可以显示一种真理。但在其他地方，它们的结果便是靠不住的、很可怀疑的。它只能成为一种提示，决不能有所证明。

第十三节。假定我从整数四着手推理，我当然可以把这个整数分成各个单位，并将这些单位加以不同的组合，或者重新使它们合在一起，从而再现原来整体的性质，同时每一个单位都可以维持原样不变。通过许多次特殊观念的实验，我可以很满意地认为各个单位跟它们彼此在这个整数里的联接都漠不相关，都能够当作独立的

因素任意加以处理。例如，我可以先采取一个单位，再加上另一个单位，就能得出一个整数二，完全用不着注意到四这个数字的整体性，我的任意抽象似乎是很妥当的。所有这些都很明显，这里最重要的一点在于我的抽象乃是根据一个特殊的实验。我忽视了原来给予的整体，并且抹煞了它的细节，因为在我的实际经验之内，我已经销毁了那个整体，明明看见了剩余的部分可以离开它而独立。假定我从四个取出两个，我知道剩下的也是两个，因为我已经证明了原来的整数四并没有把它所包括的各个单位互相联贯起来，以至彼此制约而不可分。不过假若这个实验为我们所不能做到，我的抽象也许就是靠不住的了。因为当我们从整数四除掉一半的时候，其余一半安知不是已经为我们所摧毁呢？

这里不便讨论科学证明限制的问题，而且这一问题是不是逻辑所能解决也很可怀疑。在逻辑上所能肯定的一点就是，如果没有一个**先验**的实验，数学便无从入手。不过我们确实很快就可以到达一个领域，在它的范围之内，这样的实验乃是不可能的[20]。分开了整 562
体（假若我们能够），同时我们也就改变了各部分；再要把这些部分集合一起时，我们就不能够恢复原来的整体。这里我们要先验地造作事实是无能为力的，恰如我们想通过观念的分析把它们剖开是力不从心一样。一到这种境界，事实上很快可达到，我们逻辑的抽象立即成为一种冒险，它所得出的结果也就够不上称为证明了。

第十四节。这里我们又须转回到一个流行的谬论。许多人认为我们不须要任何特殊外在的或观念的实验，就可从个别事物出发进而证明抽象的普遍性，这种观念是完全错误的。所谓“差异法”便含有一个根本说不通的逻辑的误解。那便是把减法运用于不可能应用数学的地方（参阅第二部第二篇第三章第十二节）。

本来给予的整体是 AB—*df*，我们从其中除去了 B—*f*，抽象提取了 A—*d*，于是遂断定 A—*d* 符合实在。其实我们这样的推论唯一的依据不过是一个毫无根据的假定，就是认为 AB—*df* 里面除了几个单元而外没有别的东西。举一个简单的实例来说，“2+4-1 构成整数五，从这个整个数目取出两个单位就是取出二，**所以**剩下来的 4-1 具有五的性质，或者至少是这个性质的一部分的原因”。[21] 这正是上述有名的方法严格的应用，但是**除非你把这个推论的结果局限于极个别的事例**，看来实在荒唐透顶。理由是很明显的。这个方法假定了 B 和 *f* 无论在整体之中还是在整体之外，都能各自保持其同一性。根据“不可区分就是同一”的原理来看，这在大体上可以认为是对的。可是它又进一步假定了毫无差别，即 A 和 B 都不会给彼此造成殊异。它假定了 *df* 不过是一个单纯的总和，认为由 AB 到 *df* 中间的炼索既不互相交叉，也不回旋缠绕，而只是完全平行并列。这个大胆的假定确实没有什么可靠的根据。要想这个假定能够说得通，只有通过一个特殊的实验[22]，观念的或外在的，显示 AB—*df* 不过只是多数单位的相加。如果做不出这样一种特殊的实验，这个假定便一点着落也没有，尽管它可以成为一个极有用的试探性的研究工具，但是你要把它当作一个证明那就掩耳盗铃自欺欺人了。所以我们很可以把差异法改一个名字，称之为“闭目不管差异的方法”。

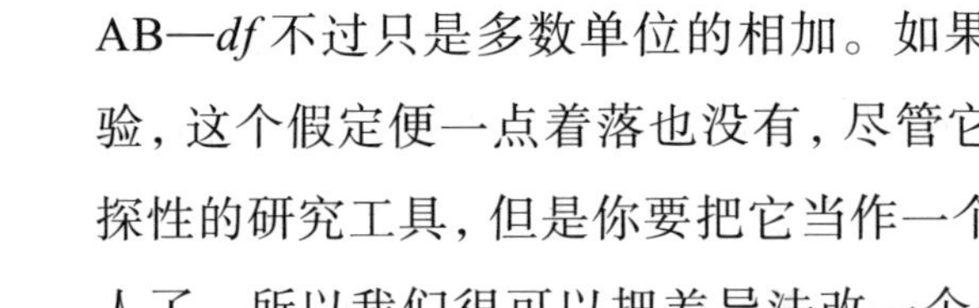

563 第十五节。不错，盖然性或概率是可以随着证例数目的增加而增加的。[23] 如果除了“AB—*df*，B—*f*”之外，你又继续加上“AC—*dg*，C—*g*”，“AE—*dh*，E—*h*”，和“AF—*di*，F—*i*”，你当然更能够接近确定 A—*d*。但是你决不能由此证明在任何条件之下都可以由 A 得出 *d* 来，更不能明示 A 凭着它的本身可以无条件地产生 *d* 的结果。因为你没有理由能够认为，离开了各种相关联的东西，A 的本身还可以存在。

在这一点上，我要提出一种怀疑，对于有关第一原理的某些看法颇有影响。我们有时候会碰到人们以惊愕的语调问起，为什么我们要相信一元论，认为实在只是一而不是多。这一问题问得很合理。但是在我的方面，有时候我也同样惊愕要回问，究竟能有什么根据可以叫我们不相信一元论，而相信实在是多不是一呢？因为我们并非都属于"经验学派"，不是人人都掌握了一种先验的原理，可以叫我们明白心灵里面的每一个区别在现实世界中都有一个对应的划分。我们当中有些人仍然欢喜从事实出发，可是对于事实的看法也还是保持着一些偏见。既然如此，当然也就很难指望由事实得来的论据可以保证我们的结论了。因为在实际经验中实在找不出纯粹单独的事物；很明显无论何时总会有某种互相牵连的结构存在。我们的结构变化无穷，同一事物可以呈现于各式各样的结构之中，但这并不能证明这个事物可以不要任何结构而存在。如果我们明示我们的各种变化都不会给原来的素材造成任何特殊的差异，这是不是就可以说明每一个因素都根本起不了任何作用呢？于此，我们确实不能不怀疑我们的结论是否就是建立于我们刚才说过的谬误的抽象之上；简言之，即一经假定了各别孤立的原素本身便为实在，除了造成一种不健全的推论之外，不会有任何其他的结果。

诚然，我们知道，分析和抽象往往是充分合理的。但是重要在于注意实际情况的不同。数学本来是研究不实在的抽象的东西，㉔

我们姑且撇开这一点不谈，试问它对于各别单位所能证明的又是什么呢？它证明了或者能够证明一切单位都能离开任何整数而独立吗？相反的，我们是不是只能明示各别单位仅对任一特殊整数漠不
564 关心呢？不过跟这个或那个复杂的东西无关是一回事，而独立存在成为全然绝对的东西却又是一回事。如果我们企图证明每一个单位"一"都可以凭其自身而存在，那就是离开了数学而过渡于拙劣的形而上学了。因为这种孤立绝缘的看法还是暗含着一种观念的、理想的整数、一个看不见的整体；这样的定义已经含蓄了跟其他被排斥的单位发生关系。如果我们承认这些因素，我们的各别单位就不是孤零的；如果我们抹煞了这些成分，那我们便是陷入了根本靠不住的抽象。

在有可能进行分析的地方，就总必存有一个暗含的条件。[25] 这个条件便形成功一种阻碍，使我们不能把所得的结果提高到绝对的存在。而在不能进行分析成立一种结构的地方，强作抽象当然不外乎臆想和猜测，说不上逻辑证明。这就是我们最后提出的警告，关于这个最危险而流传最广、也最不容易看得出的幻觉，我们便说到这里为止。

第十六节。现在我们再来谈一谈其他的困难。大家知道，选言推论[26] 就是从一个单独可能的宾词进而断言其为真实（参阅第 413 页）。这一过程全靠着一个逻辑的假设，但是这里不打算深入讨论。在形而上学上反对的论点是很易于提出的，不过那些都越出了本书范围之外。

当我们达到最后剩下来唯一可能性的时候，我们总是把我们的推论看作是有效的。但是我们怎样能够确定这个推论的根据是可

靠的呢？归根结底我们早已见到，选言推论的依据不过就在于我们要想找到任何其他的宾词而无能为力。它似乎就建立于这个实验的基础之上，即“我找不出任何其他的宾词，所以不得不接受这一个。”这样的过程当然要引起严重的怀疑。要想说明并解决这些疑问，势必牵涉到许多极微妙的问题，把我们引入形而上学的范围太远。所以我们只好略去这些，* 仅能满足于从逻辑的方面来考察这个问题。

第十七节。在选言推论中我们有了一个主词 A。这个主词具有一种性质 x，而 x 则被决定为不同的因素 a，b 及 c 当中的一个。我们由 a 和 b 的否定而过渡到 c 的肯定；这个推理过程假定了 x 已为
a，b 及 c 所穷尽无遗，任何其他的宾词都不能超过这几个范围之外。565
但是我们怎么知道 x 已经穷尽无遗呢？我们又怎么晓得没有其他的宾词，譬如 d，是可能的呢？除非这个假定的条件能够满足，我们的推理便不能免于崩溃。

在平常从属或次要的推论中，我们都是从一定预想的概念出发并以之为依据，所以不难获得一个完全的划分。这种划分之所以完全便由于我们预先假定了某些东西。不过这种假想的无所不知，这种虚构的整体，一定会有一个止境。我们迟早必得会追溯到我们所从而出发的假定，一到这时还是要碰到这个一般性的问题：我们怎样能够穷举可能性，又怎样能够知道已经穷举？

假使最后我们不得不明认，我们的根据只不过是无能为力，我

---

* 我在本章附注中㉗对这一问题说得更为全面，但是感觉到，费去太多的篇幅来讨论不一定属于逻辑领域以内的问题也许是不适当的。

们没有力量可以找出任何其他的提示，因而只好认为没有别的东西出现——假使是这样，这是否等于承认我们的立足点没有别的东西，不过是一个剥夺判断或打消的判断？这样一个根据是不是毫无希望地不可靠？

第十八节。这里只有一个出路。我们排斥了另一个相反对的宾词，也许不是以消极的剥夺为根据，而是凭着一个正面的属性所起的真正拒斥作用。我们可以假设我们的主词有了一个性质 c，但这个性质是看不见的。通过选言推论的实验处理，我们遂能够看出 c 来。所以选言推理的功用也许就是使潜在的东西变成明显，不过这样一来，我们对于 c 的存在所能掌握的真实的根据，就可能根本不在于穷举无遗的过程中了。

上述论点可以这样说明：当 a 和 b 都被排斥的时候，这个排斥的基础可以不是由于 A 所包含的任何缺点，而是由于 c 的存在，虽然它的作用是我们所看不见的。这个原理还可以再进一步。假定我们提出这样一个问题：除了 c 而外是否还有什么其他可能的东西？我们的回答还是可以认为 c 的存在根本排斥了任何一个反对的交替观念。假如是这样，我们的结论便有了完全的保证。我们已经确定了除 c 而外没有任何东西是可能的，因为我们要想找出一个不同的提示，这个企图已经使 c 成为明显。假若 c 非实在，那我们就只会剩有一个假言判断，在这种判断里面宾词就将否定主词。但是实际上我们的无能为力，当然**不能**成为得到 c 的结论的真正原因。反之，正因为有 c 所以才造成我们的无能为力。它的力量并不
566 在于我们的心智的软弱的缺点，虽然由于我们软弱的经验才证明了它的力量。换句话说，我们所以知道它的存在，确实便由于我们不

能够把它排除掉，正是它暗中存在的作用使得我们陷于无能为力的境地。我们推论的本质并非真正在于否定肯定。表面上虽为否定，但它的穷尽无遗和省略的外观，正可引导到一种真理。它从一个默认的观点进行否定，由此遂能对这个潜在的性质得到一个明显的肯定。这里显然存在着一种矛盾，迫使我们的主词必得展示其所隐藏但是非常真实的资禀。

这一点已经说得很清楚，不需要再加什么证例。我可以否认一个现实数字能够成为无穷，并非因为我不能形成这样一个观念，而是因为它跟主词“现实数字”所具一定性质相冲突。我可以确定“有人格的鬼怪”是不会有的，不仅因为我没有理由可以相信有这种东西存在，也因为这种东西本身便含有矛盾。一个不道德的分子完全是罪恶的，就一定越出道德的领域之外，而不能再衡以道德的标准；因为恶和善一样都包含着一种冲突，如果你把它化为绝对，那它也就不可能存在了。㉘

第十九节。凡是适用这种选言推理之处，它所获得的结论在逻辑上就是确实的。因为出现的宾词，并非由于穷尽一切可能的互相抗衡的成分而赢得。在我们观念的实验中，主词实际也并没有因为我们的任意选择而受到改变。它仍然跟先前一样。真正受到这个过程影响的是我们自己的眼睛，㉙但是除了视觉的障碍之外，也没有损失任何别的东西。只要我们遵守原来立下的界限，我们的推论就可以不怕任何逻辑的非难。

我们可以遭受攻击的是在另一方面，也许有人会指责我们放弃了原来的立场。我们所采取的过程也许避免了论敌方面每一种攻击，但是人们还是可以提出这样一个问题：原来的选言作用已经抛掷到什么地方去了？因为这样说来就是引入一个反对的提示，诉之于我们自己心灵里面所含蓄的东西的反省，也就是离开了“我不能有别的选择”的经验，建立于我们“无能为力”的基础之上的推论——这一过程尽管是终极合理的，但无论如何似乎全然不成为选
567 言推论了。因为剩余的东西事实上乃是一个先入之见，因为要把一切选言肢罗列无遗乃是不可能的，所以结论已非靠着排斥的作用。它的实质根本不是单纯肯定一个残余的成分，表面上看来它好像还是残余的肯定，但那不过是一种空虚的形式，只会使我们上当了。

这个反驳有点道理。选言推论如果你认真加以讨论，它确实不像我们刚才所简单描写和辩护的那样。这种推理过程确乎采取选言结构的形式。如果你把它当作启发你的眼光的一种方式，这个列举无遗的假象便是我们给它披上的外套，也可视为它所表现的姿态。但是列举无遗这件事本身并非真正证明的作用之所在。而所排斥的各种可能性本来就不是可能的。这个实验确实不足以作为一种根据，上述推理过程正是它的全部的否定。不过我们所说的反对的论点，也许在它的疑问之中㉚就可以找到一个答案。假若选言推论不愿接受我们给予它的地位，如果它一定要自以为不止于是一种开辟眼界的途径、一种使真实基础进入眼底的反想的方法，那它是不是还能有存在的权利呢？是不是我们好像放弃了原来的立场这个事实就构成一种忠告，应该要抛掷原来假想的性质，而那个性质只会导致彻底的非难呢？

第二十节。因为如果就它所情愿采取的假象来说，选言推论实在经不住一驳。撇开根本靠不住的“列举无遗”的假设不谈，它的立足点实已完全不稳固。如果它真正是从 a 和 b 的不存在过渡到 c

的存在，如果它采取这个步骤，是**因为**它不能够找出其他的可能性，那么它就违反了一个极重要的逻辑的原理。这样，就是把知识的不足当作内容所包含的正面性质。须知现在所见的 A 中找不出 *d*，并不就能证明 A—*d* 是一个错误命题。你不能把依存于我们心理状况之下的主词，与完全决定于其内容的主词相混同。简单说一句，你决不能凭任何手法使一个剥夺或消极判断变成为一种排斥的作用（参阅第一部第三章）。

如果我思想上认为 A—*d* 不对，其唯一理由是我在 A 里面找不出 *d*，那么我所处理的主词便不过是我的心智方面的疵瑕所修饰制约的主词。不是单纯 A 的内容发生了拒斥的作用，而是与我的心理发展一定阶段无知的程度相结合的 A 发生了作用。但是这种无知 568
并不能逻辑地决定 A 的内容。它不过是一种抑制的态度，谈不到表示主词真实的性质；恰如既没有诱惑侵袭，也就显不出品德一样。

换一句话来说，如果 *d* 并非不可能，如果它仅是不实在的；或者，更严密地说（因为凡不实在的东西就是不可能的），[31]如果 *d* **非**不可能便因为如果它是不可能的，A 的逻辑内容就一定有一个性质会发生**矛盾**——如果 *d* 是不可能的，就因为苟非如此，我们关于 A 的知识便须**有所改变**，而如果**这**就是我们对于 *d* 的不存在所能提出的唯一的理由，那么，我们的推理便是靠不住的，它的过程是不正确的，而所得的结论也是建立于未经证明的论据之上。我们也许不能不容忍这种推论，但决不要妄想逻辑可以保证这种推论。

第二十一节。我们可以总括一句，如果说“我必须这样做，因为我不能有别的做法”，这句话的意义就是“我决不能有别的做法，因为我是这样做，而且我知道我这样做，就因为我不能有别的做法”，那么我们的推理也可以不要选言推理这个名称，可是它在原则上却完全妥当、并无错误。但是另一方面，如果我们论证的本质就在于“我必得这样做，因为我看不出我能做什么别的”，这样，我们的推论也许不一定得出一个荒谬的结论，然而当作一个证明，它便是完全虚妄。如果这就是我们所说的选言推论，我们的推理过程便根本建立于谬误之上了。

不过这样一来，就引起我们很大的怀疑了。假如我们定要追溯到底，是不是这两种方式的推理到头来都必得归原于第二类？我们的证明所依靠的，是否除了对于另外不同的成分忽视之外，还另有其他的根据？这种怀疑不仅限于选言推论的范围之内，而且直接打击到我们的判断和推理的整个体系。如果一切判断最后都成为一种推理，使我们的反省提出一个被排斥的宾词，并由此拒斥作用回归于主词——如果照我们所见出，这就是终极的推理，那么岂非每一个判断都变成了一种**靠不住的**推理？因为如此一来，它的成立就是没有任何理由，除了不曾追问这个理由的理由而外；或者，如果你要追究明白的话，它之所以能保持它的价值，其唯一的理由就在于还没有足以叫它倒下去的其他的提示出现。这个其他提示的不
569 存在当然就是一个消极剥夺的机会。如果我们不是那样的无知或认识不足，我们的知识在理论上的可能性便一定会有所不同。如果是这样，对于每一个宾词来说，我们就都不能否认还有其他未知的因素可能存在了。不承认这一点就是假定自己无所不知，而同意了这一点又等于破坏了一切推理。

第二十二节。我们可以回答，即使我们不是单凭假想，而是真正掌握了无所不知的本领，依照这种理论，我们还是不能免于怀疑

和不信任。这个结果正是怀疑主义合法的产物，而又显示出非常盲目轻信的特色。但是最好让我们仍然来一个正面的驳斥。这种怀疑的精神恰和在其他地方一样，我们可以发现其骨子里并不是怀疑主义的。它假定了一个立足点作为对它的独断的论敌进攻的基地，但这个立足点却是无批判的又是隐蔽的独断主义。这在我们当前所讨论的实例中可一眼看出。我们已经明了（第一部第七章）可能的东西必得依附于实在的东西。各种可能性都可存在于假言判断之中，这些可能性便在于肯定给予了某些条件，一个主词就一定可以获得某种属性。这个简单的考虑实有极重要的结果。因为如果你断言对于我们每一断片知识，我们都不能不承认它可以成为另一种不同的状态，这样你就是假定了可以给每一个主词构成一个有效的假言判断，使它取得一个不同的宾词。例如，给予了 A—*b*，你就假定了有一个可能的 *c* 存在；由于 A 和 *b* 这一对成分的配合不是凭着有什么特殊的相互吸引的作用，而仅因为 *b* 钻了 A 无所附丽的空子才能够登场，可见 A—*b* 的关系本身也不过是一种可能而已。

以上的分析就是说，[32]如果你的结论是对的，你也完全不能够证明它，或者只能用一个虚伪的假定加以证明。因为你自己就已经忽略了另一个可能性。无论何处你都希望能够找出一个反对的提示，但是我们可以设想你的努力在有些地方达不到目的。假定你要作出一个判断使主词能够推演出一个宾词与其原有的性格不相容，有些地方你当然可以发现你自己办不到，在思想上存在着一定的限制。如果你想彻底地怀疑，你就断不能忽视这一致命的场合。因为当你寻求一个可能的性质 *c* 与现在的判断 A—*b* 不相合的时候，你可以永远彷徨毫无所获，或者找到一个 *c* 表面似乎可以弥补缺陷与

570 *b* 不同，但仔细看来还是不出它的范围之外。不过假如这样说是对的，那么对于 A—*b* 的怀疑就是一种大胆的独断论了。你不能够断言与它相反的东西就是可能的，除非心里能够把这个反对的东西描绘出来[33]。

在你只有一个单独观念的地方而要表示怀疑，在你并没有对立面的地方而要求反对双方的平衡，这就是假定了不可设想的东西是真实的，当然完全是一种自欺欺人的想法。这里问题的焦点是关于有没有这些反对的成分存在的事实。而一说到这些终极的怀疑真正存在的根据、这些可能性是不是可能，你马上就可以得到一个直截了当的否定的答复。你把形而上学的独断论披上怀疑主义的衣裳，靠着这种方法是不能够避免形而上学的探讨的。不管这个问题怎样解决，我们总不能凭着先验的论据，随便加以简单的处理。我们回答怀疑论者，必得拿出一个更深的怀疑主义。怀疑主义者的论调如果是对的，也不过是假想的空中楼阁。不管最后正确还是错误，他的推理过程总是想要窃取论点来解决论辩双方所争执的问题。

第二十三节。这里的问题属于形而上学，我们不便仔细讨论。逻辑的研究只能满足于一个比较简单的答案。如果剥夺的主词即被认为除列举各项而外没有任何其他属性的主词，我们把它跟真正实在的主词合而为一，那么依据这个假定，选言推论就是有效的，由前提得出结论的形式的推演便是无可非议的。不过一说到完全列举穷尽，能够满足这一要求的前提实在是全然靠不住的[34]。另一方面，如果我们希望推理过程能够免于怀疑，那么表面上它虽然采取选言结构的形式，实际上它还是靠着排斥的作用才能够作出断语。它的论证必得要从正面呈现的东西出发，而不能从消极的缺陷出发。

说到这里，我们对于我们各种类型推理形式的正确性的问题也已说完，没有其他的意见要提了。只有辩证法的推理未曾谈到，不过在我们看来也不能够引出什么新的结论。我们得到的主要结果可以概括如下：各种论辩如果旨在成为一种证明，就一定要依靠某些逻辑的假设。我们必得始终假定一部分推理作用只能改变我们对主词察觉的力量，而主词本身则并不因此有所变动。即使在我们存心或者任意选择这一过程并获致一定结果的时候，以上所说的话 571
也是对的。主词最后取得的增益，在这种情形下，就是它本来固有的合法的占领物；而如果有什么损失以及由缺陷到圆满的奋斗，则完全属于我们的有限的理智所有事。但是所有这些假设，我们都还没有加以审查过。

第二十四节。现在摆在我们的面前还有一个很严重的问题。我们在最后一章中必须追问究竟推理是不是**真正**有效，这就是说，除了要使结论成为妥当之外，它的过程是不是可以认为符合事实。这里我们可以顺便简单地说一说另一个困难。[35]我们已经知道，尽管我们各种类型的推理可以毫无漏洞，在形式上完全正确，但是对于我们仍旧可以不能付诸实用。在实际上，作为一种证明，其所需要的各种条件也许永无实现之一日。我们的型式也许不过是一种理想，虽然能够看得见，却远在天际，为人类理智所不可攀及。

我们很容易指出我们所以陷于失败的主要根由。在逻辑上我们所使用的乃是观念的内容，这个内容如我们所已知，其本身是不可能有心理的存在的。可是它又必得呈现于心理的条件之下，因此遂不断引起一种错误的倾向。如果我们把推理的机构与实际的内容混而为一，就一定会使整个的逻辑过程入于歧途。由于我们不确切知道我们手上掌握的是什么，实际使用的以及忽略掉的又是什么，我们遂使一个应该属于直言性质的判断变质，成为依存于某种潜在条件的判断。这样一来，结论出现的方式便不能不依赖于有关因素所包含的不纯洁的部分。例如，有了 A—B 和 B—C 这两个前提，于是遂得出 A—C 的结论。这里的结构就靠着两个前提里面的 B 的同一性。但是假设在第二个前提里面，C 并非真正与 B 相关联；假设它实际上乃是属于 B*x*，而我们却没有注意到 *x*。在这种情形下，跟 C 发生的关系就要靠着整个的机构，而我们却把它归之于单纯朴素的内容 B。这样，偷偷加入了一个条件，就会破坏我们整个的推论。因此，要想正确进行推论，必须保持一种纯洁性，而这个纯洁性正完全建立于消去作用的基础之上。因为我们不能没有同一性，同时又不能没有差异，所以我们要想做好推理，只有抓紧原有的材
572 料不放，一面抹煞前提里面所有不相干的成分；这样一种过程当然冒着极大错误的危险。

第二十五节。这个问题只能说到这里，但是我们还应针对怀疑主义者做补充说明来结束本章。我们必得承认，任何一种推理都有某种程度的盖然性可以成为不好的推理；[36]但是怀疑论者又会提出这样的反对论调：既然每一个推论都有几分虚假的**概率**，那么还有什么推论能够**一定**真实呢？我们的回答很简单。如果把我的论证看为一系列的活动，我当然可以断定我在这个系列中随处都可能陷于错误。但这只不过是一种预期的盖然性或**前率**。等到现实的事例真的呈现于我们面前的时候，它可以成为毫无意义，恰如我们预

料骰子掷下去不会是六，等到看见了掷出来的点数的时候，预期的概率可以成为毫无意义二样似的。这样说来，认为我们推理难免于错误这一推想，固然可以引起一种丧失自信的感觉，但是对于任何现实的推理，还是不会发生什么影响，只要其所显示的型式为证明之所需要。如果在当前推理实例中，你不能够指出什么地方确有怀疑的根据，那么你所说的单纯一般错误的概率也就没有什么相干了。*究竟是不是在每一个场合，我们都可以有踌躇莫决或疑惑的真实的因由，这是一个事实的问题，只能凭事实来解决。大概就是这个事实的问题，构成上述反对论点的依据，同时也出现在我们的解答之中，不过这里不能详细讨论。我们必得集中思想来对付下一章所提出的最后终极的问题。

增补附注

① “效力、正确性”这名词非常含混，它的意义可参考《现象》索引。这里我们可以区别出三种涵意，参阅附注②。

② “真确的过程”，“真确”二字应为“实在”，或（如果我们坚持本书所说一般承认的见解）“存在”。其次，“代表”及“符合”等语都很暧昧。它们在 573
这里便暗示着同一性以及在其他地方或具体环境中出现的情形。这便是“效力”一词三个意思当中的第一种。第二个意思是“形式的正确”，而“实际上相宜”则为第三种意思。所谓“实际”（参阅索引）在这里的用意就是“对于推论的目的有效”。这最后第三种意义虽然“我们不打算研究它”，但在第二十四节中还

* 斯宾塞的《心理学》中也包含着一个类似的错误（见原书第二册第480页）。你不能从一个较长的论证具有更多差错的机会这个一般的盖然性，直接得出较短的议论必得比长的议论更为可靠的结论。要想这样做，你就必得另外假定各种论证除了长短而外，没有任何其他实质的差别才行。

要重新提到。

③　“假定”，参阅索引。关于形而上学在怎样的程度和什么意味中也要靠着假定，这里并没有提出这个问题。参看《论集》第 2，16，311 页。

④　“结果必得是新的东西”，参考第三部第一篇第二章第十七节。

⑤　下文“这些前提的得出是不妥当的”很确实，因为(i)在这些前提之外总暗示着有一个整体。其次，(ii)还有我们能动的作用也是如此。但是另一方面，这个能动的作用也决非仅属于我们自己，在它的演进程序中，更不一定只牵涉到我们自己的选择或任意的决定。参阅第三部第一篇第二章附注⑦及⑩。因此，如果对推理的主词就其全般的意义加以理解，即联系它各方面涵蓄的意义来看的话，它的自己发展的作用便更加明确。参阅编末论文第一篇及索引“前提”又“推理”条。

⑥　“实在本身可以提供”等语，这句话可以表示实际的情形，因为就是这种能动的作用正好与我的能动作用结合为一。

⑦　“如果由于改变了我自己……”等语，我们反对这种见解就因为它可以破坏推理作用。照那样说，便没有了自己发展的过程，因而也就无所谓“所以”或“必然”。单是校正了一种难以说明的错误当然算不得是推理。参阅第三部第一篇第二章第十三节以下及附注⑮。

除此而外，这个论点便是说，如果我们的注意力不会改变它的对象(照我们所假设)，那么更一般地说，其他心理作用也同样不一定有这个结果。关于注意力可参阅《论集》索引。我们对于上述论点的答复就是，“如果没有改变，那也就没有了自己发展，从而推理也跟着化为乌有了”。关于“逻辑的假设”，仍参看附注⑮。

⑧　是不是在推理中结论必得与前提相矛盾呢？在我看来这个结果到底是不可避免的。(i)如果我们开始所有的东西确实全部就在于这两个“前提”，那么所得的结果就是有了改变，从而我们也就可以说原来的材料与结果两相抵触。(ii)如果我们认为受到否定的并非出发的与料本身，而是作为一种现象受到否定(参阅第三部第一篇第二章第十三节)，那么我们马上便要陷入一个二难推论。因为(a)这一过程仍然自相矛盾，不过跟它自相矛盾的只是一种现象罢了；或者(b)这个过程就根本不是实在的过程，从而也就无所谓推理。再则(iii)如果我们把前提扩大，使之包括开始时所有确乎暗含了的东西，那么(恰和前面

一样)或则(a)你所装进去的东西太多,以至于整个的过程,从而连同你的推理,完全消逝;或则(b)所得的结果在我看来仍然与原来出发点相矛盾。归根结底,这里的问题乃是:自己发展的观念在逻辑上固然必要,但当你坚持一个最后回答的时候,它是不是还能成为一个首尾一致的观念?它究竟是要依靠着一个x,还是用不着依靠一个x?假如它一定要依靠一个x,那么在我们所能见到的范 574
围之内,这便暗示上述观念本身并非实在。参阅编末论文第一篇及(以下)附注⑮又㉜。在本书里面(第七节内也已提醒过读者)我不打算讨论有关第一原理的问题(参阅第十节)。

⑨ “随便我怎样”,这里的困难真正解决的途径,就是一方面承认“能动的作用”,同时又使之与“要怎样就怎样”相区别。参看附注⑤。

⑩ “我们的断语是省略的”,其实判断几乎都这样。参阅编末论文第二篇。

⑪ “只是A—C已为我们所知道”,“知道”一词很含糊,它应该意谓着单纯的A—C可以认为一个未经说明的条件所具真正的主词。

⑫ “一片波涛汹涌推理的海洋”,读这些话应该参阅第三部第一篇第二章正文及增补附注,并参看编末论文第一篇。这里有两个主要问题:(i)这一过程每一场合究竟在什么程度之内是任意的?(ii)这一过程在怎样的程度内和什么意味中,可以真正代表推理主词的运动,从而可以称之为自己发展的过程?

⑬ “手术图解”等语,见早先出版的一些外科书籍。

⑭ “牧者一定把最后所得的结果归之于原有的东西”,“一定”之前应插入“这里”二字作为限制状语。

⑮ “过程……视象”,这里所能引起的困难见前文(参阅附注⑦及⑧)。既然这个过程并非必然的发展,因而就是一种改变,在这个限度之内,它就不能成为一种推理,虽然它可以对推理有所帮助。每一个推理都是一个实在的生词必然的自体发展。你可以把那个主词看为(i)单纯的实在,或(ii)为我所知道的限度以内的实在,也可以视为(iii)单纯心理事实意味中的实在。所以(iii)你的结论可以是仅乎触及到在某种条件之下,必然出现于我本身之内的东西。例如,我可以断定在怎样怎样的条件之下,我将察觉到某种结果。但是这里在我虽然有了一个真确的推理,然而对于我所知觉的客体本身来说,实在不是推理。另一方面,我们也可以通过进一步的程序达到那个结果。因为我们的推理

可以从发生于我自身之内的东西出发，而达到在结论中定能符合客体本身的东西。

例如，我注意到一个对象，便可以断定这个对象作为我**现在**所知觉的那样，一直就是真实对象的本身；这里我的推理实际不外如下。我假定了我所造成的发展过程并没有引起对象本身的变化。因此，要么这个对象始终没有发生变动：要么如果由外力引起改变，这个改变也决非由于我的推理过程。但是我们可以（我们是这样想法）认为这里根本不会有上一句话后半所说的改变，所以最后我的对象一定仍然还是从前那样，或者就是它本身有了发展，二者必居其一。

以上的假定（i）实在是**消极的**，因为它排斥了起于我的作用，或由任何其
575 他的原因所引起的外来的变化。可是另一方面它（ii）又是**积极的**，因为它肯定了这个对象的持续和发展，并且立足于我所说的同一性的定律之上（参阅索引，《现象》第602页，及《论集》索引）。而就其消极的方面来说（这里只谈到这一方面），这个推理的特质当我们有了一个真正推理的时候，就一定成为选言推论（参阅第三部第一篇第二章第二十五节）。

关于这里所说逻辑的假定的真实性，无论如何我不能承认它是终极的东西。应该指出，这些假定只有在这个意味中才是对的，即为了某种目的它们可以认为有效。这里我们真正有了的（我应该加说一句）实际不过是一个假设，虽然它能够用于各种不同的方式。

⑯　关于假想与提示，参阅索引。

⑰　“抽象”，参看第三部第一篇第二章第二十三节，又编末论文第一及第九篇。

⑱　“省略的”、“有条件的”也可以。“我们分析不了的部分”应理解为“在许多地方完全做不到的”。

⑲　“假如你终于能使a孤立”，这是（我们应加上一句）不可能的。不管这个实验是“观念的”抑或非观念的，任何分析归根结底都不能成为定论，如果你把它当作无条件的话。分析的结果至多只能表明为了一定的目的，你可以发现暂时不妨把整体抹煞掉，不过这个整体在某种意义上无论何处还是保持着密切的关系。至于把各个单位从某一整数割离开来，显而易见也是不可能的；虽然就眼前的目的来说，这个整数暂时可以置之不顾。参阅第十五节，又编末论文第一及第九篇。以下的句子“凡是这样的过程被认为可能的地方，省略和抽

象就可以显示一种真理”中，“被认为”三字应该强调，也可理解为“假定”的意思。

⑳ “我们……是不可能的”。但是如果忘记了“先验的实验”只有依靠一个假定，即从属于某种条件之下才能有效，那也将成为错误。没有任何一个可能的实验，其所给予我们的真理归根结底能够不是相对性的。在相反的结果不能设想的场合，才有例外，不是相对的。这里我所谓“不可设想”的意思是说，“其他”相反的东西不仅事实上找不到，而且你也没有权利能够把它看为是可能的。因为如果你既不知道这个“其他”不同的东西可以出现的场所，也不能给予它以任何积极的意义，那么很显然也就决不能够称之为可能的东西了。除了以上这一个例外，任何实验都只不过能够提供相对的真理，而这里所能运用的标准，恰和一切别的地方一样，仍然必得求之于系统的观念。关于上述各节可参阅编末论文第七及第八篇。

讲到孤立绝缘(参阅第十五节)，我只好再重述一次，这决非只限于表明某一个单独的因素正面的存在。决无例外，在它的一里面总必存在着有多，这个一中之多虽不一定也是心目之前的一个客体，但至少总必是心目之中可以察觉得到的东西。既曰孤立绝缘，就必得暗含着某一“其他”事物的否定，所以这个“其他”也就同时隐然存在。而这个排斥的关系(在我看来)却一定要发生于一个整体之中，即非依靠一个整体不可。实在论与多元论的通病是昧于此点，甚 576
至不知有此看法(第十五节)。至于各种实验之中所用的各不相同的特殊假定，其本性与根据如何，当然不是这里所能讨论的问题。

㉑ “至少是……一部分的原因”。这个结论对，如果你作出某种假定，而就一定的目的来说，所作的假定也未尝不可以言之成理。参阅编末论文第一篇。但是“差异法”却抛开了这些假定，企图成为绝对和无条件的东西，因此它也就陷入了严重的错误。关于差异法，可参阅第二部第二篇第三章第十三节。

㉒ “特殊的实验”，这(又一次)是不可能的，如果视为绝对的东西，它的有效与否，便要看各种场合的性质假定了这些条件是不是适当为断。

㉓ “盖然性”等语，A 的结果伴随着异于 d 的成分这样的实例愈多，尤其是这些实例的差异的程度愈大，则 A 的相伴与 d 的产生彼此关联的机会愈少。我以为这便是这里基本的形式原理。

㉔ “不实在的抽象”，所谓“不实在”就是“不那样存在的东西”。关于数

学，参阅第三部第一篇第二章附注④。

㉕　“在……条件”，参阅附注⑲及⑳。

㉖　“选言推论”与此有关的困难在第三部第一篇第二章第二十五节中大体也已讨论过了。参看第三部第一篇第四章第六节及编末论文第一篇。

这里对于选言判断以及附随着它的推理的非难（我可以立即指出），都假定一个条件，就是把它们看为并且当作独立自足的东西来使用。正因为有了这个条件，所以许多人认为我们的知识（在可能的范围之内）应该形成一个选言结构的整体，虽然这个目的不可能达到，而包括和支持我们各种选言结构的体系也始终必得是不完全的。

㉗　这些杂记我相信都遗失掉了，不过大概其中也不会有什么为我自己后来论著未曾用到的材料。

㉘　“恶和善一样”。善指狭义道德的善。其次，恶和善（任何意义）这里决不是把它们摆在同一水平上。参看“伦理学研究”。

㉙　“真正……我们自己的眼睛”，参阅上文附注⑦及⑮。

㉚　“不过……”等语，诚然，但是现在所阐述的过程是不是一种推理，这个问题还是继续存在的。参阅附注㉖所引资料及自此以下附注。

㉛　“因为凡不实在的东西就是不可能的”，在“凡不实在的东西”后宜加“在一种意义上都可视为不可能的”等语（以代替“是”字），或者省掉这个插入语。参阅编末论文第七篇。“不可能”三字之后，可将“因为”这一联词改为“其意义就是”，比较切贴。

㉜　显而易见，我们当然没有这样一种选言推论，其中所假定的另一个或
577 别的可能性不是可能的，反而是自相矛盾或毫无意义。关于自相矛盾和毫无意义两下的差别（如果确有一些差别的话），可参看编末论文第七篇。

既然给予了A，则我们对异于A的某一可能性只能有两种排斥的方法。(i)第一，我们在我们的知识之中可以有一个场所超乎A的范围之外，而这个与A不同的某种东西的观念，归入这个实在的区域之内，大体上便是一个真实可靠的观念。因此排斥这样一个观念或宣布它的不存在，归根结底必得要靠着一种假设，在这个限度之内，就不能认为没有可疑的地方，或者最后还是要以单纯剥夺或打消判断作根据。但(ii)我们也许根本没有这样一种超乎A之外的区域的知识。在这种情形下，“异于A”的观念最后便成为毫无意义、完全不能容许

的东西了。从而在这里就不可能形成选言判断，也不会有什么剥夺作用，因为剥夺作用本身一定要靠着我们知道有一个正面的实在的场所。可是我们通过徒劳无益的企图之后，却可以更好地察觉到 A 的性格特征。不过这个改善了的认识乃是增加了对 A 的注意力的结果，它的本身并不含有推理作用。

其次，我要说的第二个问题（在第二十节最后一段里面提出），就是关于改变和矛盾之间的差别。假如我们有了一个提示认为 A 是“另一种样子”，但并不能使我们所知道的 A 的状态有所改变，那么这个另外的提示当然便等于零。反之，如果我们有了“另一种样子”的确实的观念，那么在这个限度之内，这就必得跟 A 相矛盾或相冲突，因为它既然与 A 对立，所以彼此不能相合。可是另一方面这个观念又不一定是冲突的，我们可以把它看作 A 的一种变化，换言之即以更广阔的眼光来看 A，承认 A 和这个观念自身合在一起，都是对一个更广大的实在修饰限制的东西（在一定条件之下）。在这种情形下，“另一种样子”而又有**改变**的作用，就是一个可以容许的观念。关于“反对”和“矛盾”；参考索引。

但是很显然，凡在我们的 A 被视为终极实在的地方，这个“另一种样子”或“异样”的提示就很难维持了。在这种场合，一个“异于 A”的东西，不管它是反对物也好，或者是一种改变也好，二者完全一样，根本不能成为一种观念，都是毫无意义可言。参阅附注⑧及⑮。

㉝ “心里……描绘出来”，“描绘”一词在这里取最宽泛的意义。

㉞ “全然靠不住的”，其所以是靠不住的（让我重复这句话），就因为它仅根据这样一个事实：我寻找不出其他的东西，可是另一方面，我又不能不认为这个其他的东西是可能的。不过随着我们的知识更加系统化，这个“异样”的观念能够有效的范围一定越来越缩小。但是要问到这个区域在宇宙里面最后仍将保持多么大，这个问题我想是没有法子答复的。绝对的知识只能有它自己是对的，除了它在一种意义上“包罗一切也排斥一切”的自己肯定而外，不能容许任何别的东西。参阅以上各项附注及编末论文第八篇。

㉟ 第二十四节所说推理很容易陷于错误的理论，其实在第三部第一篇第三章第二十三及第二十四节中早已预先谈到，应该参看这两节。关于这个理论，也可参阅《心学》杂志旧编第 47 期及《论集》第 362 页以下。要点就是，逻辑 578
的思维不外乎实施某种控制的结果，一定要分清主从有所制约，离开了某种控

制，它就要变成飘忽无定的东西。但是任何控制自然都免不了有疏忽弛懈的地方，从而主词的同一性本身也难免被破坏，于是推理遂随时有崩溃之虞。以上便是我所采取的一般看法的一部分，至于这个见解的来源，应该加上一句，我实在从来没有想到要说这是我的创见。

但遗憾的就是，在这一点上，我不能不提请读者注意谢勒尔博士（Dr. Schiller）的一段说明（见《心学》杂志第95期350页附注）。他提到我的《论集》第368页附注，竟然指摘我"自以为预先看到了西奇威克（Sidgwick）所说关于中词暧昧性的难点"，即本章第二十四节里面所讨论的问题。现在可以请读者翻阅一下我的《论集》第368页附注，就可证明我并没有引用任何别人的意见，而只是说我自己的话。我还可以指出，我也并不熟悉西奇威克先生的著作，更不知道他所说的难点究竟是怎么一回事。读者同时可以参看本书第三部第一篇第七章第一节附注，谢勒尔博士所说的话是不是足资凭信就可不辩自明了。

㊱　当你把某一推理仅乎当作这一个或那一个推理来看的时候，确实总有几分对于这种推理不利的盖然性。但是这个预期的盖然性或前率，必得假定它所根据的理论是确实的，然后它才能够站得住脚，然而就在这里我们大致还是有同样多的错误的机会。另一方面，如果你不把推理仅乎看成这一或那一推理，而是把它看为具体个别的实例，那么上述抽象的盖然性便可以有不同程度的减少或完全消灭。显而易明，如果有些地方怀疑是不可能的，上述盖然性当然就不能够存在，因为它的基础还比不上它所攻击的对方地位那样稳固。你也不能够（一般地说）采取某种特殊的断语，凭它的本身　以先验的方法论证它的盖然性的程度。它的真正的盖然性还是要靠着它和你的整个知识体系关联的总和。参阅鲍桑葵《知识与实在》第266页，至于整个盖然性的问题可参看编末论文第八篇。

读者应注意，所谓"针对怀疑主义者，还有一点必须指出"，这里暗中照应的不是第二十四节，而是联系以上各节来说的。

第四章　推理的正确性或其效力（续）*①　579

第一节。我们在上章把推论的有效性这一问题加上了一种限制。我们讨论了有没有可能获得一种推理足为证明之用。我们探讨的是假使我们承认某些前提，是不是就可以得出某种结论来。对于这个有限的问题，我们也已能够提出一个肯定的回答。如果我们承认某一些假定，那就确有若干类型的必然推理存在。也许运用这

些推理带来的规则是很困难的，但是至少我们可以说，给予了一定　723
的条件，就**必然**得出某种后果。这样，大体上我们虽然靠着一些假定，却仍然能够维持我们原有的立场。

可是现在我们还得准备遭到一个更危险的攻击。我们的推理可能是有效的，如果我们把有效的解作**确凿可信**这个意义；也可以得出真实的结论，只要前提不是虚假的。但是假若有人问我们的推论是不是真的实在，它的过程是不是完全合于事实，我们应该怎样回答呢？回答说它最后一定真确，那是不够的。因为推论的起点和进程可能碰巧都落在一个方便的虚伪范围之内；这个问题如果穷究到底，问至无可搪塞的时候，马上就会暴露这个致命的弱点。如果

*　参阅陆宰《逻辑》第三卷第四章。

真理就是事实在观念上的复本[2]，我们能不能说我们推论的过程便是真理呢？我们能不能大胆断言我们心灵的活动恰与实际事物过程一致呢？我们理智的实验果然与实在宇宙之中某种运动相平行吗？我们知道我们的推论是与事实相呼应的[3]，不过这个仍然不够。我们能不能称之为那些事实的真确的表现呢？我们的反省是否就是一个外界变化的复制品，每一个细节彼此都完全酷似呢？抑或这
580 仅乎是一种间接的程序，结果虽可产生一种图像，但是如果从中间加以截取，你就会无法辨认呢？确实，我们很可怀疑我们最后得到的东西是不是一种摹本；至于推论过程所用的手段是不是摹写的作用，或任何其他意义的复制，那就更值得怀疑了。

第二节。我们对这个问题不能就它的终极的形式来进行讨论。我们无从断定在我们推论之中出现的一种活动，是不是就与所以使实在发生变化的那种力量全然一样[4]。我不是说提出这样的问题有什么不适当，但是在本书范围内确实不容许讨论这些问题。因为任何力量或者作用的存在本身就是一个疑问，而为我们所无从悬揣或假定，可是没有这么一种假定，讨论上述问题便要成为毫无意义。

如果不强调作用或动力的方面，[5]而只限于讨论实际发生的变化，那么我们的问题就可以简单说明如下。在我们的推论中，总有一种**与料**受到改变，经过某种变化，然后它才能够占有整个或至少一部分其所产生的新的结果。但是实在本身是否跟着一致变动呢？这些事实本身是否也同时发生变化，与我们的推论过程中出现的系列一模一样呢？是否任何场合都是这样，如果不是经常如此，那么是否**曾经**有过像这样的可能的推论呢？

第三节。我们论证的结果使我们不能承认上述情形当中的第

一种。既然我们推论过程的中项不一定与原因相当，既然它可以不是结论存在的理由，而仅乎是我们对它的信仰所能找出来的根据，在这种场合无论何时也不能说我们的心理实验可以复制事实。A 等于 B，C 也等于 B，这个双重相等便是“C 等于 A”这一判断所以为**我们**明认的原因，但是我们决不能因此就假定我们知识中的变化，在实在世界中也一定有一个对应的东西。[6] 这里最后所说的关系并不能由原来的一对关系而产生。我们心里所起的结果当然不是实际的结果[7]，我们心里面所起的变化也不是事物本身的变化，心智的实验如果你把它跟事实相比较，便根本没有任何与之对应的东西存在。如果实在世界与我们所见的状态无大差异，那么我们观念的程序至少在这样的场合便不可能是真的。

结论并非真正由推理的作用而来，因为如果它不是本来就已存在，我们得承认它是假的[8]。然而另一方面，它又不能是给予的东西，一开始便有了，因为那样也就不成其为推理。不过这样说来，推理的活动及其所产生的变化便都成了虚伪的现象了，它们只是属 581
于我们自己的心灵，并不能与事物相符合。这个致命的缺点，凡是中词不能代表原因的推理都是免不了的。更何况中词，我们还须指出，可以完全出于我们任意的臆想，从而根本是靠不住的东西。

我们不妨看一看区别、比较以及抽象的过程。我不一定要做这些活动，我可以作出一个实验，也可以不作，全凭我自己高兴决定。但是当我每一次高兴这样做的时候，是不是事物本身也跟着发生同样的变化呢？这是怎样肤浅轻率而又不可避免，同时又是怎样毫无根据的一种观念啊。我们直到现在都从我们逻辑的假定出发（这种假定使我们能够认为，我们虽然有所改变，但并不影响事实本身），以为推理所得的结论是原来已经有了的东西，不过通过推理才为我们所见到。现在仔细考察起来，却可以有三种不同的解释[9]。我们的实际推理过程也许根本与实在毫不相干，完全是我们自己心灵世界里的事情。或者实在世界确实发生了相应的变化，那就是说事实可以由我们任意来改变。最后一个可能便是，各种事物出乎自然地彼此调谐、互相一致。不过这三个假想没有一个说得通。

第四节。(a)让我们先假定我们任意选择可以使事实本身发生变化，各种数量必须经过我们比较才有所谓相等，[10]而纷歧复杂的事物也只有在我们加以区别之后才能有所谓同异，所以心智作用的对象便是心智作用所**造成**。不过这样一来，我们就必得放弃我们逻辑的假设，推理所得的结果已经成了附有条件的东西。一切事物如果只就它们本身来说，便根本**没有**了什么相等或不相等，因为说到相等的性质一定要靠着你自己的靠不住的意见。但是这个结果，我们就不但要丧失以前似乎是真确的东西，而且也没有办法可使我们的见解与事实相适应。所以除非这个世界与我们一般的信念大不相同，除非我们准备推翻原有关于实在的各种观念，我们便决不能接受这一看法。我们再来一看(b)自然调谐论，[11]还是不免有很多的困难。因为假定当我论辩的时候，这个世界发生了变化，也就是出现了一个过程与我的推理运动相一致，那么，如果我们不认为这个世界里面一切都是偶然，既然有了变化，便不能没有所以变化的
582 理由。但是这样，我们所得的结论就不正确了，因为这个过程的条件已被完全忽视。我们必得说明并非单独 A 的本身，而是 A+x 才等于 C。但是这个 x 究竟是什么东西呢？如果它是与我们的活动不同的东西，事物的进程和我们思维的轨迹又会仍然无法接近了。

第五节。也许有人会告诉我，“但是这个 x 虽非我们的理智活动，却终究还是一种理性或悟性的作用。各种现象都为理性所支配，不过这不是我自己的理性，我的论证就其存在来说虽然飘忽无常难以捉摸，但内容方面却有本有源不可摇动。每逢我作出一个论证，我一定要依据某种型式才能作出它来，而这个所依据的型式，便是与我的推理完全相同的一种推理过去或现在的成绩。这样一种双重心智作用就可以解决我们不可解之谜了。”

抱歉的是我好像还是不能信服这句话，仍然要再提出一个二难论点：如果实在世界这样就可与逻辑相符合，那么实在本身便已完全变样。人们也许可以逐渐习惯于把各种事件，都看为一种神的理性推论的结果，可是要想这样解释我们的思维所认为存在的一切同异，就颇非容易了。我们止不住惊奇，如果事物本身真正没有相同之处，就以上帝自家来说，又怎么能够看出它们是相同的；如果事物本身不是真正有所不同，纵使是上帝，又怎样能够加以区别？这里当然我们也可以来上一个区分，借此得救，就是承认有一种感性的底子是没有差别的，一旦与理智的作用相结合，便可产生区别和差异。不过这个解释只能有局部的效用，而且还引起一个更坏的难题。

我们也许可以同意实在世界是一个懂得推理的心灵的产物，但是我们如何可以相信我的推理就一定可以代表实在呢？我们如何能够设想每一个琐屑的论据[12]以及我们在这些论辩当中可能运用的每一个渺小的论据，只要不犯什么错误，在自然界事物的本性中，就一定有其直接的对应的东西呢？你可以假想无论什么时候我们进行推论，我们总要重抄这个世界里面有机的和凝固的逻辑；你也可以相信有那样一个心灵，与我们自己的心灵联合起来，通过一个程序，在我们看起来好像是两重程序，就能揭露存在和真理不同的两面。但是无论采取这两个见解当中的哪一个，我们都要得出一个
583 伤脑筋的结果，就是，每一个可能的简单形式论辩，每一个无聊幻想假言的演绎，一切选言和否定型式的证明，在实在世界里面都各有一个平行的复本。这个结果也许是对的，我并不想否认这一点。但是假若是对的，那么至少在我看来便是很特别的。我们的逻辑固然能够符合事实[13]了，但是事实本身却获得了一个很奇怪的解释。

第六节。如果我们用意是要对实在世界能有一种看法，与普通常识观念相接近（离开了一种形而上学的体系，在我想来也不可能有别的办法），那我们最后就必得引导到第三种见解（c）。我们必得承认，虽然正确有效的推理一定以某种方式符合事物的本性，可是至少有些推论却并不显示这一特点。它分明自成一种过程，根本不同于真实存在的现实程序。即使你相信它最后总必归于正确，可是它的整个运动却与真理相分歧。除非你把所有关于实在世界的信念革命化[14]（也许你应该要革掉这些信仰的命），你就决不能保持思维和事物严格的一致。

现在我们也已看出来，[15]我们的推理运动至少**有时候**与实在过程并不相符。但是我们却不能停留在这个妥协上面。我们还须准备接受一个更严峻的裁判。我们将要看出，我们的心智实验**从来不能**代表实际的事件。我们的结论随时有成为虚伪的可能，因为我们的论据甚至也不能提供真实的消息。推论的过程以及结果都跟给予的实在有差别。毫无疑义，在实际应用上，它们也许是有效的，它们可以很接近于传达真意，但是它们当中没有一个堪称正确的

转译。

第七节。假如这个结果显得似乎有一点奇怪的话，那么其所以
奇怪，便由于我们忘记了我们关于判断的说明。我们的推论最后一
定成为一个判断，而我们自然的想法总是认为各种观念可以分合集
散，恰和我们所知道的事物一样。但是我们也已见出，这种看法是
无从证实的。我们的假言判断、选言判断以及否定判断，便没有一
个可以真正代表事实。如果真理就是摹本，那么除了直言判断一类 584
而外，便没有一个判断可以称为真实。而且在我们寻求直言判断的
时候，只要我们坚持或死抱着现象的系列不放，我们也就根本找不
到一个直言判断。我们日常生活的一切真理，关于各种事物过程所
能作出的每一个肯定的断语，归根结底都成为假言判断。尽管我们
费尽了气力要抓住事实也是徒劳无益，我们所能得到的不过是事物
的残骸、人为的抽象和破碎不全的知识。这种结果总会有两方面与
真理不符。它一方面抹煞了其所应该摹拟的许多细节，同时又必须
依靠许多根本不存在的细节。你可以把握到它，但是它马上就变成
假言的东西，其所联系的各种成分本来就没有真实的存在可言。

第八节。这个缺点正是我们逻辑的症结之所在，一种既非临时性的也不是局部性的症候，而是病入膏肓的痼疾。因为判断和推理，无论何时如果我们有了这种东西的话，都必得是**论证性**的，二者都必以观念为其作用的工具。但是观念是不存在的，[16]其实如果存在便意味着呈现于现象系列之中，观念也就不可能是存在的东西。我的意思不仅指显然的事实：一件东西不能同时存于两个地方。我不是说观念既然在我脑中，就决不能同时发现于脑外。而是更进一层。不仅在我脑外，就连在我脑中，它都不可能存在，因为

观念只是一种内容，是普遍性的东西，当然不能同时又是现象界的事物。我的头脑里面的意象有其心理的存在，而在我的头脑之外的事实则有其特殊的存在，二者都是发现于时空之内的事件。然而观念不是发生的，在现象的系列中是没有它的地位的。它只是一种残缺不全的内容，本身至多不过作为一个形容词。凡是运用这等不实在的东西而施其活动的各种推理作用，当然也不可能复现事件的漩流。

第九节。判断和推理所具论证的性质，便使它们不能成为存在的摹本。推论的过程决不会符合实在，而所得的结果也决不能表现事实。我们用不着浪费时间来探讨比较不重要的论点，尽管它们可以摧毁本来就不足使人信服的逻辑论式，我们可以立即举出最强有力的证例来一说。纵使在中词似乎与原因相合，而结论可以表示实

730 585 际效果的地方，纵在这等处所，心灵的运动也与事实的运动截然不同；前提不能表明条件，而结论更迥然有别于时间里的效果。

在我们的推理中，我们首先有了几个各自分开的因素，然后求得它们的结合，从而形成一个结论。但是现象界变化流转之中所发生的一切因素，其中确实没有一个是孤立存在的。它们不能各自独存。诚然，它们可以相互分开，这样为我们所发现，但是无一能与其他存在完全脱离关系。它们具有一种机制，才使得它们成为真实的事件，没有这种机制，便不可能出现于现象系列之中，而在我们的心智实验里面，这个机制却被我们毫无顾忌地剥夺无余。所以我们在观念的综合中之所利用的，不过只是一种矫揉造作的成品。我们所操纵的只是内容，而决非存在。我们所有的成分并非这个世界里面的实有之物，都只不过是一种形容词，而这些形容词所属的实

词我们也不可得而说明。我们固然把它们当作真实的，并且把它们全部都归之于终极的实在，但是这种实在，如果照我们现在所采取的意义来加以解释（即存在于现象系列之内的意义），便决不能保持我们各种成分或因素的存在。它可以假言地支持它们，但这一定要靠着一些条件，而这些条件却为我们所无法满足。

第十节。恰如这些成分的彼此分离纯属虚构一样，它们的联合和结构也完全是空中楼阁。这里不必重提以前谈过了的一个难点，虽然我承认它反而可以有利于反对的见解。如果不是我们的心智发挥了组织的作用，前提决不能自动结合到一起来；我们是否能说外界的运动含有一种与我们相呼应的作用呢？我们可以假定这个问题已经解决了，答案正好适合我们推理能够达到真理的主张。但是纵使有了这样的假定，我们自己心灵的运动仍然是论证性的、象征的和抽象的。各种事实赖之以结合的原理也许与我们观念的成分赖之者相同，可是它们结合的方式也不会一模一样。实在世界与心灵结合之间具有极大的差别。事实的综合一部分可能与我们的心灵结构相似；但是归根结底大不相同，因为它总有很多为我们所不能表达。我们在任何实验中都无法揭示感性机制丰富无比的细节、环绕于现实事件汇合点的特殊事物千变万化的色彩。确实我们 586
可以说我们已经掌握了要领，不过单是这样说并不能够解决问题。正因为那仅是本质，所以我们并没获得事实的摹本。本质在事件的系列中是找不到它的地位的，它不是存在于其他事物之间的一种事物。如果实在就是前后相续的事实所组成的链索，那么本质不过是一种创造品，只寄托于产生它的思维之中。它不可能是实在的，也不可能符合实际。我们的结构是虚假的，如同我们的各自分开的前

提一样。

我们的结论也不能比这个更好。它既然由虚假而产生，当然不可能跟生产者相差悬远，竟能告诉我们事实究极的真相。母体的病根一定会害及她的产儿。它是抽象的、象征的，唯其如此，它就必然要使现象支离破碎、残缺不全；它不能够给我们提供关系的真相，不能够描绘感觉表象活泼泼的千丝万缕的关联。它所能给予我们的不过是一种无阴影的轮廓，没有任何背景；漠远而全无色彩，从干枯观念里面得出来的抽象；完全靠着解剖手术的造作品，处处都可以看出宛然的刀痕。这种结果如果与实在的事件比起来，那它便全然是空洞虚无的东西了。

第十一节。没有一种可以设想的逻辑能够免于这个指责。即使我们回到我们所曾经想象过的实在与逻辑的程序似乎完全合一的类型，即使我们最后诉之于辩证法的过程，[17]我们也还是不能逃避上面指出的难点。因为如果我们所抛开的出发点其本身是实在的，如果其为现实便恰如初次呈现于我们眼前的那样，那么我们又有什么理由要离开它呢？如果它本来就是真实的，我们为什么又要加以校正和补充呢？你可以说真正的实在界现实过程确有这么一种平行并列的变更修订，但是必得承认在我看来这个解答是无济于事的。如果你以为你开始时所用的成分在实在界中，自成一个独立的单位，在真空里面自行发展，那么我看这个问题便全部陷入无从索解的境地。可是另一方面，如果你认为这个运动乃由于整个体系的活动而来，同时你就不能不承认原有的成分，作为孤立绝缘的东西，便不是真实的。无论是它的隔离状态也好，或者继之而起的演进过程也好，都起于一个完整的宇宙[18]之中，没有这个完整的宇宙，一切都将成为虚妄。不过照这样说，我们的推理过程便只能是局部真实的了。它要靠它所不能够说明的一些条件。它并不能符合造 587
化之中的实在。

我们的出发点和我们的推论进程以及我们所达到的临时目标，都跟实在世界是两回事。所有这些东西从它们的本身来看，都不过是我们的思维方式。除非我们心灵中有自我意识的“宇宙”能够豁然贯通其本身所造成的一切产物，洞察各方面所具全部的细节，否则，我们的知识和实在决不能成为一物。如果实现了这个最高希望的时候，我们的知识是否仍然是逻辑的，或是否仍旧采取论证过程的形式，[19]也就很成疑问了。

第十二节。这种驳论不需要再说下去，但是有一点不妨追忆一下讨论就此结束。纵使我们的逻辑运动过程好像是在观念上模仿现象的程序，给我们揭示出各种事件嬗替的真相，这看法纵使可信，我们最后还是要堕入绝望的混乱中。因为如果没有**我们的**推论，我们就无从取得一系列相联的现象。不仅各自分开的因果的链索，而且就连整个系列互相接续的关系，都没有一件不是绝对建立于观念的改造之上。正由于这个作用，唯独这个作用，我们才能把过去和现在连成一线。只凭这一点，我们才能获得有关各种现象变化的知识；正由于这个创作，我们才能把握一切推理的系列，进而探求因果律的联系。但是如果实在并非我们的推论结果所造成，如果实在只存于单纯表象的范围以内，那么所有事件的程序本身便不会是真实的了。它们都不过是一种虚构，而我们却盲目地相信它们确乎存在，只是我们心智的联结作用竭力把它们描绘成为真确的东西，这种心理的联系本身当然不可能符合所与的实在[20]。

因为除非我们认为现象，虽没人看见它，也可以成为实在，我们就不能不承认所谓过去，至少如我们所知道的那样，只能存在于再现之中。但是我们也已知道综合判断所说的过去是什么，这些都不过是建立于一定基础之上的机能。这个基础就是“不可分辨即为同一”的原理，因为观念的内容似乎是一样，所以我们遂假定了它
588 是真正的同一，而且不管它的两个表象有多大的分歧变化、不问其中有怎样的差别，都认为是同一。可是根据这个原理，我们怎能放心把观念的东西当作实在的东西呢？我们能够指望从经验学派得到什么帮助，如果我们恢复他们的事实唯一的办法就是破坏他们最神圣而源远流长的传统？我们能够心安理得地从发乎心灵比较作用的仿佛的类似，一下就过渡到连贯于各种事件之中的真实的同一性吗？我们可以由观念的复原马上便达到实际事实的连续性吗？假如我们并不能这样做，那么一切现象系列立刻就变成了不真实，而我们的推论所追寻的线索也完全是虚妄的了。可是假如我们能够这样做的话，那么我们关于实在的观念又将立即完全变样。这就是说，我们的推论将要成为实在，因为事实本身便具有推理的性质。这样，要么我们只好放弃实在即存于感觉与料之中的假定，要么就不得不承认任何一个系列的实在本身便是一个不好的推理。这两个途径无论采取哪一条，我们都必得陷入混乱。

第十三节。总而言之，如果实在便存于感觉现象的实际程序之中，那么我们的推论就完全是假的，因为没有一个推论属于感觉的性质。尤其是如果实在完全局限于表象的与料之中，则所有推理愈是要彻底追寻事实的原委，正因为如此便愈益成为虚假。但是实在又似乎必得有这样的限制，因为它的延长无论何时总不过是观念的

东西。其所以能够延长便靠着“不可分辨的内容同一性”的力量，而它的结果所得的链索也是观念性的。过去决不能恢复其感性的圆满充实，而细节也断不会如实呈现于心智之前。我们只是断定它存在那儿，但这种判断不过是一般的标志或征候，对于某种结构的一种象征的指示，这个结构的主要特点和意谓仍然残存，但是它的复杂的特殊性却已完全消逝一去不复返了。归根结底，我们只有就下面两个结论采取其一：或则我们的实在并非呈现于我们感觉之前的东西，或则如果**真理**就是告诉我们**事实**，则我们的推理便没有一个不是假的。

第十四节。强调成就来支持论辩是没有用处的。你如果回答我们有许许多多推论的结果足够证明我们的假定都是真的，显示我们的推论完全与事实相一致，这并不能解决问题。你不能举出这样的理由说：因为逻辑有了效果，所以逻辑不可能是错的。对于这 589
句话的答复也很简单。如果逻辑取得了一些成就，那么逻辑照它所已做的那样去工作固然是不错的。它在实际上是对的，这是无可置疑，但尽管如此，它仍然可以建立于理论的错误之上。诚然，在适合我们的目的范围之内，它必得与事实相呼应，但是同时它的各种假定却可以完全是假的，它的根本原理可以纯然出于虚构。你不能够断言假如一种科学走的路对了，这门科学就不会是从虚妄的前提出发。自然科学的研究岂不是有许多辉煌的成就，其所以获得便靠着比虚假的东西好不了多少的假设吗？为什么逻辑有了相当的成就，就决不能沾染同样的虚假呢？如果论证的必然性本身虽非实在，也不一定严格的正确，却能与实在并行不悖，始终合乎我们实际的[21]需要，确实，只要能够如此，我们也就很可以满足了。

第十五节。因为这里我们似乎又碰到了一个两难之境。如果我们保持平常关于事实信念，或与之近似的任何见解，那么只有两种可能，**或则**我们对于判断和推理本性的说明都根本错误，**或则**所有这些思维活动过程都非与公认的实在[22]吻合无间的复本。我们费了九牛二虎之力讨论的结果，当然不愿接受全盘的失败，而宁愿采取第二个可能，以期得到一个临时的安息之所。这样，我们的推论也许并不会丧失尊严。为什么我们平常认为实在便存于时间事件的系列之中，这种见解就不能够贬入虚幻一类呢？为什么许多最深湛的哲学思想所得的结果最后都不能当作真理，而我们的感觉表象[23]就一定不是错觉，只会伪造事实呢？在这一场合，如果我们的逻辑撇开了与料，它这样做归根结底，也许反而比它自己所知道的更加聪明。不知不觉之中，它也许已经在追随着暗中隐藏的实在，虽然跟它自身有冲突，却自始至终完全是对的。

很可能真相就是这样，如果就是这样，那么，一个古老的梦想也就得以实现了。但是在这最后的瞬间，又可以提出一个反对的看法，[24]足以使我们全部希望归于破灭。我们虽则必得承认，“实在”不是现象的系列，但是它就一定不可以仍然成为某种超于思维以外的东西，或者至少包含有一种外来不相同的因素吗？果真是这样，那么这个真正的事实，当我们发现了它的时候，便根本不可能与论证的理智或理性成为一致[25]。如果真理便意谓着与实在的东西完全
590 合一，或指着毫无差错的正确的摹本而言，则我们的逻辑无论如何便可以变成不过是骗人的东西了。

第十六节。但是试问这个假设的真理与事实的同一究竟有什么保证呢？无疑我们都有一种本能驱使我们相信这样一个假设，但

是我们的本能纵然不会错误，至少也可以为我们所误解。这里我们正好像处于两种互相抗衡的势力之下，每一个势力都要我们的理性受它的支配。一方面是很古老的成见，认为实在和真理必得包括同一内容的同样的运动，这个内容本身不是理智的东西，却是在反省的明镜中照出了它自己的面貌。另一方面是一个确定的结果，即我们的理智以及我们理智内容的运动，都是抽象的、论证的，不过是从我们丰富多彩的感觉中提炼出来的精华或本质。这个确实性便可导致一个正相反对的结论。因为合理的东西和实在的东西在真理之中必得成为一体，而且这些生动的本质就是我们的理性的生命，所以实在亦必存于这些本质之中，赖此而始有其生命。如果实在便成为真理，那么真理就必得是实在的东西了。

面对这两种冲动的力量，我很怀疑二者都起于同一虚妄的根源，如果真理代表的是理智的产物，那就很难再说它完全与事实合一[26]，或者认为它最后一定能够获得这种同一性。有人主张理性至上，企图证明凡是不合于理智的东西就不能有任何地位，对于持这种论调的人，我可能找不出一个言之成理的答辩。但是我却可以由这样的想法来宽慰我的心灵，就是，如果当我自己最为真实的时候，我自己即为纯粹理智的化身，至少在我有了这个重大发现时，我也不能够继续生存下去，或者在我从一个美妙的幻境惊醒之后，我也就不再是我自己了。这也许只能适合哲学家的理性，恰和它可以适合雕成石狮子的雕刻家一样。根据理性至上的哲学，只有合理的东西占优势，俨然成了这个世界唯一的主人，在这种情形下，如果有什么被排斥了的因素可以打破我们幻想的框架，与理性不相合而仍能表现于当前，我们一定会感到骇怪而不知道要给以怎样的地位才好。这样一种假想也许毫无意义，作为一种思想更不免于自相矛盾，但是它却很可以表达我们大家都有的一个顽固的本能。除非思想所代表的东西越出单纯的理智范围之外，如果“思维”一词不
591 带有这个名词本义所无的某些奇怪的蕴涵，我们便很难相信实在能够成为纯粹合理[27]的东西。这样看法也许由于我自己形而上学的失败，或者由于肉体的弱点继续蒙蔽了我的心灵而来，但是要把存在[28]等同于我们的理解那种理念也显得非常枯燥无味，与最坏的唯物论同样令人厌倦。承认这个世界的光荣归根结底就在于现象之中，这只会使我们的世界更为光荣，如果我们能够体会到它便是更丰富多彩的实在的发露；可是假如我们一定要认为它不过是一层表面，遮盖着黯然无色的原子的运动，一种幽灵式的抽象的帷幕，或者毫无热气空洞渺茫的若干范畴拼凑的游戏，那样一来，感觉就必得成为阻塞我们耳目的烟幕了。虽然这样的结论不得不下，却不能接受。也许我们的原理是对的，然而决非实在。这些都不能造成那个足以使我们衷心向往的整体，犹之乎人们脱下来的破烂衣裳的碎片，决不是我们所珍重的人体的温暖和肌肉之美一样。

第十七节。尽管如此，有一点却可肯定下来。假如本文不是从头到尾都属错误，那么至少有一件事我们可以断然予以拒斥。就是，摆在逻辑研究面前的，不可能有一个廉价而轻易的一元论的解答。所谓感觉的系列与思维的系列可以并行不悖，简单观察和推论之所追寻纷然杂陈的表象具有统一的线索，这些话都是自欺欺人，应该抛入废物箱中。即使实际上许多事实可能呈现一种联系，即使它们的前后相续可以设想为一种事实，可是无论如何，逻辑也决不能把它们重新再现出来，或提供我们一个完全如实的样品和摹本。

要想将我们的宇宙理解为一个统一的原理的双重表露和发展，这种希望必须依靠真正哲学的动机。实现这种希望非有忍耐与批判的精神不可，如果我们盲目轻信单从庸俗思想粗疏的偏见出发，是不能解决问题的。

增补附注

①　本书有时为便利起见（参阅第一部第二章第四节），要把实在和事实的系列、真理和模写作用说成是同一的东西，这个企图我想是曾经被人误解了。其实这不过因为我想要限制主题，避免形而上学的讨论，因为我在序言里也已说明，这里并不打算提出一个最后的解答。但是这个不彻底的企图当然会造成
矛盾的结果，在本章这已经得到了明认。“实在的世界”作为时间和空间里面的 592
事实的系列，确实既非当前呈现所与的事实，也不成为一个首尾一贯的结构。显而易见，这决不能当作终极的“实在”。因此“事物实际的过程”，如果视为与实在的情形相合一，便一定要靠着一个假定，而这个假定或多或少总必是臆断的。

另一方面，我想读者也已受到充分的提醒，我自己并不主张常识的“实在世界”观，认为真理就是实在的抄本。我所以要指出这一点来，就是因为有些批评家似乎忽视了我在本章中所作的许多提示。读者可参阅本章第三节首段末句“如果……无大差异”，第四节中间“除非……观念”，第六节首句“如果……观念”，及一段末句“除非……革命”，第九节末二句“但是实在……加以解释”，第十节首段末三句“如果实在……链索”，及第十五节首段二句“如果……事实信念”，等语。

②　“真理就是事实在观念上的复本”，我以为（不拘本节最后几句话是怎样）这里“复本”一词用来始终是抄本或摹本的意思，在任何情况之下都决无互相补充的含义。它在这里似乎便意味着“同样的过程和结果，呈现于另一断片的实在之中，只要作为精确摹本有所不同，其来源就可以不同”。关于真理即摹拟的理论，参阅《论集》第五章。

③ “与事实相呼应”，在一种意义上即是相符合。所谓“相符”当然又是一个很含糊的名词，但是我们可以认为它的意思就是与原本相一致，并保持充分接近的程度，可以发生功效或便于“服务”，从而一面适合我们的目的，同时又能与事实相符（第六节）。参阅索引“真理”条。无论什么地方，只要有互相符合性质的存在，其所以能够相符，就一定会暗含有某些同一性，虽然究竟能有多少同一性这一问题这里未曾说到。关于“相符合”，仍参阅《论集》第118—120 页。

④ “与……那种力量全然一样”，即合而为一的意思，所谓一样或合一这些字眼当然很暧昧（参阅附注 ㉕）。两件东西可以合一，因而具有一种同一性，可是同时两下又可以大相悬殊。但是这里的意味还要远比这个为多。

⑤ “如果不强调”等语，不过在我们的方面确有信而可征的活动，我们不能让另一方面存在的作用成为疑问不管，从而取消这个问题。真正的解答应该承认双方具有一种联合的作用。参阅编末论文第一篇。

⑥ “我们知识中的变化……有……”等语，“有”前面和下句中“不能”后应各加“总”或“一定”字样。

⑦ “实际的结果”。“实际的”，意思是“在事件的序列中”，“事物”二字应改为“作为它的对象的事物”。

⑧ “我们得承认它是假的”，“承认”后应加“至少在某些场合”。这里的论点如下：如果推理与实在不相符，它就根本不真实。可是如果它与实在相符，它的变化以及它的整个过程又将完全属于实在，而这个实在，如果它就是常识的世界的话，至少在有些场合便是假的。

还有，这样一来，推理的事实就必得靠着我的臆断。你自然可以说这个事
593 实（不管它的根源是怎样），至少在某些场合，（按照一种假设）不会使实在的事物有所改变，然而单是这样的回答是不够的。因为它马上就可受到一个尖锐的反驳，即如果毫无变化，那么在这个限度之内，也就根本无推理之可言了。参阅第三部第二篇第三章第六及第十节附注。关于任意臆断的问题，参看第三部第一篇第二章第六节。关于“假设”，参考索引“假设”条。

⑨ “三种不同的解释”，读者当能注意到这里讨论的顺序是不同的，头一个反而成了最后说及的一个。

⑩ “让我们先假定”等语，这里最好写成“数量并不一定要相等”等语；

而"纷歧复杂的事物"，"事物"应理解为多数。

⑪　"自然调谐"，这里所要说的大致如下。根据上面的假设，实在方面的因果关系必得包含一个条件与心理方面变化的条件相合。但是常识的实在世界也许并不包含这样一个条件，如此这个平行论便不能成立。或则"实在世界"虽有这样一个条件但心灵方面现在却可以把它遗漏掉了，因为它既然出现在这样一个"实在世界"之中就必得视为跟你自己的活动有所歧异的东西。此外，如果你假设这个"实在世界"的背后另有一个心灵存在，那也不能给你什么帮助，除非你能相信你的心灵一举一动，只要属于逻辑的性质，便都为那个心灵所知晓或操纵。但是这样一来，你不单推翻了原有关于心智的见解，而且也与常识对于"实在世界"过程的看法完全冲突。

第四节末"如果它是与我们的活动不同的东西"等语，我想这里的意思就是提出如下的二难推论。**或则**作为这个"实在世界"的一部分（**我们正认为是这样**），x 就必得不同于我们的活动，而与之有分歧；**或则**我们只有接受一个矛盾的谬论，至少在逻辑上是讲不通的。

⑫　"每一个琐屑的论据"等语，我们所讨论的见解也许能这样回答：琐屑的性质只存于我的选择的事实之中，而并不在于论证本身。但这样说，还是有困难，如果那个"心灵"进行推论不是从头至尾彻底，恰如我自己作推论似的，所谓平行便会变成不平行；如果它确乎如此推论，那么至少在某些场合，它的运动就可以跟我们的"实在世界"的运动有分歧。如果你修改变通你的这种"心灵"观，那么，现在它虽可以成为你的自然和谐双方的实在，不过任何一方现在已不再是终极实在的东西了。关于琐屑渺小一点，参阅编末论文第一及第六篇。

⑬　"符合事实"，所谓"符合一致"在这里不要仅以最广的意义来理解，参阅附注③。

⑭　"除非……革命化"，参阅附注①。

⑮　"现在我们也已看出来"等语，这里的论点有了一个新的转折，可给以一般的说明如下：不仅是在中词与原因不合的地方，而且在任何其他的地方，推理总与"事实"有分歧。在原则上，推理必得有所歧异，因为它本来就是论证 594
的性质，不过代表一种观念或理想的过程。而一个观念，正因为是观念，就不是一个事件；一个具有某种内容的观念的过程本身也决不能成为事件的因缘，虽然在它的心理方面可以，甚至必得暗含着这样一种因果关联。所以作为观念

的东西，凡是一个推理都须抛弃事实之所以为事实的细节；其次，它所依靠的条件也决不能说是确乎存在于事实之中。因此，它虽然也是一个过程，却决不同于任何“实在的”过程。

读者也许注意到这里一点没有直接提到推理的直观性质。确实，在写这篇文章的时候，我已经很熟悉所谓“直观的理解”，或“理智的直觉”这一类的主张，因为早几年前，特别是叔本华关于这方面所说的话便已引起我的惊愕。这里我只能指出一点，即我虽然不能遽然提出一个断语，但是显而易见，这样的直观或直觉实已越出了逻辑的范围之外，如其不然的话，那它的结论就必得跟给予的事实相背离（参阅第十一节最末一句）。就我们现有的目的来说，指出这一点也可算够了。这个问题牵涉太广，这里是不便详细讨论的。

⑯　“观念是不存在的”，“观念不是发生的”（亦见本节），两处的“观念”都应加上“本身”二字。

⑰　参看索引“辩证法”条。

第十一节的论点如下。没有一个过程从孤立的因素出发，并在这个基础上发展其自身，能够与实在相符。因为它抹煞了全体，而离开这个全体，它的任何因素及其过程都是既不实在，也不正确的。这样说并没有什么不妥当，但是对于常识之所谓“实在”的东西却似乎不再能够适用。

⑱　“完整的宇宙”，“完整”一词如果予以强调，便没有一个过程能够成为真实。但是我很怀疑这里的用意还是止于“完满”，而非“完成了的”。

⑲　“如果实现了……过程”等语，读者可以看出这里我的心目中的“实在”已经是一种更高的经验，超出论证过程的范围之外，不能与任何单纯理智作用相提并论了。参阅附注㉔。

⑳　把实在当作现象过程这种见解，这里已不再因讨论之便而假定为真确了。恰恰相反，现在的论点就是要证明它是虚妄的。如果实在就是“给予的”东西，那么现象的系列既非给予，当然是不实在的。因此，如果我们的逻辑只是照抄现象的系列，那就足以说明我们的逻辑也是靠不住的。可见我们的逻辑摹描“与料”的本身，显然是不可能的。

㉑　“实际的”或“实际地”，这些名词当然也是很含糊的，参阅索引及第三部第一篇第七章第七节附注。应该指出，在这一节中，这两个词都指着见诸实用的理论而言，意思跟第一节所谓“方便的虚伪”，和第六节所谓“在服务的

意味上有效”一样。

㉒ “公认的实在”即指常识的“实在世界”而言。

㉓ “感觉表象”下一句的“与料”都是指现实给予的东西和常识的“实在 595
世界”。

㉔ “一个反对的看法”，这便由于下一事实而来，即“实在”仍然不同于思维，至少二者之间总有一些差别，决不能归之于双方凭以出现的单纯媒介的殊异。所以我们可以有一个根本的同一性支持着两方面，每一面都要求毫无隐晦地完全实现这个同一性。不过尽管有这么一种要求，还是会剩下很多的差异，足以使真理纵在最好的时候，也不能够完全真确，因为仍然具有一部分不实在。由此可见真理的理想始终没有实现，也不可能实现。

㉕ “不可能……成为一致”，这句话很暧昧，参阅附注④。这里“一致”便意味着同一性，即没有差别，或虽有差别而只限于为两种不同的媒介或环境之下存在现象所引起。以上所说也就是所谓“完满的同一性”在这里可能代表的意义。参阅附注㉖。

在这部书里面，我不曾企图对上述问题提出什么解答。不过后来我在拙著《现象》及《论集》中，却作了全面的讨论。我的解答简略说来如下。“实在”虽为经验，但思维和真理都不过是整个宇宙的一方面。这个片面的存在，如同一切其他局部的现象一样，都隐约地察觉到自己的片面性，只要继续保持这种局限性的时候，总会不满足于其自身，可是如果失掉了局限性，这个片面的存在又必然归于消灭，因为它的生命便靠着局限性。但另一方面，任何“实在”如果排斥了思维，也是同样的片面，作为如此，它的本身也不过是一种不实在的抽象。进一步的说明，读者可参考上面刚说过的两书。

㉖ “完全与事实合一”，“完全”两字在这里是加重的，意思就是毫发不爽彻底的同一性，参阅以上附注㉕。

㉗ “纯粹合理”，“纯粹”加重点。

㉘ “存在”，这里泛指广义的“实在”。

编末论文

第一篇　论推理 597

讨论推理、判断和观念的时候，不管我们采取怎样的次序，都有其不利之点（参阅编末论文第二篇末一段）。如果无论何处我们都以像推理之类东西为具体事实，那么简单的判断，尤其是单纯的观念，就都成了不实在的抽象了。因此，如果我们从这些区别开来的各方面出发，再把它们作为独立的基本因素来用，我们的错误一定招致危险的结果。另一方面，如果我们企图先从一个真确而完整的事实着手，又会碰到另外一种麻烦。要想理解这个整体，我们不能不有所区别，而区别的意义似乎又须靠着先前的探究。所以在逻辑上没有一种讨论次序非**如此不可的**，也没有**一定要不得的**。不过尽管如此，这里起头我还是要先就推理来说几句话。

推理形成一种过程，我可以马上说明照我所见它的本性如何。首先可以指出，这就是一个客体观念的自己发展。以此为出发点，我将进而阐示各种纷歧复杂的推论之中，怎样贯彻着一个主要的型式。然后再就每一种推论，揭示其失败和缺点。我还要论证任何一个推理都有大小不等的缺陷，况且逻辑必是抽象的，所以我只有继续指明，原则上这个缺陷是免不了的。我也要讨论到我们在逻辑上无力说明与一切思维分不开的心理方面，和这一点相联系，提出对于逻辑跟心理学的关系的看法。之后，我就要来探讨一切推理在

什么程度内是任意的，什么程度内是不真实的。我将力持它的实在是确然的，然而另一方面那种实在又不过是相对的。接着我要再指
598 出，每一个推理在原则上都有其谬误性，不管你怎样研究推论的形式，也找不到什么补救之方。由此可见推理的标准不在此地而在他处，最后关于逻辑的真正目的，我也要提出一些看法作为本篇结论。

I. 我所谓推理的本性是什么，在这里为了表述得简单只好说得独断了。(a)每一个推理都是被我们看作实在的一定对象之观念的自己发展。推理是“必然的”，这便意味着正是真实的对象，而非任何别的东西，自始至终保持它的本身的发展，从而排除或拒斥一切与之反对或不相干的外来的东西。推理之所以是“普遍性”，并非因为它不止为一个人所必须进行，或出现了不止一次。其所以为普遍性的意义便在于它具备一种本质，与多少伴有不相干性质的特殊细节迥然相反。换句话说，每一个推理都具有某种质分，超乎它的“这个”，“这里”和“现在”之外。它包括着一个“为什么的理由”、一个“原理”、“因为”和“必得”。它的自我发展与不相干的或对立的成分相抗衡，可以带有和表现出一种强制的特征。

(b)给予的对象就是摆在我们面前的一个观念的内容，我们把它当作实在的东西，它的存在和“实在”合而为一，也就是与实在的宇宙成为一体。而我们的推理为要保持它的统一性，简言之，即作为一个推理，就必得继续贯注在它的特殊对象范围以内。但是在任何一个特殊场合，这个对象是什么以及它的实际范围究竟如何定法，却不能按照表达它的语言形式来把握。上述问题(以下我们还要说到)只有就推理的本身，结合它的个别意义和目的，仔细研究之后，才能够找出适当的解答。

(c)推理要想仍是推理，就决不能半途变成不是观念的东西。它的目标及其最后所得的结论，无论如何总必作为一个真理而提出，始终是关于它的对象的一个判断。凡是进行推理的时候，如果发觉一个新的事实，或者所获的结论表现为一种所谓直观，这里大体上我们就已得出了比真正推理本身较少或更多的东西。我们可以有一个对象，它的本身虽不止于是一个观念，却用来作为传递观 599
念的工具，能够表达和服务于我们的判断。其次，我们也可以有这样一种过程，其终端所得的结果一方面虽含有一个判断和推理，而另一方面它的本身却存有某种更加具体的东西，超出它们的单纯的真理之外。不过这一点我将留到讨论判断的时候，再来细说（编末论文第二篇第三段）。

(d)现在我要着重说明也许可谓推理上最根本的困惑之所在，就是我们在这里或者任何处所，说到自己发展时所涉及的问题。一方面，如果对象不能前进一步超过它的起始状态之外，那么显而易见便没有推理可言。但是另一方面，如果对象能够变动，越出它的本身范围之外，这样，推理又要被破坏了。它一定要有进展，逐步前进，因为离开了一个连续存在的“必得”和一个不断的“因为”，我们便不可能进行推理。可是无论何处，一旦我们越出了我们一定的对象限界之外，我们的推理又势必归于崩溃。而且我还要指出，只要我们承认自己发展或演进的事实，这一困难就无法避免。

这个问题在我想来，归根到底是不能够获得圆满解决的。这就是说，我不能够把自己发展当作怎样实在的东西，也看不出它在细节上怎样改变才能在大体上得到补救。不过这是一个究极的问题，我以为逻辑是管不着的。逻辑恰跟其他特殊科学一样，既不能够，也不应该企图参与探讨这一类最后的难题。但是另一方面，它却有权利使用它所认为合于它的目的要求的任何观念，不必举出什么另外的依据。确实无疑，我还要说，逻辑必得接受，甚至尚须强调上述自己发展的观念。它要坦然让它的本身与这一观念合为一物，同时使它在实用中所含蓄的某些假设明朗化，并加以发挥。重复说一句，这些假设，逻辑是没有力量解释的，而且其所牵涉到的终极的困难，逻辑也不应当过问。但是即使忽略掉所有这些困难，逻辑对于它自己必须考察的疑问，究竟能够提出什么程度的解答，这便是本文所要探讨的问题。

(e)关于推理的本质这一问题总的解答，我以为从逻辑的方面来看，只能求之于对象的双重本性。我们也已知道，每一个推理都
600 从一个特殊的对象出发，同时又局限于这一特殊对象。但是这个对象，犹之乎一切其他的对象一样，我们可以说，都是看作指谓着实在或真实宇宙的东西；更正确一点说，即对象总被看作与这个实在为一体。因此，一个对象决不仅限于它的本身，同时还作为一个整体里面所包含的一分子；而且它之所以成为它自己，我们还须指出，也正因为它存在于整体的包容之中。* 这个对象跟它本身以外的整体——所谓整体在逻辑上是看为一个体系，同时是观念的，又是实在的——二者之间的差别和本质的同一性，便是自己发展这一疑问的关键之所在(就逻辑的关系来说)。这个特殊的对象一方面逐步推进，达到一个结果，超出原来的起点之外，然而同时它的演进过程却始终没有逾越它的本质内在发展的范围。它的进展借以实现

* 这一点以下还要详说，可同时参阅论文第十篇。

的媒介及其必然之势，便完全含蓄在它的本身以内。

(f)简单说一句，逻辑假定了**蕴涵**的存在，而蕴涵只要是正确的，便是真实的，它假定了一个观念的宇宙，以及呈于这个宇宙之中的各种从属的整体和体系的实在。在这些错综复杂的统一体中，各别的因素的联系结合都非决定于外在的机会或命运，每一个成分都内在地统属于其所依存的整体，每一个都出于它本身的因缘。这里我们所发现的决非仅乎是并列杂陈的关系，全凭外力所造成，而各别成分本身丝毫不受影响。只有在那样一种虚构的世界中，一切的事物归根结底才不会，也不可能给任何别的事物造成差异。不管是什么一种东西，一经确述之后，在其确认的范围之内，本身便不再成为或属于任何一物，而只会持续局限于某种别的东西。这样的图式当然是虚妄的，纵使在它自己的地位也许是有用的。逻辑所假定的恰恰与这个相反对。从逻辑上来说，无论何处只要进行推理，就必得要求有自己发展，并承认蕴涵的实在。

因此，凡是在你有了一个体系的地方(进行推理)，你总可以从这个体系之内某一定点出发，根据这个起点真实内在本性之所表露的必然性加以发展。这个必然性确实属于你的特殊对象本身，可是这却正因它不仅超乎你的对象之外，而且同时修饰限制了那个对象以及对象发生于其中的整个体系。以上的假设也许穷究到底是不可维持的，不过我却认为只有在这里面，逻辑才能给自己发展这一 601
困惑的问题找出一个答案来。

(g)但是纵使根据上述假设，要想找出一个解答也颇非易事。因为就每一个特殊推理来说，在选定了的对象里面，精密言之，究竟什么可以称之为“给予的”东西呢？其暗含于推理之中必然的成分，但未经述明作为给予的东西，严密说来究竟又有多少呢？我们的结论（这一点似乎是确然的）无论何处都要靠着一个整体，然而这个特殊的整体在不同的程度上，却似乎为我们所利用而不曾意识到。值得怀疑的就是，这个整体是否在每一场合或任何处所，都能使之成为明显，抑或有时，甚或经常只能或多或少处于含蓄的状态。所谓"前提"单凭它们自身，实在决不能代表一个结论实际所需要全部的东西。这里的问题就是，在逻辑上每一个推理之所实际预先假定的东西，是否经常抑或曾经有过能够容许全面的说明，从而避免任何一个未知条件的潜在或蕴涵。说到这里，当然引起根本疑问：在逻辑上逻辑的要求能满足到什么程度。有没有这样一个结论，最后能够完成它的基本的命运，实现它真正自己发展的理想呢？这个很困难的问题，也许我们仔细考察了一些不相同的推理的类型之后，才能更清楚地认识它的难处。遗憾的就是我不能把所有的推理型式悉数无遗地列举出来。

II. 我想先来谈一谈（a）所谓辩证法的推理。先请求读者承认这样的推论确实可能，未若径直探讨它是不是接近实现一切推理的理想，这样也许更有所启发性。这里我们能够找到的唯一明显的前提，便是我们的对象，也就是呈于我们之前区别开来的内容。但是另一方面，暗中含蓄的却是整个"实在"，一个观念的系统的"整体"。这个体系内的每一个成分都与所有其余的部分正面地或者反面地互相关联，牵一发而动"全"身；这些相联的因素当中，假定有任何一个给为你的对象，如果循序扩展其本身，通过越来越广的总和，到了最后便可以囊括一切而成为整个的体系。这里的推理可以称之为臆断的，因为你进行推理的起点，以及你所获得的结果——

在你没有把握到全体而高兴停止的所在——都是全凭你的任意选 602
择。其次(也许这不过是同一样的事情),这个推理也是有缺陷的,因为跟所有别的推理一样,它也是抽象的,在这个限度内,它就不能容纳为其自己的存在之所包括的一切。但是尽管有这些保留之点,以上所说观念的体系却是真实的,加上它的内在运动过程也是真实的,所以我们可以认为辩证法达到了自己发展推理的理想。

(b)我们可以再来一看选言推论的地位。* 这里我们有了一个整体,就是 RaRb,消去或者确认这个整体的一部分,便可达到肯定或者排除另一部分的结果。这里的整体就是 R,我们把它理解为完全表露于各成分之中,而各别的成分又被看为互相连贯,以一定的方式维系于全体之内。既然如此,推理的理想就可以说是已经实现了,因为我们面对的前提便暗含着结论,而且前提就凭了本身的运动达到了结论。一方面是脉络相连的整体,另一方面是我们自己据以开始的属于那个整体的一部分,二者(我们可以这样说)都包括在前提里面。这里由于所有任意的东西都已经容纳在内,所以我们的前提恰如对象一样,便靠了自身发展成为结论。

然而我们却不能忘记,推理的过程本身我们也必得以一定方式把它看为实在。我们不能不再回忆起,恰和一切其他的推理一样,这里我们也须进行抽象,撇开其心理事实的方面。但是即使这一点姑置不论,选言结构还是有一个缺陷,对它的地位似乎不免有致命的影响,而且这个缺陷好像还无法可以克服。简言之,选言推理的连续性隐含着一个破绽。须知单纯的 R 决不能无缘无故把它的自

* 关于这一节,参看第 121 页以下及第 128 页。

身分裂为Ra和Rb，而a和b之在R范围内发生选言的联系当然也不会毫无原因。显而易见，说单纯的R是a，或者又说R凭其本身便是b，这两句话都是自相矛盾的。所以我们的推理里面仍然暗含了一个未知的条件、一个x。不是单纯的Ra，实际上乃是R(x)a，才排斥了b；同样，排斥了a，而成为b的，实际上也只是R(x)。这个x为我们的前提之所必要，却没有包括在前提之中。正因为
603 它是未知的，所以对于我们所知道的无论是什么，它总是落在R的本身范围之外。不过假如是这样，我们的推理便发生了裂缝，因为作为自己发展来看，由于有了一个外来的异体侵入，它已经遭到破坏了。

(c)现在要谈到三段论式推理，为了使问题简单化，这里我们可以只限于讨论普通直言三段论式。这种推理就是假定了一个为许多属性组合而成的世界，把它看为实在，其中无论哪一个属性拿来纳入或当作一个特殊主词或主体的时候，那个主词便会将我们所能归之于它的任何东西连贯起来。由此也可见出，推理一定要靠着一个整体，但是那个整体并没有作为整体给予在单纯的“前提”之中，不过另一方面它也不是单纯地为我们所造作。我们所选择的出发点，以及其所牵涉到的特殊宇宙的挑选，毫无疑问都可以称之为任意的东西。可是这里面逐步走向结论的运动，和这个运动发生于其中并赖以进行的全体的存在，却既是必要的，也是真实的。另一方面，即使承认了这个假设的时候，三段论式推理还是免不了有它的缺陷。如同一切别的推理一样，它是抽象的，在这个限度以内，它便缺乏了真实性。其次，它还有一个缺点，就在它的蕴涵之所意味的东西纯然是外在的。苏格拉底(举例说)是人，因为是人，所以

有死。这就是说，苏格拉底会自行发展到死亡，因为它跟一个具有某种关联的整体合而为一。但是它与这个整体的结合以及其他任何必要的关联，都不是真正内在的，换言之，即只要任何处所一个外来的东西、一个未知的 X 已经闯入，这时所有的联系也就降低成为单纯的接续了。无论何处，只要有这种情形发生，推理的作用当然就是失败了。它已经丧失了自己发展的主要特征。

（d）为了简略起见，这里不必讨论等式逻辑里面所用的推理，以及一般认识中所含推理的本性的问题，我们可以马上便来研究一下算术的推理。本来关于数理推论大体上我是事与愿违不能够多说话的，就连下面提出的意见也许都不外乎是盲人摸象之谈，但我还是愿供一得之愚以就正于读者。

首先必须指出，如果算术的过程及其结论都不过是我们所造作的东西，那就没有了自己发展，也无所谓推理。但是撇开这一点

不说，我们似乎还是不能不认为算术上处理材料的作用及其所得的 604
结果，其所以成为可能也只是因为有一个实在的整体或体系，唯有在这个体系之中那些材料才是实在的，它们以及对它们的处理演算都要靠着这个整体的本性，方能有所附丽。一个给予的对象或多数对象，必得和这样一个宇宙具有统一性，而后算术的演算过程才能成为真正的自己发展，也才能成为一种推理。所以我们第一必得有一个确乎是真实的整体，但是第二我们还须要问这个整体是不是真正在运动着。这样的问题，显而易见，我们对它的答复必得是一个“否”字，同时又是一个“是”字。

从一方面看来，算术似乎假定了一个实在的体系，每一个可能的单位和整数所具有的各种关系，都是存于这个体系之中。在这里面我们便有了一个整体，隐然为一切可能的单位和整数的现实完整的组合，只有在这个全体之中，也只有依靠这个全体，它们各自的同一和差异才能够扎根而为我们所看见。但是我们要问，这样一个系统是不是能与一个变化无穷的数的世界的观念相调协，如果所有的数都凭其自己某种方式而运动，借以获得一定的结果，而另一方面这个世界本身又不是这些过程或结果，除了在它们发生的地方和时间而外？如果我们不能调和这两个互相冲突的方面，还有什么出路可寻？这里（如同任何其他处所一样）单是力图把这个演算过程限制于我自己身上，坚持离开我自己，便没有发生一件事，一切变化都不过是不变的实在被我们看见的幻象，那是无济于事的。因为这样说来，对象的本身很明显的便成了完全不动的东西，既没有了对象的自体发展，当然也就没有推理之可言了。

所以就算术来说，最好的途径也许就是假定实有一个数的世界，一面有运动，一面又没有运动。这就是说，它兼有这两个方面，其结合的方式至少在算术中为我们所不能理解，而在这一点上，它至少也就似乎是自相矛盾了。

算术好像少不了以下一些假设。每一个单位都能看为含有无穷数单位的整数。每一个整数都可当作一个更大的整数所含无穷数单位当中的一个单位。因此，每一个整数实际上都包括在一个更大的整数之中，同时也包括着所有小于它自己的整数。每一个单位都可作为，实际上也正是一个特殊整数里面的一个单位，同时也为
605 一切其他可能比它更大的特殊整数里面的一个单位。但是这样一个世界及其过程所具有的，在我看来，决不能超过相对的真理和实在。只有对一定的目的，在一定的条件之下，它们才是有效的，可

以为我们所利用；但是这些条件，或其中一部分，我们自始至终，只要适合我们的目的，总是加以抹煞的。

算术里面的推理也同一切别的地方一样，必得要求有自己发展的特性，但是这个理想它并没有能够实现、根本缺乏这种迹象。这里特殊出发点的选择以及运动，确实还是可以置之不论，因为它虽然是任意的，却并不妨害推理本身。但是除此而外，仍然有其自己的内在的缺点。推理在这里如同在别的地方似的，也是不完全的，因为它只能做到抽象，从而不能说明其自己本性的另一面。其次，它在每一个场合都要靠着（我们也已说过）一个整体，而这个整体则分明包罗着许多矛盾的性质。此外，这个整体的运动即使我们假定其为实在，也仍然似乎是彻底“外在的”。换句话说，它的过程步步都要从属于一些未知的条件，因此它的各种关联当然也就不再是发乎本身，实际上只能成为单纯的接续了。任何推理具有这样的缺点，决不能认为真正的自己发展。

（e）还有一种推理是关于空间和时间结构，对于这种推理我仍然要一面承认自己的修养不够，一面还是要简单一说我的浅陋的见解。每一个结构都须预先假定一个相对的整体，属于空间或属于时间，抑或兼有两种关系；它总要发生于这个整体之中，而且要靠着这个整体才能够存在，虽然这个整体（我们必得注意）在“前提”里面是看不出来的。所以这里大体上，我们又是有了一个对象，其本身观念的发展之所凭借的东西，一方面既是它的本身，同时又超过它的本身。唯其如此，所以在这种结构中，我们的主要推理的型式仍然有效。就这里所能有的几个前提来说，我们可以顺便指出，如同一切别的前提一样，即使看为简单的多数，它们也得暗含一个联词“和”字，即使在这个限度之内，也就一定包括在一个整体之中了。但是另一方面，这样一种单纯集聚的总和，实在还不是推理所需要的个别空间或时间的统一体，这个统一体本身也必得要超出所
606 谓“前提”的范围之外。至于（现在再说到另一点）上文我为什么要把所需要的整体称为“相对的”，这有两个理由。不单绝对的空间或时间的整体在我看来是不实在的，而且还有一层，这种东西对我们推理的目的来说，也没有什么用处。恰恰相反，真正发生作用的乃是那个相对的整体，为了我们的目的，我们可以把它看为绝对的。

这样，空间和时间的结构好像能够实现真正的自己发展，符合推理的根本型态了，可是我们要承认这一点还是有很多的困难。这种推理（我们也已知道）每一个场合，都预先假定了一个整体（空间的、时间的、或兼有二者）。那么，我们是不是可以说，这个整体便已经包含了一切可能的安排组合及其更迭连续的关系在内，以至我们推理的结论既是现在，同时又是过去呢？抑或与此相反，我们应该否认这一点，而主张空间和时间都可以变动，从而当我们的结构在事实上发生并出现的时候，我们的结论便在此际成为真确实在的东西呢？抑或采取第三种见解，认为这两种看法都是对的，虽然我们不知道怎样才能把双方调合起来免于矛盾？这个问题如果得不到适当的解决，我们的推理过程就始终是有缺陷的。

这里面的症结倒也不在于我们作出了选择这一单纯的事实。不管特殊的出发点以及运动是怎样出于我们任意的选择，那仍然可以视为不属于实际推理本身，因而可以当作不相干的东西撇开不谈。可是说到这个过程本身，它是推理的存在根本之所系，我们就不能这样来处理了。在这里面，除非每一步都是可理解地、有理性

地发于相关对象的本质，所得的后果便一定有毛病。只要在任何地方引入了一个条件，看不出它存于我们的对象的本性蕴涵之中，得自其所暗示的时间和空间的整体，马上逻辑的联续性便要归于消灭。所以如果以上所说的各种困难不能够解决，推理的地位总归是不稳固的。

由此可见，时空结构从我们的推理根本型态方面来说，也不能不认为是有缺憾的。第一，它跟一切别的推理相同，也仅乎是抽象的。其次，它的失败就由于它的过程给它的对象介入了一个条件，这个条件并不包含在已知的空间和时间的本性以内，因而完全是外
在的东西。我还可以加上一句，任何人只要像我一样，认为空间和 607
时间的本性含有自己矛盾，以上的结论就可不言而自明。凡是一种推理建立于这样的基础之上，即使有时很为实际所需，最后仍然是不妥当的。

(f)我们可进而讨论分析和抽象的推理作用，因为我认为这两种理智活动都含有真正的推理。这两种过程都表现着推理应有的基本型式，虽然是不完全的。它们所得的结果（就其成为推理的限度以内）便是一个结论，通过中介作用成为必然，这个中介作用本身就是开始时所给予的对象之自己发展。让我先来从分析说起（参阅论文第九篇），然后再说到抽象。

分析的对象总是被当作一个成分，存在于一个未经给予的观念的整体之中，并且仍然是这个整体及其特性在起着中介的作用，从而产生一个结果。因为对象本身，作为原来给予的东西和作为上述统一体所包含的一个成分，始终都具有同一性，所以这一过程似乎可以表示对象的真正自己发展。但是这里必要的整体究竟是什么

呢？这个整体就是宇宙，或实在界中某一特殊区域，它的形式在我们的心目中，就是一个切割开来的关系的总和，其中所包罗的许多成分都是彼此分开各自独立的。例如，假如我们把给予的对象写成Ro（abc），那么结论便好像是这样 $\begin{array}{c}Ro\\ \diagup\ |\ \diagdown\\ a\ \ b\ \ c\end{array}$。我们所以能够得出这个结果来，正因为o的同一性，也由于我们假定了不管R是什么，无论何处或至少在这里，它总是一个总体，可以任意分割，或多或少的加以解剖。

但是这里对于这个主要的假定，即使我们撇开很明显的严重的困难不谈，上面所说的推理也免不了有其极大的缺点。它的根本过程里面就含有一个步骤，不能为我们所理解，显然是从外面硬拉进来的东西。这里面的Ro第一次出现和第二次出现的差别，以及Ro从第一阶段到第二阶段的转变，显而易见，除了单纯o的同一性而外，还须要靠着某种其他的条件才行，而这一条件却恰好被遗漏了。但是一经有了这样的遗漏（前面也已说过），推理的连续就有了破绽。这个过程在某一点上只好立足于单纯外在的凑合之上。如此

608 一来，我们的推理当然无从实现上面所说的主要特征，而所谓始终贯彻真正的自己发展也就完全落空了。

这里如果说实际的过程只不过矫正了原先的错误，真正的实在并未发生变化，以前是，现在还是我们所写成的 $\begin{array}{c}Ro\\ \diagup\ |\ \diagdown\\ a\ \ b\ \ c\end{array}$，这样辩解是毫无益处的。因为照这样说来，很明显的，推理本身就已经破坏了。我们已经没有了相关对象自始至终本身的发展。代替了它的乃是我们的知觉，从一开始起便非实在，除了移开一个遮蔽我们眼

光的障碍而外，根本没有了任何过程可言，简言之，即整个的“发展”都落在真实对象的外面。所以假如这里仍然有所谓推理的话，那它也只是属于另一种探讨，有关于我们心智演进的历史。不过如果是这样，我们当然已经离开了所从而出发，并声称要找出其本性的推理了。

现在再说到抽象，把它作为推理来研究，我们仍然可以找到跟分析中所出现的同一样的过程。不过这里我们的原理的推演得出另一个结果。我们从同样给予的对象 Ro(abc)，可以引出一个结论 R—a，或 R—b，也可以是 R—c。这里可以称作我们中项的便是 R 的观念，我们把它看作这样一个世界，其中各种因素的联系只是关系性的，而一切关系都不过是外在的。由于 Ro(abc) 里面所包含的各种成分，a、b 和 c 与出现于这个另一世界之中的 a，b 和 c 具有同一性，所以我们的对象 Ro(abc) 便通过这个同一性而发展其自身。它的本身变化为 R—a **和** R—b **和** R—c，从这里面再消去外在的**和**字，它就可转变为这三个部分当中任何单独的一部分。因为这里我们便假定了那个实在世界为我们的原理，其中凡是在 R 之内的各种因素的关联都决非实在。

这样，我们的推理当然还是可以说成我们的对象的自己发展，不过我们已经见出那就非靠着一个假设不可。这里面暗含的根本原理，很可以使我们踌躇不前。但是纵使把这一点置之不论，仍然有很多可疑的地方。试问这里所得的结果究竟在什么意义和怎样的情况中，可以认为从开始起就形成一个连续的自己发展的过程？
如果我们承认这里确乎得出了一个结论，那么为什么原来的材料是 609
一种样子，而到后来又成了另一种样子，这是凭着怎样一个被省略掉的条件？这里的改变是不可否认的，但是否果真我们的对象本身发生了变化？要肯定这一点似乎是有困难的，然而如若我们不能肯定这一点，我们的推理连同这一过程又将成为不实在的东西。或者至少现在我们的问题似乎又是只能有关于我们自己心灵的事件，仅乎涉及我们的出发点的错误之必然的起源及其排除的方法。或者，最后一个可能，如果我们坚持抽象不过出于我们任意的选择，那么所有关于其所暗涵的推理整个的探讨好像便都被一笔勾销了。但是这样说来，事实上抽象所得的结果，当然都成了毫无根据的东西。

(g)最后我们要谈到比较，我以为这里面也含有推理作用。我们可以再拿通过一个整体的自己发展作为衡量的标准。但是这里（读者需要注意），我将只限于就“比较”能够真正代表一种推理作用的方面加以讨论。至于其中可能经常或者偶尔含有其他辅助的成分，暂时皆所不计。*

比较也必得要在一个观念的整体之中，并借助于这个总体，才能达到它的目的，但是这个整体究竟是什么东西呢？我的回答：它就是这样一个假想的世界，不管怎样，总是彻底可以理解的，其中一切的因素都可凭同一和差异的关系而使之分离或联合。我们也许可以称之为一个宇宙或种属的体系。正因为我们给予的对象各项名词实际都与这样一个境界相一致，在这个范围之内，我们便确乎把握了所求的结论，而且是有根据的。**

* 关于这一点，可参阅第三部第一篇第二章第十六节增补附注。

** 由于后面所说的还有不少困难，让我举一个例子来解释一下。我们可以取出两张钞票，先是(i)一张英国纸币和一张外国纸币，二者虽然不同，却仍可看出相同处。一加比较，就可找出它们确切相同之点，这一点譬如说，可以便是它们所用型式的特点。

(i)如果先就比较的作用可以找出同一性的场合来加以研究我 610
们便可以把这个过程说明如下。R有了两个实例，一个是R^1abc另一个是R^2dbf，这两个部分便导来一个结论$R(\beta)\left\langle\begin{matrix}abc\\dbf\end{matrix}\right.$。这就是说，每一部分都有一个共同点b，这个共同点通过其与假定了的β所具的同一性，遂使我们的两种材料不仅成为单纯R的实例而且现在已成$R(\beta)$的实例。这里中项便是一个观念的整体，我们假定了它是实在的，其中β的特性便是一个种类，分布于它所有各别的实例之中。并且(如我所已说过)，也就是b跟这个β所具的同一性(在R^1abc及R^2dbf里面)运行于这个过程之中，发展了我们得出来的结果。

(ii)其次，在“比较”的作用可以发现差异这一方面，根本原理还是一样。这里我们据以出发的两个实例是Rb^1a和Rb^2d。而我们所得的结论便是这两个实例在a和d两点上彼此互异；成为问题的

这一共同的特征可称之为$b(\beta)$，而我们便说，“因为有这一特点，所以两张钞票都是β的一例”。

第二种情形(ii)我们可取两张英国纸币，其中一张是真的(为我们所知道)，而另一张则有假造的嫌疑。于是我们遂要找出它们的差别，把这两张纸币反复地细看，直到(如果我们获得成果的话)我们察觉到确有不像的地方，又进一步辨明了这个不一致之点就在水印有所歧异。这时我们遂断定这两张钞票是不同的，因为它们表现了两个不相合的特点，也就是各为其特点之一例。a和d的本身分别表现为α和δ，而两张钞票R^1ba Rb^2d则都归属于一个观念的格式$R\beta\left\langle\begin{matrix}\alpha\\\delta\end{matrix}\right.$之内。正是这样的格式支持了我们的结论，而使比较成为一种推理。

这里所谓“辅助作用”，其本身多少也具有推理的性质，要想把它跟实际推理区别开来，我知道这是有困难的。但是如果读者不同意本文所得结论，或者即使他否认“比较”能够适当地称为一种推理，只要他承认“比较”给我们提出一个问题，在心理学上以及逻辑上，都不能不加以细心考察——只要这样，我们也就没有多大争议了。

就是关于这里发生纽带作用的中项是什么。我不是要问（我可以提醒读者）心理过程的整个本性如何，而只在于探明这个过程作为推理来看时其基本特点是怎样。而在这一方面，就这个结果本来是由推论而得来说，中项实在便是给予的 a 跟一个 α，以及 d 跟一个 δ 所具的同一性。我们假定了两个因素 α 和 δ 存于一个观念的整体之中，后者也包括着我们的两个给予的实例，而那两个假定的因素则是普遍性和种类，含容着同时也体现于 Rb^1a 和 Rb^2d。后两个成分之所以证明为不同，便只在于而且正因为它们实际上都是 α 和 δ 各别之一例。

611 要把比较当作一种推理来考察，这样一个观念宇宙的假定似乎是少不了的。不过这个假定究竟真实到什么程度，当然大成问题。这里我们又一次发现了（无论我们在这一点上怎样想法），很不容易将我们的过程的实在跟它的结果调协起来。如果比较的作用所得的结论本来已经预先存在，那么如何能说它是由这个过程而产生？须知如果我们花了一番工夫，只不过引导我们或使得我们能够看到原已有了的东西，推理本身似乎就不再能与实在的对象发生关系。另一方面，假使是我们自己**造作了**这个结论，起点的东西便显然**没有**继续发展其**自身**直到终点，这样推理便显然归于崩溃。然而若要维持这个世界里面的真实发展，既有同一，又有差异，而承认有实在的运动、我们的比较不过是它的一个侧面，那又会从另一面引起麻烦。因为这样一来，我们又是否定了最后发现的东西开始的时候实际便已存在。不过所有这些困难，读者此时大概已很熟悉，因此也就不必多说了。

III. 以上我们也已逐一评判了各种型式的推理。我们已经知道

（辩证法可能例外），这些推理每一种都建立于一个或几个假设之上，这些假设都是它所不曾而且也不能够说明的。因此，我们遂断定每一个推理在原则上都不能不认为是有缺陷的。但是这样一种结果，假如加以接受的话，在读者看来，是不是近乎诡僻之谈，那就很难说了。我以为这要看他对于真理和实在的关系，所采取的一般见解如何，才能决定。确实，凡是同情我所得出的一般结论的人，就不会感到上述结果有什么可怪之处，关于这个一般结论，我在其他的地方已有详细的阐述，可请读者参看。* 但反过来说，如果掌握不了终极的实在，真理和逻辑又将不能完全达到各自的目标。从这一点看来，逻辑在追求自己目的的时候，利用各种假设，甚至于虚构，又是很自然而且很合理的。

现在我还要说到逻辑上另一个避免不了的绊脚石，这个缺憾我也已一再地提及，就是关于判断和推理中逻辑的和心理的两方面怎样联系的问题。如同一切其他特殊科学一样，逻辑在原则上也非进 612
行抽象不可。在我的看法，它经常要和观念的东西打交道，而最后涉及或关联到的却仍然只是一个对象或几个对象。可是不管是什么对象，只要是一个对象，到头来必得是一个抽象，所以逻辑对于任何真理，总是要忽略或抹煞其分不开的一面。

一切真理（如果我的看法是对的话）都必暗含有心理存在的方面。** 若要真理存在，真理本身就必须要发生出现，并且还须作为我们所谓心理的事件而存在。因此，要想真理得以完全实现其本身，

* 参阅《现象与实在》及《论集》。

** 参看《论集》索引“真理”项。

它就非包括其自己存在的这一基本方面不可。然而对于这一方面，逻辑要想存在，却正好一定要进行抽象，必得予以舍弃才行。

但是这里我们又明明有了一种联系，决不能视为单纯外在的东西而随便撇开。不能说逻辑的过程和结果归根到底都成为独立不相关的东西。这些过程之所以必得要依靠心理的条件，当然决不是仅乎为了表现其本身位置在这里或那里。至少在我看来，没有一种理论把这里面的关联解释成如此简单能够站得住脚。逻辑上观念的真理成为有效，最后决不能仅凭其本然而无其所以然。这就是说，如果我们能够采取一种见解，把这个世界看作完全可以理解的，那么，任何真理所具逻辑的和心理的方面便不仅乎各有一套必然的方式，而且双方还须发生一种关联，也是由可以理解的前提必然导来的结果。这两下应该要构成一个蕴涵的整体分不开的两面。但是就实际事态而论，逻辑虽不能否认这种关联，然而由于它的本性使然，它也无法可以试图解释这个现象。因此，为了适合它自己特殊的目的，逻辑只有忽视具体事实一个必要的部分。

在这一点上，心理学也具有相应的缺陷和抽象性。心理学以心理的事件为对象，研究它们的本性以及发生的规律，但并不注意其他方面的重要性和价值。这个其他方面的价值，当然任何健全的心理学也不能够否认。例如，它（恰和逻辑一样）也不能拒绝逻辑真理与心理事件过程之间的关联，以及这两方面相互的影响和独立
613 性。可是这样一个具体的统一性，心理学如果忠于其自身，也决不能够过问。这就是说，它不能够讨论它自己的心理事件的实在与真理的问题。它只能够探询那个事件是怎样发生，怎样作为我的本身的事实而出现，以及对我的心灵发展史的特性具有怎样的影响。譬

如宗教意识的现象，心理学家就决不能够忽视。但是他却只是把它当作灵魂里面的一种事件，来研究它的本性及其对心理事件过程的影响。至于其他方面的实在以及这些现象的价值，心理学便完全不管。它也毫不关心它的心理事实是不是，乃至在什么程度内确乎便是一个永恒上帝的显现这一类的问题。*

凡是一种特殊科学，如果忘记了它的限定的范围，企图说明有关它的题材整个和全盘的真理，那它就是迷失了道路。因此，每一种特殊的科学在一种意义上都是有缺陷的。心理学和逻辑所研究的东西一部分是相同的，但是它们都不能不从某一方面来看问题，而且到了最后都是不真实的。这两种科学自然有些地方可以互相发明，但没有一个考察到全面的事实，因而要把任何一个还原为另一个是不可能的。它们两下实在的关联本来是一个有待讨论的问题，不过除了形而上学之外，任何处所也不可能得到解决。你大可以主张，逻辑这门科学是一种毫无益处的幻想，对于心理学如果当作一种科学，你当然也可以作出同样的结论。但是同时，你虽然可以在理论上消灭这两门科学的一种或全部，却决不能使它们相属。逻辑和心理学，要继续存在，原则上就必须保持独立。把它们不加区别地同时使用，即使有时未尝没有启发的效果，在原则上仍然是一种混乱。至于使其相属，无论何时如果你认真作此企图，我想结果是不会不造成严重错误的。**

* 参阅《心学》杂志新编第 33 期 6 至 7 页及《论集》索引。

** 我相信读者不至于误会我在这里反对逻辑过程心理的研究。恰恰相反，我的意思正是要强调那个研究的重要性。我所反对的乃是，有些人并不确切知道什么是那个研究的目的，什么不是它的目的之所在，以及由此而必然招致的混乱的结果。

614 IV. 我们已经知道逻辑是抽象的和片面的，因而不能不依靠一些假设，而这些假设归根到底也许是不合理的，至少也为它所不能够说明。一种推理既不能完全实现其本质上的自己发展，严格说来，这就必得称之为有缺陷的。说到这里，我又想起另一个缺点，现在可以先来解释一下。可能有人指责，“除了抽象和偏而不全之外，逻辑是否还有武断和不真实的毛病？如果推理便出于而且靠着我自己的选择，在一种意义上很显然它也确乎就是这样，那么这个起源和依赖便具有毁灭的性质。因为这样一来，就是让一个心理的，亦即外来的条件成为推理过程的一部分，而这个过程依照逻辑上所说，是只能成为对象的本身发展的”。这个难点恰如本书老早所已指出，* 似乎仅基于一种误解。

我的选择，无论其为必然性也好，或外来的成分也好，（我们可以说）始终总是停留在外面的东西。它决不能成为推理本身所由而构成的实际过程的一部分。因为我们可以假定你有了一个观念的体系，首尾一贯而且真实，其中所发生的运动正可表现自己发展的特征。在这个体系之中，你所从而出发的一点可以决定于你的选择，即可以凭你的臆断而固定下来。但是这个出发点单凭它的本身确实还不能成为推理。真正的推理乃是从这一点起发生的东西，而在这里你的意见已经完毕。开始的时候纳入的任意性对于后果毫不相干，并不影响推理的过程。这个过程本身仍旧是一个必然的自己发展，虽然它的发端及其特殊的显现有待于你的抉择。

同样的话可以适用于许多其他我们可以称之为辅助的活动过程。每一个观念的实验，或测试的安排，或意会旁通，在这里都可

* 参阅索引“推理”条。

看作偶然臆断的东西。这些过程也都可说成靠着我的选择或出于偶然。但是这里又和前面一样，所有偶然或臆断的东西都落在推理的外面。因为推理本身只限于逻辑的联系，也就是这一单纯的联系所组成。一切具有准备或辅助作用的程序，单从这一特点来看，当 615
然与推理不发生交涉。它们的偶然和任意的本性并不能带到逻辑的发展和结论里面来。*

这些驳论在原则上并不能使前面所已说过的难点增加力量。推理是抽象的，从而是有缺陷的，因此它不得不利用假设来弥补它的弱点，而这种限设却为它自己所不能证明。可是另一方面，不管你对它有什么指摘，既然没有触着它的本质特征，也就不能动摇它的地位。如果再进一步指斥逻辑最后还是要依靠属于我的一种活动，那么我们的回答是很容易的。这里很明显的有了一个假定，就是，凡是我的便仅属于我，正因为推理仅属于我，所以它有了毛病。应该承认，这个结论的引出是适当的，但另一方面，它的根据却是错误，因为“我的”和“仅属于我”决**不是**同一样的东西。其实，真正的整体必须凭借并通过我本身发挥作用，它的活动和我的活动融为一物。所以着眼于人格的方面，而认为这就表示一定局限于某一特殊的人格，便犯了一个根本的大错。推理之所包含的活动过程，只有在其背离了“客观”联系、顺序的时候，我们才能称之为“主观的”和“仅属于我”的东西。不过一到有了这种背离，这个过程也就不再成为推理了。**

* 参看鲍桑葵博士著《知识和实在》第六章。

** 参阅《现象与实在》第 237—238 页，《论集》索引“主观的”条及本书索引。

便是存于推理之中的观念的关联（我们也已说过）**形成**我们所谓推理，而这个前后相续秩序的本身，实在既不受我的选择的支配，也决不是仅属于我。它的观念的发展，在我看来，不但是对的，而且是真的。无论什么地方，推理（我们已经见到）总要预先假定某些整体作为自己的靠山，只有在这种整体之中，凭着整体的力量，它的运动才能够正确有效。逻辑正是把这些整体看为，而且也不得不把它们看为可以理解的，同时又是实在的。可是解作“存在”意味的实在，像各种特殊事实之在“真实”空间和时间秩序中所保持的那样——这种实在逻辑的观念便不能享有，而且也并不需要。其次，在另一方面，它们也没有终极的实在。这就是说，你不能够认为在最后的整体中，如果我们对它能有详尽的知识，这些观念就一

616 定可以保存本来面目，仍然仅乎是它们自己，而不会有一点补充改变。所以推理的领域和逻辑的境界，在这个意味中便属于现象的范围。而且在这个意味中，不仅真理的世界，就连那个统一的宇宙一切其他的方面，归根结底也都不过是现象罢了。但是另一方面，尽管如此，这些现象无论是在什么地方又都是实在的，每一个都涵溶于统一的实在之中而有其真实的生命，每一个都在相对的种类和程度之内成为绝对的整体表露其实在的特殊的方式。

指责逻辑容纳了许多平凡琐屑的地方，是没有多大道理的。* 证明和辩论的细节有时可能是很愚笨的，（我们可以说）要认为像这些细微猥琐的东西一概都有其实在，那就有一点不近情理了。其实，这个辩驳的论点又是混淆不清。须知承认这里面有猥琐的地

---

* 参阅第 583 页。

方，首先就应该问到它究竟有无关系的问题。我们所指斥的细节是属于推理本身，还是越出逻辑联系之外呢？如果是后一种情形，这个细节便不是本质的，而仅是枝节的问题，逻辑就无需乎多管了。逻辑是抽象的东西，为了获得它的存在，必得出现于不相干的心理事实的世界之中，这个不相干的成分逻辑虽然加以利用，但并不把来包入自身以内，也用不着多所关心。无论何处只要成立一种特殊科学，那里就一定会有一些不相干的材料，它们的出现是假定了的，但并没有说明。不过关于这些不相干的东西的存在，不管是在什么地方，这是个一般困难的问题，当然属于形而上学的研究范围。*

还有，即使我们排除了不相干的成分，而只限于注意那些似乎有关本质的部分，就连在这个时候，（我们可以说）仍旧有一些推理虽然具有逻辑的性质，却是很幼稚的；既然如此，又怎么能有实在或真实性可言呢？我的回答：这里我们不是要选择一个“是”或“不是”，而是要解决究竟具有**多少程度**的问题。你不能因为这一个或那一个细节相对地不重要，或甚至于微不足道，于是遂断定它绝对地不生关系，从而全然是不实在的。逻辑的和真理的世界以及我们所谓“客观的”境界整个范围，（我要再说一次）都不是终极实在的。它自始至终都须依靠一些条件，这些条件它并不能够掌握，然 617
而它也不能够否认它们的极端必要性。但是，尽管这样抽象，单凭其本身来看，决非完全实在——尽管如此，这个世界还是具有相对的实在。而且在它的特殊范围之内，还分明存有一定程度可以使全体更加丰富的东西，这当然不能不有其意义，同时也不能不认为实

* 参阅《论集》索引“不相干”条。

在。另一方面，这里面当然也附带有相当程度的不重要性，也就是不实在。但是任何细节纵使是很琐屑的，只要基本上是属于逻辑的东西，在这个限度之内，它就是有理由的。它既然在这个领域中获有它自己的位置，便随着这个领域的实在而成为真实，虽然这个位置可能是很低微的，虽然我们不能圆满解释它的显现，也不能精确规定它的机能和根据。

V. 每一个推理（我们已经知道）如果名符其实的话，就不能是随意的，也不能是不真实的。在它自己的世界之内，只要它能维持本来的特性，它就具有真正的实在。另一方面，如果它的过程不能实现观念的自己发展，在这个限度之内，它就不能成为推理。实际上我们所作的努力，由于各种原因，都难免有此缺憾，所以没有一个推理能够免于错误性。

(i) 我们也已说过，每一个逻辑过程从另一方面看来，便是一个心理事件，心灵事件的这一面始终潜在，是分不开的。所以一切推理的努力，在一种意味上，都要靠着一些心理的条件，而这些条件又往往不能为我们所充分控制，以适应于逻辑的目的。由此遂必得发生一个经常的危险。因为在这个实际过程中，可以无端插入一些连接，作为心理的事件也许为这里所必要，而当作逻辑的发展来看，则是毫不相干而且谬妄；这种连接成分的侵入，适足以使推理之所依存的观念的连续性受到破坏。不过本书前面对于这个很难补救的偏差和失败的根源已经说得相当清楚，这里就不再重复了。*

(ii) 就连各种推理类型本身，如我们所已知，也无非建立于假

* 参阅第 445 页和 571 页，及《论集》第 368 页。

定之上。除了一个可疑的例外，这些假定，我们也已晓得，都不具有绝对的真理。这就是说，它们都暗含着，而且无论何处都须依赖 618
一些为它们所不能够包括的条件，只要插入了这等条件，就必得使它们的本性发生变化，达到不可知的程度。足见即使就我们的一般推理类型来说，其中每一个实现其自己的观念和本质也仍然是不完全的。

(iii)此外，恰如我在前面所已说过，* 我们没有，而且也不可能有一个详表，可以包罗各种逻辑的型式，以便在任何地方作为规范之用。如果有人认为我们可以把推理的模型完全列举出来，只须照本宣科，忠实地模仿，就能保证个别的推理免于错误，这样的观念我以为不过是一种迷信。没有一种法典或规例全书可以确保它自己的应用不会有毛病；而且这样的典范也是列举不尽的，无论如何总不能够预测到每一个推理特殊的本质，而事先予以规定。因为我们的推论所具的真理和实在，并不仅在于它属于某一种型式，而在于它保持一个连续不断的个性的同一，其发展过程可以达到一个结果为它自己所特有、完全适合它的特殊的需要。

就推理来说(我想这里用不着问有没有任何可能的例外**)，它的过程和所得的结论，在一种意义上，无论发生于何处都具有一定的型态。无论在什么地方，也总带有某种东西，我们必得称之为不相干的、越出了推理的原理之外。一个推理，当其已经作出来的时候，

* 参阅第 266 页以下，519 页以下。

** 我们也可找到一种推理(例如关于“绝对”的推理)在原则上是独一无二的。不过就在这里，由于推理可以无限地复演，在此限度之内，也就必得仍然是一个证例。

固然可以把它视为某一可能的种类之一例，也就是某一种型式的具体的实现。但是这个型式和种类的知识，对于实际的推理来说，确实并非必要或先决条件；而且在实际推论发生之前，这种知识也许就根本不可能成立。

再重复一句，推理就是自己发展，而所发展的自体都是有个性的。所以这里主要的问题乃是关于所以使推理过程成为统一，贯彻于差异之中的同一性的纽带的本质。要想解答这个问题，唯一的办法必须把握每一个推理特殊的涵义，辨明什么使它的个性不断地发展自始至终一贯相联。我也早已指出，* 单纯文法的形式很容易使我

619 们迷惑。我们的推理过程真正的主体，不能认为便存于我们的句子的主词里面。谈到在特殊场合下什么是或不是我们所意谓的主词，我们实在的“前提”究竟是什么，这里实际给予了多少，蕴涵着的又有多少——这些问题都决不是靠一个现成的公式，就能找到一个答案、得出结果来的。我们的推理一经作出之后，我再重述一下，可以认为某一已知种类之一例，或者也可以视为体现着某种原理，还会在其他可能的场合出现。但是无论如何，我们决不能把各种推理形式搜罗无遗，拿来储藏在一个保险箱中，到了需要的时候，就可随意找出一个不会错的公式，不管在什么地方都能拿来规定我们的行为及其结果。至于另一方面，我们的推论在实际上是不是要做到善于反省，清晰地认识每一个特殊场合发生作用的原理，这里我就不预备提出什么意见了。

以上乃是重述四十年前我在这本书中对“形式逻辑”所作的批

* 参阅索引“主词”条。

判。但是鲍桑葵博士和我自己所采取的立场，在这悠长的岁月中，是不是已经被形式逻辑的捍卫者们所摧毁，抑或反而因逻辑上新的研究成果获得更有力的证明，或者甚至早已为后来居上的新的理论所代替，所有这些我也不打算加以讨论。*

那么，如我们所已说过，就没有一种推理不会错误。任何推理型式都不能够随时随地规定我们个别的目的或行动，而且即使不是这样，这些型式的运用也仍然可以是不对头的。因为离开了它本来被制约的本质，这个实际过程便可以陷入心理的偏差。只要有了某些不相干的因素的侵入，它的生动的同一性立即可以被打断。

VI. 每一个推理都有它的缺陷，任何逻辑也不能提供万无一失的个别性保证。以无人称的东西来做个人推理的指导，这等观念我也已指出（参阅第二部第一篇第四章第三节以下），无论在什么地方至多也不过是一种幻想。不过读者也许要反问，“假如是这样，还成什么逻辑呢？关于逻辑的真假对错我们岂不是弄得一点标准也没有了吗？”

如果我们要有一个试金石式的标准，适用于任何一句话、一个推理，把这句话或推理本身孤立起来看待，一试足定真伪，那么，620
我认为这种标准不可能有。如果用这种意义来理解标准一词，不过成为一种迷信，应该赶快抛开。真正确实的标准乃是作为一个体系的实在与真理的观念。毫无疑问，这个原理的应用也有许多困难的地方，但是不管怎样困难，在我看来这一点却非常明确。** 我们的

* 参阅本书上册序文。

** 关于体系和矛盾的关联以及其他各点，参阅《论集》第七章及索引“标准”条。

实际标准就是我们的知识的总体，这个总体我们愈益尽可能使之成为广阔而首尾一贯，则愈益可以表现实在界真正的本性。而对于任何一个判断或结论来说，要决定它的真实性和重要性，唯一的尺度便在于它对我们理智的体系的贡献，和它在这个体系里面所处的地位。这样一种理论我在这本书里虽然没有加以阐发，但确实为我所承受，成了我坚定的主张。有关这一点的最彻底而有价值的说明，读者可参看鲍桑葵博士的各种著作。

但是既然逻辑不能提供我们一块试金石，可用以直接测试各别场合的推理，请问（又是这个老问题）逻辑还有什么用处和目的呢？

我回答：逻辑直接首要的目标就是要揭示推理和判断一般的本质及其主要类型，分别说明其各自所具的本性和特殊的优点与缺点。这里使用的尺度正是上述意味的完全真理的观念。所谓真理便是看作观念的实在，或观念化的实在，这种实在必得意谓着被视为一个可以理解的体系；而每一个判断和推理则都须认为即以这样的实在为其直接的目标。各种不同的推理型式能或不能达到这个共同的目的，其所实现的程度便决定它们各自的地位以及在这个整体之中的等级。这样一种阐发我以为乃是逻辑的主要目的之所在，但是怎样才能实现这个目的，本书不能提供什么很好的意见，读者仍请参考鲍桑葵博士的著作。

关于逻辑的研究对我们是不是能有多少实际的帮助，我也不能进行讨论。我实在缺乏这种经验，不管它是属于别人或者属于我自己，因此不便作何主张。在我自己实际推论中，我确实从来没有
621 为了任何逻辑而费过心思；但是我并不明白由这个事实应该得出什么结论，更不知道（不管这个结论如何）是不是别人也都和我一样。

此外，任何实际的效用，我还必得要坚持，都不能归入真正的逻辑主要目的范围以内。

以上各节也已讲清楚了(虽然是不完全地)推理的主要特征，并考察了一些推论的型式，作为具体的证明。我们已经见出无论何处推理总要靠着一些假定，而且无论何处在不同的方式上总是有缺陷的。我们着重指出了逻辑的抽象性，并告诉大家要注意到它和心理的方面不可分的联系应有的结果。我们还探讨了有关一切推理都带有怎样程度随意和不真实性的问题，并揭破了每一个特别推论不管在什么情况之下都会陷于错误。最后，我们也简略地论述了逻辑的真正目的以及它所要做到的是什么。

622 第二篇　论判断

I. 当我们撇开推理，说到判断的时候，我们当然意识到一种区别，但这种区别显然并非一道分开两个世界的鸿沟。因为不管推理怎么的不同，不同到怎样的程度，一个推理仍旧还是一个判断。它不但结果成为一个判断，而且在它整个过程中，自始至终是一个判断；否则，没有一个推理能够保持它的观念的自己发展的特色。一个推理（如果我们的说明是对的）就是一个通过中介和自我中介的判断；这个根本性质不仅暗中含蓄，而且很明显的现于表面。我们通常用来表示推理的方式不外乎如此："S（M）—P"，或"S是P，因为它必得是P"。虽然我们也许并没有确切知道M是什么，但我们在推理中所确述的实在正是S暗含着M因而暗指着P。可见推理很清楚的便是断言和判断，不过是某种特殊的判断罢了。

但是另一方面，我们能不能说一切判断都是推理呢？这句话（读者也许反驳）就说不过去了，因为它跟平常的事实相反。我们没有权利（他还可以加上一句）把这里真正的问题弄得混淆不清。毋庸置疑，在相当大，甚至很大的程度上，判断可以包含有推理。但是承认这一点，或者即使我们再进一步认为每一个判断都涵有推理在内，就连从这样一个极端的假设出发（读者将要主张），也得不出所需要的结论。因为我们还须证明，同时却决不能证明，判断本身就是一种推理。

这样的论辩是有（我们将要被提醒）不可否认的事实作根据的。我们很可怀疑在判断中是否总是要从一个观念的对象出发，而另一方面，无论何时只要我们进行推理，就非从一个观念的对象着手不可。即使我们把这一可疑之处置而不谈，剩下来有一点还是很为明确：即我们决**不是**在每一个判断中都要将我们的对象加以观念的发展。简言之（读者也许这样坚持），如果就单纯判断来看，判断之中便无所谓“必然”。单是一个判断决不能提供给你观念的和必然的 623
自己发展。恰恰相反，作为简单的判断，它的本身只能局限于单纯的事实素材。“S在事实上作为一个事实便是P”——单纯的判断只能是这样。“S由于某种理由必得是P”——如此，你才确实已经有了推理；但同时你也就离开并且越出了判断固有的范围之外了。

以上反对的论点是不能轻易撇开的，我很清楚，它决不仅乎是一个巧妙的论辩。这里所指出的判断和推理之间的差别，是不能够随便否认的。表面是有这样的区别，我而且认为在事实上也是极为明确的。不过这里真正的问题，我们必须知道，乃是关于这个事实的本性。我完全同意，如果把判断看作一个**单纯的**判断，那它外表上便明明不是通过中介得来。这就是说，如果你让你自己局限于赤裸的“S是P”，就确乎没有“必得”出现之余地。你本来既无推理的用意，而且就形式上看来，你也确实没有作什么推理。但是另一方面，我要重复一句，单是说到这里为止，你还没有接触到真正的问题。其实，最重要的问题乃是：判断在形式上虽然与推理有别，但它无论在什么地方是否外面看不出，而实际仍然是推理？假如真是这样，那么这两下的差别就不再有什么重要意义了。换句话说，推理中所明言的“必然”只能表示判断里面原来就有而为我们所忽视的东西。每一个判断在本质上都涵有一种必然的联系，不过我们往往不说出这种联系，甚至于熟视无睹。假如这句话是对的，那么，所谓**单纯的**判断实际上便是不存在的了。我们根本没有这种东西，不过是把我们自己的抽象误认为事实；推理方面并没有增加更多的花样，它所做到的只是把判断的某一侧面向前发展，并使之成为明显，这个侧面在判断中虽然隐而不现，却始终是非有不可的。

以上结论照我所理解正为鲍桑葵博士所主张，在他的名著《逻辑学》一书中说得很详细，读者可以参看。我自己的阐述和辩护则可以在我所著的《现象与实在》和《论集》中找到，所以我在这里只要把大概的意思说一说便行了。

II. 根据我们的理论，不但一切判断都肯定实在，而且在每一个判断里面，我们所作的断语都是“实在便是这样使得 S 是 P”。这
624 里如果你承认这个“这样”，试图给以明白陈述，并使之成为明显的纽带，而令 S 得以超越其本身同时又是 P—如此一来你就明明白白有了一个推理。这个推理当然多少有一点不够发展、不完全，可是它也多少能够说明这个实际的“这样”，从而加以特殊化。它也许在多少不等的程度上，我们可以这样说，并不能在它的 S 底里，找出它的判断“S 是 P”的必然条件。因为无论何处只要是存于 S 之外的一个条件，成为 S 转变为 SP 的运动的原因，在这个限度之内（我们也已知道）便没有了真正的推理。凡是一个推理，如果或多或少遗漏了 S 所以发展其自身而成为 P 的那个条件的实在世界，就不相称于也不符合推理本身的理想。然而无论何处，只要在 S 和 P 之间有一个纽带在任何判断中得到了承认，你就正式有了一个推理。

另一方面，无论何处如果你在“S 是 P”中忽视了“S（R）—P”的蕴涵，或“R 就是这样从而 S 是 P”，这样你便有了“一个单纯的判断”。既然闭起眼睛不看其中观念的纽带，你的面前便只有一些简单形态的事实素材。这里面当然还是存在着对实在的指谓，因为你确实仍然意谓着 S *实在*是 P，但是这里在你的陈述上你却停止不前。你没有一点意思要去否认实在界中包含着“某种东西”，正因这个“某种东西”是如此，所以 S 是 P，但是你却忽略了这个“某种东西”。你没有探问是否真的就是这个“某种东西”才使得 S 变成了 SP。你不仅放过了所以使 S 是 P 的条件，而且甚至也想不到会有这么一种条件被遗漏掉了。所以就你此时思维的形式来说，你虽然没有说明，实际上已经排斥了这里原有的推理。不过另一方面，当你坚持要把你的判断弄得如此简单的时候，你所得到的也已不是真正的事实素材，而是确确实实纯粹的抽象。所以假如所说是对的，那么每一个判断便根本都暗含着一个推理。判断不同于推理，便只在于没有标明或没有详言它的本身所赖以存在的必要条件。另一方面，推理则定须使一切判断之所包含的这一条件表面化。因此（我们必得说）推理就是扩展开来的判断，虽然当上述条件没有充分列明的时候，这个发展还是不完全的。但是一个单纯的判断我们已经知道不过是一种抽象，完全出于我们强调片面而没有细心考 625
察的结果。

这里有一个反对论点可以提出来一说，对于我们也许是有帮助的，这个论点含有真理的成分，但归根结底仍然是不正确的（参阅第 439 页）。也许有人这样说：“如果我们承认通过判断而受到修饰

限制的实在总是一个特殊的实在，决不能因此就说，凡是导入一个内容而使之为我们所确认的中介的东西事实上就是这个实在。相反的，真正的‘因为’及其必然性却可以落在别的地方。因为假设我们看见了两个东西 A 和 B 事实上连在一起，它们所以连接的原因并不一定存于我们眼前的现象之中。恰恰相反，它可以属于物理的和心理的条件，说不定（可以这样说）是从我的背后而来。所以我的判断之中所确述的连接虽然经过中介作用，但这个媒介乃是在判断的外面其他的处所。”对于这个难点我的回答是：这些话出发点是对的，但结论却错了。当我断定 A 是在 B 之右的时候，我的特殊事实之所以如此被感知，我同意这个理由并不一定给予于我所知道的特殊情况之中。从我的判断的对象方面来说，作为呈现于我的面前那样，其所需要的中介作用我承认也许是找不到的。这些话都是对的，但是结论认为我们没有知道的身心条件，就不属于我的判断之所表述的特殊对象，这便不对了。因为这样的否认是不真实的，而且在逻辑上也是说不过去的。一般言之，在这个实在的宇宙和我的判断所特有的实在之间，两下的连续性决没有破裂和中断的地方。特别言之，就连任何真理所具身心方面的条件（恰如我们在第 612 页所已说过），也都深刻地暗含在那个真理内部。这就是说，我的对象虽然是特殊的，但如果充分为我们所认识，这些条件便可以发展成为明显，而表露为它的本性的一部分。所以当我断定“这里的实在就是这样，以致 A 是在 B 之右”的时候，全部的条件、整个的“因为”，我同意，并没有给予在出现于我的判断里面的“这样”之中。但是你决不能因此就得出结论，说这个“因为”的任何部分真正是外在的，从而完全脱离了我的特殊断语的本性之所包括的东

西。相反的，我的判断内在的缺点却正在于它不能实现它自身的理想，没有做到详细的列明它的“这样”之中所暗含并且确已概括断 626 言的媒介作用。

III. 在我们继续讨论之前，让我先来说明一个可能的误解的根源。判断和观念虽然跟推论相似，在本质上总是一样，但它们也跟推论相像，可以表现不同的阶段。从不同的阶段上来加以考察，它们的形式就可以不是一样，而意义亦互有差别。它们可以成为十分明显，直接表现为判断和观念；有时也可以在实质上是存在的，而表面上却看不出它们的特征。例如，无论何处，只要你有了一个对象，你就可以说是基本上形成了一个判断和观念，因为这里你已经有了一个观念指谓着实在，而且在一种意义上还肯定了它是真实的。一个对象作为一个对象，就一定暗示和意味着一个内容，同时既区别于而又归属于整个其余的宇宙。由于这样选择的一个内容，它的存在别的方面都被忽视，所以这个对象便已经成为观念的，而你同时也就获得了一个观念和判断。*

但是在本书上册，我所说的“判断”却有限定的意义。我使用这一名词只是指着这样的场合，即当你有了一个对象的时候，或多或少自觉地越出这个对象之外，而在观念上加以引申。我本来是把判断看作一个对象，它有多少不等的有意识的扩大，不是事实上而是真理上的扩大。这就是说，对象的存在并没有什么改变，而只是在观念上受到修饰限制。当你作出一个判断的时候，一个对象 S 可

* 即使在宇宙本身成为一个对象的地方，这里所说的话还是可以适用；因为此时我们也是就某一特性来把握这个宇宙，决不是仅乎看为一种给予的实质。关于这一点以及整个上文，参看《论集》第 32 及第 41 页附注。

以把 P 摄取到它自己身上去，这个 P 虽然关于、并且属于 S，但是它却跟 S 在存在和事实上发生变化时所能获得的增益不同。这样，每一个对象，尤其每一个持续的对象，假如你愿意，都可以称之为判断或推理，然而在严格的意味中却不成为推理和判断。因为我们的对象，在其仅为我们所知觉到的时候，作为这样的东西，确实说不上是真实的。我们所知觉到的对象，作为那样，（我们可以说）在一种意味上总必不够真实，而在另一种意味上又必超乎真实、不止于具有单纯的真理。

627 IV. 这里我们可以拿音乐曲调做一个例子来说，当我们听到一种乐调的时候，如果认为这在本质上就是一个判断和推理，在我想来，那是说不过去的。因为一个美学的对象单就其本身来看，便没有什么真假对错可言，也显示不出它是由于什么内在必然性的中介作用而来。这样一个对象我完全同意决非一个单纯的事实。在一种意义上，它总是脱离了单纯的存在，所以必得是观念的、理想的东西。但是另一方面，美学的对象同时也是一个有个性的、个别的实在。它固然是观念的，但正因为是观念的，所以它乃是自我包容和独立存在的东西，而跟自己出现于其中的那个世界的机构并没有多大关联。因为它还有更多的内容，所以这个对象就不止是对实在的一个观念的形容词；如果就狭义和特殊意义的真理或真实性来说，美学的对象本身决不是真实的。* 可是当你反省和分析的时候，

* 这里诗好像是例外，因为它的实质（我们可以说）就在于一种呈述，显然具有真理，亦即真实的形式。这样说大体上我是同意的，但是另一方面，我一定要指出，这个呈述并不是诗。若要成为一个美学的对象，这个呈述还须加上另外的成分发生一种变化，结果使这个呈述不再是原来那样的东西。所有的观念一变成了诗，它就变成了更多

我同意，情形便有所改变了。这时美学的统一性可以被看成为由观念的中介作用而来，包含着推理和判断，这样当然也就成了真实正确的东西。不过在这里面，既然变成了论证的性质，原来的整体亦即随之而破坏，在这个限度以内，作为美学的东西，它本身就不复存在了。

所以一方面，用作推理或判断的实例，美学的对象固然有所不 628
足。但另一方面，它却很可以显示独立自存、自己发展的型式，因为它明明实现了这种型式，为任何感觉对象，纵然是连续不断的，也决不能够做到。自我包容的自我发展，我们已经说过，乃是一切真理目的之所在，可是作为真理，它只能企求在观念的形式中实现这一目的。要想超过观念的性质，而求发现或者获得个别的、有个性的自我存在，这在原则上，不管是好还是坏，就是脱离了真理的领域。

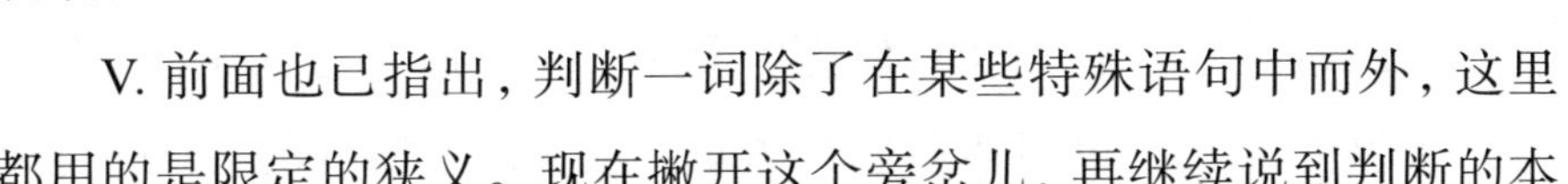

V. 前面也已指出，判断一词除了在某些特殊语句中而外，这里都用的是限定的狭义。现在撇开这个旁岔儿，再继续说到判断的本

的东西，假如在另一方面，它已经是比单纯真理为少的东西的话。这里我们不是要把下一问题作为试金石来使用：“这是不是真实的？”这里所发现或追求的满足，我们感觉到，乃是某种不同的东西。如果我们坚持上面的问题，那么无论所得结果是更好，还是更坏，我们必得抛弃了真正的诗章。然而确有许多人，我承认，非将每一个诗歌都转译成为定理或看似重要而实无价值的东西，是不会感到满意的。

如果你把“真理”作广义的解释，认为它就是意味着同时是观念的又是实在的，我便可以同意，一个美学的结果也是“真实的”。但是这里我们的探究只限于**逻辑的**真理，所以我们所要回答的乃是这样一个问题：“美学的结果是否属于原来的出发点，成为它的一种观念的和形容词式的修饰限制，此外便决无其他的实在；抑或这个结果尽管是观念的，却可以认为具有其自己的所以修饰限制的实在？”假如是后一种情形，我们便超出了真理这一名词严格狭义的范围之外了。参阅 445 页附注。

性中所暗含的一个结果，加以发挥。判断一方面是有选择性的、观念的和抽象的，而另一方面又为它在一种意义上不能包括的那个实在所制约。所以一切判断根本上都是通过中介作用间接得来，虽然表面上看不出；而且归根结底，我还要进一步主张，一切判断不可避免都是有条件的和假定的。

还有一个错误我在这本书里没有提起读者注意，虽然我自己也不认为没有做到这一点就一定有什么真正的不对。* 一切判断都是关于实在，这个意思就是说，判断以它的观念作为实在宇宙的形容词。但是这样指谓的实在，我们很可能把它看成仅乎一般的、毫无区别的实在。这个结果必得使所肯定的整个观念的内容落到实在的外面，而实在则相应地黯然褪色成为空洞的抽象。宾词的指谓一变成了一般的形式，就丧失掉它特有的表征；而主词的实在既然没有了可以认为属于其本身的任何特殊标志，也就很自然的会成为一些虚伪解释的牺牲品。我们老是假定一种缩小的、狭隘的实在，同时又有一个世界或几个世界落在它的外面，虽然是不实在的，但毕竟以某种方式存在着。这样一来，对于抽象和否定、假设、可能以及幻想的东西所具真确的本性如何，势必引起一连串无法解决的困惑。就是在这个流沙的基础之上，不知浪费了多少人的精力，堆砌成许
629 多大而无当的空中楼阁（当然再增加一些也并不是太多）。

在判断之中，事实上我们所指谓的实在总是某种区别开来的东西。它**是**作为我们整个世界的“实在”，但同时也是此时此地的**这个**实在。它是宇宙的有限的一方面或一部分，全体实质里面被着

* 参看第 591 页以下增补附注。

重指出的特殊的一点。可是另一方面，这个挑选出来的内容，不管它由于我们的区别变成怎样——虽然它可以（姑且这样说）跟主词分开，换上观念的宾词的形式——还是不能不依存于一不可分的总体。我们所分别开来的东西，仍然与我们整个的宇宙形成一不可分的统一体，而对之直接发生修饰限制的作用。

"实在"（再说一句）作为我们判断的主词，总是一个被选择的实在物。可是另一方面，尽管很多的内容作为一个观念，可以转移到我们所谓宾词里面去，但是这个内容作为一种直接的修饰限制，却仍然形成整个主词的一部分。它虽然为我们所特别着重，但还是和连绵不断的实在成为一体。因此，如果你对于某一判断的内容，要问到它是不是属于其所肯定为真实的观念，这样提问便会引起误解。因为对于这个问题，单是回答一个"是"或"否"，而不承认"是非兼而有之"，便是说不过去的。现在对于我们所挑选的实在物，还能直接表示其特征的那个内容，其本身或多或少确已转移于宾词所认作真实的"观念"之中。可见我们分开了的宾词实质仍与当下呈现的宇宙连为一体，这个宇宙就是我们终极的主词。唯其如此，所以我们的断语受到全部"实在"的修饰和制约，不过这样的条件很少为我们的判断所明认罢了。

"实在"所具的这种双重本性，使其自身变样而投入我们的区别，从而成为一个宾词，同时作为一个终极的主词，又始终保持着我们从它身上脱除或跟它关联起来的每一个性质——这种双重本性，假如你愿意，也可以称之为无法解释。然而无论如何，我必得坚持，这却是一件根本的事实，抹煞了这个事实就会使任何有关判断的理论成为空话。

那么，一切判断都暗含而且依靠着我们在“实在”中所做的选
630 择，这个选择过渡到判断里面去之后，对那个判断便会起根本制约的作用。但是这种选择（我还要加上一句）乃是任意决定的，在我们的判断里面找不到根据；而且在任何判断中也不可能得到圆满的说明，或者甚至于完整的认识也是不会有的。最后，我们确认了实在的某种东西，知道这个实在物受到整个宇宙的修饰限制，却不能确切知道它是怎样被修饰限制。因此我们的断语总是从属于一个条件之下，这一条件我们不可能在我们的判断中加以圆满的说明、找出全部的根据来。我们的“S 是 P”所真正肯定的，不外乎“实在”就是这样以至 S 是 P。但是我们的判断并没有说到这个实在如何是或怎么能够成为“这样”，也没有探问现在统治着实在的这个“这样”的确切本性究竟是怎样。所以我们的判断确实忽略了为其生命所系的一个极关重要的问题。它所撇开的问题，正是由于它的本性，归根结底为它所不能解答的问题。

由此可见一切判断在原则上都是通过中介得来，不是表面上，而是实际上如此。它在形式上虽然看不出、但在实质上确乎包含有一个“因为”，作为它自己的依据。我们的 S 是 P 是站不住脚的，除非我们把它写成 S（R）—P，我们也已知道，这样写出来的意思就是说，S 是 P 因为 R 本来如此。但是假如是这样，我们就更可看出，所谓推理只不过是扩展开来的判断了。

VI. 让我先作个必要的概括说明，虽然不免重复。我要再一次指出，判断是怎样依靠着它所忽视，并且归根结底它所不能够解释的抽象，正因为有了这个被忽视的东西，所以每一个判断实际上都是间接得来，为一定的条件所制约。读者对于前述感到满足，此段

可略去不看。

（a）我们首先很容易看出，一个判断总是关于一个对象。但一个对象却决不是“实在”的整体，如同我们在某一瞬间所直接体验到的那样。我们的对象实际已把那个全部经验之内，所有超出它选择范围之外的任何东西都遗漏抹煞掉了。因此，这个选择之所包括的东西全然是观念的、理想的，它已经松开了“什么”和“那个”之间所能有的统一性了。这样，一个对象决不能包容我们所经验的宇宙其余的部分，而另一方面，这个对象本身的存在又必得包罗在那剩下来的整个实在之中。我们所分别的对象，其所备具的内容一方面是观念的，这就是说它是一个观念，虽然表面上看不出是这样（参考本篇第 III 段）；然而另一方面它又仍然与整个的宇宙形成一体，631
依存并包含于全局之中。但是这个极重要的关联却不为我们所明认，它的详细的特性也没有被我们所知道。所以这个对象始终为一个未知的因素所制约，也只有在这个未知的条件基础之上，并且从属于这一未知的条件之下，我们的判断才是真实的。

我还可以补充一句，即使你把你的实在局限于所谓对象或客体的世界，以上的结论在原则上仍然可以适用。在那种情形下，任何一个对象仍旧要靠着在“客观的”宇宙之中来加以选择。你还是必得要说明为什么脱离了或者放松了它的整个机构，你的对象仍然保持着它自己的性格和权限。可是这个责任却为你的判断所没有顾到，虽然凡是它所确述的东西都附有一个未经列明、未曾知道的条件。

（b）当你过渡到一个更高的阶段，谈到明显的观念，进入真理和判断固有的领域时，上面所说根本的缺点就来得更加显著。这里所确述的观念的内容，其呈现于我们的面前，已经不是用来直接形容一个被知觉到的对象，问题换了一种新的姿态出现，使我们不得不加以注意。因为如果我们实在的世界和观念的世界不再能简单地同一，我们就不能不探询到我们的“实在世界”包括的范围究竟有多么大。我们就不能不问到这个世界对于知觉不到的事实的领域具有何种关系，对于我们所特别标明为“幻想的”全部境界又具有怎样的关系。所有这些区域不容否认都是存在的，而且以某种方式相互并存联合在一起，因此可以推想而知它们彼此之间一定具有某种关联。但是假如这样说是对的，我们还有什么理由可以把有关它们当中任何一个的真理当作完全真实，认为它是孤立绝缘的东西，而置所有其余的部分于不顾呢？正由于判断至少在形式上便建立于这种毫无凭据的孤立绝缘之上，这就使得它的确述实际上必得为一个未经说明的条件和未曾知道的“因为”所支配。

其次，观念和判断在我反省的时候，便以我所知道存在于我的头脑以内的东西，而为我所明认。不管它们在其他方面还备具怎样的真理和实在，但这一侧面至少也构成它们本性的一部分。所有的判断都是存在于我的体内的心理的事件，它们似乎至少在某种程度
632 内都要靠着我的活动。但是这里再一次，我们的判断又是盲然于它自己的存在的一个侧面，从而不能包括为其自己生命之所系的一个很明显的条件。我的意思当然不是说这个心理的存在仅乎属于我所有，或我的活动就根本不能同时又是宇宙的活动。至少只要避免这么一些涵意，说起判断来便可免除一个基本的谬误。* 但是从另一

* 关于以上各点参阅第 615 页及《论集》索引“判断”条。

面看，它显然是有缺陷的，因为它抹煞了、而且在这里它也不得不抹煞它的本身所具一个重要的方面。所以这里判断也是包含了一个条件和“因为”，却为其本身所忽视，没有加以认识和说明。

一方面，判断（如果我们的见解是对的）实际乃是对整个宇宙有所断言。一个判断之所以为真，最后便在于此，其所能包容的含意最后决不会比这个为少。可是另一方面，单是对于一个整体作出全盘的肯定，又是毫无意义。所以判断既要有所分别和选择，于是遂不得不舍弃其在实际上所必须包容的一部分东西。因此，除非宇宙本身便是一堆不相连贯的杂凑物，可以任意分开，或真的自行组合为有限的连结，全凭我们的高兴——除非如此，我们的判断便不可能容纳各种不同的联系和条件，而离开了这些联系和条件，判断的真理就决不是真的。从表面上看来，判断好像必得是无条件的，而实际上则受制约于我们所忽视和不知道的因素。它的 S 之只能是 P，正因为那个 S 基本上包涵着一个 Rm—P；由此可见判断就是一个暗含的没有展开的推理。

以上大体上已经说明了，每一个推理都是一个通过中介得来的判断；同样一切判断实际上都通过中介得来，所以也就是一个推理。二者之间确实没有多大差别，除了一点而外，就是判断在表面上好像不是由中介得来。在我们所谓仅仅简单判断之中，委实看不出有一个“必得”或“因为”。但是这个“因为”（我们也已见出）根本还是存在的，虽然大部分是隐蔽的或被忽略了。简言之，我们的简单判断就是一种抽象，不过是虚伪的理论造成的结果，只是出于错谬才会为我们所接受、并且当作真确的事实。

VII. 现在我们要进一步说明，不但一切判断都是为某种条件所

制约，不但它总含有一个“因为”，而且每一个判断还都是假言的，
633 暗示着也依赖着一个“如果”。这句话表面好像自相矛盾，但本书一贯就本着这种主张，这里我还要再一次加以论证和说明。现在我们面对一个问题，就是关于“因为”和“如果”终极的差别究竟如何。不过限于篇幅，我的解答，读者也许嫌简略、教条化。

“什么是因为？”这问题我理解为在探询一个“根据”的本性。而一件事物的“根据”，我以为就在这事物中，同时又超乎其外，也就是使它成为它者。因此，一方面（至少在我）不可能设想有一个纯然外在的根据和“因为”。如果一个根据不是蕴涵的、即不是内在的，那么作为一个根据，它便毫无意义。另一方面，如果这个根据不**超出**一定事物的范围**之外**，而仅是不多不少，限于这个事物之中，那它还是一点意义也没有。因为任何一种东西如果单只含蓄其自身，在我看来也是没有什么意思的。

以上讨论的结果（我们可以简捷了当地说明）不外乎如下：所谓根据就是一个整体，而以之为根据的事物则必须包括在这个整体之中。这样一个整体根本为各种联系和蕴涵所渗透，在一种意义上就是彻底证明其自己内容的体系。至少这便是我在这里所不能不采取的见解，而一切反对和推重的意见暂时都必得置之不论。

其次，我们问，如果这便是所谓“根据”，那么“条件”又是什么呢？我们必得回答，一个条件就是一部分的根据。任一事物被包括于作为它的根据的整体之中的时候，这个根据超出此一事物本身之外的任何其他的部分，都叫作它的条件。除非我们至少能够假定或者证明上述根据并不含有另外的因素，这个其他部分的因素就一定成为我们的事实所具许多条件当中的一个。

所以任何一个事物的“因为”便可以称之为它所以被制约的东西。而它的全部的“因为”便暗含着它所有整个条件的存在，这个整体里面也包含着事物的本性，当然这只是在后者确有根据的范围以内。这样才是真正的“因为”，并且它也决不能少于这样。但是 634
我们也可以把“因为”两字理解为不完全的意味，认为某一事物是一部分受制约的。这里我们便是就根据所包含各种关联的整体，仅挑选它的某一因素，或只是指明它的一部分。这样一种不完全的“因为”的用法，在实际上往往不可避免，有时还是必要的，但归根到底总是不妥当的，而且实际上经常形成严重和难免的错误。

现在我们进而问“如果”的意思，可以说这是从被制约的东西过渡到单纯假定的东西。前者所给予我们的，确乎是一个由中介得来的判断。这里 S 之所以是 P，便因为 M 的缘故。换言之，我们已经有了（我们也已说过）一个整体，可以同时包括、支持、并保证 S 和 P 以及二者现实的连接。当我们把一个判断称为被制约的时候，暗中的含义以及我们所要说的话，应该便是这样。

但我们使用“如果”两字，而使我们的判断成为假定的时候，还是必得要有一个少不了的中介和“因为”。在“S 如果是 M 便是 P”这个假言判断中，实际的联系 M—P *已被正面地确认，我们把 M—P 看为具有根据和无条件的。确实，如果我们连这一点也不能够说出，整个的判断也就完结了。因此，凡是在我们使用了“如果”两字的地方，我们必得暗示有一个“因为”，我们的判断便完全靠着这个基础。可见我们所说的“S 如果为 M，即是 P”这一判断不管

* 或（S）M–P，参看第 635 页以下，为简洁起见，这里省略了应该加上的限制。

它是怎样假定的，在此限度内仍然必得是被制约着的东西。

这样，就“M—P”来说，以上的判断就是为一定的条件所制约；但是当我们谈到S与M两下关联的时候，情形便不相同了。这里我们**没有**断定或者假定有哪些条件为我们所知道，可以把S跟M联系在一起，从而保证它们的结合。恰恰相反，我们的“如果”承认了S—M的关联一部分仍然为我们所不得而知。这就是说，我们已经确定了S—P必须从属于，甚至完全依存于一个未知的条件；从这一方面来看，我们整个的判断便显然不过是假定的、设想的。

也许有人反诘说，这种差别到底只是表面的，或者可以提出如下反对的论点：既然S，M和P实际（你必得承认）都是连结在某一整体之中，而且这个整体又是把它所有的内容贯串在一起，由此可以推知S确实必得以某种方式蕴涵着M。所以当我们丢开“因为”，说起“如果”的时候，唯一的差别就在于我们不能够把所以使S跟M联系起来的一切条件完全列举出来。固然这些条件当中只
635 有一部分已经为我们所知道，但是其余的一部分我们却可以也必得假定其存在。所以纵使在我们说“如果”的时候，我们的判断实际上也仍然是被制约的。尽管它的“因为”的本性已由“如果”这一连词宣布为有一部分未可知，但或多或少我们明知它是存在着的。要把一个明知其为存在的联系，仅因其不为我们所详细知道，遂而说成好像对我们的知识来讲等于无，这是一种错误。这个驳论是可以言之成理的。

但是我回答，这里所说的话并没有触着“如果”和“因为”真正的区别。我们假定了（读者当能记起）“因为”总是指谓着一种“根据”，而根据则被认为可以支持和保证其所包括的任何东西。只要把

根据作这样的理解，那么凡是在你说出一个“如果”的地方，S—M的关联很明显便**不是**确有根据的，大体上我们也不把它看作如此。诚然（至少在我看来）S与M具有**某种**联系，从而跟P也发生一定的关系，在这个范围之内，并没有任何疑问。真正成为疑问而为“如果”两字所指明的乃是，S是否与M具有**这样一种**关联，足以使S**作为如此**，仍可保持其自身。假使我们所说的“S如果为M，即是P”这一判断只是蕴涵着S与M以**某种方式**相连接，那么这个判断仍然并没有假定它们两下具有怎样简单或其他**某种**联系。要想跟M获得所需要的结合，S（就我们的判断所知道的任何方面来说）必得变成不止于原来那样而超乎它自己以外的某种东西才行。它必得要发生这样的改变（在我们整个所知道的限度以内），以至作为如此和作为S，实际上它已经不再存在了。承认对这一点有疑问，那就直接与断言“S是P因为它是M”相冲突。要使这个断语能够成立，它就必得建立于一个假定的或明确知道的（我不一定要知道实际究竟**怎样**）根据之上，能够保证S—M的联系才行。可是这样一个根据，我再重复一句，显然并不包含在我们所说“S如果为M，即是P”这一判断之中。这里是用了一个不确定的条件代替了上述根据，而这个不确定的条件对于S的效应我们不知道，我认为这才是“如果”所以不同于“因为”的真意之所在。

换一个方式来说，每一个判断都靠着一个选择。它所断言的不仅关于一般的宇宙，而是关于一个有限的实在。因此，一个判断之所建立于其上的根据决非一切事物单纯普泛的联系，同时也是一种特殊的和个别的根据。现在看一看“S因为M而是P”，这一判断里面的特殊根据，我们认为就在于保证S—M—P的相关联。但是 636

一经用了“如果”来代替“因为”，马上我就是承认了在我所知道的整个范围以内，我已经越出了上述特殊根据的限界之外了。这样一来，我也就失掉了对于S—M的任何保证，而我所用的“如果”两字正好表示和标明我的失败。这个失败也不能由我诉之于某种其他的根据而获得弥补，除非我确实知道了那个其他的根据真的可以保证S—M，而且这个保证（我们可以加上一句）还不会有损于M—P的联系。

不过整个的宇宙（我们应提醒自己）归根结底当然不能理解为根据和条件的总体。如果“条件”的含义便暗示一个事物在其受到各种条件全面制约的时候仍然是它自己，那么，显而易见所谓根据以及条件的效用（按照我们给这两个名词规定的意义）便只是有限的和相对的了。如果把它看成不止于此，马上就很难自圆其说，而且要引起许多无法解决的困难。但是只要我们保留以上的用法（就我们现在的目的来说，我想我们是必得加以保留的），以下的结果便似乎非常明显。我们的判断S—M—P，当我们用了“如果”来加以修饰限制的时候，除了局部的意义而外，便不能认为是有根据的。在那样的判断中，我们就不是假定有了什么现实的条件真的把S跟M结合在一起。既然如此，我们在假言判断中，当然已经局部超出了“根据”和“条件”固有的范围。因为虽然我们确乎断定了M必得是P，但是另一方面，我们对于S—M里面的S是否未曾消逝却提出了怀疑。我们明白承认了根本不知道在S—M—P的演讲过程中，是不是还有一个S通过所有的变化发展，仍旧保持着其所必需的本身的同一性。

VIII. 以上所说，如果从另一角度来加以考察，也许更易于体会。例如 S—M—P 这一判断，当我们加入一个“如果”到 S—M 里面去而使这个判断得到修饰限制的时候，其结果不外乎如下。这样一来，我们就不再能够知道由于 S—M 的改变，M 本身所受的影响达到怎样的程度；这就是说，不知道在什么程度上它已经不再是原来的 M，因而也就不再能够蕴涵 P。换句话说，对于 M—P 的联系 637
曾经起过保证作用的那个特殊的根据，现在就我们所知道的范围来说，已经由于插入一个受到修饰限制不相配合的 S—M 而被削弱破坏了。

但是关于“如果”和“因为”的差别，下面的说明也许最简明。当我们把 S—M—P 这一判断加上一个“如果”作为修饰限制时，我们便不再意谓 S 在**一切**情况之下**绝对**是 M 了；可是在“S 因为 M 而是 P”这一判断中，我们的用意却正是要说明 S 绝对是 M。因为在后一场合，我们明明假定并且认为一切条件（亦即我们所需考虑的一切东西），都由我们的根据而取得了保证。

“如果”两字无论在什么地方只要保持其本义，就必得表示一种不确定性，这实在属于它的本质。不过另一方面，也有许多判断形式上是假定的，而实际则好像排斥了一切怀疑。* 例如，在“如果健康便是幸福”中，S 就被看成了 P，因为它便是 M；而在“如果保持沉默，你就是哲学家”中，我们的用意便是否认 S 是 P，因为 S 确定不是 M。又比方在“如果他本来是诚实人，他就一定会穷困”这一判断中，我们便分明不是有所怀疑，而是实际上否定他为人诚实。所有以上判断里面都说明或者暗示了一种不确定的可能性但

* 参阅《论集》第 37—40 页。

同时又认为它直接或通过它的效果已为事实所排斥；正是由于这个排斥（这是很明确的）我才达到了我的结论。这里的“如果”虽然包含有怀疑，亦即可以成为其他某种事物的可能性，但是其所以有此包含的成分，不过是为了要加以排斥的缘故。所以这种判断虽然形式上是假定的，实质上并没有受到“如果”的支配。但是“如果”的根本意义（这一点我想大家都必得同意）实际上无论如何决不能带有确定性。[*]

以上我也已指出了制约的判断和假言判断的分别，完全从逻辑方面讨论这一问题。其实如果我们考察一下“假想”的本性，我想
638 这个结论也许可从另一方面得到证明。不过这里我只能满足于简略一提。因为关于这个心理状态的主要起源和本性，我实已找不出有什么困难和神秘可言。当我们不再迷信有一种纯然漂浮的观念，并且理解到每一个观念即使是幻想的，也仍然具有一个为其所形容修饰的真实的世界——因为我们的宇宙对我们每一个人来说，其所包含的世界都是纷歧复杂多种多样的——只要能够认清这一点，在原则上就没有什么弄不明白的地方了。可是另一方面，如果不从这里着眼，而采取任何其他的观点，则“假想”的问题我以为在心理学上也必始终无法解决，恰和在逻辑上一样，而一切要想加以解决的努力都只会再一次造成不可究诘的错误。[**]

上面一段插话既经说完，现在我们必得来研究一下是否每一个

---

* 在上述证例中，我们实际上是进入了选言判断的领域，关于这个问题的阐述，读者可参阅鲍桑葵博士的《逻辑》。

** 参阅《论集》第 375—377 页。

判断归根结底都是假定的、有条件的。但是在进行讨论之前，让我先来约略一谈一个次要的问题。就是，这里所说有条件的判断和假言判断有没有什么差别？就我自己来说，我实在看不出这里存有任何逻辑的差异。无论何处当你说出一个“如果”的时候，为了逻辑的目的，你总可以把它换成“假设”或“假使”，而所谓“假设”或“假使”在逻辑上的意义正好与“如果”一模一样。诚然，使用“假设”或“假想”这些字眼可使我们注意到一种心理态度的存在，从而比“如果”两字更加着重、突出了这个心理方面一切所能有的效果。但是这里除了着重点的不同而外，我确实发现不出有什么别的东西，逻辑的判断本质上并没有发生任何变化。这个判断无论使用了的是“假设”还是“如果”，都是同一样至少在某种程度内抛弃了“实在”事实的根据，并且在一定限度内一定是臆断的，至于它们都是存在于“我的头脑之中”，那就更用不着说了。可是在所有这些处所，我都看不出“假言”和“假定”或“有条件的”判断能有什么真正的分别。如若要问到这两种判断究竟在怎样的程度上真正是任便臆断的，而且仅是“主观”和心理的东西，这样的问题我希望在以上各节也已说得很够清楚了（参阅第 614 页）。

IX. 由上可知（大体上我们也已说明）一个判断总是受有制约的。在任何场合它都是由中介而来，虽则这个中介作用不一定是明显的见诸形式。无论是在什么地方，它所真正肯定的乃是“实在恰是这样故而 S 是 P”，确实在这个“这样”之中，我们便有了一个真正的“因为”。所以我们说推理不过是展开的、解明了的判断，而判 639
断本质上也已经就是推理，虽然在现实形式上没有显出是如此。

现在我们可以来探询是否一切判断都不止于为一定条件所制约，而且归根结底还是假定的东西；不过这个问题到了这时也许已经获得一个答复了。对于任何一个判断，我们或多或少总不能把它所有的条件纳入它的本身里面去；而且每一判断到了最后，我们都没有，同时也不能完全知道它有些什么条件。“实在就是这样，使得 S 是 P”，这里面的“这样”详情细节如何，到底决不能全部为我们所知道。因此我们所得的结果是，怎么也不会明白我们的 S，实际所受修饰限制达到了什么程度。我们不知道它在怎样的限度内已经被改变，或可以发生变化，也不知道这种改变可以影响它的本身和 M 到怎样的地步。由此我们遂不能不提出这样一个问题：在这个判断中 S 是否始终保持其所必需的同一性？正因为这一问题归根结底是无从置答的，所以每一个判断到头来都不过成为假定的、设想的东西。*

我们的知识的进展无非就是不断地扩大和增加有系统的中介作用。判断的条件之纳入或能纳入于此判断之中者愈多，则此判断亦愈益成为真确实在，假定的性质愈少而被制约的程度愈高。一个判断如果要一下子成为真实，同时又是简单明了无条件的事实的表述，这就表明暗中崇拜并且追求一种虚幻的抽象。这在骨子里便是对于知识抱有一种虚伪和歪曲的理念。这样一种判断愈是想要自命为绝对，结果只会越发暴露其自身完全依赖并从属于为我们所不知道的因素。另一方面，要有一种知识体系，其中一切判断和推理

* 我在这里当然还是假定了（参看第 632 页）这个宇宙并非单纯的凑合连接，因为那样杂然并陈的东西结果只能成为不连贯不实在的抽象。

都互相关联，而同时每一个又都能成为完满，这在细节上到底是可望而不可即之事。它可以成为一个理想，非常真实而且越来越多地现诸实际，但决不能完全实现。

所有这一类的终极的问题，不仅在日常生活中，而且在理论上
以及各种特殊科学里面，我们当然在或多或少的限度内，必得予以 640
忽视。无论何处我们都不能不或多或少地，以固定实在事物的形态，来采取并利用各种事实，也不能不或多或少地立足于无条件的和绝对的真理之上。但是由于这里我们真正的目的并不在于首尾一贯的系统，所以无论何处我们都默认了可以按照不同的需要，而转移我们的立场。因此，我们在实际上便靠着不彻底、不严密性而避免了必致的毁灭，虽然这究竟能做到怎样完全的程度我们不敢说。不过至少明明知道或有意识地这样去做，在哲学上当然是不容许的。[*]

X. 我们现在已经知道，在原则上和本质上，一切判断都暗含着推理。凡是作为简单肯定而出现的判断，我们可以发现实际上都是一种脱离具体事实的抽象。同样的话（我们还可以加上一句）也可适用于观念。从来没有而且也不可能有**单纯**的观念那样的东西，离开任何判断而自行独立或漂移的观念是不能成立的。这里我们所碰到的又不是一个真确的事实，而是一个不实在的抽象。一个观念在本质上不外乎离开“那个”而解脱下来的“什么”。但是苟非这个“什么”先已有了某种转移或另有所指谓，这样的解脱便是不

* 关于以上各节，参看《论集》及鲍桑葵博士出名的逻辑著作。

可能的。而无论何处只要你有了这种转移，你也就立即同时有了一个判断。可是这个真理却往往被两种原因所隐蔽，第一，我们使用“实在”一词的意义有纷歧；其次，我们的观念、判断和推理存在的阶段也各有不同。正因为第二个理由（这里我们可以只限于考虑那一点），所以判断、推理和观念这三个当中任何一个，我们都可以似乎可信地证明其在别的两个之前。但是实际上，这里如同在其他的地方一样，无论从哪一方面的意义来说，首先出现的乃是具体的整体，决没有从整体抽象出来的某一单纯的侧面能够最后凭其自身而存在。如果我们觉得为了方便之故，而要从单纯观念或单纯判断来开始我们的研究或阐释，那么只要我们能够记住各种事物在事实上和原则上同样都不是，而且也不可能是这样被分割开来，上述那种途径就未尝不可以容许。但是采取这种不实在的次序，虽然是合法

641 的、可以言之成理，却总带有几分危险（不过我们往往很容易忘记），可以使我们实际陷于错误而不自知。*

---

* 关于以上，可参阅第 597 页。同时参看《论集》以及本文前一部分各项附注。

第三篇　判断外延的解释 642

I. 本文要对本书(第一部第六章、第二部第二篇第四章)关于判断外延的解释所作的讨论，再提出一些补充意见。一切判断都是肯定差异之中的同一，同时也肯定同一之中的差异，这两方面任一面我们都可加以特别强调。这个最根本的一点我在这里将视为已经确定，现在便把它作为基础来探讨以下几个问题。

我首先要问的是，我们能不能认为每一个判断都是就一个特殊主词，肯定其某种观念内容的联系？我的回答：我们当然能够这样做，因为所有被我们肯定的实在，都是一个具体的个体。因此，显而易见，每一个判断都可以从内涵方面来加以解释；但是这是否便意谓着每一个判断都**仅乎**能从内涵方面来加以解释呢？我的答复：这样一种看法总归是站不住脚的。因为你所肯定的实在，决不能排除驱逐于你的判断之所表述的东西之外；而且这个实在无论如何最后也决不能当作仅是一种观念内容的体系。至少这个结论是我所能够接受的，如果这一结论可以成立，那么要说判断只能从内容方面来解释，归根结底就是不可能的了。

但是另一方面，能不能认为每一个判断都只能从外延的一面加以理解呢？这样一种见解我以为在原则上是说不通的。因为一个判断其所说明的总必“关于”某种事物，而这个“关于”便显然根本是内涵的东西。一个否定如果单纯否定差异，而不是实际上同时肯定观念的同一，亦即肯定内涵，那它就一点意义也不会有。同样，否认两个事物的相同这种判断，也只有在另一面肯定了同一性的时候，才有意味可言。因为这样（别的姑且不说）它才能够暗示整体的统一性，必须在那个整体之中和靠着那个整体，杂多的事物才能
643 联系在一起，也才能成为两个。要把内涵完全从判断排除出去，不论在什么地方，都会使判断变成毫无意义的东西。

II. 因此，我们可以说没有一个判断是纯然内涵的，也没有一个判断可以单从外延方面来理解。说到这里，我们便可把这个作为前提，进而考察另一个问题。是否一个判断无论何处都可认为对于（i）某一个体或（ii）多数个体有所肯定或否定？

（i）如果我们把“一个个体”理解为普通意义的这一或那一特殊的主词，那么这两个问题的头一个马上就可以解决。很为明显，决非一切判断都肯定这样一个主词里面差异的综合；我们的断语并非总是按照这一意义嵌入主词和属性的范畴之中。“A 等于 B”，或“B 是在 A 之右”，我在这本书里也已说明，像这样的判断都超出了单独的 A 或 B 之外。* 至于全称判断，这种情形便更加明显。很容易看出，我们的判断决非总是有关于这一或那一有限的个体。

不过假如我们对所谓个体或个性换一种看法，我们的回答就必得有所不同了。每一个判断和每一个推理都要靠着（我们也已说过）一个终极的整体，不宁唯是，还要靠着一个特殊的整体。只有在这个有个性的总体之中，凭着这个总体的力量，我们的推理或判断才

* 参阅索引“主词”条。

能成为真实，也只有在它的个性没有遭受破坏的时候它才能够继续有效。[*] 但是如果无论在什么地方，要把这个个性当作一定就是我们所说的这一或那一个体的形态，便全然不合于明显的事实了。

(ii)那么我们是不是应该放弃单独的“个体”，转而依靠多数的个体或特别物呢？我们能不能一般地把每一个判断理解为就是与这些特别物有关？同时特殊地说，我们能不能在一切地方，都把判断（在其为正面判断的处所）认为就在于肯定它们“数量的”同一或否定它们的差异呢？这样的理论虽非杰文斯所发明，却正为他所传播，在我看来必得要把这种见解跟他的名字联系在一起，虽然如我所已明示，他自己并没有认清其中的原理。这里我想再提出几点 644
以补本书上册所作批评之不足。[**]

不错，有许多判断确乎表现上述型态。譬如你说“表决人都是股东”，你的用意便显然在于为了一定的目的，并在某一方面，否认这两个集团之间存在着任何差别。这时虽然也有多数属性的综合，可是在每一个场合，只能够归属于同一个人，而你正否定了这里面的杂多性。其次，即使对于一个单独的个体，同样的话也可以适用。我们可以说（仍然仿照杰文斯），“北极星是移动得最慢的星”（《科学原理》第 346 页）。这里，无疑，我们的意思就可以是说，尽管有双重差异，但毕竟只是一颗星。

然而当我们考察到另一种判断的时候，这样的解释便似乎说不过去了。许多判断确实并非对于多数特殊个体而作的表述，我们可

* 参阅索引“同一性”条。

** 参阅索引“等式”条。

以举出同时是全称又是假言的判断为证。在这等处所，我想，我们必得同意鲍桑葵博士，他认为上述解释不足取，而且在原理上是谬误的。[*]认为一切判断都是关于多数个别物，这种看法我以为也是很可笑的，说的人尽管振振有词，其实不过牵强附会。不过既然承认牵强附会，而且无限制的牵强附会，那么不单上面的结论我可以同意，任何结论我想也都能够成立了。每一个判断都可硬套上这样一种形式，好像否认各别个体之间的差异。在这种情形下，这样的歪曲如何成为可能，倒很值得我们来研究一下。

III. 幸而在这里发生作用的根本原理却很为简单。不管什么地方，你都可以造成一种分别（无论那个分别是什么），你可以把这样分别开来的随便什么东西都当作一个不同的个体、一个特殊的存在。因为很明显，在你的头脑之内，作为一个心理的变故，每一个分别都有这种特点，而且尽管它具有其他的方面，我们却总可以把它看成一个心理的事实。它可以认为就是这个事件，从而假如你愿意，你也可以进而把它看作“这个场合”或实例。例如，无论何处，我们总能够说出一种概率（恰如我在前面所已阐述），只要我们想方法造成一条事件的链索，使信仰的理由变为这个系列的分数就行。

645 我们逻辑的根据在这里便被当成了心理的实有。但是这种方法虽然没有什么不可以，我们却必须指出，作为一般真理的表述，这不过只会引起错觉和虚构（参阅第224—226页）。从同样的原理出发，通过同样程度不合理的虚构，无论在什么地方，一切判断也都

* 参阅他的《逻辑》第二版序言第 xi 页，又《亚里士多德讨论集》1914—1915，No.XIII。

能硬行曲解成为这样的形式，以便表述各别特殊物之间的“数量的”同一性。

凡是有“如果”的地方，只要我们愿意，总可以把它换成“在那种情形中”，或者引申成“在那等事件中”。我们的用意就是说“如果是那样”，或“假定如此”。可是正因为有了“这是那样”，因为作了这个假定，我们就可以认为自己真的进入了一个尽是特殊事件的世界。是什么道理呢？道理就在于我注意的东西无论是什么，在我注意到的范围内，总是（我们已经知道）这个或那个特殊事实，我的每一个观念都是许多变故当中的一个。不宁唯是，我们甚至要着重强调这一侧面，也未尝不可——这全凭你的目的而定。但是另一方面，如果你因为这样做有一些真实的道理，于是就把它当作整个或主要的真理，进而断定你的观念所表示的总是一个特殊的事实，所有的判断都是有关于或指着个别的变故，那就大错特错了。这便恰似你从“每一个真实的判断都是一个事件”推出“每一个判断因此都是关于特殊的事实”；也许你还可再进一步使你的错误更加严重，认为判断虽然是一个，而它的真意却是二，同时又在于否定其为如此。如果你一定要把一个判断的真理当作一个特殊的事件或场合，你也可很容易地明示你的两个不同的事实实际上只不过是同一特殊主词相异的属性。其实只要任意生搬硬套，随便怎样都没有什么不可以。例如，我们说：“如果正义是绝对的善，宇宙就是恶。”这里我们有了两个特殊的事件，属于“实在”的两种情况，而我们的命意便是要否认它们是二。或者我们也可说是有了一个特殊事实，即我们的判断所表示的真理，我们把它所具的单一性看作就是它的内在杂多属性的结合。但是不管这两种过程当中的哪一种，我以为

都是用粗暴的办法来曲解真理。*

646 我们可以回头把我们的主要结论作个简述。每一个判断都是一个整体，它结合着同异两面。这个不可分的结合在不同的判断中表现为不同形式，但始终是最根本的东西。为了适合某一特殊的目的，我们可以特别着重这些侧面当中的任何一面，但是如果真的要把它们割裂开来，那么不管在什么地方，都会使我们的判断遭到毁灭。毫无疑问，确有许多判断讨论的是有限的个体以及特殊的事实。并且也有许多判断的意义，就在于肯定或否定这些特殊物所具“数的”同一或差异。但是要想证实后一型式存在于一切判断之中，或者即使要证明无论在什么地方，我们的判断实际上都是有关于“个体”和特殊事实，那就似乎只会引起迷惑、徒劳无益了。的确，我们的判断和各种观念也具有一个必要的方面，很自然的可以导致我们的误解和滥用。正由于这种滥用才使上述企图虽然出于偏见，有时却显得好像很中肯綮似的。不过只要我们一面坚持判断的真实和根本的意义，同时想到背离真正的意义可以造成怎样穿凿附会的过程，这个幻象马上就会消逝。像这样的牵强歪曲决不能获致或表示生动的真理。粗暴横蛮的处理只会引导到痉挛、解体和死亡。

---

* 我们可以再举一个例子(假如有此必要的话)，在“A 位于 B 之右”这一判断中，我认为我们的意思就是说“A 的空间情形(或这个 A 的空间情形)即为它位于 B 的右方之一例”。而“A 非在 B 之右”，我以为就是说“A 的情况即是不在 B 右方的一例”。这里“位于”和“不在”都是作为名词来用。

依照同样的原理和方法，无论何处我们对于“种属”的观念都可加以相似的利用或滥用。在这一点上，我说的是“存在”的例子，但是这里我们把它改为“实在”，也是一样。因为一切万有，我们都可把它区别为“什么”和“那个”，再把这些不同的侧面变为特殊事实，或者又当成分开的项目，再进一步作为集合体又变成许多种类。不过采取这个后一途径所能达到的结果，这里限于篇幅，我只好不多说了。

第四篇　论独特性 647

I. 在这篇文章里，我想简略地谈一谈独特性的问题。* 它牵涉很广，为了简略，不得不独断一点。

独特性有两个方面：反面或消极的方面，正面或积极的方面。依次说明如下。

(a)关于消极方面，大概无可疑之处。我们说一个事物是独特的，就是否认这个事物是某一种类的一员，在其带有独特性的限度以内，它不能成为一个例证或实例。一个事物在某些方面可以认为 809
“这样”，但作为独特的东西来看就不能成为这样，因为它不容许另有其他的这样。这可以说是它的反面，在这一方面，所谓独特性的意义也许是很清楚的。

(b)但是这里也和其他的地方一样，否定的东西也必暗含着一个正面的基础，并建立于这个基础之上，我们现在必须要了解的正是独特性所具有的这一肯定的方面。我看，这个方面恰如个性或自我包容的性质一样，亦即“什么”和“那个”不可分的统一性正面的表现。这两个侧面我们看来同时存在于事物之中，作为一个独特的事物，任何一面无论如何也不能离开另一面而独立。所以“什么”

---

* 关于这个问题我在《论集》中所提的说明(参阅索引)，依照本文论列各点，是需要做一些修改和更正的。

或“怎样”决不能撇开“那个”，滑到别的地方去，而应用于原来的范围之外。这就是说，独特性决不能有观念性或自我超越，因为它只可以包含在个体的限界以内。它的性质特征尽管发展到很高的程度，总不能越出它的本身的范围，既然是独特的东西，就决不能再纳入一个种类，或又有“另外一个像它自己这样的东西”。这个存在和性质二者不可分的结合，我以为正是独特性所具肯定的方面，只有在这个根据之上，否定以及整个消极的方面才有可能成立。

648 显而易见，对于独特性来说，我们可以认为这两个侧面都是非有不可的。也许有人提出这样的反对论点：一个个体决不能成为真正的独特，除非在我们已经想到它是属于某个种类之一员，而且这个提示为我们所排斥的时候。不重视这个否定的作用，单是指出肯定的基础，我们可以说，实在配不上给以独特的名称。这样提出来的意见，我以为是值得讨论的，不过下面我想主要地考察独特性正面基础的问题。至于离开了上述否定的方面，这个基础严格地说是不是还可以称之为独特性，最好留待读者按照自己的见解自行加以解答。

在着手讨论之前，让我先来指出一个次要的难点。也许有人说，许多实际的场合，所谓独特性不可能有否定的方面。例如，我们说到宇宙，无疑这当然是独特的东西，然而如果有人说宇宙是属于某一种类所包含的一分子，那就不但虚妄，而且也不切实际了。这里明明没有否定的作用，当然对于独特性就不免引起怀疑了。其实这个反驳完全出于一种误解。我们自己明明已经掌握了“什么”和“那个”两个分开的侧面，也有一个概括的种类的观念，使这个区别得到进一步的发展。因此，我们可以说已经有了一个观念，从表面上看，无处不可以应用，从而我们要把这个观念适用于宇宙，不单是可能的，并且也是很自然的。在这等处所，我们确实发现有一个提示受到摈斥，最后成为毫无意义。另一方面，这种排斥既然是一个真确的事实，所以这里也和其他的地方一样，独特性的否定的一面还是可能的，虽然我们不一定能说它无论在什么地方都是最根本的东西。

II. 言归正传，现在我要请读者注意到两个重要的区别。一个事物的独特性(a)可以是绝对的，也可以是相对的；其次，这种独特性(b)可以表现在它的本质上，也可以仅表现在事实上。这两种区别我们可以发现归根结底还是同一样的东西。

(a)一个事物当它局限于某一区间或范围之内，而成为独特的时候，就是相对的独特。宇宙里面有一些部分，我们为了某种特殊目的而把它看成具有独特性，一个事物属于这一部分而不越出它的范围之外，就被当作独一无二排他的东西。这种独特性显然并不属于事物本身，而是依赖它的本身以外的某种条件，而且这个条件我
们也并不视为整个世界全部本性之所系。这里我们完全靠着一个 649
或多或少有一些根据或随便臆想的假定，或者立足于这个世界的某一区域，我们发觉这一区域是独特的，从而也可以把那个特性赋与它的内容。这里所谓独特性决非属于我们的事物的本性，也不是那个事物凭其本身的权利所能据为己有。恰恰相反，这个独特性乃是假借而来、附有条件，所以不外乎是相对的东西。确实，如果我们能够证明我们的事物本身，由于它在统一宇宙之中个别的地位之故，因而具有其自己的特性，那么这里所说相对和绝对独特性的分别(读者将能体会得到)也就不再有效了。

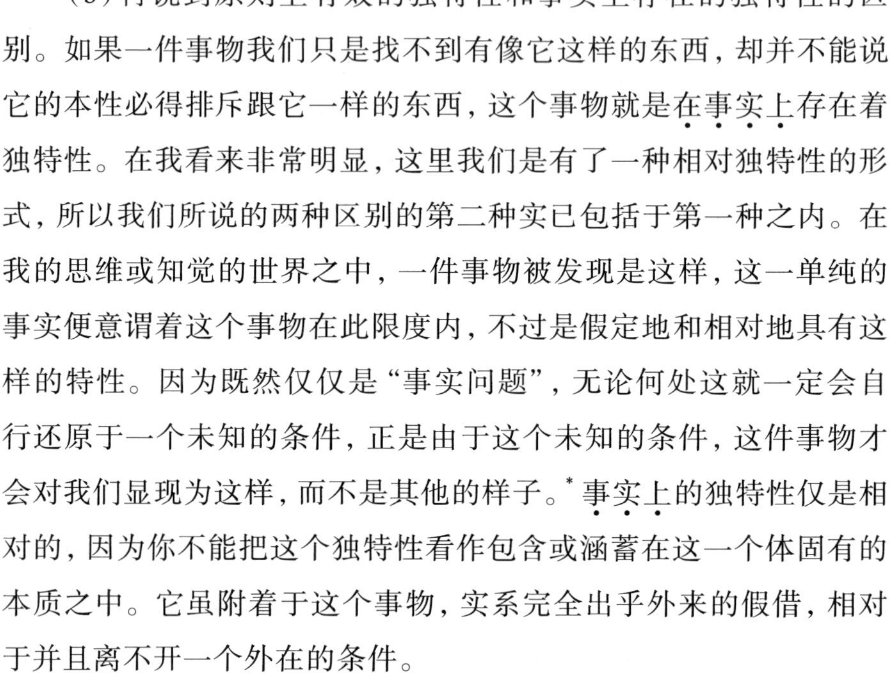

(b)再说到原则上有效的独特性和事实上存在的独特性的区别。如果一件事物我们只是找不到有像它这样的东西，却并不能说它的本性必得排斥跟它一样的东西，这个事物就是在事实上存在着独特性。在我看来非常明显，这里我们是有了一种相对独特性的形式，所以我们所说的两种区别的第二种实已包括于第一种之内。在我的思维或知觉的世界之中，一件事物被发现是这样，这一单纯的事实便意谓着这个事物在此限度内，不过是假定地和相对地具有这样的特性。因为既然仅仅是“事实问题”，无论何处这就一定会自行还原于一个未知的条件，正是由于这个未知的条件，这件事物才会对我们显现为这样，而不是其他的样子。* 事实上的独特性仅是相对的，因为你不能把这个独特性看作包含或涵蓄在这一个体固有的本质之中。它虽附着于这个事物，实系完全出乎外来的假借，相对于并且离不开一个外在的条件。

我们现在也已知道所谓独特性具有否定和肯定两方面，我们还探询到肯定的方面或正面究竟指的是什么。我们发现了这个肯定方面就在于“什么”和“那个”不可分的结合。一件事物如果是自我包容或独立自存，它便是具有独特性。我们又从这一点进而指出以相对意义和绝对意义来理解的独特性的区别。以下我想只限于谈一谈绝对的和正面的独特性。首先我要问到底在什么地方可以
650 找到这样一种特性。有几种理由可以承认正面的同绝对的独特性的存在，让我们顺次说明如下。

(1)从宇宙的例子来看(先从这里说起)，似乎没有怀疑的余地。

* 关于“事实问题”，参阅《论集》索引“事实”条。

任何一种区别或“什么”与“那个”的脱节，都只能发生于这个宇宙以内。所以“另一个这样”的观念对宇宙本身来使用，便是自相矛盾，因为所谓“另一个”和“别一个”，除了在这个宇宙本身里面，是无处可以生根的。要使这个观念成为可能（我们已经知道），其意义不外乎便是这样一个提示可以说得出来，可是一说出口，马上就自相冲突，从而实际上一点意思也没有。这个宇宙在原则上必须是自己包容，因而是绝对独特的。

（2）其次，我们再来一看任何一种性质的本身，也许不是那么单纯，但是并不指谓本身以外的东西，也不发生它的“什么”跟它的“那个”脱节的问题，这么一种存在我以为我们必得称之为绝对的独特性，因为按照我们的定义已经排斥了“另一个这样”的观念。这个性质的本身已经被假定为就是一个自我包容的世界。另一方面，我们当然也可怀疑这样一种东西是不是还能称之为“性质”，严格说来我们至多只能承认它是一种不实在的抽象。不过撇开这几点不谈，我想我们可以同意依照定义上述性质必得是独特的。

（3）现在还要说到的是性质的杂多性，或（我们也可说）多数自我包容的个别的存在。在我们有了“杂多”的地方，这个杂多之中每一个成分当然具有某种状态，每一个成分（我们可以认为）都有其独特性。因为构成杂多的每一分子似乎必得具备为其自己所特有的某种性格。但是这里我们首先还须指出一个很重要的分别。

这个分别是什么呢？第一，杂多之中每一个成分都可以看为依赖着一个整体，具有其自己的本性，从而填满一个特殊的空位，使那个整体得以充分实现。或者，第二，每一个单独的存在也可视为不受它的本身以外任何世界的影响。这样，杂多便成为许多自我包容自我存在的特别物。现在我想只限于探讨一下这第二个场合，我们要问：这些杂多的特别存在之中是否每一个都是独特的东西？

如果我们承认它们恰如呈现的那样，我以为我们就必得回答一
651 个“是”字。因为每一个特别物都被看为自我包容的东西，不可能指谓本身以外的任何事物，也根本没有它的“什么”或“怎样”跟“那个”脱节的问题。说到任何地方还有“另一个这样的东西”，这个提示在原则上似乎已被摈斥，整个的世界没有一件东西不具有绝对的特殊性（照我们所采取的看法）。大概我们便可毫不踌躇地这样答复。

可是一到我们探问这些存在或性质如上所述是否真正可能，抑或相反的都不过是自相矛盾的抽象——我们的答复就必得有所不同了。我们必须坚持所有这样的存在并没有什么独特性，恰恰相反，都是不可能的东西；现在让我简述，若要得出一个不同的结论，将要碰到怎样的困难。

按照定义，我们必得把这些存在看为多数或杂多，同时又一定要它们当中每一个的本性绝对局限于其自己的范围以内。但是这两种特征虽然同属必要，却好像是彼此不相容的。所有差异、区别、杂多性，都似乎只有在一个整体之中才能有其意义，离开了这个整体，似乎一切抽象归根到底都是毫无意义和不实在的东西。须知杂多的本性每一个决非仅止于自我包容，因为如果把每一个本身以外的指谓都涤除干净，剩下来的也就没有多之可言了。“和”* 字除了表示一个包容一切的全体之外，不可能有别的意思，而殊异撇开了

* 关于以上各点，特别是“和”或“同”的含义，参阅拙著《论集》索引“和”字条。

同一，它的整个意义也就会完全落空。所以我们在这里需要的特别物本身就含有矛盾。你也不是靠着在每一个分开了的方面之内再作区别，就能避免这个矛盾，因为那样的途径只会造成许多新的特别物，其中每一个又将引起同样的困难情形。如果杂多所包含的每一个成分不能超出其本身之外，它们也就不再能成为多，而另一方面，无论什么东西如果不是自我包容，那又不成为个别和特殊的东西。因此，这等特别的存在如果成为可能，每一个好像都有其独特性，其实只不过是纯然抽象的东西。这样的东西在原则上是自相矛盾的、不实在的，从而归根结底也是毫无意义的。

如果我们撇开这些论辩不谈而诉之于事实，要想找到某种形态（我们姑且这样说）的性质特征可以称之为独特性，那就更加无望。我们所能有的给予于我们之前的，譬如说，实际并不是“蓝色”，而总是“某一蓝色”，而且我们还可以进一步看出这个蓝色属于某一 652
种类，即某种蓝色。在我们的“蓝色”之中，我们既不能据以引出或显示宇宙本身，也不能逐一叙明所以造成这个蓝色的特点。其次，凡是给予的东西都具有一定的程度，而程度则可以属于外延，也可以属于内涵，或二者兼而有之；此外，它还可以带有“情感”的色彩，而这一名词所牵涉到的意义便更为复杂。但是同样我们不能就这些差异每一个的本身而加以说明，也不明白它们在一定的场合如何可以联合起来造成我们独特的特别物。不过事情还不是到此为止。因为我们的性质在空间和时间里面所显示千差万别的现象似乎，甚至还可以说非常明显的，便属于性质所有。我们既不能撇开我们的性质来看这些现象，也不能了解它们当中每一个对这个性质所能造成的差异，由此可见归根到底我们不知道我们所谓独特的究竟是什

么东西。

现在回到我们主要的一点，我们可以研究一下，以上对于自我包容的特别物具有杂多性，所提的驳论能不能找到一个解答。就我所能理解，这个问题有两个出路可寻。我们可以或则(a)否认以上所作论辩的真实性，或则(b)放弃论辩，也可转而依靠所谓“指示”的作用。

(a)我们也可以说，所有以上反对单纯特别物能成为实在的论点，都建立于一种误解之上。假如每一个区别都意味着某种差异的东西，而另一方面差异(我们可以认为)在原则上并不含有同一性的一面，同时杂多性也不暗示有统一性或整体；那么无论在什么地方凡是可以区分辨别的东西就一定是一个单独分开的实在，这样一个存在当然跟一切其他的东西不同，完全是自我包容，具有独特的性质。这些存在正因为每一个都是独特性，所以相互之间不起作用，或彼此相对等于无，其能超出这些独特的实在的东西范围之外的只有它们的各种关系。但是这些关系本身还是特殊的存在，所以每一个关系对于所有其他的关系仍旧是外在的东西。因此，它们当中不管哪一个，对于其本身以外的任何东西，在实际上都不可能造成一点差异。这就是说，我们是可以找到有所谓独特性的，而且在这个世界里面也没有任何东西，无论其为现实的抑或可能的，我们能认为不具备独特性。不拘是在什么地方，“另一个这样”的问题总归是毫无意义，因为(用不着进一步考察)所谓“这样”一词便是绝对的一点意思也没有。

不过，假如我理解得对，确实没有人敢公开坚决采取上述立场。
653 我只想补充批判，指出这种看法所能导致的一个很明显的结论。就

我所能见到，如果依照这种说法，一切“连续结合”的现象、所谓总和、统一或同一性的现象，便完全成为虚幻，不但是难于说明，而且根据这种见解在事实上甚至成为不可设想和不可能的了。

（b）其次，如果我们抛弃这一条（如我们所已知）在逻辑上引导到虚无结果的道路，那我们就可同意在一种意义上，具有独特性的特殊物是说不通的。大家可以承认，我们决不能抹煞每一特别物之中，都有某一侧面超出其本身范围之外，同时也无法明了这个不容不承认的侧面，如何能够离开固有的范围而不至于阻断。但是从另一角度来看，我们也可以认为各式各样的独特的个别物，纵然在某种意味上是不可解的，却仍然都是给予的事实。既是事实，那么即使没有逻辑证明的支持，或者哪怕与逻辑证明相抵触，也还是可以成立。因此，我们虽然不能毫不含糊地给“这个”或其性质下一个明确的定义，但是任凭你怎样辩驳也剥夺不了我们的“这个”。换一句话说，这就是诉之于我们所谓“指示”的作用，这里提出来的真正的问题不外乎有关于“这个”所具的独特性。我想再就这个困难的问题，作一个简单的阐述。*

（4）凡是作为“这个”而出现的东西，我同意，其本身总显得是正面的、自我包容的，从而是独特的。但是从上面的话，并不能得出结论认为“这个”的本性是自我一致、无矛盾的，或“这个”就一定不能显现为超出其本身限界以外。不过我还是同意一般人的看法，把“这个”当作具有独特性。当我们把“这个”看成这样的时候，它对于“那个”消极的指谓便似乎次要、不是根本性的东西了。

* 关于“这个”的本性，可参阅《现象》；关于“指示”，参看《论集》，并参考索引。

“这个”的内部可以包含无限的殊异，但是所有内在的杂多性（在这个范围之内）都从属于它的当下直接的统一性。唯其如此，所以（在这个范围内）是独特的，因为它不容许有所谓超越、割裂（那也就是）以及“什么”跟“那个”的脱节。

但是无论在什么地方，要我们老是停留在感知的阶段和限界以内自然是不可能的。如果我们要求知识，就必得有所理解。我们不
654 能不使用许多观念、接受各种关系，对我们的“这个”来说，正是入于寰中，同时又超乎象外，使“这个”终于破裂。在这种情形之下，如果要说我们的感知还是具有独特性，就似乎前后不符或不可理解了。对于这种指摘，我们将怎样回答呢？须知即使一个人回到天堂，除非他本身没有发生变化，天堂也就不再成为天堂。这里或者任何地方，要想靠着什么“理智的直观”来避免困难，那不过是一种欺骗，我们也久已知道并且予以揭破了。

何况即使我们只限于注意到感受本身的范围以内，专讨论“这个”，试问它的本质实际上彻底说来，又可以认为自己一致到怎样的程度？我们不仅可以看出它通过内容的连续性时时向外扩张的运动，而且它的内部的各种特点还有一种趋势，每一个都可成为“这个”，与“那个”相反对，从而打破原来的统一性。不过如果我们一定硬要使这个不稳定性变为凝固的东西，尽管很不自然，所有的困难我承认虽然并没有解决，也许还是可以抑制下去。然而一到我们说起变化的经验的时候，在我看来，情形又不同了。变化使我们在同一时间与处所之内，有了一个现在的是和过去的是，这里我们接触到的似乎为“是”与“非”的结合，发出一种轧轹而不调和的音调。我们在变化之中还可以发现所谓“尚未”的情况，这当然很明显的

属于观念的、理想的、超越现实范围之外的东西；如果再加上像活动一类的经验，那么我们的困难便越发增多了。* 我们面对这种困难，我想没有别的方法，只有承认从外面来看“这个”确有固定的界限，而从内部来看，它却以某种方式包含着许多歧异并行而不相悖。

但是如果我们立足于其上的假定在事实上证明是假的，而“这个”外面的界限也是动摇不定的，我们又将怎样办呢？在这样一个疑问面前要说“这个”仍然是自我包容确实站不住脚，可是这个疑问能不能够排解呢？如果我们考察到过去或将来以及兼有二者的场合，我们很自然会怀疑到给予的“这个”在事实上究竟有没有固定界限，或者事实上是否在它自己的范围中，同时又超出这个范围之外。当我们看见一个箭在空中飞过时，我们究竟只有一个“这个”，还是有了许多“这个”？如果说是多，那么其中每一个既然都是自我包容的、各自分开的，如何又可以看出箭的飞越是整个统一的？如果箭的运动（不管程途长短）只是一个给予了的“这个”，那么当我们看到一个气球缓缓降落的时候，又将怎样解释？面对这些为我们所熟知的纷歧的现象，我们实在很不容易断言给予的“这个”能有固定的界限。但是假如这一点我们做不到，马上“这个”本身 655
就不再能成为真正自我完整和独特的东西了。

根据我所体会到的，以上分析的结果正可表明给予的事实。至少在过去的方面，所谓“现在”就没有一定的界限，我们在变化之中所经验到的“现在”，便是同时在其本身范围之内而又超过其范

---

* 关于这一点参阅《现象》，索引“活动”条。

围之外，成为既是现在同时又是过去的东西。* 这里认为“这个”能有确定限界的一切借口，便都似乎毫无希望地完全垮台了。尽管它的表面现象好像有所不同，但它的实质确实并非自我封闭，更无所谓独特性。

那么也许有人要问，作为一种正面肯定和自我组成的东西，我们的“这个”是否可以称之为独特的呢？我们的回答必须分开两个方面。确实从一方面来看（我们可以说），“这个”便以独特的姿态呈现于我们之前；但是另一方面，它的内在的特质我们一加探索便似乎成了不一致或非自我包容的。其次，我们只要经过细心审察，甚至不能不承认“这个”虽对我们呈现为独特的东西，但也会呈现为不是这样的东西，其本身不断的转化超出自己的范围之外无论如何，要把“这个”当作单纯的特别物，这一立场（我们也已知道）实为我们所不能，而且也不应当继续保持的。在这个限度之内，我们确实没有理由可以认为“这个”具有绝对的独特性。然而另一方面，我们又可以同意关于“这个”以及各种性质的变易纷歧实际上未尝不存在着某种独特的东西。这里我们确乎可以找到一些正面肯定的东西，决不能完全还原为“这样”的某一侧面。可是这个某种东西归根结底究竟是什么，我们却不可得而说明。因此要想在这里面再前进一步，只有愈弄愈糊涂。我们自以为已经发现了的某一侧面，并不能够产生或引出，即使引出了，由于我们理解的片面不全，也不能确证这就不会或多或少歪曲原有的本性。

（5）关于我们能不能在单纯自我封闭的特别物中找到独特性的

* 参阅《现象》第 40—41 页（随便哪一版），关于“这个”在将来方面的界限，我自己现在感到（我可以加上一句）更加不能承认它有固定性。

问题既如上述，现在我们再来研究一下是否个体或个个物就可看作独特的东西，而不一定是自我封闭的。对于统一的宇宙来说，这个问题我们也已解决过了［第650页］。这里我们所要讨论的乃是有限的个体，也就是比“整体”为小的存在。我们要问，在什么意味中，656
这样一个有限的个体能够认为是真正独特的东西呢？

我们可以设想宇宙为一完整的体系，同时被决定于而又决定着它自己的内容。在这样一个整体之中，每一个成分的特性都完全可由它在这个系统里面的地位与功能而说明。显而易见，如果照这样看法，每一个成分尽管是有限的，还是可以成为个别和独特的东西。就它所具有的任何一个属性方面来说，它也许属于某一种类，但是关于它的本身却只能是一而不可能是多，它自己决不能作为一个实例，或显露为某一种类之所包含许多成分当中的一个。其次，这样一个存在一定是自我包容的，因为它的内容没有一点东西可以超出它的固有的范围之外。它的自我超越的本身永远倒流过来，只能充实并确定它自己个别的界限。因此，这样一个有限的个体当然是独特的，既是相对的独特，同时也是绝对的独特。它的本身也可认为是圆满的，而且随着它成为更加完全和更加独特的程度愈高，它所包括这个全体宇宙的质地也愈多——即加入其本身和为其本身所造成（我们可以这样说）的整体亦越多。这里我们终于发现了真正个性和独特性的观念，也只有在这里从更高的平面一线光明中回顾，才能看清楚“这个”所加于我们而为我们所未曾解决的许多问题。*

* 参阅鲍桑葵《逻辑》第二编第260—261页，并与同著者其他论著比较来看。还可以顺便一提，读者如果留心一定会见到，由于成为独特的不止一件事物，多数独特的事物在其独特性方面，当然可以自成一类。

以我自己而论，在原则上我是可以接受上面刚刚说过的一番话的。这种见解在我看来不单是对的，而且具有极重要的关系。但是另一方面，这种独特性的个体实际的呈现，却不能（我必得要指出）通过我们的观察或思想得到详细的检证。或者这个呈现虽然获得证实，我们对于任何处所的任何个体，也无法揭示其在事实上完全实现的原理。它的圆满真确的实在所寄托的境界，为一切理智生命的泉源和归趋，可是另一方面，又超出实际观察或彻底了解所能达
657 到的范围之外。唯其如此，所以每一个有限的个体一方面在不同的程度上又是不完全的。它的本身并不十分调谐，也从来不是完全地自我包容；它的存在和内容我们可以看得出来总是或多或少地分为两截。因此，完全的独特性和个性在一种意义上始终不过是一种可望而不可即的理想。那个理想毫无疑义是可以实现的，而且不管什么地方都在多少不等的程度上得到实现，但是显而易见却没有一个地方它能够得到完全的实现。

每一个体在一种意义上，我们可以肯定，就它自己的等级和地位来讲都是圆满充足的；而且在其争取成为完全的过程中，它本身便已经是独特的和完整的，不过这都超乎我们观察力以外，如果我们问到每一个体本身确切地说究竟是什么，这样一种详细具体的理解便是我们怎么也达不到的。在这一点上，宗教的信仰也许不同，但就连这种信仰，它的细节超过一定的限度也是不可知的。每一个体自身有几多是实现了它所固有完全的和独特的存在，有几多在任何场合必得落在它的界限之外，我们谁也不能够知道。没有一个真正的宗教，我们还可以指出，能在这个世界或任何别的世界中，找出理由来证明个体或个人就其本身来看便是圆满无缺的；它也决不

会想到要逃避上帝的恩惠、逃避在不断的劫运中求得永生。

由此可以认为绝对独特的东西，第一，是宇宙本身；其次，是有限的个体，由其在那个整体以及各自从属的体系之中所具有的特殊的地位和功能，决定了它的自我包容的本性。这里我们有了一个自我，其所以成为单数或独一，正因为它是一个有机体的成分之一，同时也就超出了它的本身范围之外。这种意义的独特性在事实中可以找到，以不同的程度实现于存在中。可是另一方面，我们也已知道，其中详情细节无论在什么地方都不能完全为我们所了解，所以这一原理对我们的理智来说，又始终是一个超乎事实以外的理想。

本文还指出了独特性有消极或否定的一面，也有积极或肯定的一面，并揭示了后者的本质是什么。我也说明了相对的和假借的独特性，跟绝对的独特性二者的区别。接着，我又提出了这样一个问题：绝对的独特性在什么地方才可以找到？首先，宇宙是独特性，
其次，有限的个体，作为统一的系统中之一员，都被决定了有其特 658
殊的本性，从而取得绝对的独特性。这样一种自我包容的个体（恰和统一的系统一样），虽然在一种意义上始终是一个理想，但是我们却只有在这里（如我们所已见出）达到了我们的目的——这个目的对自我存在的特殊物而言，只是盲目地追求，无论它作为存在也好，或作为性质也好，同时此一目的也由“这个”而模糊错杂地呈现于我们之前。这里所有遗留下来未曾解决的疑难和矛盾，唯一补救的方法（我们已经发现）只有靠着所谓个体的原理，通过一种特殊的自我超越，才能获得它的本身独一无二的实在。

659

第五篇　论“这个”

关于“这个”的本性，我已在《现象》中详细讨论过，在“论文集”中以及这本书前部，我曾重述。但是还有两点这里必须加以说明。

(1)对于“这个”的外面的知觉，我在本书显然太强调了它的重要性。这在实际上虽然不一定构成一个错误，但至少做了不适当的强调。因为“这个”也可以同样显示于单纯内心的幻想之中，不管在什么地方它都属于直接经验到的东西。例如，每一个注意的活动都可以成为一个“这个”、“我的”和“现在”，即使我们不情愿加上“这里”一项的话。所有“这个”、“我的”、“现在”和“这里”之所以有其特殊的征候，简单说一句，便由于它们形成我们的*感受*，每一个都是我们直接经验，或(假如你愿意这样说)个人经验的一个侧面。感知一词可以用来指我们在任一时间内所感受到的整个的实质，也适用于那个整体所包含的某一成分，只要那个成分为我们所特别着重，或者如我们所说为我们所更加亲切地感受到。尽管这里面含有排斥或对比的作用，使它的意义蒙上不同的色彩，但那个意义仍然保持不变。无论何处它总是靠跟感觉中心具有正面不间断的统一性，虽然那个中心(我们已经指出)也可以采取狭义的解释。“现在”、“我的”和“这里”，每一个(简言之)我们都必得认之为“这个”的一个特殊的侧面；而“这个”则根本属于感受的范围，

决不能仅限于看作外在的知觉。

（2）在另一点上，读者也可以找到一种过甚的说法，我以为这就等于一个现实的错误。前面曾经提出过这样一个问题，就是在什么程度上，“这个”作为一个观念，能够用作宾词而指向实际的“这个”范围之外（参阅本书第 63—69 页）。现在用不着直接讨论前面已经说过的话，我只想指出这个问题照我的意见是怎样解决的。

首先我想这是非常明显的，我们确有像“这个”、“现在”、“我 660
的”和“这里”一类的观念；而且似乎同样的明显，这些观念也被用来指谓本身并非直接经验到的东西。我们且以我们自己幻想的世界为例，每一个幻想的世界都有其独特“实在的”系列；而在其中每一个里面又可以想象出其他的世界，其中每一个同样又可以描绘成包括许多幻想的居民，如此可至无穷。这里每一个地方，我们确实都使用着“这个”、“现在”和“我的”等观念，同样的确实，我们使用这些观念正是越出了我们自己直接经验的范围。由此可见我们好像不可否认地超越了我们的现在的“这个”，可是另一方面，我们的各种实在的和幻想的、真确的和可能的世界所构成的整个宇宙，归根结底又似乎建立于我们原有给予的一点之上。问题就是，这里有两个真理表面上互相冲突，怎样才能把它们调协起来呢？

无论什么东西，只要在任何意味上是真实的，就必得把握到统一的实在。所以我们感受到的“这个”在此限度之内便是实在的宇宙。但另一方面，宇宙虽然就在于“这个”，同时却又不止于并超出于“这个”，它本身包含着无数其他的“这个”。因此，我的“这个”既是整个宇宙，而又小于整个宇宙；作为小于宇宙的东西，它只不过成为“实在”的一种现象。所以另一个“这个”的观念可以用于超乎我的“这个现在”以外的东西，它所指谓的“实在”虽然显现于“这个现在”之中，同时却越出那个有限的现象之外。如果这样加以理解，我们所感知到的“这个”，通过它的其他的实例和观念，而发生超越的情形，也就似乎有充分的根据了。

但是这种超越从不同的角度来看，仍然是不切实际的。归根到底，你决不能当真进行抽象完全撇开“这个现在”，确实这个宇宙里面也没有任何东西最后能够让你这样来抽象。因为假使你的“现在这个”一旦被取消，那么任何观念的确述，无论其属于“这个”抑或属于其他随便什么东西，马上便都要成为不可能了。这样一来，跟你的“这个”统一而不可分的整个实在的宇宙本身，都将完全随之而消逝。须知每一个观念(你可以说)不外乎是对你的“这个”而作的肯定，因为每一个观念都只能对于整个的实在为真，而你的“这个”正是跟那个实在分不开的。同时那个实在既然包括着而且大于它的任一成分，很自然的可以接纳一切超出你的“这个”的范围之外的观

661 念。这里在原则上，我想我们正好给我们的问题找到了一个解答。

从经验上显而易见，一方面我们确乎掌有“这个”的观念，我们也把这等观念应用于我们的给予的现在界限之外。可是另一方面，我们又似乎很明显的不止于从给予的“这个”出发，而且在一种意义上自始至终继续要靠着它作基础。我们整个秩序井然的宇宙，便可以称之为建立于直接经验之上的宏伟结构。* 实际上我们从来不能离开我们的“这个”，因为我们必得认定这个宇宙跟它成为一体

* 在感知或给予的东西所具性格特征里面，当然也必存有几分稳定性，否则任何结构都将成为不可能的。但是关于这一点我在这里不打算多说。读者可参看第 477 页脚注。

无法分开。然而另一方面，那个宇宙又比任何特殊的“这个”大得不可计量，因而无形之中便把我们以及我们的观念，跟着它的自身，带到感知的现在十万八千里以外去了。根据以上所说，我希望我们可以对本书错误的地方作出应有的校正。但是如果读者提问，归根究底统一的“实在”怎么会有这样一种特性，能够表现为变化无穷的特殊的差异，我只好再重复一句老话——照我的见解是没有办法来说明的。

662

第六篇　否定判断

I. 关于这个问题，本书内容有一些严重错误；对于这个问题的讨论，在某几点上，甚至是很肤浅的。要辩解的话，我只有指出，我的本意是要尽力之所及坚持“常识”的立场，避免在逻辑里面谈到终极问题。这个结果无论如何是一部分失败了。但是后来我在原则上已经接受了鲍桑葵博士所提出的理论，以下的陈述我想主要都得力于他的启发。不过我还是要或多或少地按照我自己的方式，来说明我现在所承认的见解。

每一个判断都有两个方面。一方面它可以把握终极的实在或整个的世界。另一方面，它又是把那个世界看作呈现于其所着重的一点那样来加以判定。* 所以每一个判断都是有选择性的，标志着（我们可以说）我们从这个宇宙里面所作某一特殊的区分。无论何处我们总是指谓着这个或那个，而且还“特别”意味着我们**不是**指着其余的东西，至少不是以同样方式。

可见在任何一个判断中，你都有一个整体，从这个整体里面你采取了某一点（“这个”），而实际上，虽然不一定在形式上，把它跟别一点（“那个”）区别开来。读者很容易体会到，既然在一个整体

---

* 参阅论文第二篇，第 629 页。

中选定了一点，下余部分事实上当然都成了另外一点，其本身此时也就包括在这个整体之中。所以当你肯定了“这个”的时候，实际上也就否定了它是“那个”，这样你自然便是在同一宇宙之中确认了两个差异的东西，每一个你发现都跟另一个相排斥。这就是说，每一个判断在本质上，都是否定的和选言的，虽然表面上看不出来。归根结底，只有通过同一整体中的选言结构，所谓否定才能为我们所理解。

当然，判断并非明显而有意识地都是否定的和选言的。同时我想也没有人能够抱着这样的见地，除非他只限于考虑高度反省阶段才有的判断，在这等判断中我们不仅在做，而且明确意识到我们在 663
做什么。但是观念和判断确实（我们知道）可以存在于各种不同阶段，[*] 原理上暗中蕴涵着的东西不一定一开始便显示于心智之前。判断的某一特质并非随处都可为我们所注意或认识到，你不能因而确定判断就根本没有这么一种特质。

举很简单的判断作例，我说“这里就是这个”时，是在宇宙万物中选择了某一特点或侧面，我并不明显否认我的判断之所否定的东西。换句话说，我把“这个”放置在我的世界的一边，却没有自觉地把任何“那个”放在另一边或被排斥的一边。相反，我只是在我的全体中着重抓住一点，而没有理会其余的因素。不过这些下余成分不管怎样当然还是在那里，而且确实为我们所经验到了。因此，就连在这个初期的阶段，在某种意义上，我也已正面意识到了有一个总体，其中明明包括着被着重的一面和被抹煞的一面。

---

* 参阅第 626 页及索引。

这样的挑选尽管是自发的和不自觉的，但一开始实已存在于判断之中，这种挑选（我们还可以加上一句）也就包含了抉择的意志作用。这并非说它已经含有发展了的选择行为，不过根本性的选择原理确乎早已有了。它的区别暗示着对一个整体的肯定，这个整体可以化为“这个”和“那个”而提供于我们之前，同时它又只是（也可以说决不少于）这一个而不是其他的一个。我们的宇宙随伴着情况的变更，可以随时显示或隐藏这一侧面或那一侧面；适应不同的条件，它的本身可以发露为“任何一个”，时而成为这一个，时而成为另一个。在我们初步的区别和这样有意识的结果之间，我同意当然有一个很大的距离，因为在后一阶段，我们已经把这个世界看作一个有秩序的体系、表现各种差异的图式，其中每一个区别都是一面排斥所有其余的成分，同时又给这些成分构成肯定的修饰限制。但是这里面演进的轨迹却历历可寻，它的过程清晰地表明了最后的目标在某种意味上自始便已呈现，不过经过逐渐地发展，最后终于达到认识其本身活动原理的阶段。

II. 这里主要是要请读者参考鲍桑葵博士的《逻辑》，现在我只
664 想进一步说明一下我们已经获得的结果。不管在什么地方，否定总必有一个基础，不仅限于一方面，而是两方面都如此。一定要有一个理由、一个正面的性格特征，然后才能使“这个”排斥“那个”，而“那个”也从它的一面反对“这个”。决没有这样一种区别，能够无缘无故地凭空而至、强加于一点根据也找不到的地方。可见区别和否定都具有决定和修饰的作用，尽管我们不能处处详细知道它们的实况究竟如何。这里你不能说我们的出发点仅乎抹煞了剩余的东西，或者只限于单纯的排斥，显然不存在什么建立于一定基础之

上的选择作用，至少决没有上述那种情况，这样说是毫无用处的。这等辩驳，我又要重复一句，还是错将纯粹的抽象当作给予的事实。因为凡是在我们实际有所分别的地方，凡是我们在任何意义上经验到了某种因素既呈现而同时又被忽视的地方，我们就已经超过了光是排斥的阶段，如果确有那样一个阶段存在的话。一个区别而没有任何差异作为它的基础，这确实只能称之为怪事，在片面的理论中才可能。

这里我不打算细说一切区别和分析如何只能发生于一个能动的整体之中，也只有靠着这个整体才能够发生，以及反对和冲突的情形如何必须以同一性为基础。我们实际上是有了在"反对"运动中的许多差异，通过它们局部的同一性，都要占领那朴素的相同之点，从而对于那一点以及相互之间都发生了修饰限制的作用。* 我们所经验到的殊异便暗含着部分的合一或同一性，不仅乎属于一般的性质和在统一的整体之中，而且以特殊的方式存在并归属于各别的下位组合。所以无论何处，排斥的作用总要靠着"这个"通过局部的同一性，而对"那个"发生修饰限制的倾向。正是这种企图及其挫折经过我们反省之后，才把我们的拒绝变成有意识的否定。但是从最初开始起，区别和否定确实都已有了它们的根据。它们之所以能够产生，便因为在这个宇宙之中，到处贯彻着同一和差异的准则。只有通过同与异的网络，这个世界所包含的一切成分才能够不断地分合，而组成井然不紊的秩序。

我的世界之中到处都存有一个理由，即为什么"那个"一定要

---

* 读者可参阅本书及《现象》索引有关"反对"或"冲突"的项目。

求直接与“这个”成为一体，和为什么它不能达到这个目的，以及为
665 什么到后来我又不能不把这二个彼此相区别的东西兼容并蓄。这里面确有一种根据，我在这两方面的任何一方面有所区别的时候，不管所区别的是什么，都必受到它的修饰限制；而要想理解我的世界，无论是在什么地方，我也非力求把这个根据或基础揭示出来不可。因此，我一定要将我的经验变成功一种选言结构的总体，其所包含各别的成分，依照不同的条件，可以很明显地互相蕴含而又互相否定。只有通过这些成分的相互替换，我才能够虽然是不自觉地，却始终指望着一个统一的系统，它的内容各成分交相制约，而它的本身也就寄托于并且决定于全部的成分。这样一个期望我同意是决不能够完全实现的。但是我们已经看得很清楚，这在原则上怎样从最初起就是如此，以及否定是怎样有助于一切正面的结构，而且也就根本蕴含于正面的结构之中。

III. 说到这里，我要探问一下究竟在什么程度上否定可以认为是“不实在”和“主观的”。我的这部著作在这一问题上是有缺点的，因为它承认有所谓“飘移的观念”，见不到在其自己的领域之内每一个观念都有其实在。* 如果撇开这个错误，我们马上就可以说明，一切否定都是实在的，而其所以实在，正因为它是相对的。它所否认的内容决没有被绝对地排斥。那个内容是不会就此化为无有的，它仍然在其他的地方修饰着这个宇宙。在这另一个区域，它还是有其自己的正面的真理和实在——不管后二者的分量以及最后的本性

* 参考索引。所有以下各节得力于鲍桑葵博士《知识与实在》之处甚多，参阅第214页以下。

如何，以及在什么条件之下被否定的内容，虽然变化很大，并无碍于找到它的目标。除非你有了一种意义和一个观念（我们自己可以反省到），你就谈不到能有什么否定；因为否定非有一个观念不可，而无意义的观念又是没有的。可是另一方面，无论何处只要你有了一个观念，那个观念（我们也已看到）便一定具有实在。它对于其他实在事物的否定的关系（我们又是已经知道）仍然属于我们的宇宙，同时并修饰着我们的宇宙，即使在我们归根到底不能明白检证这个结果的细节的地方，也还是如此。

其次，否定也决不是“主观的”。你可以把它跟肯定作比较，如果你愿意的话，也可以称之为更加“反省的”东西，这个意思在一般的场合大概就是说，我们先知道了我们有所肯定，然后我们才会知道我们有所否定。但是这样一种比较在先或更多的自觉，在这里尚无关宏旨。我们的“客观的”世界里面纷纭变化的各种区别，决

不能因为它们可以说是由我们而作出，或者因为我们知道是我们造 666
作了它们，于是遂都变成为仅乎“主观的”东西。恰恰相反，它们正是形成了那个世界的根本结构。我们的否定之所排斥的隐约的提示（我们在前面也已说过），虽在已经证明为不相合的地方，还是建立于一个真实的同一性之上；而我们的摈斥，其实也就是在那个同一性之下，肯定了一个真实的差异。简言之，否定的基础便暗含着一种非常实在的选言结构，它的目标就是要在我们的面前展开一个有系统的实在的图像，而使我们明白看到相互补充的各种差异的总体。这样一种观念的或理想的世界（我要再重述一句），对我们来说当然是决不能够完全达到，任何一个世界如果像这样，在原则上，

都是谈不上终极的真理和实在的。* 但是另一方面，我们的结果却可以接近体现那个完全的目的，它的丰富多彩和真确性，远超过于任何单纯肯定所能达到的程度。因为单纯的正面不过是片面的抽象，恰和纯粹“事实问题”一样，离开最后的实在和真理是太遥远了。

如果你把你的实在世界局限于一个肯定的位置，又认定这一位置与整个宇宙相合一，那么，在这种情况下（假若这是可能的），我承认否定当然变成了仅乎是“主观的”。这时被排除的东西已经不知去向，因为它已经没有了任何其他立足之余地；不过另一方面如此一来，就连它的排斥也显得不真实了。这一过程现在只好等于无，除了能够认为它是发生于我的内心里面的一回事而外，换句话说，就是只能把它看为一个单纯心理的事件。采取这种看法，它当然就成为“主观的”了，恰如“幻想的”东西之被称为“主观的”一样，假若我的“实在世界”便与整个宇宙相合一的话。但是一个单纯片面的排斥（我们也已见出）决不能成为真正的否定。那正和纯粹的无相似，不过是从相对的东西变为绝对的事实而得到的一种抽象。即使它不是全无意义，归根到底，也不能不认为自相矛盾的。

IV. 本书第一部第三章第十三节所提的驳论，鲍桑葵博士已经指出是不恰当的。** 确实，当我们说“不是”的时候，我们可以撇开一个观念，根本不考虑或者顾及它落到什么地方去了；在这等处所所着重的只是作出摈斥，对于我们的正面基础似乎并不发生影响。但是作出这样一个否定当然没有理由可言，在这种场合我们就是糊

* 参阅《现象》索引“真理”条。

** 参阅他的《知识与实在》第 226 页以下。

涂含混地把纯粹的抽象当作事实。真正的确认与否定（鲍桑葵很中 667
肯棨地阐明）作出的时候，总必带有某种意向，决不能离开一定的利益和兴味。我们总有一种理由为什么要作出这些断定，而这个"为什么的理由"正是一个基础，它对于我们原来的立场是不会不发生修饰制约的作用的。另一方面，凡是我们不知道我们为什么要否定的地方，我们自然也就讲不清楚我们否定的用意，以及那个否定如何通过一个特殊的重新断定而修饰限制着我们正面的基础了。

在本书第一部第三章第十三节所举的实例中，我们的否定是继续肯定着灵魂和各种不同的客体之间的同一和差异，每一个场合所着重的仅乎是一个未经述明的差异之单纯的事实。但是尽管如此，它还是确认了所有这些东西跟灵魂一样，都是属于同一宇宙里面的成员。既然是这样，这些特殊的对象当然都与灵魂发生关系，又因为它们都是不同的，所以它们的关系也相互各异。这个变异在我看来一定会影响到关系，从而也必制约着灵魂。我们也许不知道，甚至归根到底不能明白这个不同的制约的作用是怎样，不管是在什么地方。但是至少我们总把宇宙看作一个整体，彻头彻尾都是相互决定的，这样一种修饰制约的作用必得存在。可是就我们现在的目的来说，它究竟是怎样，我们大可不问，假定它只是排斥的作用，我们便可以认为这种修饰限制无论何处都是一样。但是除非从一个抽象的片面的观点来看，这样一个结论当然是虚伪的。

鲍桑葵博士在这一点上很正确地举了一种无意向或无目的的肯定的例子，这个肯定同样好像对于它的主词也没有修饰的作用。譬如三的数目，不管我已经学习了多少新的知识，对于神话中尾上有三个头的蛇身怪物来说，也似乎并不能断言什么真正新的东西。

但是假使一个判断在理论上全无意向，也毫无用处，那么在这个限度以内，我们可以说，它就根本不成为一个真正的判断。这样，或则它便是一点意义也没有，果其如此，作为一个判断，它就等于无；或则它的意义和效果，便都落到我们在这个瞬间所能有的知识范围之外去了。我们对于肯定判断必得坚持这一真理，而在讨论否定的时候也应该同样严格地来应用它。但是关于否定判断的本性，这里我不打算再作进一步的探讨，读者仍可参考鲍桑葵博士的著作。

第七篇　论不可能、不实在、自相矛盾和无意义 668

I. 本文想把以上各项名词作几句说明，这对读者也许是有用处的。这几个名词所包括的范围很广，如果详细讨论它们的意义，势必牵涉到哲学上大部分主要困难的问题。这里我只能提出一个简单表明我自己所承认的一些见解，以就正于读者。

本书前面（第一部第七章第二十七及第二十八节）已经指出，
把“可能的”和“不可能的”看作彼此矛盾乃是一种误解。为了使 837
这个误解更加明显，我将再从我所理解的所谓“可能的”* 究竟是什么意思说起。所谓“可能的”就是（a）具有局部的基础或根据。因此，它必得要有某种意义，而且决不能内在地与其本身相抵触。这便是它依靠这个实在世界，而且也就在这个世界之中，有其基础的应有的涵意。但是除了这一我们可以称之为一般的和抽象的基础之外，可能的东西也可以同时具有一些特殊的基础。这些基础在分量和重要性上的相异可以无穷多，从最低不完全可能的程度到最高完全的程度都会发生。一旦达到了最高点，可能的马上变成了实在的，我们所要处理的也就不再仅仅是可能性的了。其次（b），我们还须

---

* 参阅《现象》、《论集》及本书的索引。

注意到，在可能的东西里面，除了正面的特点之外，又含有一个否定的侧面。即无论是在我们的知识里面或者假定里面，这个世界决不能有一点什么东西与所谓可能的“实在”绝对冲突。这是根本点，同样根本的是：以上这一消极或否定的作用，应该要看作我们的现在知识之中存在着的失败或缺点，一时找不出实际相冲突的东西。如果把这个缺乏误认为真正没有矛盾的一种正面的知识，那就会构成大错而使可能性陷于毁灭。

可能的东西（我们也已知道）在此限度内就是实在的。而另一方面，凡是实在的东西也就是可能的。因为存于可能性之中的任何
669 正面的因素，都为实在的东西之所固有；而所有反面或否定的成分，只要我们把它看作只限于仅仅不存在和失败的意义，便根本接触不到实在。只有当你加上“至多”两字来修饰“可能性”的时候，从而越出了实在的事物至少是可能的这一真理的范围之外，实在的东西才会变成不可能的东西。但是如果无论何处都将“可能性”理解为“至多是可能的”，那又正好堕入前面所说的误解。这实际上是使用你所不能认为适合于对象本身的东西来限制你的对象。这便一定引起混乱，造成很危险的错误。

如果你断定了根本冲突的东西的实在，那么可能性就要变成不可能了；另一方面，如果你否认上述的实在，那么可能性又马上成为实在的东西。所以可能性之所要求的乃是，在你的知识之中现在还没有什么真正不相容的成分，再加上关于可能性的一部分正面的根据。在我看来，如果把存于我的知识范围之内的单纯的失败或缺乏，当作真正没有矛盾的东西存在；或者另一方面，把它当作就是否定了全部的谐合性，这两个场合中的任一种都是错的。在“至少

是可能的”这句话里面，着重点是落在“可能的”三个字上面，虽然这个可能性是局部的，然而却是正面的。可是在“至多是可能的”中，整个的呈述借以修饰的着重点也许便带有毁灭性，因为它好像可以变成全面依靠单纯的无知。的确，所谓“至多是可能的”这句话是讲不通的，除非你把它理解为“知其为可能但决不比这个为多”。

真正与可能性相矛盾乃是“任何不能成为可能的东西”。显而易见，这决不能包括随便什么实在的东西在内。归根结底，这便等于说“根本不能成为任何东西”。至于“简单可能”与“有条件或相对可能”的分别，除顺便一提而外，似乎用不着多说。关于可能性就说到这里为止，以下我想来谈一谈“不可能”和“不实在”是什么意思。

II. 所谓“不可能”决不是仅仅没有可能的东西，它的含义确实不止于缺乏可能性。我们不能认为要想任何东西成为不可能，先须把它设想为可能或拟想作可能似的，这是说不过去的。但是我们可以毫无夸张地认为，所谓“不可能”一方面虽然不是可能的，同时 670
又必得不止于此。因为它一定要含有被一个正面实在的基础所排斥的观念。这个基础的范围和重要性可以有很大的变化，但是除非我们确认它是正面存在着，便无从获致不可能性（参阅《现象》索引）。所谓不可能性（再重述一句）决不在于单纯的缺乏，而成为不可能便意味着实质上一定要受到上述拒绝和排斥的制约。然而另一方面，单是没有这样的拒斥也不足以使任一事物成为可能，因为仅乎凭着这一点，可能性并不能获得它的正面的成分。

如果要问“不可能”和“不实在”的区别，那么回答是：两者中以不实在更为抽象。凡是不可能的东西，一方面是不实在的，同时又必不止于此。假如你从“无”出发，不实在较之具体得多；因为它显然加上了绝对“实在”或相对“实在”所排斥掉的特色。同样，不可能还要更加具体，因为这里已经蕴含着作为排斥的正面基础不是实在，而是带有某种特性的实在。只有在现实界有某种特征使一件事物不能存在的时候，然后这个事物才会成为“不可能”。既然如此，在“不可能的”东西里面，一定包含着一种潜在的推理作用，以及其所暗示的“为什么”的提问的倾向，也就是很明显的了。

III. 这里我们来回顾一下我们所说的“无”是什么意思，即使多打几个岔，对于我们也许还是有帮助的。我们也已见到，“无”比不实在或不可能来得更加抽象，在某种意味上后二者都建立于“无”的基础上。无论由现实发生的排斥，或者出于某一特殊实在事物的排斥作用，一到我们认为是“无”的时候，便完全归于消灭。单纯的无最好把它看成这样一个观念，就是“那个”排斥了一切的“什么”，也为一切“什么”所排斥。它不同于单纯“存在”的观念，因为后者的重点是落在正面的一边。这就是说，在“存在”的场合，不过是“某些什么”仅仅没有出现而已，但并没有受到摈斥，除非你进一步用“单纯”一词来对“存在”加以修饰限制。相反的，对于虚无来说，着重点乃是落在排斥的一面，我们所能有的便不是一个单纯的缺点，而是根本否定掉正面的修饰。但是所有这些观念（我们可以加上一句）都是有矛盾的。“存在”给我们的只是一个空虚的对象，既然是空虚的，当然还不是一个正面的对象。可是另一方面，就“无”
671 来说，我们便已超过了单纯的空虚和缺乏。这时我们剩有的只是一个对象的抽象，这样的对象拒斥了一切修饰，从而结果连它的本身也不得不被完全排斥掉了。

IV. 现在我们再来一探所谓“无意义”究竟是什么意思。我的解答：所谓无意义就是这样一个对象：第一(a)从它本身来看是积极的、正面的东西，但是同时(b)它又提供某种意义——即其所包涵的某一观念——虽然这个意义和观念实际上是没有的。无意义就是出现于我们的面前，作为具有某种意义并提供此意义的对象之丧失其意义。这就是说，我们有了一个空洞的思维、不实在的思想，不是因为它排斥了它的对象，而是因为这个对象本身的失败。换言之，即作为包含于对象之中而提供出来的东西，也就是没有了它思维便将陷于无助之境的东西，经过实验却证明了原来是缺乏的。

V. 讲到这里，剩下来要考察的便只有自相矛盾一项了。其实以前所说的各项显然都可归入这个最后一类。这些观念虽彼此不同，本身有抵触则是一样的。凡是一个对象本身具有某种意义，而这个意义又是毫无所有；或者一种思维，而一切“什么”都被或从其所思维的对象排除净尽；或者光是一种排斥性，而没有一点实在的东西可被拒绝或发生拒绝的作用——像这等观念不管花样如何繁多，其本身都是有矛盾的。我们越想把这些互相冲突的方面合拢在同一对象之中，使每一面都保持不自然的独立状态，我们便越是一定会遭到失败。结果我们只有彷徨于幻灭与新生之间，最后不可避免地回归于自我消解。

这样一种性质的自我冲突和内在的斗争，便是我们进行抽象时所获得的所谓“自相矛盾”的观念。它的本质便是一些不调和的因素的结合，一加细究，到处都可以发现破裂的迹象，除非由于错误或人为的手段让它表面成为凝固。因为单凭它自身来看，如果不通过一个集结作用而由外强加以某种统一性，“自相矛盾”便是无从

设想的。但是如同我们所已讨论过的其他否定或消极的观念一样，自相矛盾无论何处在我们的经验中也有一个积极、肯定的方面。其
672 所以能维持完整而有其存在便靠着这个外来的纽带，而它要符合于其本身又须进行抽象超出这个纽带之外，但是撇开纽带的维系，它就会甚至不能形成为一个经验的事实。这么一种统一性虽然只限于外表，却是完全必要的，在我的《论集》中已经有了详细的论述(第41、269、274、302页)，关于这一整个的问题，读者可参考拙著《现象》附录注释A。我们可以得出一个结论：要想恰如其分地把握“自相矛盾”的本性，我们必得着重一个抽象的方面，可是这个抽象的方面单凭它的本身，我们又是找不到的。简单说，任何地方也不会有像单纯“自相矛盾”这样一个事实。

VI. 的确作为这篇文章主题的几个观念，在大多数场合，也许都可不加区别地使用。不过虽然如此，它们还是有分别的，它们的差异的重要性可以有程度的不同。与单纯的“非实在”相反，“不可能性”使我们注意到“实在”之中也许被我们忽视的方面，正是这一方面造成了并且可以拿来解明排斥的作用。其次，“无意义”不同于纯然“非实在”之处，就在指出了要求提供某种意义的东西所具正面的存在和特质。而在“自相矛盾”的性质中，我们就更加非注意考虑正面事实的这一方面不可。存在之中这一特殊本性正是支持着这里面的冲突而使之成为可能，也许通过那个不和谐正在导向重大的结果，如果把它简单化，认为不重要，轻忽了它，那就要造成不幸。因此，仅乎注视到我们的世界某一区域或因素的矛盾性及其最后的不实在，就会使我们自己实际上不能掌握辨察与盲目之间的差别。可是这里要想列举述明在哪些情况之下，所有以上的

名词使用起来必须加以区别，任何这样的企图又是不可能的。

临了读者也许要问到在形而上学中，对于上面刚才讨论过的几个观念，应该给以怎样的地位；我们的回答很简单。像这等观念所具有的实在，首先就决不是终极的。这便是说，我们必得否认这些观念就其本身来看能够成为实在。因为它们的存在便在于，而且仅仅靠着一种抽象，这种抽象只会使生动的实在趋于瓦解，而如果要保持住的话，就必得消灭生动的实在。但是如果再问到这样一种抽象，其本身如何能够成为可能，并且以事实的姿态出现——这个问 673
题归根结底又是无法解答的。这不过是为什么能有像有限存在这种东西的终极问题的另一面。照我的看法，要想给这样一个问题求得所谓解释，是徒劳无益的。然而另一方面，如果要问所有抽象片面的性质怎样能在整体之中最后终于得到弥补，这个问题我想在原则上是可以答复的。一个现象里面所包含的任何东西，只要那个东西带有某种正面积极的意味，便不能设想它可以归于湮没或消失，这一点似乎是很确定的。另一方面，在具体的总体之中，通过相加、还原以及再结合的作用，万有现象的划分和冲突，无论在什么地方，又能复归于和谐一致。一切片面不全的性质，一经转化之后，每一个都能以其全部的内容，使完整统一的实在更加丰富起来。不过要进一步研究这个大问题，读者还是参考我所著的《现象》和《论集》。

674 第八篇　关于绝对真理和盖然性的几点意见

I. 读者如果联想到我在这本书里曾经提出的一些问题，也许盼望我在这里详细讨论一下剥夺或否定知识的问题，以及有时我们很认真地，如果是不自觉的话，要把知识建立于无知之上的企图。但是这一问题细说起来不仅所费的篇幅也许太多，而且恐怕大部分还将重复我在拙著《现象》（第二十七章）中所已阐述过了的理论。主要的一点就是，在逻辑上单纯的无知是没有它的地位的。无知而当作信仰或不信仰的基础，这种无知总必是一种知识，当然是局部的知识，但仍然是正面的知识。单是说到一个未知的“其他的东西”或“另外的样子”，这个提示本身便有了矛盾——这种拟想归根结底毫无意义，在逻辑上等于无，除非我们先已有了一个已知的“实在”的领域，可以作它的寄托之所，除非在这个限度之内，它的未知的“另一别样”已成为现实知识的素材。就“绝对真理”来说，我也已指出，可供上述提示托足的地盘是没有的，所以我们也不可能设想一个“其他样相”的观念。而在“相对真理”的场合，相反的，这样的地盘便随处都可以存在。

但是绝对真理和相对真理二者当然都与“绝对实在”相符合，

因为这便是真理本身的含意。不过前者对作为全体的整个宇宙有效，这便意味着绝对真理超出宇宙之内所形成的一切选言结构之上，而不是含于其中或隶属其下。相对真理与此相反，都是从属的东西，归于其所服从的某种区别之下，而落入一定的范围之内。所以就相对真理来说，在原则上我们总有一个位置可以给予“其他”的东西，而这在绝对真理便是没有的。在选言结构的知识形成之前，我们可以说本来并无绝对真理与相对真理的区分，而一到我们的知识达到完全的地步之后，这个差别又将复归于消灭。在一个完全的体系里面，便不会有任何未知“其他情况”存在的余地。这时，单纯选言结构统摄于更高级的知识形式之中，每一个真理本身都表 675
现为同一不可分的生命具体而统一的自我发展，同时是相对的又是绝对的。但是实际上这样的体系是不存在的，而且就我所能见到的来说，这样的体系也是不可能的。因此，我们有了的乃是一个相对真理的世界，然而同样的确实（我也已申述过了）我们也有绝对的真理。

这里，我必得回顾一下我在别的地方所已说过的对于真理与实在关系的见解。这个见解我以为就可把绝对真理的存在，跟一切真理必有的不完全性调协起来。我也已说明了这里使我们陷于二难困境的问题怎样才可以解决。一个真理可以是不完全的，因为它不能实现真理应有的理想；然而如果它在理智上不能得到订正，因为没有任何可以理解的“其他情况”存在，那么这样一个真理也就成了绝对的。我以为这种解决方法是能够满意的，详细说明读者仍须参考我的《现象》和《论集》。我还敢说（虽然这样想法不大可靠），我的结论便已预先包括了一切反对的理论所能含有的任何真确的成分。

但是还有几个问题我要转回来一说。有一些困难我想再来讨论一下，其次，在某几点上，我还要试图减少读者对于我所作出的论断可能引起的反感。如果我不能做得稍微多一点的话，至少我可以希望消除一些误会。让我先从以盖然性为根据的这一类反对的论点说起。

大家好像都有一个自然的倾向，要根据盖然的东西来否定绝对的真理。如果你把判断当作一个心理的事件，那么我们可以说它便总会有一个机会变成毫无意义；[*]在这种情形之下，显而易见也就没有了真假的问题。即使我们只限于考察真实判断的时候不管是在什么地方也一定（经验似乎可以证明）存有错误的可能。我们还可以指出，这个错误的机会在形而上学思辨的范围中，似乎不但没有
676 减少，反而格外增加。讲到形而上学，我们可以发现，就连它的最高和最根本的理论，也似乎首先便不能免于不确定性和怀疑。所有这些都大大增加了不利于我的概率，而我还要来坚持在形而上学上有所谓绝对真理，（也许有人会问）这岂非是不近情理么？

但是从另一方面看，我们有一个古老的反驳，我以为仍然是颠扑不破的。[**]以上所说的各种论点都假定了其所要否定的结论，而且便建立在这个被否定的结论之上。至少你的有关盖然错误的知识之所根据的那些真理，如果你不能把它们看为可以免于一切怀疑，那么，的确你的论证就将成为乌有，最后你所说的便不过是空

* 参阅第 155 页各项附注。

** 参阅《现象》第 620 页。

话。或者从另一方面看，如果你的论证是有效的，那么它也决不能绝对有效、普遍有效，而只能是在抽象的意味中有效，或大部分有效。因此，你的真正的结论只是讲到**一般**判断的容易错误，或**一般地**泛指某一种判断比较更容易差错。但是非常明显，单是这样，你并没有反驳这一判断或那一判断或一组判断的绝对真理和确实性。换句话说，即你的盖然性至多只能成为一个前率，如果你要把它扩大，那就反而会破坏它自己的基础。正因为如此，所以在你所说反对绝对真理如上的一切话中，实在找不出一个建立于盖然性基础之上有效论据的痕迹。这里面也许都不过是诉之于形而上学中常见的不调协和显然的失败。或者也可称之为一种警语，告诉我们人世间任何事物无论如何总不免有一些不完善，这种说话也许是很肤浅的，或者也许最为你自己所需要。

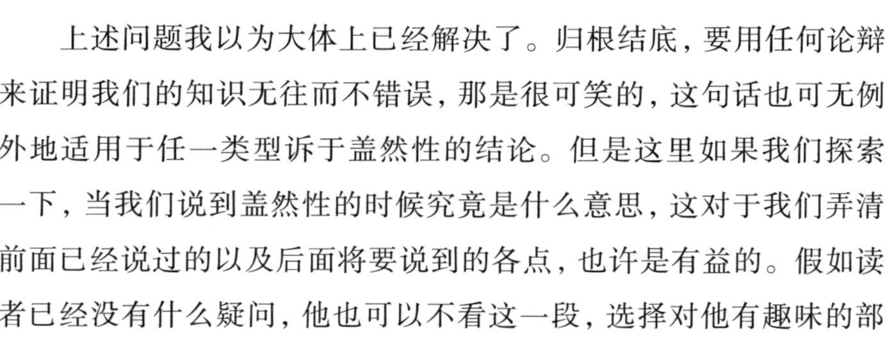

上述问题我以为大体上已经解决了。归根结底，要用任何论辩 847
来证明我们的知识无往而不错误，那是很可笑的，这句话也可无例外地适用于任一类型诉于盖然性的结论。但是这里如果我们探索一下，当我们说到盖然性的时候究竟是什么意思，这对于我们弄清前面已经说过的以及后面将要说到的各点，也许是有益的。假如读者已经没有什么疑问，他也可以不看这一段，选择对他有趣味的部分继续读下去。

II. 这里我所要说的只涉及盖然性固有的正确的意义，并假定了读者已经熟知本书上册第一部第七章里面讨论过的见解。我要指出的第一就是，这个名词的滥用可以造成严重的误解。我们决不能 677
把盖然性与任何一种足以导致我们行动或信仰的心理力量混为一谈；的确并非所有凡是属于赞许或同意的东西就都是盖然性。把盖然性说成实际“人生的指南”是可能引起误会的，倒不如将这个称号留给“信仰”也许片面性的程度反而少一些。无论如何，仅乎感知或者体会到，某一面占有更大的内在优势或重量，压倒了另一面，这实在不是盖然性。因为这里占上风的心情不一定有理论思辨的性质。它可以只不过是一种模糊含混的感情，侧重我自己或我所珍视的东西，在某种程度内只注意到一方面。但是真正的盖然性便不如此，在这里面我一定先要有某些观念呈现于我的心目中，考虑的结果我所接受的必得是一个有关事实的判断。这里所需要的就不止于一种感知，觉得我的心情更倾向于某种决定而已，我必得还有一个进一步的见地，虽然不甚清楚，却隐约地察知某一方面存在着更能够带来，或应该得出某种结论和推断的东西。一定要到了这个境界，我们才能说是找到了合理的盖然性或概率；我们越是认识到我们的面前整个视野中有多少根据足以支持某一推断，这个盖然性便越加来得合理。但是只有在一切有利或不利的局部根据或理由，都能化成为同一分母的分数之后，这个盖然性才能算得是一个充分发展了的盖然性。现在让我们撇开这点，再来探究一下盖然性里面包含着有些什么假定。

第一，盖然性假定了其所涉及的世界表里一贯到处都是有根由的。它所讨论的宇宙，无论从哪一瞬间来看，都是某一基础的结果和效应，而整个的基础便可给你（不管是在什么确切的意味中）这个作为结果的有个性的整体。其次，它还假定了在这个整体之中，有限的局部基础和效果也有其实在。盖然性论认定了任何地方，不管是在整个宇宙或其有限的某一范围之内，部分的基础或根由都是真确的、实在的，而其真实的程度便正比例于其对整个的个别结果的贡献。尤其重要的是我们都预先假定了，在盖然性中，我们的对象是独立自存的，排斥了任何外来干涉或内在失败一类的机会。这里我们又是必得把全部的世界看作合理的，从而除非固定于一定的数量之内，我们便不会说到什么占优势的问题。* 在我的活动或计算 678
范围之内，我们简直可以说，就是假定了绝对的知识，根本不容许有所谓无知，恰如没有偶然的机会发生之余地一样。当然我也可以知道在某些地方，我有了更多或更少我所需要的根据或理由，并确信这些，虽然我不能精密述明全部的根由，更不能确切地把它列成分数式。但是除非我已假定了我所与之打交道的乃是一个有本有源的总体，而且对于这个整体，我已掌握足够的知识，可以确定我的局部根由有助于，同时也就包括于全体之中——苟非如此，那我们便休想再有什么能够正确地称之为盖然性的东西了。

由此可知盖然性以及一切建立在盖然性基础之上的论据，其能成立与否完全取决于它的世界独立自存而合理这一假定是不是可靠。它的宇宙是彻底有根据、首尾一贯而且不容许自相矛盾的；所以至少在此限度以内，这个宇宙必得自成一个体系。如果还有另一个世界，那个世界在原则上也一定被排斥掉了，关于这些我已有了一种可以说是不会错的知识。这里面决不能有一个反对的盖然性，承认了一个反对物的可能性，马上就会使盖然性归于毁灭。对于以上讨论的结果，我以为只有在“盖然性”一词在某种意味上实际被误解的时候，才会有人表示异议。

III. 以上盖然性的问题也已说过，我要再转回来谈一谈这里所

* 注意，这里所说的与数学本身目的需要或不需要的东西无关。

要讨论的主题。关于“绝对真理”，我将指出所有的真理都在我的方面。不但据我所见，任一“其他情况”在这个场合都不能拟想，而且纵连与我相反的见解，也似乎并不含有什么正面的东西不能为我所包容和承认。我认为(读者可以回忆)宇宙便是这样一种东西，它的本身决不能有矛盾，其次我认为在一个更完满的意义上“实在”乃是一个统一体，而且贯彻于其中的只有经验，没有别的东西。这些话初看起来好像跟反对的理论不可调和，但是我希望证明这个表面的冲突也许大部分都是假相。我将先从那些大概都可以归并于不合理主义一类的见解说起，至于不合理主义一词的意义则我想姑且不必予以定义。*

679 (1)我要先来问一问，不合理主义之所要主张的究竟有什么正面的说明，在我的方面不能予以接受？例如，我是不是认为实在与思维就是同一样的东西？我有没有说过或者暗示这个宇宙是可以理会的，并把这句话解释为彻头彻尾处处都可以述明的意味？我曾否企图把人们的情绪和意志一律还原为观念和理解，根本不许它们在这个世界里面有一个适当的地位？换一句话说，是不是我高高抬起了抽象的东西而要对它们盲目崇拜？像这一类的问题，我想都可以给以不折不扣否定的答复。如果说我不承认有自由，那么这句话不但与事实不符，而且(这一点也许更为重要)我还要请不合理主义者告诉我们，他把来跟自由这一名词相联系的，到底有些什么正面的特点，不是已经包括在我所提出的说明之中。不合理主义者之

* 参阅拙著《伦理学研究》，又《论集》第131—132页，关于对立面可参看詹姆士《实用主义》第115页以下。

所要求的，除了每一个意愿取舍都可以视为发于各人自我的新的创造之外，还能有什么别的更多的东西？诚然，我不承认单纯的机会可成为正面的事物，但是我也不相信任何一个向往“自由”的人，只要他懂得自己说的是什么，真的希望能够获得偶然的机会。

其次，如果不合理主义者的争论，其着眼点便在于这个世界里面所发现的没有秩序、没有理性的事实，那么跟所有别的人一样，我也承认这个事实不可否认，而且是很明显的。但是另一方面我却否认这个事实是绝对的，或其本身能看为实在，至多也只能说它是这个宇宙从属的次要的一面。无论如何，我还要追问一下，如果只抱着这一事实而不顾任何别的东西，盲目崇拜出于自己造作的这样一种笨拙的抽象，是不是能够取得什么正面的结果？

但是我的意思当然也不是认为，不合理主义者和我仅是用不同的话说相同的事情。我所要指出的就是，尽管不合理主义者否认并且坚决反对我的理论，实际上他并不能拿出什么正面有力的东西来与之对抗。假如对方所能有的一切正面积极性的成分都已包括在我的结论之中，那么我在这里不承认有什么“其他”的说法存在，也就充分合乎情理了。在我看来，片面盲目地强调某一方面，有见于某种相对的真理或事实，于是遂错误地把它当作绝对原理或
实在，这正是我所说的“不合理主义”的实质之所在。至于这里面 680
所能有的一切正面的东西，都可以归入抽象主义或作用一类，在我的理论中也已有了适当的位置。读者可参看前一篇论文末段和《论集》索引。

（2）再说我以为更加重要，也格外困难的另一问题。当我主张宇宙是统一体而且就是经验的时候，反对我的一些人也并不否认宇

宙在某种意义上是一个统一体，而且决不能跟它本身自相冲突，可是另一方面他们却坚持实在论或多元论。我是不是可以认为这里面没有什么比我自己的见解内容更多的东西呢？我能不能反对我的人在其跟我反对的限度内，实际上还是拿不出任何正面的理由呢？从另一方面看，如果像这样的结论不能成立，那么当然就有了“其他”的成分（这个我也已说过是没有的）最后显得同样的实在，而要打破我的绝对的真理了。因为许多著者能力决不在我之下，要把他们的意见完全看为莫明其妙和不值得注意的错误，的确是不可能的。

这里我们碰到的困难，我想先来间接地一谈。我要再一次提醒读者，我并没有说我要建立一个完整的系统（参考《现象》第541页）。我不能揭示相对真理的世界如何又能首尾一贯地联成一体，它的各别部分变化无穷的组合如何又能处处看为不止于并列杂陈的关系。我也不能把相对真理从绝对真理引出来，详细解明为什么此一或彼一相对真理，而且只有此某一真理成为可能的东西。如果我已经有了一个完整无缺的体系，那我就应当能够指出给我的原理增加了任何一种“其他”的成分，这个世界如何马上便会消失。但是就我现在的立场来说，我并不能证明一定的实在论或多元论，假如是可信的话，我们的知识的世界所有细节都将完全破坏。我不承认，而且也决不会承认，经验世界的事实连同它的各种科学能够符合实在论或多元论，如同它跟我的理论那样吻合一致。恰恰相反，我深信有些地方虽则对他们也许比较有利，但总的说来我的立场还是比他们要优越得多。然而尽管如此，我仍旧不能不承认我们的经验所知的世界，亦即相对真理的领域，在细节上绝难证明只与我所

主张的理论绝对相符，或与我所拒斥的见解完全相合。不过这样
一来，我们便陷于一个很为难的境地，双方似乎都有理由而无法调 681
解了。

我们也许可以说，既然争论的两方面有了这许多共同的见地，各执一词互相抗衡的原理也就不可能真有什么根本的分歧了。其所以使双方分道扬镳，（我们可以指出）不一定恰如我们所采取的看法那样。结果所得到的如此之多的统一性，当然必得由一个共同基础而产生。除非这个基础能够脱离双方反对的原理、存于双方反对的原理之外，我们便可以认为它们的冲突只能是局部的冲突了。不过以上这些话在我看来，虽然具有相当的分量，但仍旧存在着这一问题：我要在怎样的意义中才能接受这样的论点？以下我们将要讨论的便正是这个问题。

首先须知，宣称争执双方的意思都差不多，所不同的只是各有一套表达的公式，而所表达的实质完全相同，这是于事无补的。反之，真正的问题是找出双方公式发生纷歧的实质的差异所在。

这里如果单凭把**一切**真理都还原为相对的东西，是不会有出路的。因为辩论的双方实际上都已默认了这一条路走不通。两方面都承认一个绝对的真理，至少是暗含的，就是“实在”决不能与其自身相冲突，在这个限度之内，就必得是一个统一体。无论哪一方面都使用了体系这一观念，而且都同意，至少是默契地把它当作真理的尺度。双方都承认任何见解只要能够最好地概括一切的事实，全面无遗地使处处都可以连贯起来，这就最密切地接近了“实在”。因此，任何一方也不能坚决地认为一切真理都不过是相对的东西。

到此为止，所有合理的多元论与一元论，以及合理的实在论和

与之反对的理论，似乎都是一致的，但是超过这一点，他们能不能（这个问题现在势必要提出）都同意把相对论看为确实可靠呢？能不能一面保持有关绝对真理的共同的结论，同时又联合起来划定一条界线，界线以内这个结论便不适用呢？假如能够这样，那么，所有关于"实在"事物的更进一步的本性和统一性各种分歧轧轹的见解，岂非都会变成仅仅相对真理的题材了吗？

682 不过即使可能做到这一步，我对于最后的结果还是有充分的自信。我可以毫不犹豫地说，在这个基础上，我所主张的理论仍旧可以保持它的一般的优越地位。* 可是在我明明看出实在论和多元论归根结底都是难以设想的时候，我又怎样能够接受这么一种解答？唯其如此，所以我不能不把这些见解的对立面看为绝对真理，因为就我所能见到的来说，无论它们当中哪一个，其所假想与我的理解相反的东西实际上都毫无根据。**

这样说来，结论似乎就很明显了，即实在论和多元论所能拿出来的任何正面的成分，尽管表面上有所不同，实际无不可以容纳在我的理论之中。现在我便要来证明这样一个解答是可以言之成理的。假如我对于我所反对的见解阐释有误，那也只由于我不可能有别的看法。

那么问题就是，我怎样来理解实在论和多元论，才能把它们敌

---

* 这里可参阅《论集》第 291—292 页。

** 关于这一点这里不便论证，但在我看来实在论和多元论（在其否认我的主张的限度以内）基本上都不过是一种抽象——这种抽象不仅不足取，而且根本是虚妄的。多元论的主张其实完全依靠着其所摈斥的统一性，而实在主义者的理论，则只有在保持其所要脱离的经验的时候，才能够设想。

对的论点都可包括在我的结论之中呢？我能够设想实在论者仅乎是要主张我们实际有了的，或可以预期的任何经验，都非与“实在”十分相同，甚至也不是与整个宇宙同时并存的东西吗？我能够认为他还可以加上一句话说，如果否定了实在论，这个世界的某些方面，例如自然界的物理现象，以及一般有限存在的变异，便将成为不可解之谜，因此必得针对我而揭发这个宇宙的正面的东西在事实上不容否认，而在我的理论中却没有顾到么？其次，我还能认为多元论者也是站在差不多同样的立场，所要坚持的便是有限存在的事实千差万别，按照一元论就会无从索解么？此外，我还可以设想抱有以上两派看法的人能够一致说明，只要我注意到这几点，马上就将想到一个“其他”方面。这个其他乃是真正与我相反的，同时也是一种正面的东西，虽然为我所知道的很少，却很可以弥补我自己的理
论之不足吗？假如我能够这样设想，而我们的主要分歧也就可以这 683
样正确表述，那么我在前面所说的那个解答便显然是有效的。不过如此一来，实在论或多元论之所包含的正面的东西，也就没有一件不是已经包括在我所提出与他们反对的见解之内了。

当我说到绝对真理的时候，我的意思当然不是说一个人能够无所不知。我承认并且深信不疑，一切真理都必有其不全面、不完全的地方。我也同意，我自己的经验，无论现在已有或将来可能有的经验，根本就没有一件会与实在一模一样。我还有一种想法，以为自然界和有限的存在归根到底是无法说明的。可是另一方面，尽管如此，我还是不认为我的解释遗漏了这个宇宙的任何一个侧面。

我所有的经验虽然是不完全的，但是从这个不完全的经验，不但能够而且必得引出一个完全圆满的经验，它虽然仍旧是一个经

验，却能够包摄并且本身就是一切实在的东西。尽管这里面还有许多难于解说的地方——这一点我们不要忘记——然而就我所能见到的而论，确实找不出任何一件事物能够显示为不可能的。关于这个见解在我所著的《现象》和《论集》中已有详细的论述，我必得提请读者参看，这里就不再多谈。但是假如我的主要结论能够成立的话，那么我们的问题需要的解答也就在其中了。

实在论和多元论拿来反对我的理论的，确有一些正面的东西。这个某些成分在我看来，既是正面的，也是难于说明的。如果我可以把这等成分按照其实在不折不扣地包括在我的思想中，那就等于说我原有的观念已被顶替而消融于一个更高的境界之中，这一境界要凭任何单纯观念是不可能达到的。但是另一方面，我又要认定这个超乎真理以外的结果不是别的，而恰恰是我所讲的真理全面的发展。所以在其抽象的特质上，这里面存在着的所谓“其他的东西”实已含蓄于我的结论之中。而且我还要指出，就理论来说，这样一个抽象而概括的包摄也就很够了。它至少可以排除任何真正对立的理论出现的机会，并且甚至可以说明为什么对方能有容易使人迷惑的假象。正因为如此，所以我认为无论实在论也好，或者多元论也好，都拿不出什么真正可以跟我反对的“他物”。可是在我的方
684 面，却可以看出实在论和多元论不但说出来的主张自相矛盾，归根结底不可理解，而且还遗漏了不是很小的一部分，而是更大的一部分不可否认的事实，并不能提供任何一点解释。

至于这些见解确实存在，作为一种局部的着重的看法和虚伪的抽象，我完全承认，其本身当然也含有某些正面积极的因素。但是这一方面我以为实际上已经照顾到了，并且包含在我所说的宇宙观

以内。

以上我们对于剥夺作用或否定知识所引起的问题，以及绝对真理和相对真理之间的区别，已经作了一个大概的论述。我也已简略地谈到了有关盖然性或概率的各种问题，并讨论过了由于事实上存在着与我相反的见解而发生的困难。最后我还大胆断定了尽管表面上初看起来似乎相反，实际上并没有，也不可能认为有什么真正不同于我自己的主要原理的东西。现在我要再继续讨论另一个问题，这个问题或多或少地与前面说过的各点有关，但是一般地似乎并未受到其所应该受到的注意。

IV. 我们大多数人也许都曾经被这种纠葛困惑过，明明是从属的真理，却以高级的真理的姿态出现。许多实际的场合中，往往使我们不能不怀疑到，在高级的真理的面前，我们是不是反而会觉得低级的真理更为确实。这里我所说的并不是关于一般事实对真理的冲突，也不是指着任何处所由于强烈的印象或感情的激动而产生的确信。其次，我也把所有特殊感觉事实所造成绝对或显著的真理的幻觉，划出了我所说的范围之外，而不论这种错觉是不是以前面所说过的“指示”作用为基础。我在这里所讲到的是：两方面的真理都可以称之为理论性的，然而我们却好像倾向于采取低级的真理，而丢开显然高级的真理。

这里我们也许又会想到，如果我们的知识达到了一个完全的系统，一点缺陷也没有，那就不会发生这样的问题。在那种情形之下，可以想象，我们对于高级真理和低级真理便会感到同样的真确。但是同时，虽然在统一的整体之中绝对的确实，但从属的真理之所享有的实在毕竟是较少的，从而也是较低的。因此，即使在我们的知 685

识里面没有这样完全的体系存在，要把一个从属的真理反而抬得更高，这件事乍看似乎无甚奇特，仔细一想的确就很难解释。然而像这样的倾向却随时可以发现，要抹煞它是很困难的。

打一个比方，假定我们在一个形而上学者面前摆开两种真理，一边是高级的，即某种原理或绝对真理；另一边是低级知识，譬如说，英格兰被诺曼人征服，或比利时遭日耳曼人侵略。我们可以请这位学者作一个选择，告诉我们他觉得这两种真理哪一种更为真确。我们也可以想象再请一位数学家或物理学家作一个同样的选择，不过这时作为对照的绝对真理，当然是他所承认的公理或原理。这样，作为挑选对象的两面都可以视为（我要重述一句）纯然理论性的东西。任何一面都不发生要把所作的断定（如我们所说）现诸实际的问题。而且我们还可以假定，这里也没有人怀疑历史的真理概括性较少，从属性较多，因而在理论上是较低的。但是尽管如此，如果我们迫使我们的学者老实声明他究竟对于哪一种真理深信不疑，让我们猜一猜，他会给我们怎样的回答呢？我以为他被逼不过的时候，也许会反问我们一个问题借以脱身，就是要请我们先告诉他，应该作为一个形而上学者还是作为一个普通的人来说话。不过在我看来，虽然不是在任何地方我都要拒绝这个区别，但这里要想站在这个基础上说话，便等于承认了自己的失败。

在我进一步说明上述选择如何解决之前，我想插进几句话，先指出下列几点，这几点在这里虽然没有决定的重要性，但讲到后来还是不能不考虑到的。我以为除了系统的观念之外，便无所谓真理的标准。但是在一个不完全的知识体系之中，像我们所能有的那样，调谐与广博这两种性质代表着同一体系的两方面，或多或少总必有所分歧，而这个分歧便足以导致各种不同的怀疑和不确定性。特别是关于从属性的东西，我们可以简略地重提一下两种困难。(1)不仅我们所认识的世界本身可以分为许多组合，这些组合似乎或多或少地彼此隔离，都只有平行并列的关系，而且这些组合之所包含的实在的分量，也许还远非相等。其次，(2)在每一个组合之中，其所包含的次一级的组合好像是被包含在第一个组合之内，因而是较低的真理，实际上也许除了在某一局部的方面之外，就根本不是 686
什么真正从属的东西。简言之，这里我们可能就是立足于一种靠不住的划分之上。因此，一个真理可以归入某一种类，在此限度以内采取从属的和低级的姿态，而同时在主要的一面却为另一个原理直接的结果。而这个另一原理虽然为我们所不注意或不知道，却可以更加圆满完全、更高一级。由此可见，无论是在什么地方，当我们比较各种互相抗衡的真理而评定其价值的时候，确实很容易为这等错综复杂不可捉摸的情形所迷惑而引入歧途。[*]

要说的旁岔儿既已很快说完，现在我要接着谈到前面提出的选择的问题。这就是说，一边是一个重大的历史事实，另一边是一个高度抽象的原理，我应该要决定二者之中哪一个更有力量。用不着怀疑和犹豫，如果事情都已被正确地理解，我一定舍前者而取后者。问题(这里如同任何其他的地方一样)就在：我的世界包含在这两方面的究竟各有多少，当我取此舍彼的时候，其得失比较如何？我对这个问题的解决必得有利于原理，即宁重更高级的真理。而我现

* 关于这里所说体系的两方面，参阅《现象》索引“标准”条，又《论集》索引“体系”条。以下各节，可参看本册第六章第八至十节。

在主要的任务，就是来证明为什么以及由于怎样的误解，我们竟会想象到优势反而归于低级的、从属的东西。

我们在这里的错误，应该说，主要乃由于一个普通的但是荒谬的假定而来。我在空间和时间里面所构成的世界、经验事实以及单纯事件的领域，我总是欢喜，虽然是胡乱地，甚至不自觉地，把它当作一个实在的世界。这个错误的假定一经成立，马上就可导致错误的运用。在这个世界里面，我可以再加入某种理论或原理，与属于这个世界或至少似乎跟它相近的东西并列在一起，而被放入的原理正因为是一般的、概括的，结果势必带有疏远和不实在的标志。这样，我就是硬把较高的真理置于任意而定、错误百出的罗列之中，而与较低的却是正因为如此而更加显得根深蒂固的东西相比照。但是一个真理如果是抽象的，其本身就一定是不完整的，既然是不完整的，在这个限度内当然也就是不实在的，从而在事实上，

687 同时在真实性上，都是有缺点的。其次，一个较高的真理，正由于它属于更高的一级，在我们看起来，便可以反而显得比较的不清楚。因为我所说的我的“实在世界”，乃是千差万别选言肢的集合体，彼此之间都有着截然分明的界限，非“是”则“否”，一点也含糊不得。可是我们不仅闭着眼睛不看这个“实在世界”里面许多冲突轧轹的地方，而且对于它的基础到处都不稳固的事实也熟视无睹。尽管这个世界里面许多真理呈现于我们之前，好像显然自明一点疑问也没有，但这个表面的一清二楚确实是由于穿凿附会毫无根据的选言作用的结果，从头到尾都是虚构的。与此相反，我们的高级和更一般的真理（如我们所已说过）不但其本身显得离开事实很远，因而在一种意义上便是缺乏坚实的基础，而且除此以外，既然承认了它们

的不完整性，这就势必会使我们把这个当作它们内在的模糊和不稳定性。这样一来，我的原理虽然我深信其为真实可靠，却与我的实在疏远得多；虽然它们是明确的、确定的，而在我却反会感到无法给它们作出严格的定义。如果你要叫我清晰地说明这两类的真理彼此相对的关系如何，确切地交代出它们各自的内容哪一个较多或较少，我马上就会陷于困惑而无词可对。在这样人为的、造作的安排之下，我们可以说，我的高级真理摆在低级真理的旁边，被置于不自然的地位，当然会显现得更不实在，也更为模糊。

我以为这个为我们所未能察觉到的错误，在原则上便构成了我们不适当的对比的基础；这里如果我们就这个对比所能采取的形式来考察一下，也许有助于我们搞清这一点。我们可以拿赌注来讲，把它当作互相抗衡的真理的测试。假定我们加入一场赌局，你的赌注要下在哪一边？再假定这时有一个胜任的仲裁人给我们种种指导，并且非常公正，这样，事情只限于比较真理的问题，关于他的见识的广博而可靠，原则上无可异议。但是我仍然不愿意这样下赌注，因为不仅他所说的赢彩事实上也许不可能，而且对自己所提出来的主张也许根本就说不明白。我们都很自然地假定了一个“事件”与这位赌博指导员的判断相联系。而且由于我们所谓我们的“实在世界”本来就是事件的领域，这就更容易使我们迷惑。我们不知不觉地会把所比较的各种真理并列一起，胡乱地放在这个区域之中。虽然我们不一定有意识地认为每一个互易的成分都能实现，688
更不一定把它当作对我可以成为事实，或者我可以直接对之有所作为的东西，但那个错谬的结论却仍旧会随时发生。因为幻想的赌注又促进了我们自然的倾向，把每一个互相抗衡的真理同样看为属于

这个事件的世界。

但是这里应该拿真正成为问题的东西（如我们所已说过）来代替你的赌注。不要老是想着某种“事件”，或者以简单的“是”或“非”为终结的选言成分，而要询问你自己你的整个世界寄托于你所区别的每一方面究竟各为多少。我当然不是说我们所认识的宇宙真是可以分割的，而是要请你想象它被剥除掉你的敌对的真理在各方面表现的成分。当你把各种事物作为一个整体来看的时候，其中损益比较的总量如何？是不是（只举主要的来说）高级的真理较之低级的真理，所占的地盘一定更多，而且真正可以代表更多的东西、具有更多的意义？是不是其所包含和涉及的知识和实在就一定更高并且更为重大？在我看来这才是真正的问题，而且这个问题，应该指出，还只能容有一个答案。假如你愿意的话，我还要加上一句，以上所说在这里正是一个最切实际的问题，但是千万别误会，这决不是平常意味的实际问题。

最后我想再举一个并非纯然幻想的实例，也许有助于我们对这个整个问题及其解答获得一个更好的认识。假设（让我们这样说）有一个人真诚信仰基督教的真理，不管是对还是不对，他把基督教理解为上帝与有限生灵的统一体，一种实在既是至高无上、永恒不朽，同时又在时间之内不断地演进。对于这样一个人来说，基督教教义就可代表整个宇宙的主要方面，自觉其本身超乎时间之上，而又显示其本体于精神经验的历史发展之中。假定有人对这位宗教家提出问题，请他把这个大原理跟出现于时间之内的某些事件有关的真理相比较。我并不想援引像拿撒勒的耶稣由童女降生、肉体升天这一类的事件，而只提出历史的记述，如在某一时期确有耶稣这么一个人，生活在加利利海滨，并在那里传过教，以及确乎在耶路撒冷被钉死于十字架之上等等。这里我所谓“确有”和“确乎”的意思便是说，假如我们当时在那里的话，就一定会看到这些事情发生。

我们想象中的这位人物也许回答，“所有这样的事件，假如你 689
认为实有其事，那也没有多大重要性。你尽可以采取一切方法，来探寻这些事件的出现是不是有什么证据，或者有怎样程度的证据；但是你决不要幻想基督教跟你的研究的结果会有何密切关系。照我所拟想，基督教自有其坚实的根据，在这个宇宙之中，它占着一个极重要的地位，我们的世界有了它，便大不相同，如果没有它，这个世界便不但会要变样，而且就将毁灭。这个永恒的真理能够出现在我们的星球上（可能别的星球上也有），而且在我们当中（我们希望）不断地发展越来越加完满，这件事确实具有绝大的意义。至于所有其他的事物，只要你认为它不过是单纯的事件，那就太渺小了，因为按照它的世界的本性，其根底不能不是很浅薄的，所以在这两种东西之间简直无法可以比较。”

这里适用的就是我自己始终依据的原理。但我们却往往要匆忙草率地评定各种真理，不顾它们等级次第的不同，这就很自然地导致一种想法，以为这些真理都可以放在同一的水平上。于是我们也就可以把其中某一个抬高，而将另一个贬低，但是不管在哪一种场合都毫无保证，其结果不可避免地只会招致错误与不幸。其实，如果要把某些真理作一个比较，我们首先当然要将其中每一个真理的本性分别研究清楚。有些真理初看起来也许似乎对我们最切近，因而也最为显著，毫不含糊，然而实际上却可以反而最为暧昧可疑、最为抽象遥远，比什么都更加有赖于虚妄的交替成分和片面的假定。

可是纵然在这里全非必要，我还是要指出这个问题的另一方面来；我要再请出上面假设的那位宗教家替我们说几句话。我们可以幻想有人向他提出这样一个问题，照他的想法，如果把基督教的“历史的真理”跟基督教信条和象征符号一类的东西两相比较，他是不是认为同样的不重要，我想很可能他的回答会使我们深为诧异。他也许会这样回答：“我懂得你说的是关于单纯时间里面发生的俗世的事件，恰如你将要再说到的像这个十字架或那个旗帜一类简单物质的标志一样，这些事物本身都已变成了抽象的东西，虽然常识时
689 常把它们误认为实在的事物，但它们确实早已不是真正的事实或宗教信仰。宗教的事件史实以及象征符号，一方面固然是属于你的‘实在世界’里面的事物，另一方面这些事物的本质和生命却又超乎象外，而存在于其他的地方。既然与这个世界以外的东西相结合，它们当然也就成了不止于时间里面的事件和空间里面的事物。它们已经代表着，而且也就是永恒的实在之真实的体现，一个人可以为了与它们有关的哪怕是很小的原因，甚至牺牲生命也在所不惜。”不管我们承认这个回答也好，不承认这个回答也好，至少有一个主要的原理可以肯定。就是，我们有时候所称为我们的“实在世界”、我们所造作的空间与时间之内事实和事件的秩序，实际上都不过是一种抽象的结果。我们实际只能生活于具体的事物之中，在这个限度内我们便使用着这些事件和事物，虽然是很混乱的，却把它们当作超乎单纯空间与时间之上的那个更广大的生命的表征。认清了这一点，我们就可以明白为什么有些事物本身显得比较更圆满更真实，而同时在实际上其所包含能够在事物的总体之中发生作用并值

得重视的成分反而更少。另一方面，如果我们见不到这一点，那就随处都可以陷于错误，特别显著的是在这里，当我们要求通过思辨把多数真理互相比较加以衡量的时候。不过这个问题实在太大，在一篇很短的论文里，当然不可能详细讨论。*

* 读者这里可以比照参看我的《论集》第十六章，同时不要忘记，它的理论完全根据我在《现象》中所说的话。

691 # 第九篇　分析略论

在我写成了以上各篇论文之后，我已经读到了斯包尔丁教授那篇精心结构的“分析的辩护”（《新实在论》，1912）。结果使我想起趁此再说几句话也许是有益的。斯包尔丁教授的辩护很有代表性，但在我看来似乎并不能切中其所要解决的问题的要点。

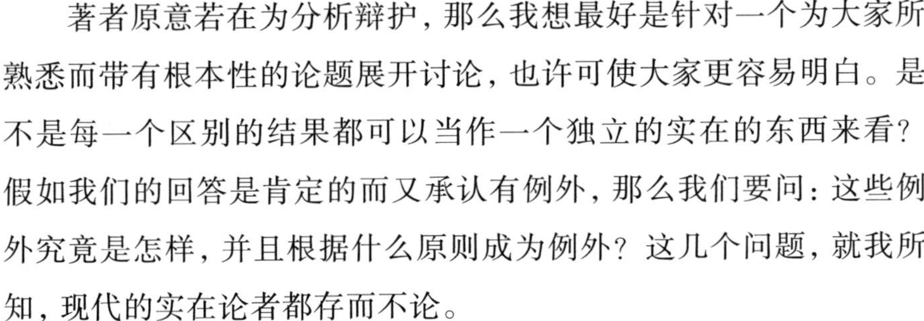

著者原意若在为分析辩护，那么我想最好是针对一个为大家所熟悉而带有根本性的论题展开讨论，也许可使大家更容易明白。是不是每一个区别的结果都可以当作一个独立的实在的东西来看？假如我们的回答是肯定的而又承认有例外，那么我们要问：这些例外究竟是怎样，并且根据什么原则成为例外？这几个问题，就我所知，现代的实在论者都存而不论。

撇开这个不谈，我来先对斯包尔丁教授所说的几点提出我的意见。第一(I)，我要指出，他正好给我提示了一种二难的困惑。口头上反对分析的人（恰如斯包尔丁教授所说）实际仍然站在他自己所否定的立场之上。因为的确这个人还是承认了分开的各项以及内在的关系都是终极实在的东西。然而如果他不是经过分析，便不会得到这些东西，所以他反对分析的议论便不攻自破。我不是要来讨论上述二难的困惑在什么程度之内和怎样的意味中，可以适用于某一著者。重要的一点就在它不言而喻地暗中假定了：终极的实在乃是而且必得是关系性的，同时总会表露为两种方式当中的一种。至于另一种见解："实在"无论是终极的，或者是最初给予的，都不是关系性的，关系的真理虽然也是必要的，但归根结底决不是真实的。——这种看法如果斯包尔丁教授不是不知道，就是认为无足重轻。因此，他的二难推论假若对他自己可以满意的话，那么对我来说满意的程度也可以说决不在他之下。为什么斯包尔丁教授以及跟他见解相同的人竟不理解在像我这样的人看来，一切关系的真理（这便意谓着毫无例外地包含一切可能方式的宾语表述）都是部分 692
不合理并且不真实的，我实在找不出一点道理来。但是事实当然还是事实，我只有声明这个责任并不在我。

（II）其次，我以为斯包尔丁教授并没有懂得许多著者拿来反对把关系看作终极真理的论点。这个论点就是认为所谓"关系性的事实"乃是超乎关系以及关系各项本身以外的东西，这里"本身"两字即指仅仅就关系和其各项本身加以考察而言。要想否认这个"关系性"的事实，很明显的那就似乎要招致重大的困难。因此，我们必得要证明这一事实能够与关系的见解调协起来才好。但是大家所说的关系的见解，虽然是要解释"关系性"的事实，却根本做不到这一点（这个见解的论据下面还要继续说到）。恰恰相反，这种关系论如果不是自我陶醉于盲目暧昧或支离破碎的空话之中，便是致力于要在关系和各项之间再找出一种关系的无穷尽的幻灭的追求。以上的论点在我看来确实是无可辩驳，并且正中要害，因此，我倒引起了很大的好奇心，想来看一看在"分析的辩护"中怎样加以答辩。不幸的是我的好奇心又一次终于变成了失望。各别的项和关系，每一个在其本性上都是彼此外在的，然而另一方面我们又明明

看到它们统一的事实。显而易见，这里发现了一个问题，决不是单凭重复像“成立关系”（参阅第175页）这一类语句，或一再援引所谓“组织的关系”这等话（参阅第162页）所能解决的。要说到“关系能有组织的作用”，那就更加把关系弄成了一种怪物，这当然是很方便的事，然而不过是纯粹的虚构。这种关系一方面显然是与各项格格不入的外在的关系，而另一方面它又似乎具有一种不可思议的魔力，能把其所遇到与之对立的各项合拢起来而造成实际统一的局面。换句话说，实际上它已经不止于是简单的关系，相反的，它已成了一种形式的编排或格式，（不管是在什么地方出现）强加于外界物质之上，从而表现其本身固有的统一性。以上所述这种手法似乎是很古老了，作为一时权宜弥缝之计也许值得尊重，但确切地说是一点也不中用的。因为纵使我们能够设想这样一种关系或排列脱离了各项仍有其本身的意义——即使我们认为可以任意把某一关系跟整个关系的编排规定当作同一样的东西，我们的手上还是剩
693 下一个为大家所熟知的问题没有获得解决。单是这样，我们并没有触着为什么外在的形式和独立的物质能够成立事实上的结合这个伤脑筋的问题。

（III）现在我要再说到斯包尔丁教授所谓“经验的证据”（参阅第169页）都有利于他的见解，这也是一种皮相之谈。他虽然并没有否认分析的作用可以使经验的与料变成不同的东西，但是他却似乎一点也不明白以此为根据对于分析所能提出的驳论。其实除了“辩证法”的理论而外，至少还有一种反对的论点存在，不但完全出于“经验”，而且也是我们所时常碰到的。就是，“因为我在事实上据以出发的是这样，而分析的结果所得到的却是那样，所以分析出

来的东西至少必有一部分为我所不能接受。”这便是对于分析的一种抗议，我想谁也不能够遽然抹煞的。然而事实不然，居然仍有人忽略了这一点，因此下面几句实际是多余的话也就有一说的必要了。

任何一个要为分析辩护的人，必须注意到他自己所说的各项和关系纯然是外在的东西，根本就是自相矛盾的抽象，与实际经验所给予的相冲突。例如，假若我可以拿自己作为一个实例的话，我就可以提出以下几点意见。

（1）凡是在某种意味中被经验到的东西，都是被感知的，而每一个特别被感知的东西总是存于感受之中。换言之，即落入一个直接经验到的整体以内，这个整体本身决非关系性，也不服从“全体与部分”这一范畴严格的适用。这里如果企图把那个范畴应用于判断的宾词表述之中，最后你一定会发现有些成分已被完全抛弃。这就是说，你已经略去了当下直接包罗全局的统一性的特征。

（2）我们根本没有，也不可能有任何一种所谓单纯对象这样的东西。我们所经验到的对象，总必具有一定的内容并不包含在这个对象之中，但这种内容我们可以感觉到却是完全正面的。所以一个对象作为对象，决不止于是一种抽象。任何感知、情绪、欲望或意志，随你用什么方法，决不能分解还原为关联的对象或关系中的各项。

（3）这一点且置不谈，就连在我们的“客观”世界以内，我们也仍然可以找到许多被经验到的整体、较低和较高的对象，它们（或从内部着眼看为各别的整体，或分别作为其本身的一部分）都明明
白白不是由各项和各种关系组成，从而它们的特性经过分析就可以 694
遭受或多或少的破坏。如果有人告诉我，当我看到一个圆形绿色对象的时候，我在实际上所经验到的只不过是圆形和绿色彼此之间，

或者对另外某一项的相互关联——说这样的话我以为便等于要我诬蔑自己的感觉和理智。在这个对象之中，当其呈现于我的面前的时候，至少在这个限度内，确实既没有什么项，也决不是什么关系；假如在哪一种理论里面倒反而一定要有这些东西，那么我当然知道对于这种理论应该怎样想法。以上讨论的结果，在我看来，与其说是论辩的问题，还不如说是愿意或不愿意正视和承认极明显的事实的问题来得恰当。我在别的地方曾经批评过罗素先生（参看《论集》索引“占有”条）为了保全他的理论，不得不无中生有地杜撰了许多关系。同样的评语我想如果转用于斯包尔丁教授，在原则上也是最适当不过的。

（IV）末了，我虽然不能接受斯包尔丁教授的主要结论，但是他的论著里面许多地方对我来说却具有很大的趣味和价值。他很知道分析的真理必须靠着整体与部分的观念所具终极而普遍的正确有效性，详细探讨了这个原理怎样可以逐步递进适用于由低而高具体性程度不同的事物。读者学习他的著作不会得不到益处，纵使结果在读者心灵方面只是加强了相反的论断。整体和部分的观念（老早也已证明在原理上是自相矛盾的），在我们每一次企图把它运用于一个新的阶段的时候，总是越来越加明显地表露出其在实际上完全崩溃。照我所能理解，斯包尔丁教授自己也终于不得不（第 241 页）诉之于“自然本性的不合理成分”，这就是说，为了给分析作辩护，竟然要乞助于“在我们现在知识所及的范围以内”，跟他的主要原理不相容的东西。其实，这个原理本身就有毛病，一开始便已或多或少的不合理性，很久以来这已经成为大家一致公认的定论了。

第十篇　蕴涵一解　695

大家也许都可同意，至少在哲学上，各种事物总要有一个适当的名称。当你使用“蕴涵”这一名词而又假定这里不过存在着一种外在的连接，这时候，在我看来它便是一个不可辩解的错误的名称。如果A不能在某种意义上认为包含着B，那么我们说B蕴涵于A之中就一定会引起误解。假如是一个真正的蕴涵，（见下文）便非有一种直接意味的“包含”作用不可。这就是说，要使这个名词不落空，必须通过并且依靠一个整体、一种统一性才行，A不同于这个整体和统一性，而又与B同被包括于其中。因此，A和B以及它们的整体都可以说成互相蕴涵，也可以说是彼此直接相包含。* 我以为这样，也只有这样，蕴涵一词才能有一个正确而真实的意义。

这个意义，我们必须指出，便是来自并且完全靠着我们所谓直

---

* 凡在一个整体的修饰限制被看为直接的东西的地方，在这个限度内，我以为单是这样，我们就谈不到有什么蕴涵。另一方面，如果把A和B作为不同的东西区别开来，而且每一个又与整体有分别，**这样把握**了的整体，其本身就**不**是单纯直接为其内容所修饰限制的整体，恰如A或B这一个不**是**另一个一样。所以这时我们虽然有了一个蕴涵，但那个蕴涵却是间接的，因为我们还要完全靠着另外一个整体，这另一整体既包含了A和B，同时又包括了我们把来跟A和B分开而又与之对立的那个整体。但是这个另一包举一切为蕴涵所依赖的整体，它的本身实被视为直接的东西，从而并没有受到蕴涵的修饰限制。以上自然含有一个矛盾，然而（我要再说一句）这个矛盾我们确实不能不承认它具有一个合理而必要的地位。

接经验或感受——即心灵发展的一定阶段，不但与我们对于一个对象的平常知觉同时呈现，而且在某种程度内甚至仍然存在于这个知觉里面。在一个主词或主体所具各种感觉性质的结合之中，你已经
696 给予了你自己许多“部分”，不过这些部分并无任何关系，它们既是整体，一面这一个也就是那一个，然而同时（如果分开来看）又一样也不是。正因为我们诉之于这样一种经验，虽然往往为我们所不自知或做了而不肯承认，一个宾词的表述和判断才能有其意义，实际上当我们能够给予后者以任何意义的话，它的全部意义便靠着这一点。因此，我想我们必得作出这样的结论，就是，由于一切宾语都是关系性的，所以一切宾词的表述（不管属于何种范畴）归根结底，总是自相矛盾或者毫无意义，除非你已经使它服从于一个为其所包含而又不能说明的条件。单是断言某一个东西就是另一个东西，这是一点意思也没有的；而要用“亦彼亦此”、或“兼而有之”、或“共同”、“相关”等字眼，来修饰上述断语，这种补救的方法不过是越说越糊涂，归根结底还是不合理。至于所谓“亦彼亦此”或“又是”，照我所能理解，黑格尔也已清晰地说明，这种名词离开了其所由来的那个直接的统一体便全无意义，其实它就是那个统一体的残余，既可以称之为升华，也可以认为已被降低。空说“兼为”、“共同”、或“一起”这些词语，并不能合理地解决由“是”字而产生的问题，相反的，只会使字眼本身及其牺牲品更深地沉没于直接事实发展成为逻辑差别的同一过程之中。就我自己来说，必须指出，我虽不怀疑理智之关系的和论证的运用是必要的、不可避免的，但我也看不出顺着这条路走，无论到达哪一阶段，也不管我们出多大气力来改进或变通这一过程，有什么办法可以给我们原来问题找出一个真正

的答案。从最初起到最后止，我以为我们一步也不能不依靠我们直接经验的事实和原理。但是要想使这一原理获得彻底的实现，我们就必须把它看为真正包举一切的东西，不止是在关系的形式之下，而且超乎其上，越出它的界限之外。我们必得把它看为不仅是一个下层基础，而且形成一种范围，由上而下地包罗一切的关系，并使之转化为一种新的天地，从生活的各方面（感知、情绪和意志、本能和思想）得到充分的发展和完成，虽然在细节上不能凭有限的心智彻底加以检证。

这样看来（本文目的在着重指出这一点），脱离了一个包举一切
的总体之内在的演进，所谓蕴涵便根本无实在的意义可言了。如果
认为某一单独的实体（无论其为一个名词或一种关系）能够自存而 697
且蕴涵着另一种东西，这等观念我以为只会使人感到它的语词的混
乱和内容的空虚。

一部分可以说是这个根本谬误见解的结果，我们又有一种虚妄的理论，把蕴涵当作实际上单方面的东西。但是这里的原理及其对事实的应用，在我看来也是完全起于一种破绽百出的抽象作用。譬如谈到变化和连续的问题，我们便可以时常听人家说：A 发生在前并蕴涵着 B，而 B 则不但不蕴涵 A，甚至反而会成为别的东西所引起的结果。举一个陈旧的例子来说，大家公认人吃了过量的砒霜就会死，但死却不一定蕴涵吃了砒霜，犹之乎它并不蕴涵许多其他可能致死的原因一样。但是这样一种片面性的断语，的确忘记了连续的事实只能在一个“当下呈现的”整体之中被体验到，如果把它跟那个包容全局的统一体分开，它就已经不再是一个现实或可能的事件了。假使认为从这样一个经验出发，看见 A 在 B 之前而 B 在 A

之后，于是你就可以把这个具体整个的东西任意割裂，并根据这样得出来的结果，进而宣布某一方面从一开始便是有缺点的——这种盲目的迷信只能令人惊异。其实原来给予的事实，如果你仔细研究一下，确实既包含着“A 在 B 之前”，又包含着“B 在 A 之后”，这两个方面同时存在，成为一体。这里要说只有一个单方面的“非对称”关系出现，那真是一个极大胆的假定。这句话也可适用于许多其他类似的场合，在那些地方人们往往自以为发现了一种单方面的关系，实则这种单方面的关系不过是单纯的抽象根本不符合出现于我们面前的事实的真相，甚至使真正的事实遭到毁灭。毫无疑问，如果你把你的实际连续的经验分裂开来，从这个已被破坏的事实中取出 B 来，再把这样抽象的结果当作赤裸的实体，或者更进一步，暗中另用一种跟它原来被发现时的情形不同的具体条件来加以修饰——经过这样一番炮制之后，那么 B 自然可以不再蕴涵 A 了。不过照这种办法，在同样的方式之下，同样的程度之内，A 当然也可以不再蕴涵 B。至于一个人为什么以及怎样能够拟想抽象的吃砒霜可以蕴涵事实上的具体的死亡，同时又正确地认为单凭死亡不能
698 证明实际吃了砒霜的前件——这在我看来，无宁说是心理学的问题居多，而属于逻辑的问题反而较少。*

假使我们不预备放弃逻辑而安于单纯的不合理主义，那我们就

* 这里我们所涉及的，应该说，正是一种不自觉的心理作用，把逻辑的后件和给予于意志之中的结果视为同一。我们还有一个很普通而严重的错误，就是关于意志里面一个结果作为行为可以与它自己的起始和过程分开，从而也就可以不再蕴涵后者的程度问题。相应地当然又有一个类似的错误，就是关于在知觉中所给予的那个外在世界插入的过程及其结果的问题。不过限于篇幅，这里不便展开讨论。关于“不互替的因果关系”，读者可参阅约瑟夫著《逻辑导论》第二十二章。

非作出一个假定不可。我们必得假定，如果没有受到其他的制约或者所有的条件不变，则 B 决不能“在 A 之后”而又“不在 A 之后”。事实上我们是不是有可能在什么地方找到一个纯粹的因果关系，这个问题且置不谈。但是我认为如果在某一处所我们发现了 B 有一个 A 在前，那么，给予了 B，除非各种条件已经改变，A 之出现于前便是一个不变的真理。B 之随 A 而来以及 A 之先行于 B，这两件事完全相等，都是我们所认识到的对象分不开的一个侧面，而且只要这个对象能够容许保持其自身不变，这两个方面成为一体便总是真的(虽然一定要从属于一个未述明的条件之下)。一旦通过抽象使这个真理受到割裂，或者暗中引入互相冲突的条件引起它的畸变，此时真理当然已经不是原来的模样，变成功了伪造的东西。每当你要把(让我再说一次)A 或 B 变成独立自存的实体的时候，或者在你有意或盲目地以另外一套条件来代替原来条件的时候，你便一定会得出这样一种伪造的结果。

最后，我们还可以指出，一般所谓“A 在 B 之前”和“B 在 A 之前”是有冲突的，这句话也只有在附有条件的时候才是真的。我们不能同时用这两件事来作为对“实在”的修饰，那也不过是因为我们(默认或者明认)已经把实在本身加以某种特殊的看法，很可能已经置于某种方式的“这个”之下，而把它当作特殊“指示”出来的东西。读者可参阅我的《现象》及《论集》。

无论如何，如果我们认为给予了一个或者几个独立自存的名词或关系，就可以得出什么真正的蕴涵或逻辑的联系——这种观念随便在什么地方都不能免于引起许多错误。

699 第十一篇　可能与现实

1. 这里我不是要对现实与可能的究极的本性作一般的研究。那样的研究一定要探询到“实在”最后的意义为何，这就会包括形而上学的整个范围。以下我的目的便是站在我在其他的地方已经阐明的立场，陈述我自己对于可能性和现实性二者冲突的看法，并提起大家注意，有些问题虽然是很重要的，但在我看来却往往为人所忽视。*

所谓可能的东西我以为就是具有局部的根据和实在。它跟现实的东西相比较，我认为有三种相反的意义。这就是说，现实的东西可以是实在的而(i)并无根据，或(ii)有充分根据，或(iii)兼而有之。但在这三种意义当中，我以为只有第二种也许无论如何最关紧要。现实的，在其与可能的彼此对照的范围以内，我认为总必意味着具有完全的根据。

上面已经预先表明以下所要说到的论点，现在我想先就上述三种意义的“现实性”分别举例一谈。

(I)无论什么地方只要我们有了某种形式的直接经验，就可以发现第一种意义。这时我们所把握的“什么”和“那个”，大体上总

---

* 参阅论文第七篇及《论集》索引“可能性”条，又《现象》和本书索引。

是彻底统一而不可分，既没有什么指谓，也没有任何关系，根本不发生对外界或其他别的地方任何东西的问题。因此，当然也就没有所谓“因为”，也没有什么理由，从而也谈不到有任何意义可以适用的可能性的观念。在此限度以内你所有的固然是一个“实在的”东西，但这个实在的东西（假如你愿意的话）也可以说成是在可能性的水平以下。如果你一定要在这里提出“现实性抑或可能性”的问题，用上了这样两可的选言肢，那就等于要改变原来的事实。恰与你所预期的相反，你言外之意是你的直接实在究竟是不是真的独立 700
自足的东西，也许它**不是**直接的而只是有所根据的，因而要追问它在什么程度之内可以不过是不完全有根据的东西。

所有这样一类的东西，例如独立自存的真理或实体，我们可以顺便指出，都可归入第一种意义的现实性。不过这一点还要留待以下第 4 段内详细讨论。

（II）其次我们要说到有完全根据的现实性意义，这里我可以举出时间里面出现和绵延的事物做例子——这个领域也就是我们时常所说的常识的“实在世界”，最好我们可以称之为“存在”。这个世界正是现实“事实”的世界，而所谓可能性之所以跟这个世界相反对，我以为这其中实具有一个双重理由。第一，虽然这样一个世界本身不是，而且也不可能成为直接给予的东西，但是建立于直接经验之上，同时在某种意义上跟直接经验又极为接近，因此（我们可以说）前者便很自然地暗示着后者。第二，这个“实在世界”我们在实际上都假定（不管对不对）了它完全有源有本，从而与单纯可能性（仅有局部根据而决不能成为现实的东西）正相反对。当我们把可能性看为不能够现实存在的东西时，我认为第二种意义便不自觉地统治着我们的思想。

（III）讲到现实性不同于可能性的第三种意义，我们必得以宇宙或绝对“实在”作为一个例子。不过要问到下面所说的话有什么理论基础，篇幅所限不便细述，读者可参考《现象》及《论集》。在我所谓“绝对”这种东西里面，我们可以发现有两个特性，它既属于直接经验，又有根据，这两方面的性质同时存在，同样完满充足。这个双面的性质体现于某种东西之内，而这个某种东西则超出于每一侧面之上，同时又包摄这两方面而无一或缺。然而可能性在一种意味上虽落入这个现实的“实在”之内，如果拿来应用于绝对或整个的宇宙，便不能不认为毫无意义而必得加以摈斥了。宇宙包含着并且穷尽一切可能性和一切现实性于其自身之内，然而宇宙本身确实并非仅仅现实的东西，也决非仅仅可能的东西。在这里就连提出
701 有没有“别的世界”现在或者曾经是可能的这样的问题，恐怕也很易流于废话。这样的观念和问题，当然还是可以说的，但须明白，至少照我们通常所想象，最后必毫无意义。

在继续讨论前，我要先提醒大家注意到这里我认为必得导致的一个结论。凡是在你有了一个真正个体的地方——我的意思是指真正自我包容，亦即独立自存的个体而言——它的可能性以及局部的实在总必被认为完全落在它的自身以内。如果要说到还有“另一些”成分存乎其外，即使是可能的东西，事实上就是过渡于——这个过渡势必牵涉到所与个体的存在——另一个世界，越出它本身范围之外，从而破坏了它的自我包容独立自存的本性。这样，你已经不把它当作自我实在的东西，而使它变为一个更广大的“实在”里许多其他现象当中的一种，恰和其他现象一样，它的本身也不过是

一个“事例”或“场合”、某一“种类”的例证。因此，显然，照我的见解，除了唯一的或统一的“实在”之外，没有一个个体能够成为终极完全的东西。

2. 我们也已知道，可能性作为有局部根据，从而是部分实在的东西，可以与现实性以三种方式相比照。与可能性相反对，现实性可以（i）本身并无根据，也可以（ii）有完全的根据，第三（iii）它也可以是这样一个实在的个体，超乎一切根据或根源之上，包摄事物这一方面的样象于其自身之内，而又可使之更趋于全面。此外，现实性在其与被排斥的可能性两相比照的限度以内，还会（我已指出）为了这个目的而总是把它的本身表现为完全有根据的东西。

以下我将要说到的许多问题，主要都与上述三项当中的第二项有关。我已经举出了“存在”或所谓常识的“实在世界”，作为“有完全根据”意义的现实性之一例。现在再来考察一下可以作为反对这种实例的借口的某些见解，也许是有帮助的。可能有人说，存在决非仅是现实性的一例，相反的，“存在”便包括了而且穷尽了整个现实性的范围。或者也许有人说，即使上面所说的结论过于广泛，然而至少现实性作为完全有根据的东西，便全部建立于“实在 702
的存在”之上，并以此为其唯一基础，同时也以此为唯一完全的实例。这一辩驳我们可以详细研究一下，对于我们可能有所启发。

我在别的论著中曾经述明（参阅《现象》和《论集》）“存在”的领域、常识的“实在世界”不过是一种造作，虽然是必不可少的，但归根结底却是不可靠的。假如这个结论是对的，要说只有在“存在”之中才能找到有所谓现实性的东西，这样的观念就似乎显然难以成立了。即使把这一点置之不论，我们也还是有很多的困难。在我们的日常生活中，还有整个所谓“幻想的”区域。我们所有的远非只是唯一的世界，我们生活于其中的我以为乃是许多不同的世界。纵使我们断定在这许多世界之中只有一个世界是“实在的”，这句话也很难保证其他的世界就不能成为现实、真确的。* 恰恰相反，这个现实性与可能性的区别我们也习惯应用于他种世界之中，这些世界我们明知是幻想的，并拿来跟“存在”相对照。例如，我们时常谈到小说中现实性和可能性的事件情节，如果这等事件都同样仅乎是可能的东西，我们又怎样能够作出这样的分别呢？

对于这一反对的论点，我同意是能够找到一个部分的解答的。我们可以把可能性分为两种，一为绝对的可能性，另一为相对的可能性或仅乎可能的（参阅索引）。凡是可能的东西总只是部分的实在，但是其所包含和建立于其上的那个实在，却可以是绝对的实在，也可以够不上这个标准，不过我们为了我们的目的把它当作实在。因此，幻想的存在与绝对的和现实的存在相比较，虽然仅是有条件的或假言的东西，却可以通过合理的抽象，舍弃它的假言特性，而当作现实性和真实的东西来应用。而且再通过一种可容许的造作，这个第二次的存在又可以当作它的本身所包含的各种可能性的“现实的”基础，如此以至无穷。可见在任何可能性的世界之中，我们都能有各种不同的可能性，而这个世界与之相对照便成为现实性的东西了。但是这里所谓“现实性”的意义（我们可以指出）只不过是相对的，而且是假借的。它乃是为了我们的方便（我们可以听到有
703 人说），而从那个唯一的存在和现实性的世界假借得来，归根结底

* 关于“幻想的”可能性，不可能性的问题实际并无多大困难，参阅《论集》及本书索引“不可能性”条。

只有后一世界才是真确的和实在的。

这个答复对于我们前面反对的论点，我以为大体上是可以说得过去的，如果我们承认其所依据的一个难以维持的假定的话。然而单是这样，我们还不足以圆满解释“幻想的”东西。因为我们可以设想在某些幻想的东西里面，还能辨认出一种所谓“理想的”成分。这个理想一方面作为理想的东西便是不存在的，可是另一方面它又不可否认地呈现在“那里”。确实它甚至可以迫使我们不得不把我们“实在的世界”看为**它的**可能性，从而终于把地下看成了仅乎是可能的天上似的。这里我们是不是应该认为这样一种理想，除了作为一个心理事件之外，便决非现实的呢？抑或我们这时必得承认两种世界都有其实在，其中每一个都是现实的，同时每一个对另一个来说，又都不过是可能的呢？苟其如此，唯一完整的实在必得是这样，就是，我们的“存在”世界本身应当变成为现实的天堂，而我们的天堂则应当使其自身现实化，降格而与转化了的尘世成为一体。但是这两个领域没有一个如我们所拟想的那样，能够离开另一个而有其绝对的现实性；也没有一个与另一个相比较，能够自命为不止于部分的实在或全然是可能的东西。

由上可知，如果我们把“存在”一词理解为事实和事件的“实在世界”，而企图只在这里面找出一种标志，借以将现实性跟可能性分开，结果一定归于失败。但是如果我们撇开“幻想的”东西，进而考察我们所谓“真理”的本性，那么它的展望便将更为黯淡。

3. 我们首先可以指出（恰和我们在幻想的东西里面所发现的一样），现实性与可能性的区别也适用于真理世界本身。我们时常说到所谓可能真实的东西，以及多少可能是真实的东西。这里我们的意思便是说，虽然我们的根据不足以断定某一真理是现实的，毕竟有了一些根据；换言之，我们多少有理由认为这一真理在不同的程度上是可能的。这里便可拿“现实性”来代表完全有根据的东西，而与不完全有根据的东西相对立。它并非仅乎意谓着呈现于“存
704 在”的世界之中，在我看来，至少它决不是建立于这一事实之上。

真理与实在终极的关联，以及与“存在”的东西的关系，当然不必在这里讨论。这些问题应该怎样解决，我请读者参阅其他论著。[*]这里我必得假定真理的意义——即真理之所以为真理的意义——决非就是它的存在。纵使真理有关于存在的地方，以上的否定也还是有效；因为这里我们的意思仍然与我们现在所确述的它的本身存在的事实有所不同。但当我们肯定一个现实性的真理而把来与可能性相比照的时候，不管是在什么地方，我们便不需要牵涉到真理本身范围以外的事物。恰恰相反，我们总是注意到在这个真理所固有作为一个整体的世界之中，寓有或多或少比较完整的基础，而我们便诉之于这种东西，并将它和或多或少局部的基础相对照。如果认为这里面现实性仅是一种假借，只有“存在着的”东西才算真的具有现实性，这种观念是站不住脚的。

的确，我所见的真理的世界渗透着不一致和矛盾。一方面它要

* 参阅《现象》与《论集》。真理作为真理，在我看来，就必得不能满足其自己的要求，而且纵然作为真理，只要它够不上全部的实在，也一定始终是不完全的。其次，我同意真理非经过思维决不能成为真理，既然经过思维，就必得确实为这一个或那一个心灵所思维，从而一定是在某一时间之内被思维。但是就我们逻辑的目的来说，我们却不能不抽象撇开这一侧面，此外我们还必得抹煞真理、存在以及实在最后的结合。在逻辑上，我们必得假定真理作为真理，其本身便超于时间之外，既然是真理，它就没有而且也不能够存在；虽然从另一方面看，（我们可以重述一下《现象》中所说的区别，原书第 488 页）一切真理都必“有”其存在。

求我们承认其本身为一现实性的有根据的体系，其中每一个成分都明明是在那里，而且每一个都是现实的。在这样一个世界里面，其所具有的“或多或少的现实性或可能性”只有相对于不同分量的实在，才能够成为有效。各种真理多少都带有从属性，因为它们只能支配并且立足于共同根据或多或少的范围之内，每一个本身里面都包含着属于整个系统的或多或少的部分。然而另一方面，在同样的程度上，真理的世界又必得是“论证性的”。它必得是这样一个领域，不但各种真理之间的蕴涵和联系彻底是现实的、真确的，而且在这个整体之中，还要确实起着从某一点到另一点的运动。而要 705
有运动，你就必得要有一个出发点作为起动的地方，但是这个出发点本身决不能包含或建立在这个体系以内，所以你的这个非有不可的运动在某种意义上必得称之为任意的东西（参阅论文第一篇，第614 页）。照这种看法，你的结论以及推断大体上也就都可以认为是假言的、仅乎是可能性的了。

因此，真理一方面虽可以说是自成一个体系，其中没有一件东西发生变化，一切都是现实的，然而同时又得是一个发展的世界，从而局部的知识与无知以及可能性都能在它的内部发现。这在逻辑上也没有任何弥补的方法，只有老实承认并肯定两方面的情况同时并存，虽然这两方面是有矛盾的、彼此冲突的。必得在超出逻辑的界限之外的时候，它们才能够达到最后的调协，不过那也仅是原则上的，而决非细节上的调协。

但是尽管在其他方面不一致，逻辑却可以毫不犹豫地否认“存在”便能把“现实性”的意义包罗无遗。恰恰相反，我们也已证明所谓“现实性”除非它的意义有了特殊的限定，并不一定指着在“存在”的事物领域中占有某种地位。每一个真理都是脱离时间而提取出来的东西，然而尽管如此，它的本身与其他的真理相比较，（我们也已见出）却可以有更多或更少程度的现实性。毋庸置疑，我们的知识总有它的存在的时期，能够来也能够去，能够开始出现也能够终止存在，但所有这些都不过是知识的表现，当我们撇开知识而谈到真理本身时，这些表现实际上便失其意义了。关于这一点，即使我们诉之于逻辑里面所承认的过程，或者坚持推理的程序及其运动都必有一个起点和终点，也是不能够加以否认的。因为如果推理中的起点可以称之为任意的，而又要说它作为逻辑发展的开端，其本身及其所发生的过程都限定于一定的时间以内，便似乎与很明显的事实相背离了。

这里如果还要说这个出发点本身虽然没有时间性，但它的根本性质却是不自觉地从时间里面事件的世界假借得来，这种解释也是无济于事的。我承认心灵之出现于真理的世界某一点上，决不能由逻辑而说明。但是另一方面，我仍然要坚持这个出现决非来于存
706 在世界赖以产生的二次结构的假借。恰恰相反，它确实出于一种直接感知，这种感知便支持着而且先于一切“存在着的”东西，其本身乃是我们的事件纷陈的实在世界的基础，同时也就是万物发展的始基。这个原始的经验表现其自身于逻辑之中，当其适用于存在的时候，我们便称之为“指示”或所指。[*] 如上所述，作为一种标志，用

---

* 关于“指示”，参阅《现象》索引“这个”条，及《论集》有关“指示”一条。我们所谓“指示”之谜便在于（我们可以回忆一下），一方面它的基础大体上建立于“存在”的水平以下，而另一方面它又发为一种有所选择的判断，从而超越（不管是有意或者无意）存在的事实，作为真理而过渡到没有选择的境界里面去，越出了时间范围之外而超乎其上。

以区别真理世界里面的出发点，这个为我们所感受到的出现或呈现（我要再说一句）决非时间中的事件，也不是从我们所谓时间假借得来的东西。它不能由逻辑而说明，而又加入逻辑和真理的领域，但这种加入只能有这样一种意义，就是，在逻辑的目的上，它可以把我们放置在真理世界之中的某一特定点上，而就一切其他的目的来说，它却超然于真理的世界之外，始终停留在别的地方。因此，这里我们所体验的乃是真正的现实性之一例，恰好可以归入前面列举的三种意味的“现实性”当中的第一种。它的本质就存于感受的事实之中，这时还没有经过造作发展成为我们所谓“真实存在”。这个事实虽然显示于真理的世界之中，并为真理的世界之所必需，可是它的本身却始终格格不入，决不能变成任何有根据的整体的一部分。

以上我们也已看到了无论何处把现实性跟“存在”视为同一，乃是一个错误；而认为现实性的意义最后出于存在的假借，也是同样的站不住脚。现实性与可能性相对照，可以有（我们已经指出）三种不同的含意。（i）第一种意义的现实性位于推理和根据的平面以下。它是属于感受或直接事实的东西，其本身在一种从属的意味中，与我们所感知的事物或感受还没有分开。（ii）第二种“现实性”可以看作我们的“实在的存在世界”之一组成部分，或者看作各种幻想的或思维的“世界”的内容——这些世界或其内容的一部分，就我们在这里的目的来说，都可以认为一个有本有源的整体。（iii）第 707
三种现实性我们也已知道乃是个体的标志，这个个体既不止于单纯的直接性，同时也超乎单纯的根据之上。在这样一个个体之中，作为一个完整的全体，第一种与第二种现实性同时并存而又互相超

越。但是我们也指出了，如果把它跟可能性相对照，作为与可能性相反对的东西，现实性无论在何种情况之下，都可以显示三种意义当中的第二种。它带有这样一种意味，就是与有局部根据及仅乎部分实在的东西相对照，它的本身便可以视为完全实在，因为它有完满的根据。我们还须指出，凡是“可能性”，如果就其唯一正确的意义来说，便只能求之于观念和真理的领域，除此而外任何别的地方都是找不到的。

无论何处，如果你有了一个整体，并把它看为彻头彻尾具有内在的根据，那么存于这个整体之中而又够不上这个整体的任何东西，便都可以认为现实性，或者也可以认为仅乎是可能性。由于整体的缘故，它可以成为这个整体里面任何别的成分真实的可能性，从而在这个界限以内，就连它的本身也变成了实在的和现实的。但是如果撇开所有其余的成分，它的本身便成了仅乎可能的东西，因为这样孤立起来，它就不过只有不完全的根据了。作为扎根于完整的全体之中，并为完整的全体所保证的东西来看，这个整体所包含的每一个内容都是现实的，而另一方面，任何东西在其显示缺乏那个完全保证的限度以内，它就仍然不过是一种可能性。同时无论何处，只要我们不是立足于一个有本有源的全体之上，所谓“可能性”便没有了什么真正的意义或意味可言。此外，说到宇宙或终极的“实在”，我们也已知道(见第 700 页)，这在一种意味上虽然必得包含有可能性，但是如果要断言或假定其本身为可能性，实际上便一点意义也没有，而如果我们再想进而说明宇宙本身是现实的，那我们就更加要审慎思考我们所说的是什么意思了。

4. 最后我想把以上讨论的结果跟一个相反的见解对比一下，也

许有助于澄清这一问题。但是读者必须注意到我只能给这个反对的见解作一个一般的说明，而且（我还得指明）或多或少的只能代表我自己的说法。

依照这种见解，在真理的世界之中，便根本没有像可能性这种东西。一个真理，如果它是真实的，就必得是真实的，也必是现实的。因为它本身是现实的，而非别的，所以每一个真理也不会含有 708
别的成分，而只能是它本身，完全独立自存，没有任何意味的依赖关系。但是既然这样不超过它的本身范围，也不会少于它的本身一个真理当然就不能够再变成什么可能性。又因真理没有依赖性，这就意谓着没有从属的真理，从而也就不能有什么推断引申以及前后件的联系，如此，对真理来说，所谓“蕴涵”当然也完全失其意义。一个真理（再重复一句）始终就是它自己那样，既不能增亦不能减，换句话说，即每一个真理都永远是现实的，无论如何决不能成为推引的或可能性的东西。

至于真理的世界（如果按照这样一种见解我们还能说到什么“世界”的话），这个世界如非只限于单独一个真理，就必得由多数独立的真理而组成。但是这个杂多体当然不能成为一个体系，使其中每一个真理各得其所而有其贡献。恰恰相反，它不过是一种表面的“集合”或“和”，把各种不同的真理凑合在一起。但是对于这个整体我们所能作的任何宾词的表述，都必落于每一个真理的范围之外，从而也就似乎与真理全不相干，因此，我们便很难再说我们的世界跟真理有什么真正的联系，或者能够给真理造成任何差异了。

在这样一个世界里面，无论如何似乎很为明显，决不能有某一部分对其他一部分，或任一以及所有各部分与它们的总和或整体之间的蕴涵或依存关系。这样，就更谈不到有什么过程或顺序关联，无论它是属于时间的或观念的，都是一样。在真理的世界中，一切都是现实的，单纯就是它的本身那样，除此而外没有任何别的东西，如果还有什么地方能够容许可能性有其意义，那么这个意义便必得落在一切真理的外边。

这里我想也用不着说明这样一个“世界”或“整体”所含内在的矛盾，它的本身虽不容否认，但是由于它的本性，似乎必得要破坏加入其中的任何“存在”的本质，然而从另一方面看来，脱离了这些存在，它的本身也就什么都完结了。* 我只须指出这一点，就是如
709 果照上面那种见解，我们关于思维的论证性方面所说的一切都必排出于真理的世界之外，而要与“蕴涵”、“过程”以及“前后件联系”一起抛入某一另外的领域里面去了。这就要造成一道不可逾越的鸿沟，一方面是真理，另一方面是推理和知识的运动，彼此不能通气。这样把知识和真理截然分开，把它们完全凝固化，当然是回复二元论滥调。即使我们使真理解除一切可能性，在某种意义上仍能保全真理的世界继续残存，我们所付的代价也是带有毁灭的危险的。

按照上面所说的见解，假如我们还要寻求所谓“可能性”的话，那就只有求之于真理之外的某种地方，甚至（我们似乎不能不承认）还要脱离一切的知识，因为它不可能求之于真实的知识之中。对于我们现在所讨论的见解来说（这里我不是要说到所有可能提出来的相反的见解），似乎只剩下一条出路。就是，“可能性”既然落在真

---

* 于此，读者可参看我的《论集》索引“连言”与“关系”条，及《现象》索引“关系暗含整体”条。我还要加上一句，单凭引入“外在的关系”——不管它们本身是否看为真理——对于上述真理“世界”的问题实际上并不能造成任何差异。

理的外边，便必得寄托在“存在”的东西的那个“另一世界”之内。因此，如果还有什么地方我们可以找到可能性的话，那就一定是在“存在”的领域以内了。

但是我们所找到的也不过是那样的“存在”，它的本身大体上也和真理一样，似乎根本而且彻底是现实的。假如某种东西存在，它当然就在“那里”存在着，如果不在那里存在着，当然就是不存在。果其如此，那么所谓“可能性”便既不存在，也非真实。我们说某一真理“具有”可能的存在，或某种存在的东西“具有”可能的真理，说这些话，如果没有这样一个真理或存在作为“所能有”的对象，便是一点意义也没有的。如果我们回答说我们的意思便是指着某些真理现实地存在着、某些存在确乎真实或具有现实的真确性，那还是把握不到可能性。因为以存在为宾语来说明真理，或者以真实一词来修饰存在，不但在每一种场合都似乎自相矛盾，而且在这两个场合都是一样，虽然付出这样的代价，还是囚禁在现实的事实之中。因此，我们必得明认这个真理与存在的连结虽然（不可思议地）确乎出现，但我们实在不知道它是怎样、在多少地方以及什么情况之下，才能出现或者不出现。所以实际我们只能说它**可以**发现，我 710
们所谓“可能性”者真义如此而已。不过，单是这样，可能性的东西便似乎毫无正面积极意义可言，而仅建立于我们的无知之上了。

这样，可能性便终成泡影，如果还要来追求它的话，那么在这两个世界里面都是找不到的。我们只好假定可能性为一种飘浮的东西，模糊隐约地往来于两个世界之间，不属于任何一面，而在某种意味上两方面都可参加。换言之，即我们必得认为某种中间区域，才是可能性最后的归宿之乡了。

真理本身都是现实而真确的，但在其体现表露于存在的世界之中的限度以内，便可以成为可能的。存在的东西如果有所指谓，超出其本身作为一个事实的范围以外，从而（我们可以说）至少是向着真理的方向运动，在这个限度以内，也就可以成为可能的东西。在这种情形下，存在的东西可以提供显示真理的实例；而真理得到反映，也就可以清晰地表露于存在之中。但是不管我们使用的是什么意象和词语，一加考察都会证明是毫无意义，除非我们承认它们具有一个与其本身相冲突的涵义。因为要想有何意义，这些意象和词语实际上都须否认真理世界与存在世界真的各自分开，换言之，即必得要假定真理的存在可以伸延，自己超出其本身之外，而过渡于存在之中，同时存在也包含着真理，从而它的本身一部分也可以上升而变为真理。简单说一句，除非真理与存在任何一个都不能离开另一个而独立，除非它们都不仅乎是由外揉合或强制杂凑的东西，除非它们相反的，作为统一的共同世界的成员，在本质上互相关联，而且每一个都成为某种有根据的整体之所包括的因素——除非是这样，可能性一词用起来便不会有任何真实的意义。看来我们手上剩下来的可能性这种东西，我们确实非加以承认不可，不过它也许只是一种幻象，而且归根结底是不可得而说明的。*

* 我想提醒读者，这里如果单是借口我们所讨论的只牵涉到我们自己“对世界的看法”或世界观，那是不能够摆脱“可能性”的问题的，其实这样也不能够摆脱任何其他的问题。因为我们“对世界的看法”似乎不可否认地也就是这个世界本身的一部分。因此我们必得要理解这个世界如何可以合理地容纳并统摄我们所谓“我们对世界的看法”。如果我们不能做到这一点，那我们就应该承认自己并没有理解这个世界，也没有理解我们自己的世界观，从而以上“单是借口”这句话所作的肯定也就完全失其依据了。关于现象、错误和真理的整个问题，读者可以参阅我的《论集》。

5. 以上的评述不免赘长而有片面之嫌——我要再说一句，所述 711
毕竟照我自己说法，而不曲从我自己目的——但是我希望对于我们在这里所探讨的特殊问题，已能帮助我们多发现一些线索。现在让我再来一谈我在别的地方曾经作出的几个结论，这些虽然更为概括，却仍有重述的价值。除非我们自始至终完全承认真理的要求，我自己确实看不出如何能够思考有关真理的问题；而要承认真理的要求，不管它是怎样，我们就必得毫无保留地彻底加以承认。但是如果我们企图使真理脱离知识，或者限制真理的世界，以至“真实的”东西最后不能包括全部的实在，** 我们就不能做到上述的地步。另一方面，纵使我们鼓起勇气充分承认真理的地位，我们所能达到有关真理的见解，也还是不足以使真理自身真正能够保持首尾一贯；恰如我们限制真理的范围或作用，无论用何手段，最后决不能免于矛盾一样。唯一补救的方法，我也已说过，只有把真理看为一个整体分不开的许多方面当中的一面，这些方面实现于有限的心灵之中，就必得在一种意味上分离开来，而且每一个必得表露为或多或少特异的东西，如果不是每一个都离开其余的因素而独立的话。可是换一个角度来看，每一方面又必暗示有一个整体，从而在其本身得到肯定的时候，也就包含着而且确认了某种东西超出它自己与其余的成分割裂开来的存在之外。一个整体之成为实在，必得显示于仿佛各自分离的区域之中，而另一方面，这些区域当中又没有一个离开其余的部分仍能成为真正实在的东西，每一个都自然而然地要扩大其本身范围，超出它自己能够保持一致或不矛盾的限度之

** 参阅我的《现象》及《论集》。

外。不过尽管如此，在宇宙和绝对实在之中，虽然具体细节怎样我
们有所不知，但是所有以上指出的各点都能得到正面的补偿，各方
712 面毫无损失，而且最后完全归于和谐。如果说我们能有理由设想这
样的结论是不可能的，那么至少我自己还没有找到这样的理由；但是对于断定这个结果之为真确，我却有现成的理由，至少在我自己看来是很充分的。并且我还要加上一句，这个见解作为一种工作假设，如果应用起来无片面之弊而能照顾到全局，即使仅乎当作这样的东西来运用，也可表现其一般的优越性，而这至少在我看来，也就是它的真理的标志了。

第十二篇　理论与实际 713

理论与实际的区别我以为是不会丧失其在理论上的重要性的。关于这个问题，我写过的文章里面说得很多，已经没有多少要补充的了，但是这里再来简略地一谈，也许还是有益的。我所要说明的主要结论大致如下。世界上没有单纯实际的心智活动，也没有单纯理论的心智活动。其实，我们可以找到这样一个低级水平，这两种活动一样也谈不到，但是作为一个经验的事实，有二者之一而无其二却是根本不可能的。理论与实际二者同样都是具体事实的抽象，在具体事实之中，有了这一面，就一定出现和蕴涵着那一面。一个心智的活动可以称之为“实际的”，如果当其时我们因为某种目的而使“行”的方面成为重要和显著。与此相反，当“知”的方面成为我们直接和主要关心的对象时，我们便可以把某个活动称作“理论的”，因为这一方面最引起我们的注意。但是如果因此而认为任一方面可以脱离另一面而存在于给定的事实之中，那便要造成很严重的错误。这不过是把相对的事物看成绝对的那个一般倾向之一例，不管是在什么地方，或多或少的总会导致我们的思维或生活迷失方向，甚至使我们上当而被某些虚妄的选言肢所束缚。因为归根结底，单纯理论的范围是没有的，纯粹实际的领域也是找不到的。问题还不仅在于经验的这两方面的一面都影响着另一面。更深刻更

丰富的真理乃是，随便哪一面都不能离开另一面而在事实上成为现实性或者甚至可能性的东西。一切理论或冥想都有其实际的一面，这也就是它自己的存在的一部分；而每一个实际的活动在其本身存在之中，也必包含有理论的一面。所以我们可以把某一心理状态或
714 我们的经验世界称之为理论的或实际的，但这决非真的因为它是两个当中的一个，而只是因为上述两方面的某一面在这里被着重认为是主导的，从而对眼前的目的来说成为特别重要和根本性的东西。

现在我想先来说明一切理论都包含着实际，然后再来阐述一切实际活动里面如何又含有理论的方面。要点就是，在“行”的当中，着重的是改变现实存在，所谓“实际”特殊的意义便须求之于这个改变之中，这一观点仍然要作为以下论证的基础。*

I. 承认一切活动凡是理论的，或在任何意味上带有冥想性，就必得也是实际的，这种看法我以为不需要多费解释。因为凡是在我有所活动的地方，我就必得有所作为，而只要是我做出了某种事情的所在，就一定会出现一些事件，使存在之中造成某些变化。这里所谓“存在”，我的意思便是指着各种“事物”和时间里面“事件”的“实在世界”而言。诚然，有些思维和知觉之中，我的心理状态也许主要是消极被动的，这就是说，在某些场合我的本身积极能动的经验可以是缺乏的。但是这一点牵涉太远，这里不便讨论，我们可以暂且不谈，现在只提出我们一般的结论。如果我有所活动，我就必得要做出某种事情，因此尽管我的活动可以是理论性的，它总必

* 参阅本书第 506 页，读者可以看到，存在的保持与变化相比照，正好归入这里所谓改变项下。参看《论集》第 83 页，关于一般“实际”的意义，参考同书索引。

包含有做成功的某种结果。由于这个结果一定暗含着时间的顺序，同时至少在我的存在之中也必发生了某种变化，所以我的活动便必得是实际的。所有愿望、要求以及意志，都不能不认为在事实上形成真理必不可少的一面。这种情形在我看来非常明显，犹之乎非有一个能够思维的心灵存在，一切真理归根结底都将成为不可能一样。*因此，我想用不着再继续进行讨论，这里就可假定一切活动毫无例外都有而且必得有实际的性质。

另一方面，我也要坚决反对把实际的一面当作就是思维和理论的主要特点的任何见解。使存在发生某种改变，我同意这对于思维来说是完全必要的；但是尽管这一方面很重要，它仍然决非所谓理 715
论和真理本质之所在，恰恰相反，比较起来我们不能不认之为只有从属的意义。真正的真理的实质，恰和美的实质一样，简单说一句，都是观念的，不可能认为它的本身仅乎存于一个改变了的事实之中。在理论里面我们所指望和达到的目的，乃是借时间之流以外的东西来作为“实在”的修饰限制，这种东西作为如此在事实上不会出现，也是不存在的。我承认这里我们有了的只不过是一种抽象，然而这个抽象却非常重要，离开了它便没有而且也不可能有任何理论或思维。如果认为这里面有更多的含蓄，因而否认以上所说的话，在我看来便是毫无意义。反之，如果要以任何方法来证明这里面没有这样多的东西，而认为理论的特质可以求之于单纯实际的一面，就我见解所能及，那也是不顾或违背极其明显的事实的。

我们所得的结论大体上就是，一切理论都有其实际的一面，离开了这一方面，它（跟实际一样）便要纯然成为抽象。但是另一方

* 参阅《论集》第 334 页以下。

面，我也已指出，这样的抽象仍旧是必要的。我并不否认理论的活动和实际的活动是有分别的，只有在这个差别之中才能找出与实际相反对的真理的本质。*

II. 搞清了以上一点，便可谈到与此相联系的另一面的结论。如果理论含有实际，那么实际的活动也包括着理论的因素，削除了这一必要的方面，它在事实上也就等于无。实际而被看作**仅仅**是实际的东西，就变成了枯槁的抽象，不可能真的有这种东西存在的。这个结论我以为非常明确，但是限于篇幅，我只能满足于一个简略的呈述，至于详细论列，读者可参阅我的其他著作。不过我要首先顺便指出，这里所谓“活动”必须理解为我们在事实上所经验的活动。

716 (a)第一，实际的活动决不能仅乎是事件的连续或单纯出现的效果。很容易看出，单是存在的改变本身并不成为活动。真正实际的活动，它的本意在我看来，一定含有一个观念，要把它的本身转移到改变了的事实里面去，并通过由此而产生的变化，而且就在这个变化之中，实现它的本身。我坚决主张，脱离了一个观念的自我实现就根本没有像经验中的活动这样的东西。**

(b)其次，假如有一个观念，那么同时就一定也有一个判断因

---

* 在我们把真理看为就是知识的地方，并且把知识看成我的心理状态的时候，读者应注意到以上的陈述便须另作订正。现在最大的重点乃是放在我的心理存在上，这个存在始终持续着，尽管其他的方面有所改变。关于本文所讨论的整个问题，可参阅我的《论集》及索引。

** 除了我的《现象》及《论集》中的论述而外，我在《心学》杂志新编第 40、41、44 及 46 号各期也有详细探讨这个问题的文章。我当然意识到我所作出的结论曾经有人，而且现在仍有人会否认或者以其他方法加以反对。但是这里我还是不得不只限于提请读者参考上述以前的讨论。我还要指出一点，我确实不理解为什么詹姆士教授明白否认关于这个主要的问题存在着真正意见的分歧。参阅他所著的《彻底的经验主义论集》第 165 页。

为一个观念撇开了判断，如同我在别的地方所已说过，也不过是一种抽象。* 但是我以为非常明显，既然是一个判断，就不能不是理论的，因此，实际的本质的最深处或其中心便含有理论的因素，如果没有了这一方面，实际的活动也就不再能够保持它的本身。读者可以注意到以上的结论须要靠着两个步骤，而这两个步骤当中却没有一个能在这里详细加以说明。第一，我假定了一切经验的活动之中都存有一个观念；第二，我又同时假定了对于每一个观念，都必得有一个主词，这个主词也许为我们所不觉得，却是我们的观念所形容修饰的主体。但是假如这样说是对的，那我们就可以维持原说，而认为一切实际的活动都必包含着一个判断作为它的要素之一，从而它本身里面也就蕴涵着理论了。**

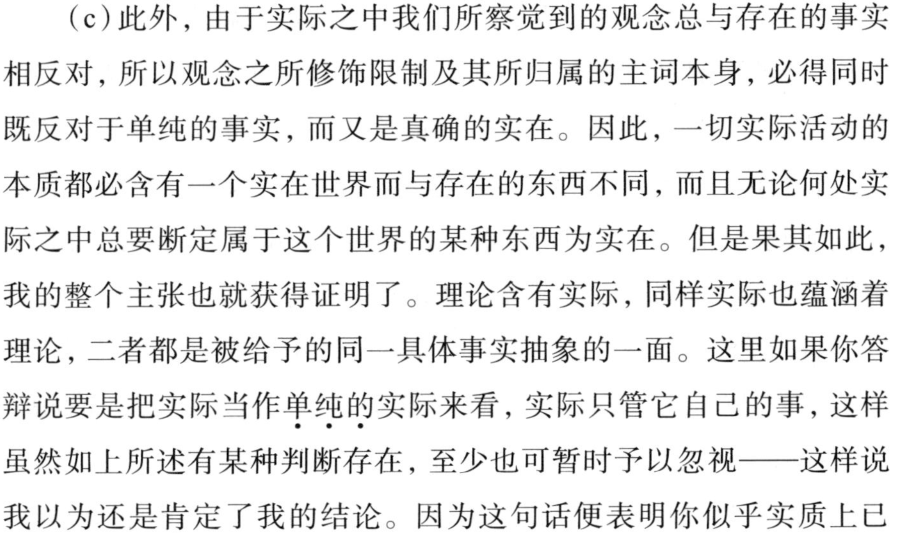

（c）此外，由于实际之中我们所察觉到的观念总与存在的事实相反对，所以观念之所修饰限制及其所归属的主词本身，必得同时既反对于单纯的事实，而又是真确的实在。因此，一切实际活动的本质都必含有一个实在世界而与存在的东西不同，而且无论何处实际之中总要断定属于这个世界的某种东西为实在。但是果其如此，我的整个主张也就获得证明了。理论含有实际，同样实际也蕴涵着 717
理论，二者都是被给予的同一具体事实抽象的一面。这里如果你答辩说要是把实际当作**单纯的**实际来看，实际只管它自己的事，这样虽然如上所述有某种判断存在，至少也可暂时予以忽视——这样说我以为还是肯定了我的结论。因为这句话便表明你似乎实质上已

* 参阅《论集》第三章。

** 参阅《论集》索引“观念”条。

经承认了，在真确的事实中单纯的实际不过是一种抽象。

现在我再来指出几种误解，这对于我们认清问题的真相也许不无补助。(i)我想首先指出这样一个错误，不过这里不打算说得太多。当我谈到实际之中总必含有判断的时候，我当然不是断言这里面一定呈现着有意识的和正式的谓语的表述。要是说每当我体验到某种“并非当下呈现”或“尚未出现”的东西的时候，在这个经验之中，我总会自觉到有这么一个世界与真确事实既不相同而且相反，并有意地把我的观念作为实在的东西放到这个世界里面去，那就等于嘲弄我自己的心智了。因为决非一切判断都必具有这样的意识，而且在一定思辨的水平以下出现的判断也不会具有这种自觉。然而另一方面，一个判断尽管还没有反省的性质，而在本质上却完全现实，在我看来乃是一个极为熟悉而经常碰到的事实；而正是这种判断我认为在实际之中非呈现不可。[*] 在这一点上如果背弃正确的途径，就势必要走入两个反对的偏向，同样可以招致严重的后果。我们可以否认实际活动之中蕴涵着任何判断，甚至于还要否认有任何观念。或者相反的也可以主张实际之中总含有判断或观念或两者兼全，这都是完全不合于真确的事实的。[**]

(ii)说清楚了这一点，现在我便好来简单一谈第二个误解。这个错误的见解一方面承认一切实际活动之中都显示有观念和判断，但是同时又认为判断和观念都仅指一个未来的事件。它们完成的结
718 果便是一个随之而起的事实，即(按照这种看法)判断之所肯定的东

* 参阅前面“论判断”第三段，及《现象》第366页以下，又《论集》第32—33页。

** 参阅《心学》杂志新编第44期第21页以下。

西。因此（我们还可以进一步指出）除了为“存在”之表征的各种事件单纯相续而外，决没有任何其他的世界。无论何处，我们所看到的纷纭出现的事实便是唯一的实在，而我们在实际之中所预期并断定其为实在的，也莫非未来的事实，而不是别的东西（任何情形下）。

究竟在什么程度上、在什么意义中，我们可以说一个实际活动一定含有将来的指谓，这是一个难题，篇幅所限，不能细谈。* 但是即

* 我自己不认为一切实际活动所含的观念都必具有未来的指望。的确，我们的观念之所断定为实在的东西，总必与存在的事实有所不同。而且我也承认在每一个实际的场合，这个不同总会为我们所感知。这就是说，我们所感受到的观念总是好像与存在相冲突，并且（你还可以加上一句）追求一种变化，期于改变未来。但是要求今后变革的这一方面，是否在每一个情况之下必得加入观念的内容就很难说了。观念向着将来而运动，这一点我是同意的；但是这个运动是否总是在观念之中并通过观念而得到确认呢？(a) 我在实际中所知觉到“不在这里的东西”，究竟在什么程度上同时也必被体会为“尚未出现的东西”，甚至还是一个“以后可以成就的东西”呢？在你回答了这个问题之后，我们便可提出另外一个问题——(b)“在什么程度上，我在实际活动中之所感受到的东西，其本身都将加入而且必得加入到观念之所肯定的东西里面去呢？”特别是存在的东西里面将来的变化，其本身是否也包括在观念之中，以至这一方面也可以称之为我们实际活动的经验所必不可少的成分呢？

像这样的问题我承认都很难回答，但是撇开这些问题不谈，我仍然要坚持以下几点。改变的方面，即观念之所要做到的存在的事实当中所起的变化，纵使并非经常是当下呈现的，却至少总有发展的倾向，而在其发展了的地方，它就自然可以过渡到观念之所断定的东西里面去，而成为它的一部分。而一经发展到这样的地步，我们便必得承认实际中的观念指向将要来到和正在来到的东西，从而它的本身也就正视着未来。不过这样说虽然是对的，如果我们忘记了同时还有另外一个根本的方面，那又错了。我们的观念一方面虽断定了一个“以后”改变的东西，但同时也决不会停止把它的这一内容作为现实真确的东西来加以肯定。这里我们所获得的便是，为我们的观念所断定而与存在的事实相冲突的实在，现在又受到了另外一重修饰，而成为期于改变事实，以便实现其自身于将来的变化之中的东西。这两个方面，实际的活动缺一不可。因此，苟非我们肯定了的实在一面要在“以后”的变化中实现其自身，而另一面又被修饰为现在真实的东西——苟非这样，我们实际的经验也就会丧失它的本真。

单是指摘像这样两方面合在一起不免自相矛盾，那也没有办法，因为实际事实确乎含有这样的矛盾。尽管我们不能说明在具体经验之中这个矛盾如何又能归于调协，但

719 使撇开这一点不谈，我们还是可以证明上述见解完全站不住脚。因为纵然没有别的东西，只有事件的过程才是实在的，一个未来的事件，无论就其本身来说也好，或者对我们来说也好，总不能够现在就成为实在，除非它在这个限度内已经不再是未来的东西。如果要把它解释为现在的期待，那么除非加上“在观念中”的修饰语之外，便毫无意义可言。因此，如果判断就在于肯定什么是真实的、实在的，照我所能理解，它就不可能指谓单纯将来的东西。在判断里面，为观念之所修饰限制的主词必得是现实的和现在的，而除非这个主词被看成仅是现在的事实，它就必得是某种不止于和超过事件以外的东西。不过假如真是这样，我们在判断和一切实际活动之中，就有了一个不同于朴素事件而超乎单纯存在以上的世界——虽然这个“另一世界”还是要在时间里面生灭代谢的事件中实现其本身。

这里如果你回到原始的经验，使现在、过去与将来（你可以主张）合而为一，每一个都是同一直接整体的某一侧面，三者都属于现在

是如果为了要求心安理得而否认其中的任一面，结果势必陷于支离破碎。因为所谓实际，它的根本意义就在于某种东西在另一个世界里面才是真实的，而又要实现其本身于存在的世界之中。如果一味否认或者仅乎着重某一侧面，闭了眼睛不顾变化的具体情况，那就要造成一种固定不动的理想，只能把它拟想成为高高悬挂在空中的东西。而无视时间的过程，把将来看为仅乎是将要出现或行将做成的东西，这样你又关闭了那个理想之门，但是没有了那个理想，一切未来的事件或行动也就变成了毫无价值，因为现在它已经不再能够实现什么东西了。简言之，不承认有矛盾，就是取消了实际作为一个事实以及作为一个人间价值的本身。但是如果你口头承认有时间过程，暗中仍然把它设想为有其常住不变的实在，纵使你不敢明言它是现实存在的东西，同时又是过去和未来，即现在仍旧存在的过去或已经存在的将来——那还是无济于事。这样一种观念还是给我们提出一个古老的问题，不但没有解决，而且更加严重，因为既然弄成凝固的东西，我实在看不出能有什么解决的方法。关于这个脚注所谈的问题，读者可参阅《心学》杂志新编第 44 期，特别是第 21 页以下。

而且同时出现，那也仍然没有出路可寻。因为这时在相继出现的事
实的连续中，尚无何种实在可言。在这样的发展阶段，串联存在的 720
世界还没有构成，就连设想到它的任何观念也是不可能的。所以我们仍然剩下一个问题：这样的世界当其出现于我们的经验之中的时候，是否便暗示而且依靠着我们对整个具体事实所片面的抽象？

由此可知，我们不能说判断的指谓便仅针对未来的东西。把"实在"看为转瞬即逝事件的单纯接续，这种见解本身自相矛盾；因为既然作为一个过程来看，它本身很显然的便一定不止于单纯的事件或多数往来不息的事件。而认为未来的事实就是将要出现而此时尚未存在的东西这一观念，也只有当它明显的或隐秘的形容限制着一个实在，而这个实在又是超乎单纯事件之外、不止于单纯事件的东西的时候，在这个限度之内它才能成为可能。

（iii）"这样的结论"，也许最后有人还说，"是不能成立的，因为其所依据的对于判断的看法，便根本有问题，假如关于某一事件出现的判断本身真的不止于是出现的事件，那么情形当然有所不同。但是任何有关判断像这一类的假定，都是完全靠不住的。判断之中所指谓的不但没有超乎连续的事件过程以外的任何东西，而且严格说来连事件本身也不在指谓的范围以内。因为每一个实际的判断，如果不是一切可能的判断的话，其本质都决非就是一种指谓。恰恰相反，它的实质必须在所发现的顺序关联的事实里面才能找到。所以判断并非（如果你愿意这样说）关于将来，因为判断自身就是过渡于将来，也可以说是将来的过渡，这个结果所产生的事件，而且没有别的东西，只有这个事件才构成判断的真实性和虚伪性的泉源。由于这个关联或延续（必须指出）在这里并非仅仅就是出现

的次序，而是出于它的本身**行为**，同时也就是它的本身**行为**，所以说理论与实际都是具体事实片面的抽象是不对的。因为真正完整具体的事实必须求之于、而且也就限于我们的行为之中——这个行为无疑当然是实际的。”

关于上述第三个谬误的见解，我不打算在这里细说。我只是作了一个大概的陈述，而且就我理解的能力所及加以陈述，不过我认为这种说法是不恰当的。因为无论从心理学的根据来讲，或者从逻
721 辑来讲，这种见解都显然与我们所观察得到的事实相抵触。主张知识的本质就在于各种事件单纯的连续，我对于这种看法的批判在我的《论集》中已有详细说明，参阅原书第 153 页以下。至于杜威教授所倡导的实验主义的逻辑理论，* 我以为在心理学上和逻辑学上都非常混乱，以至我很难认为自己业经正确懂得了他的思想。但是我仍然必得要表白一句，杜威教授和我的看法根本的差别和真正的争点，我以为他似乎并没有充分了解，或者至少也似乎没有以可理解的方式把它清楚地说出来。关于我所说的一切实际活动之中都包含着有判断，这一见解所能引起的反对意见就谈到这里为止，以下再把上面的讨论作一个小结。

单纯的实际恰如单纯的理论一样，也是自相矛盾的抽象，凡是不了解这一点而企图把它当作高于一切或唯一终极的实在，都与事实背道而驰。“为实际而实际，其他一切都为了实际”，如果认真信奉这句话，势必在实际中导致破灭的结果。因为如果只有一个抽象的“行”，而与实际所行或做出来的事情脱节，换言之，即假若没有

* 参阅杜威《实验的逻辑论文集》第 14 节。

一个观念的世界能够具备超于事件过程之上的实在，最后连好坏的标准我们似乎也将无法找到了。这样一来，我想我们便只有诉之于数量，不管行或做出来的是什么，而承认做出来的更多便更好。正因为如此，所以我们当中有许多人皈依了晚近德意志的“新达尔文主义”，膜拜于抽象的力的偶像之前，而不再相信有什么好坏和对错了。或者我们也可以想到为了得救而乞灵于迷离恍惚的一般人类进步的福音，或者盲目迷信至少能有什么新的心灵的创造可以使万事大吉，而又不明其所以然。但是这样做的时候，既然还是一下手便错误地假定了凡是满足我们需要的东西都不外乎是单纯实际的，我们便很容易引导到自相矛盾的结果，而当真的断定一切终极价值的准则就在于一般**人性**的满足。如此一来，价值便脱离逻辑而成为我们的标准，这不但是在狭义上借以判定什么是“更好”和“更坏”，而且还普遍地作为区别是非真假以及虚幻和实在的试金石来 722
使用。这里无论我们是又回到前面说过的歧途采取抽象的快乐主义也好，或者承认我们各种经验具体本性内在价值具有实在的差异也好——无论走上哪一种途径都将放弃我们为实际而实际的原理。简单说一句，从任何一方面来加以发展，也不管应用于哪一个方向，只看见单纯实际的理想，结果终必陷于不能自圆其说的境地。*

III. 我们也已知道，正和理论或沉思含有实际的活动一样似的，实际的方面也包括着分不开的理论的质素。这两个区分任何一面都不能代表具体给予的事实，每一个离开了另一个而就其本身来

* 关于以上一节，参阅《现象》索引“快乐主义”条及《论集》第 317—323 页又索引“实际”条。

看，都只不过是一种抽象，经常总带有一部分非实在，有时便是很危险的虚妄。既然如此，读者也许要问，我们为什么还用这一类的名词和观念，这能有什么理由，因为它们当中每一个到了最后我们都不得不认为是毫无根据的。

对于这样一个反诘的答复，必须取决于我们对真理和错误一般的见解。照我自己的看法，所有抽象、矛盾以及片面性，都是知识的进程中必有的产物，要想完全避免这样的差错，那就只好放弃了解任何事物的企图。要对各种事物一下子就能有一个全面彻底的理解（一般地说）乃是不可能的，而逐步进展聚少成多的知识则势必含有分析的作用、人为的分割以及其他种种限制。因此，不管造作出来的结果是怎样，我们所能得到的总不外乎是一些外表相连而终极矛盾的东西。无论何处，问题就在是不是为了眼前的某种目的，这个错误的侧面便可以因其在大体上所能提供的用处而视为合理，如果是的，又在何种程度之内有其理由。换句话说，即它在解决理论问题或实际问题，或者在这两方面合一之中所得的成功，便是它的根据。如果某种区别在这些地方是有用处的，那么在这个界限内我们便有了确实的真理。只有当我们在日常生活、艺术或科学之中，忽视了上面“在这个界限内”这一条件的时候，我们的主见才会丧失它的权利，并开始僵化而成为明显的错误。那样一来，我们便把自己置于片面性的囚笼中，这个片面如果保持相对性质，本来也许有它的好处，但是我们却要给它筑上铜墙铁壁，钻入它的圈套之内，自行
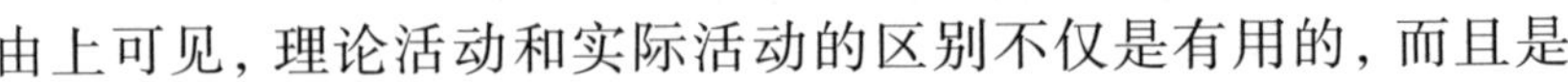
723 封闭起来，而与整个世界的运动和生命隔绝。不过须知只有那整个的世界扩充到全宇宙才是最后真实、至善和绝对的实在。

由上可见，理论活动和实际活动的区别不仅是有用的，而且是

必要的；同时只要不把它弄成截然分开固定不移的东西，那它也是真实的。因为没有一种活动（我们也已看出）仅乎限于这些东西当中的一种，而与其他的东西完全无关。某个活动我们可以正确地加以区别，而称之为实际的或理论的，只要我们认为那一方面最显著，这就是说，两个当中的某一面（虽然决不是孤立的）占了优势为我们所着重，从而就我们的目的来说，事实上虽有另一方面的存在，但在这里却可以忽视。

关于这种区别的真义，我要再请读者参考我的另一本著作《论集》（第 101 页以下），在那本书里面所得的结论大体上我以为是正确的。实际的活动和理论的活动之中，同样都有一个观念要求实现其自身，在这个限度以内两方面并没有什么差别。但是这一过程的目的、指望和结果却可以拿来修饰限制被我们所改变了的存在，从而用作对那个事实的宾词的表述，这时我们就有了一个“实际”活动。另一方面，如果这个结果不在于事实上所造成的变化，相反的，我们把它看为属于一个出乎单纯事件过程之外而超乎其上的世界，并且用它来做这个另一世界的修饰限制，那么在此限度以内便可以称之为理论的或冥想的活动。但是关于这一点的详细讨论，读者可以翻阅一下前面刚说过的参考资料。

任何一种像这样的分别，我要再强调一句，如果我们把它看成不可逾越的鸿沟，将完整的生活分为两截，或者使原来是一个整体的经验不同的方面僵化成为独立的事实，那就全不对头了。我们根本用不着舍弃所谓理论的生活，然后才能证明实际奋斗的存在。其实撇开这一点不谈，我们也已见到，知识本身如果看作一种占有和获得的东西，在此限度内也就有了实际的性质［参阅第 715 页脚注]。因为从这一侧面看来，它便对它自己所寄托的东西的存在，亦即其主人的存在，起着修饰限制的作用，犹之乎从另一方面，把它作为真理来看，它便属于一个超乎单纯事件过程之外的世界，而成为这个又一世界的形容词一样似的。因此，如果你要问到一个人是否就是他的知识，那么除了通过一种区别便无法可以作出答复。其次，从另一方面来看，当我们考察道德行为的时候，这当然无可
724 辩驳地可以说是“实际的”东西，结果还是如此。某种形成的品格或单独的行为，经常或者在某一瞬间之内就可决定一个人的为人，从而修饰限制这个人的存在状况。但是这个行为或人格，也可以在我们的心目中成为另一领域里面的理想的发露，而越出具体事件之外，并且把它借以显现的一切东西都提高到超乎生灭变化偶然的尘世之上的境界。

片面的强调本来意义最广泛的所谓理论的或思辨的东西，而抹煞生命与意志必要的一面，即使专从理论的方面来说，也一定会招致不幸的结果。因为或多或少这就必得使我们的理想受到阉割而成为空洞贫乏的东西。而在我们力图矫正这一方面偏差的时候，我们又往往从反面侧重实际，不过换了一个反对的方向，还是走上同样片面毁灭的道路。一个只有单纯事件的存在世界，一切活动只不过意谓着这些事件的生灭变化，这种思想本身就是最无意思也最不真实的抽象。如果所谓实际不能带有一点属于较高境界的东西加入到现实世界里面来，那么纵然辛辛苦苦地“做”个不停，它的活动和结果又有什么实际的意义或价值可言？其实，愈至更高的阶段，则我们的实际亦无往而不表现其有更多的扩展，在这个范围内也就越发离开并且超过为实际而实际的简单虚伪的水平之上。凡

是值得我们享有的东西（我们可以说），都是出于我们自己作为的东西，而且只有在我们创造的范围之内，它们才能够存在。但是我们还必得加上一句，在所有人间价值整个的领域中，没有一件不是来于另一世界——一切价值的存在及其实在无不出自单纯时间存在水平以外活泼而发生作用的东西。

我以为只有在宗教之中，或者哪怕是在一瞬间上升于宗教境界的任何东西里面，我们的片面性才能终于或者暂时消融。只有在这里面，存在与理想世界之间的壁障才能最后被打破，理论和实际抽象的因素也才能还原为同一具体包罗一切的统一体分不开的侧面。存在的世界到了这里终于显出不过是以事实的姿态被我们所经验到的理想，这种理想本身就是一种善心或善的意志，要求实现其自身于事件的过程之中，从而无论由哪一方面来看都是实在的。但是这个最高峰虽然在一种意义上超出生命的一切其他方面之上，可是就连在宗教里面也仍然有其一部分的不完全。要想消除一切的不
调协，得到全部的和谐，不管是在什么地方，这始终只是一个可望 725
而不可即的目的，既不能为我们所感知，也不能为我们所详细理解。它所含有的矛盾和冲突在理论上无法解决，只有通过信仰才能弥补其缺憾。

IV. 本文最后可以简略一谈“创造的理性”这本书的著者所提出或暗示的论点，也许可以作为本书很适当的结尾。这部书出版于1917年，封面上自称为“实用主义学派的初步宣言”。我对于这一点并没有什么意见，但是深感这本书很能引起兴味，一部分因为它的字里行间充满了虚妄的论调，同时也因为它所选择作为对立面的见解很值得注意。现在我就用这本书作为一个张本来说明一些观

点，在我不是一个实用主义者的立场看来，认为这些观点都是对的。

（1）经验决不仅是认识。同时它也是感知、行为、享受和体会。把真理看为好像镜子照物似的，仅乎是一种冥想，这种理论根本与事实不合，早已被人批驳得体无完肤了。但是另一方面，我们也决不能因此而误认一切经验都可归入心理活动一类，如果我们（a）把这种活动解释为无论何处都是经验的主要本质，或者甚至意味着（b）一切经验之中都具有这样一种活动为我们所察觉得到，那就完全不切实际了。

（2）一切活动毫无例外在本文所说的意义中，都可以称为实际的，但决非一切活动都仅乎是实际的，或者哪怕认为主要是实际的。归根结底任何活动在事实上都不可能仅乎是实际的，因为单纯的实际说穿了不过是空虚的抽象。

（3）我们所谓实际的活动，这只能表示我们一时的目的重点是放在实际上，从而它的实际的一面（我们可以说）成为主导的，也是最显著的。而在另一方面，所谓理论的或冥想的活动，也应该理解为我们着重点放在这里，所以引起我们最大的注意。我们的意旨所谓活动便在于实现某种理想或观念的东西，这个理想或观念的东西虽非形成事件过程的一部分，但是它的真实性却决不亚于事件过程。

726 （4）理论起于冲突，这种冲突我们往往可以着重而正确称之为实际的；但是决非无论什么地方理论仅在于这样一种冲突及其解决，更不能认为它便止于此而尽于此。因为我们已经上升到了一种兴趣，它的本身便是理论的，而所发生的冲突和努力也是基本上属于理论性质的东西。例如我们高度发展的美学的兴趣，不管其起源如何，归根结底它的本质就决不是实际的。我们生活的目的以及

“行动的计划”根本不是这样简单，仅乎是实际的东西，要说我们唯一的目标仅在于单纯的为行为而行为，那就似乎太荒唐了。以上我们也已说明了对于这个问题，如果犯了混乱和盲目的毛病，就会导致怎样实际的错误。这个结果在道德上甚至可以造成一种特殊的形式主义，无意之中把简单的力量当成偶像，而奉之如神明(参阅第721页)。

(5)世界不过就是经验，其中客体与主体、整个宇宙以及每一个有知觉的存在的活动，彻头彻尾都是统一而不可分的。以真理为例来说，它便同时既是我自己的活动，也是暗含着在我之中的宇宙的活动。恰与我的知识一样，我的行动也跟世界运行的过程没有法子可以分开，这个世界便通过我而发挥其意志，并实现其自身。如果要把我的经验里面行动的一面和其他的方面割裂开来，而忽视整个世界的经验和我自己的经验成为一体，那又是错把单纯的抽象当作实在了。

(6)一切真理，如果你愿意的话，都可以称之为一种预期和预见。但是其所以能够如此，正由于真理根本“超乎时间之外”，因而才能对一切时间有效。也正是这个原故，所以我们才能预见或逆料在某一种情况下，或任何未来情况之中，将有怎样一种真理发生效力，而且也许就可在今后存在的事实中获得证实。由此可知我们关于同样的前提(不管在什么时候我又重新碰到它们)可以引出同样的结论，纵连这样一种理解本身(假如你愿意如此主张)也可以视为对未来的预见。但是如果我们要越出这个意义的范围之外，而断言一切真理本质上就仅在于预知未来的事件，那又显然是不顾事实的荒谬之谈了。

（7）一切理论都可以说是就一定的实在所作的实验。因此，假如你愿意这样说的话，它也就是一种假设，通过实际便可受到检证。一个真理之所以被认为是真的，只不过是因为试验的结果证明它确
727 能表述实在，并且作为实在的表现还是唯一有效的，或者至少也是工作上最好的表达方式。同时由于我们接近实在必须通过一系列连续的事件，所以我们的理论便可以视为不断重复的试验，不断地经受检验。但这当然决不是说理论的本质便只在于单纯的事件，或者必得指谓着事件而以之为归趋。真正实在的宇宙要比朴素时间事实过程广大得多。这里我们还可回忆一下，前面曾经指出，我们的世界也可看为包括**可能的**事件，在这个限度以内，它马上就已经成为越出现实存在领域之外的东西了。

我们根据一种假定而断言凡是真实的东西，就永远是真实的，而且永远可以加以检证，虽然也许在事实上将来并不会得到证实。我们假定了这个判断是真实的，因为这本来就属于真理的意义范围之内，如果我们能有正确意义的思维，就必得按照上述的假定行事，而不能不这样做，因为除此而外，也没有别的途径可循。换句话说，任何反对的观念在这里都是空言无补，因为所有能设想到的反对的东西最后都可证明并非真正的相反，或者变成功本身不能构成任何现实观念的东西。

上面所说的检证在某种意义上也可以称之为实际的。因为的确它也是能动的，而且确乎蕴涵着对我的存在有所改变，从而直接或间接一定涉及事实的变化进一步的结果。但是只要你细心体察这个活动本身，并注意到它的特异的本质，马上便可看出（前面也已说过）这种活动实在决不仅乎是实际的，如果你能认真把握到它

的固有意义，那它就更加成为全然不是实际的东西。

（8）哲学的任务不是要在具体细节上改造这个世界。哲学所能做到的，我以为只不过是掌握“实在”的事物所具有的我们所谓一般抽象的特质。但是这个特质却足以用来作为实在以及真和善的标准，虽然当作这样的标准，由于其本性使然，也仍旧不是特殊的（再重复一句），而必得称之为一般的标准。但是如果因此便说它只能符合一种不实在的单纯概念的世界，在我看来，那就很可笑了。哲学的结果当然必得借概念来表现，即表现为概念的东西，然而它 728 
却是由我们对具体实在所作的实验而产生。因此，它决不是只能适用于某种遥远的彼岸的世界，而是在大体上可以对我们统一的现实的和生活着的宇宙有效。正因为如此，所以我们有了一种真实的知识，在此限度以内就可以认识那个宇宙，并且有了一种标准，再说一句，在它的限度以内，这个标准也就是绝对的。

如果哲学不能成为上述那种东西，那么我想，便没有哲学。单是一个“行动的纲领”，而并非建立于实在世界的知识之上，这样一种东西，除非由于错觉，决没有一个人会称之为哲学。这里我当然不是毫无保留地说任何哲学都断然不能以所谓实际的价值*为基础。但是任何这样的企图总暗含一个条件，就是要彻底做到以价值为真理和实在唯一的标准，由此所能得出的一切结论（不管它们是怎样）都须详细推究清楚，并明白加以承认，含糊不得。然而很为抱憾，我必得要指出来（当然就我所见），标榜实用主义的方面从未发现过有这种努力的企图。

---

* 参阅《现象》第373—374页及《论集》索引“标准”条。

索　引

本索引为原书所有。由于文字技术上原因，条目稍有调整。（一）原书注“见”，译文与所见者相同，合为一目。（二）译文相同，所指不尽一致，以序数分别标明。（三）一目数译者，诸译并列于一目，异译而首字不同者互见。（四）名目主词全依原文，主目并附原文，唯词序皆顺排。（五）和本书译法不同者，见于脚注，注中拉丁文字母代表译名所出之原书。这部分材料仅供参考。

索引所标页码为原著页码，参见本书边码。

一至三画

S-P 形式 Form of S-P，42.
一元论 Monism：见多元论 .
一定不移 Invariably，548⑥.
一起：见集合 .
一样：见合一 .
人和兽 Man and beast，509-.
三段论式 Syllogism（参看推理），247-，263，266-，285-，376-，385，433，524-.［注］
——其要求及其缺陷，603.
工作的假设 Working hypotheses 329，340-，579-，589. 参看真理 .
与料的：见给予的 .
个性、个体化 Individuality：
——主词的个体化是推理原理，431-，491-493.
——综合的个体化是推理原理，263，267，285，436-，440-，466.
个性化（逻辑的）Logical individuation，309，436，440-，445.
个别的、个体的 Individual（参看普遍、特殊、这个、独特的），45，48-，63，71，77，145，147，188，330，487.
——和特殊，643.
——观念，173.
——归根只有一个个体，701.
——作为个体的实在：见实在 .

［注］ 推理式 A（王国维译：《辨学》）182；
联珠、连珠 B（严复译：《名学浅说》）116；
三段论法 F（樊炳清：《哲学辞典》）24

四画

方面：见实例.

文法形式误人 Grammatical form misleading, 618-619.

心灵(早期的)Early mind, 29-, 40㉛, 299-, 502-, 506.

心理的 Psychical：

——真理的这个方面, 611-613, 617, 631-632.

——其过程和逻辑条件, 226, 445, 496-497㉑, 545, 550, 567, 571, 574. 参见推理、逻辑.

心理的倾向 Psychical disposition, 75, 87, 109㉕, 111㊶, 328, 346⑤, 351.

心理状态都继续存在吗? Survival of all mental states, 346④.

心理学 Psychology：

——"分析的", 95-, 302, 475-476.

——和形而上学, 340-.

——其本性和界限, 612-613.

"为什么"的含混性 Ambiguity of why 545. 参见因为、原因.

无 Nothing, 118, 123, 156-157, 670.

"无条件的""Unconditionally", 548⑥；无条件、绝对本身＝"在一切情况下", 637.

无限(虚伪的)The spurious infinite, 71, 99, 124, 228, 232-234, 489, 500㊵, 566.

无意义 The Meaningless, "Unmeaning"(见可能的、不可能的), 155, 214-, 566-.

——这种观念是没有的, 665.

不可分辨物的同一性 Identity of indiscernibles：见同一性.

不可能的 Impossible(参见可能的、剥夺作用、无意义), 162, 203, 213-, 239㉙㉛, 568, 669, 670.

不可解说的, Inexplicable, 112㊺.

不合理主义 Irrationalism, 678-679.

不相干的 Irrelevant, 7*, 38, 412, 475, 540, 616.

不相容的 Incompatible, 不相容性 Incompatibility,(见反对、矛盾), 117, 124, 126⑧, 145-, 164-165, 213, 463, 466, 468⑪.

——不相容性是有条件的, 698.

不实在的 Unreal, 212-. 参看不可能的.

不彻底性、不严密性在日常生活和特殊科学中是容许的 Inconsistency permitted in life and special science 640.

世界 World(见宇宙).

——我们"对世界的看法"是什么, 710

——实在的：见"实在世界".

世界里面的没有秩序 Disorder in world 679.

区分 Discrete：见联续性.

区别、分别 Distinction(参看分析、抽象), 94-96, 392, 406, 425⑬, 435, 452, 459-, 559, 581, 582.［注①］

——区别都是实在的吗? 645, 691

双重否定 Double Negation, 167㉕

内包 Connotation(参看内涵), 59, 169-, 193⑤.［注②］

内容 Content, 108⑯, 168.

内省 Introspection, 65-66*.

内涵 Intension(参看外延), 59, 67, 168-, 194-195, 486.

——从这方面解释判断, 174-, 249, 642-.

——是可变化的, 184.

比较 Comparison, 392、405、425⑬、435, 458-463, 482, 493, 501㊹, 503, 558, 581, 210.

——当作推理、当作心理过程, 609-611.

什么和那个 What and that, 3, 646*. 参看内容.

反对 Contrary(参看不相容的), 116-117, 123, 145-, 158-, 163, 664.

反对的 Opposite, 117. 并参看反对不相容的、否定、剥夺作用.

分析 Analysis, 95-, 261⑪, 302, 347, 356, 411, 450-、466、470-、485-488、499㉞, 560-, 575⑲, 607-608, 664, 691-694.

——和综合的缺点, 486-489.

——在推理中, 258-259. 亦见判断.

分析判断 Analytic judgment, 49, 57-, 70, 93-, 97-, 106, 142, 185.

分析法 Analytic method, 473-.

分别：见区别.

幻想 ①Imagination, 75-76, 85, 109㉖, 444, 449㉟.

——和事实, 75.

——和记忆, 75.

——和思想, 444-445, 571.

幻想 ②The Imaginary：

——当作一个理想 As an ideal, 703.

幻想的世界 Imaginary world, 31-, 75, 631, 702.

五画

主观的 Subjective(见客观的), 120, 124, 127⑫, 223, 240㊷, 666. 参看不相干的.

主语、主词 Subject：

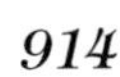

［注①］ 剖析 A 182

［注②］ 内翀 C(严复译:《穆勒名学》)373

——和属性，21-2，40㉘，250-251，262-，274-，374，492-，533-534.［注①］
——和客体，和它们的同一性，484.
——是暗含的，493.
——文法的和实在的，表面的和终极 的，22，27-28，42-，50，56-，108⑨，114，120，129，154，160，181，192-193，296，477，628-，632.
——在推理中一个主词的同一，206，377，431-，440-，444-，447⑨，492-493.
——判断的主词，22，26-28，40⑭，41，50-，56-，114，I20；373-，387，628-
必然 Necessary（参看可能的），198-，205-，236.
—— 真 理，41，235-236，394-395，414（参看因为）.
必然性 Necessity，199-，235.
——内在的，199.
——不出现于理性初期，509-510.
打消：见剥夺作用.
平凡琐碎（逻辑中的）Triviality in logic，616.
正面（单纯的）Mere positive，666. 参看否定.
正确性 Validity：
——逻辑的，551-572，579-591.
——推理的-正确性的意义（参看实际的），551-552，573②，583.
可能的 Possible（参看实际的、根据、不可能、必然），（Ground，Impossible，Necessary），83*，111㊵，157，161-164，168*，179，185，186，198，202-，206，237-，384-，564-，569-，668-669，699-，700，707.［注②］
—— 实际的和可能的，110-111，699-，703.
——和不可能并不矛盾，668.
可能性 Possibility：
——绝对的和相对的（或可能的可能性），111㊵，702.
——赤裸的可能性，203（素朴的），208，238㉒，500㊲.
——其各种程度，202-205，668
——“真实可能性”，209.
——剩下来的或唯一的可能性是实在的，152，163，385，414，453-，456⑥，490，560，564-，569-
对比 Contrast，118*.
对象是一个抽象 Object—an abstrac-

［注①］词主 C 372
［注②］储能 C 380

tion, 626, 630.
——意味着判断, 626-628.
只有 Only, 125.
归纳 Induction, 369⑦, 474. 完全的心, 355-357.[注①]
归纳法(密尔的)Inductive Methods (Mill's), 355-, 412-413, 562.
归类的限度 Limits of subsumption(参看三段论式、前提), 526-.
外在关系 External relations：见关系.
外在性 Externality, 605, 612.
——当作缺乏真理和实在来说, 487-488.
外延 Denotation, extension(参看内涵), 59, 83*, 168-, 194-195.[注②]
——和内涵都是可变化的, 184.
——和内涵的关系是逆转的吗? 170-, 486.
——从这方面解释判断, 174-, 249-251, 373-, 642-

六画

交替物、选言肢 Alternative 见或.[注③]
——和事实, 207.
——对它安排不当的错误, 132, 415-416
宇宙 The universe：
——是对象, 626*.
——是现实的、可能的, 700, 707.
——是主体, 632. 见主体.
——是独特性的, 既是消极的、否定的, 也是积极的、肯定的, 648, 657.
关系[1] Relation, 28, 96, 253-254, 289-290, 457-458. 见关系.
——在判断中, 10-11, 22-.
——在于有某种同一为底子, 96, 112㊿, 253-254, 478-479, 495⑳.
关系[2] Relations：
——和项, 112㊿, 253-254, 289-290, 297③.
——外在的(参看接续、和、外在性) 187, 290, 472, 487, 494⑤, 499 33, 652, 708*.
——内在的, 127⑭.
——各项必不止于它们的关系, 254, 289-90, 692.
关系观 Relational view, 691-692.
"关系性"的事实 Fact of "relatedness", 692.
关联 Connection：见接续.

[注①] 内籀 C 371
[注②] ① 外举 B 117；外帜 C 373；② 外周 D 35
[注③] 离接肢 F933

机会是什么 Chance-what, 240-241, 300, 679.
动物(下等的)Lower animals, 31-, 562-
还原 Redintegration：见再现.
——先于判断, 495⑫.
"有关系" To "have relations", 187.
有限的个体 Finite individual：
——完全而不可见, 657.
——独特性是成员和作用, 655, 658
再现 Reproduction, 34-, 304-, 323-, 331-, 462-463, 476, 485, 495, 505, 508.
——都是"逻辑的"吗? 309, 440-
——并不都是推理, 441-.
存在 Existence(参看事实、实在), 42, 45, 103, 110㉝, 113㊶, 130, 155, 157, 187, 202-203, 205, 591.
——和现实性, 701-703.
——不同种类和品类的, 42.
——心理的, 2-, 550, 617.
——狭义的, 42, 107③.
存在判断 Existential judgment：见判断.
列举 Enumeration 见计数.
矛盾 Contradictory(参看排中律、不可能), 116, 123, 145-, 151-, 156-157, 158-, 161-, 671-672.[注]
矛盾律 Law of contradiction, 145-.
观念, 观念是什么? Ideas, Ideas—what, 2-、30-、38.
——和事实, 29、485-, 581-.
——和意象, 7*, 8, 33, 67, 76, 108⑥.
——和意义, 3-, 67, 168, 215.
——和心理事实, 2, 6-, 45, 583-.
——和感觉, 30.
——和符号, 2-、30-、68、168-.
——其不同阶段, 626(参看663), 640, 717.
——在观念中可分别开来的任何东西都可当作一个特殊事实, 644-645.
——"飘浮的", 39⑬, 109㉗, 665(参看640).
——是普遍的, 27, 49-, 69.
——单纯的(参看可能的), 2, 11, 21, 31-, 201, 237⑨, 640(参看665).
——呈现于活动, 716.
——在怀疑等等和判断中, 都是同样的吗? 11, 21.
——当作观念用, 2, 9, 10, 29-.
观念的：见理想的.
观念的化学 Chemistry of ideas, 347.
观念的结构：见理想的结构.
同一性 Identity,(参看好像、相等、联续性、差异), 20, 45, 61, 72,

[注] 真妄对待D(章士钊:《逻辑指要》) 72

78，109㉓，141-144，164-165，285-，433-434，500㉟，508.
——和连续性 293.
——在推论中，431-，436，440-，444-，457-，553-；是特殊的 .458，571. 见推理 . 自己发展 .
——在判断中，22-，27-，141-，177-，186，254，371-参看个别性 .
——在再现中，308，参看 再现 .
——是理想的、观念的，393.
——推论所必要的，285-，432，457-
——不可分辨之物的，72，107，144，288-，293-294，297-298，431-，470，492，562，587-588.
——的知觉 462-463.
——同一律，141-147，154-156，299，301，330，367，470，519，539.
——同一性原理，141-，288-289，367，431，446④，470，492，562，587-588.
——基础的关系，253，289，479. 见推论，自我发展 .
同意 Consent，40㉒.
同义反复 Tautology，141，372.［注］
因为 Because（参看必然）199-，206，237⑧⑨，394-395，632-637.
——和原因，544-.
——只有普遍性与之相配合，235.
——纯是理想的、观念的，206-，583-.
因果关系有纯粹的吗? Causation-ever pure? 698.
当下呈现 Present，Presence，（参看现在、这个），50-，57-，66，70，100-，108⑩，718-719.
——把实在看成当下呈现 588.
后件 Consequence（见根据、条件、判断）.
——和前件，235.
好奇心 Curiosity，506.
如果和因为 If and Because，86，99-100，107，111㊵，633-637，645. 亦见因为 .
名词 [1] Names（见唯名论）：
——固有名词，59，108⑫，184.
名词 [2]：见项 .
多元论 Pluralism，680-683.
自由 Freedom，679.
自由安排 Free arrangement，398.
自相矛盾 Self-contradictory，671-672.
自然调谐论（真理和事实的）是支持不住的 Harmony of truth and fact untenable，593⑪.
自己实现 Self-realization，492，500㊲.
自我发展 Self-development，273⑦，432-，437-，486-，492，555-556，580-，598-601，603-608，618，

［注］　同一命题 A 183；重赘之悖 D 248；叠语命题 F 985

628.
——会成为实在的吗? 580, 586, 599-601.
自我意识 Self-consciousness, 511.
发展 Development : 见自我发展.
各种关联是互易的 Connections are reciprocal, 430㉝.
任何 Any, 82, 168, 356, 365, 369③.
任意的、臆断的 Arbitrary, 456③.
——推理: 见推理.
任意性 Arbitrariness, 424⑦⑩.
行为 Act, 39.
全体、一切 All : 见普遍、集合、类.
全称: 见普遍的.
"合一"、一样 "One with", 595④、595㉕

七画

判断 Judgment, I-, 10-11, 16-, 21-, 28-, 39⑩, 41-, 56-, 477-478.[注]
——抽象的(参看普遍的), 104-, 190.
——一切判断都是全称的、普遍的, 106, 143-144, 181-.
——一切判断都受条件所制约, 630-639.
——一切判断都是推理, 632, 638-640.
——一切判断都是被选择的, 167㉕, 629-630 (参看 635-).
——分析的: 见分析的.
——和联合, 14, 26, 477.
——和信仰: 见信仰.
——和相等: 见相等.
——和同一: 见同一.
——和推理; 414-415, 437-440, 447⑮, 479, 568; 区别所在, 495-498㉑, 622-623, 632; 其各种意义, 626-641.
——和实在, 582-.
——和再现, 476, 484-485.
——和意志: 见意志.
——作为心理事件, 225, 545, 583-. 参看推理.
——作为单纯精神的连续, 720-721.
——突然的, 199.
——如何变为推理, 4I4-4I5, 438-489, 568-569.
——直言的, 44-, 48-, 82-, 91-, 98-, 107, 181, 192-193, 199, 209, 301, 584.
——集合的: 见集合体.
——有条件的: 见假言的(本项内).
——其发展, 28-、477-; 不同的阶段, 626, 663.
——其不同水平, 640, 717 (参看 626).

[注] 比拟 C 375

——选言的：见选言结构 .
——它始终或恰恰具有未来的指谓吗？ 718.
——存在的，22，43，57，78，80，107，110㉝，120，129，154，157-158，162，191.
——明显的和暗含的，481-，502-.
——种属的：见种属的 .
——在什么程度上是实际的，17-，26，30-，713-
——假言的，有条件的，44-，82-，89-90，98-，107，110-111㊵，143，161-，181-，192-193，199，206-，212，301，392，407，455，456⑩，632-
——包括心理条件吗？ 498.
——在本册中其有限制的意义，626.
——需要的，87 第 51 节 .
——否定的（参看否定），22，46，78，114-，120，161-，662-
——没有单纯的或无目的的判断，667.
——其中只有一个观念吗？ 11，21，26-27，49-，56-.
——其中的数量：见数量 .
——其中的选择，n，28，94-，108⑪，114，356，439-443，485，585-586，629，635.. 并参看选择 .
——单一的或个体的，48-，83，91-，103-，107，120，191-192.
——其中的主语，13. 见主语 .
——综合的：见综合的 .
——是三类吗？ 108⑦.
——全称的、普遍的，47-，83-，92，103-，143-144.
否定（单纯的）Mere denial，127r.
否定的、否定 Negative，Negation（参看剥夺、不相容的、根据），22，46，78，114-，120，161-，662-.
——一切否定都起修饰作用，667.
——单纯的否定，122，157，215，279-，283-284.
——否定的变换，430㉛.
——双重的，158-，167㉕.
——是选言的，第一部第三章，158-，662-.
——不过是“主观的”吗？ 120-，124，662.
——的判断：见判断 .
——否定的实在，666.
——推论，274-.
形而上学 Metaphysics：
——和心理学，340-.
——和各种专门科学，340-.
形式的和实质的 Formal and material，519-532.
——对立于作为不相干的“实质”，522-.
形式和物质 Form and matter，533-.
形式推理 Formal reasoning，520-.

形式逻辑 Formal logic，619.
材料和前提 Data and premises 见前提.［注①］.
系列 Series，64，71，79-80，109㉒，110㉜.
——和盖然性：见盖然性.
——无限的，228-229.
——现象的，71.
系统 System：
——是标准，484（参看标准）.
——在细节上系统是不可能的，680.
怀疑论 Scepticism，568-572.
我的 Mine（参看这、现在、这里），46，659，660.
作用 Function，494⑦.［注②］
条件 Condition，99，143，202，208-，237-，297⑤，432，538，546，633-636.［注③］
——省略的，546.
——"根据和条件"的效用只能是相对的，636.

八画

单位具有实在性吗？ Reality of units? 563-564. 参看原子.［注④］
变化[1] Change，108⑩，293-294，432，461-462，477.
变化[2]——经验、感受 Change—experience，655，718-719.
变换（模式的）Modal conversion，418.
注意 Attention，67，109⑲，442，505-506，555.
祈使的神态：见定须如此.
性质 Quality，309.［注⑤］
——和关系，289*. 参看关系.
——潜在的、暗中的 87，88，103，112㊶，120，158-161，192，205，208-
实在是什么 Reality-what（参看事实存在），45，51-，71-，108④，187-，586-，615-616，623-624，628-631，640.
——和事件：见现象.
——和情感：见情感.
——和认识，它们的统一不仅是逻辑的 587，590-591.
——和真理，41，43-，49，102，579-，581-，586-，590-591，595，704，710-711.

［注①］ 原 C 372
［注②］ 函项 E（近代西方逻辑学发展纲要）142
［注③］ 缘 D 165
［注④］ 么匿 C 381
［注⑤］ 品 C 374

——作为直接经验的高级形式，695-696.
——作为是有个性的，71，187-，487-491.
——作为是逻辑的，582-，587-
——作为一，563.
——作为是主观的：见主观的.
——作为是独特的，71.
——在什么限度内是可能的，668-669. 参看可能的.
——当下呈现：见当下呈现、这个.
实用的、实际的 Practical，Practice 17，19，26，39⑲，506，517⑬，534⑮，573②，589，594㉑，714.
——对理论而言 487，489，506，529，551-552,579,583,589. 参看正确性.
——把"为实际而实际"当成信条，721.
实在论和多元论 Realism and pluralism，563，680-683.
——归根结底难以设想，682.
实质的推理 Material reasoning，521.
实际性（初期心灵的）Practicality of early mind，26，30-，504，506.
实例[1]、方面、场合 Case（参看实例），83，182-183，185，351，357，359-，537-538，540-.
实例[2] Instance（见实例[1]）：怎样和原理互证，530-531.
实验 Experiment，106，575⑳.
——理想的、观念的，86，110㊵，112㊷，120，397，404，407，416，418，420，423③，431-，530，561-，567，614.
定须如此、祈使的神态 Imperative，32，40㉜.
定律 Law（参看普遍的），92，474，536-，543-，549⑬
宗教 Religion，724-725.
空间 Space，45，51-，63，98，188，266，289-290.
——空间的结构：见结构.
取消：见消去.
现在 Now，659，660. 见当下呈现；参看这个、这里.
现象的系列 Series of Phenomena，（参看存在），71，74，100-.
——是观念的，结局终不是实在的，587-，591.
表象 Presentation，69，109⑲、517⑧.
抽象的：Abstract：见普遍的，特殊的.
——和具体的：见具体的.
——和一般的，I 90.
抽象主义 Abstractionism，680.
抽象作用 Abstraction（参看省略、分析），94-，392，411-，426㉑，435，439-440，452，465-466，531，534⑯，548，560-，581，607-609，672，682*，689.
事件 Events，686-690，参看存在.

事实 Fact，Facts（参看存在、实在、现 象），41-，74，121，129，168，199-202，205-206，215，579-.
——作为实在，579，580，582，583，585，587-591.
——给予某种事实，98.
——的问题：见事实问题（问题项下）.
直觉 Intuition，256，261j、270，405.［注①］
直接 Immediacy，695-696.
直接的 Immediate：见这个.
——经验（参看情感），109⑲，297④；宾词和判断的意义由此而得，695-696.
——推理：见推理.
或 Or（参看选言结构），128，131-，140⑧.
选言肢：见交替物.
“选言肢不当”的错误：见虚伪的选言肢的错误.
选言结构 Disjunction（参看或）46，128-，137-，140，146，157，165-166，
217，379，412，435，452-，466，508-509，564-，570.［注②］
——在什么程度上是直言的，第一部第四章，154，157，217.
——在否定中：见否定.
——其终极根据，136，412-，564-，570.
选言推论 Disjunctive reasoning，426-，452-，466，564-571. 并见推理.［注③］
选择 [1] Choice（见选言结构），128，137-138①，510.
——选择原理，663.
选择 [2] Selection（见判断），261⑨，356-357，442，477，506-507.
——在推理中，258，439，442，477，485，614-615.
物自体 Things in themselves，148，155.［注④］
物质：见问题.
知觉（对自我的）Feeling of self，516⑤. 参看感知.
知识 Knowledge：
——看成是我的心理实际状态，723（参看 715*）.
——其理想，639.
——其过程有三个意义，574o.
和 And（见或、联合），200，460，465，468⑦，605，708.

［注①］ 元知 C 371
［注②］ 居一性（Disjunctive）D 148
［注③］ 离接推理 F 349
［注④］ 万物之体 C 382

——其性质, 651.

我的“实在世界” My “real world” (参看存在), 592①, 593⑪、686-688、690、700-702, 714.

——一个抽象, 631, 690.

具体 Concrete, 188, 100, 474.

——普遍的: 见普遍.

明显的 Explicit, 502.

——和暗含的 Implicit, 626, 630, 662. 见推理.

非对称关系(作为单方面的)不是事实, Asymmetrical relations, as single, are not facts, 697.

九画

活动[1] Action, 108⑤.

活动[2] Activity, 500㊱, 592⑤.

——观念实现在其中, 716.

——推理中的: 见推理.

——实际的, 713-.

——终然是实在的吗? 580-.

——理论的, 713-.

客观性 Objectivity, 41, 107②.

神话 Mythology(参看工作的假设)

——在什么程度上需要, 342, 347

认识 Recognition, 391, 407-408, 425⑰, 435, 458, 603.

这个 This(参看指示、这里、现在、我的、独特的), 49, 51-, 58-, 63-, 90, 94, 183, 497-498, 653, 659.

——和实在, 70-.

——观念“这个”等等在什么程度上用作宾词而指向实际的“这个”范围之外等.109㉘, 659.

——给予的“这个”的界限, II 294.

——“这个”、“我的”、“现在”、“这里”, 直接经验的所有侧面, 659.

这个的状态 Thisness, 64-.

这里 Here(参看这、现在、我的), 51-, 659, 660.

计数 Counting, 356, 368-369, 399-400, 424⑨.

前提 Premise, premises, 407, 446-467, 545-547, 553, 556, 601-606.[注]

——和材料, 257, 398, 401, 407, 431-、第三部第一篇第四和第五章, 463, 470-, 482-, 488, 492, 524-, 553-, 601-603.

——结论和它自己的前提相矛盾吗? 555-556.

——大前提, 247-、524-.

——其数目, 257, 260.

——原理不是前提, 525.

——究极的, 237⑨.

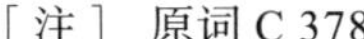

[注] 原词 C 378

美 Beauty, 506.
美学的对象不提出判断和推理的型式 Aesthetic object, does not give the type of Judgment and Inference, 627.
类似 Likeness：见好像.[注①]
缺乏 Absence：见剥夺作用.
信仰[1] Faith, 725.
信仰[2] Belief*[注②]:
——和判断, 17–, 115, 222.
——和活泼的观念, 16.
——各种程度, 20.
——是实际的吗？ 17–.
复本 Counterpart, 579–80, 592②.
复制 Copying, 580.
种类 Class(参看集合), 21, 27, 174–, 186, 254②.
——种类的观念, 646*.
种属判断 Generic judgment, 110㊲.
独特的、独特性 Unique, uniqueness(见这个), 63–, 70, 77, 108⑯, 109㉑, 183, 533, 647–.
连续性：见联续性.
相反 Discrepant：见反对、不相容的.
相互关联 Interrelation, 457–458.
相对律 Law of relative, 158.
相对论 Relativism, 681.
相似性、类似 Similarity(参看同一性、相等), 23–24, 286–287, 317, 320, 338, 377–.
牵强附会可以证明一切 Torture will show anything, 23, 644.
——其定律, 303–, 311–, 316–.
相等 Equality(参看同一性), 24–, 40㉗, 402.
相符 Correspondence(参看真理), 579, 592③.
标记 Mark, 395.[注③]
标准 Criterion, 487, 530, 534⑯⑰, 575⑳, 619–620.
——当作体系, 487.
指示 Designation(见这个), 60, 89, 112㊻, 194⑭、239㉗, 296, 298⑬, 497㉑、652–, 684, 706.
省略：见消去.
是非辨别术 Casuistry, 269–.
范畴 Categories：
——主词的和属性的, 250, 264, 271–272, 296, 492, 644.
——推理中各种不同的, 262–.
等式(判断中的)Equation, in judgment, 23–, 27–, 371–.

[注①] 相似 C 374
[注②] 信 C 371；信念 E 142
[注③] 徽 C 379

等式逻辑(杰文斯的)Equational Logic(Jevons'),370-,603.

十画

差异 Difference(参看同一性),406,412,461-462,467⑤⑥,582.[注①]
——在判断中,25-,373-.
——差异法,575㉑.
——有关的知觉,462-463.
效果 Effect:见原因.
准备:见预备程序.
消去、取消、省略、消除 Elimination(参看抽象作用、分析),363,389,396,411-412,422,450-,557-.[注②]
记忆[1] Memory,62,72-,325,351,587-588.
——和推理,63,108m.
——二重的,73.
记忆[2] Retention,462.
哲学的任务 Task of philosophy,727-728.
根据、基础 Ground(见可能),633,636..
——和原因,226,544.
——和条件:见条件.
——和结论-可逆吗? 135,415.
——省略的,546.
——出现于否定的双方,664.
——认识的和实在的(参看结构和推理),404-,407,411,425⑫、544-.
原子 Atoms,188-189.参看单位.[注③]
原子论(心理的),Psychological atomism,302-.
原因 Cause,239㉔、240㊴.
——意义含混,535-.
——和条件,210-211,432,538,546.
——和效果是相互的吗? 221-222,357,430,697.
——和合理的结论,546.
——是假定性的前件,536.
——是普遍性的,是抽象活动的结果,536-540,542.
——是自我发展,432.
——原因的多元性,369.
原始轻信心 Primitive Credulity,324-325,346⑨、491.
原理 Principle:见前提、定律、原因.
——和实例,530-531,542.
真理 Truth:
——绝对的:见绝对的:
——实际的和可能的:见可能的.
——和事实:见观念.

[注①] 差德 B 117
[注②] 汰冗 C 383;省除法 F 508
[注③] 莫破尘 C 384

——和盖然性：见盖然性 .
——和实在：见实在 .
——和作用，579，583，588. 参看正确性 .
——是复制：见实在 .
——是我的认识：见认识 .
——各阶段；197，236–.
——高级的和低级的，685–689.
——必然的：见必然 .
——一旦是真的就永远是真的，143. 见同一律（同一性项下）.
——真理的平行说和实在，579–595.
时间 Time（参看当下呈现，变化），44–45，51–，63，98，266.
——过去和未来（参看存在、现象），62，74–75，587–589.
问题、物质 Matter ：见形式 .
——事实问题，113㊸，649，666
特殊的、特称，Particular（见普遍、特殊），45，77，120，182–，186–，212，294，330，361.
——从特殊做出的推论，348–，522
——单纯的特殊是单纯的抽象，119–120，188，650.

十一画

盖然判断 Problematic judgment，212.
盖然性 Probability ：
——和绝对真理，675–.
——和信仰，222–223.
——和事实，217，223–224.
——和逆推，220–.
——和“长远的进程”，228–.
——和证例数目，563.
——和系列，224–.
——其同等性，218.
——一般盖然性对任何判断的真理性都不利，572，675–676.
——在什么程度上是“主观的”，223.
——错误意义，677.
——不先于实在，218.
——的理论，217–，674–.
常识 Common Sense，108④、690，701，702. 亦见“实在世界”.
虚伪的选言肢的错误、选言肢不当的错误 Fallacy of false alternative，139⑧，166㉙、43029.
剥夺作用、打消 Privation（参看否定），117–，126–127⑨，140k，239–240，356–357，427–，556，565–，577㉜，674. 消极的 183、194–、206.
——作为认识的根据，136，203，208，214，556，565–569.
假定[1] Assumption，494g.
假定[2] Postulates［注］：
——逻辑的，552，555，559，570，573–

［注］ 公设 E 141

575, 579, 581.
——假定了注意等等并不引起改变, 555, 581.
假定的、有条件的 Conditional(见判断), 50, 108⑧.
——和被制约的, 99-100, 632-634. 各种差别, 634-637.
——和假言的、假设的, 638.
——在什么程度上始终是有所怀疑的, 637.
假设(工作的)Working hypotheses (参看正确性、实用的), 329, 340-, 579, 589.
假设的 Hypothetical：见判断.
假想的本性 Nature of supposal(参看判断), 85-, 111 ⑩, 112 ⑯, 393, 407, 438, 455, 637-638.
符号 Sign, symbol(参看观念), 2-, 49, 59-60, 69.[注①]
"组织的关系" "Organizing relation", 692.
知觉、感受、感知 Feeling(参看直接经验), 478, 482, 515.
——和实在, 101-102.
——和关系的意识, 468⑨⑩.
——和自我的感知, 504.
——单纯感知的阶段, 562-, 653.
黑格尔的心理学 Hegel's psychology, 515.
情感的范围 Stage of feeling：见知觉.
情绪分析 Analysis of emotions, 347. [注②]
唯名论 Nominalism(参看名词), 59, 177.[注③]
推理 Inference 73, 243-246, 256-, 285-, 394-, 431-, 597-.[注④].
——其中的活动, 554, 580-, 585.
——和判断：见判断.
——和心理过程-后者的干涉, 617, 619.
——和再现：见再现.
——间接推论、归谬法, 415, 420, 436, 466.
——是任意的吗? 112㊸, 398, 403, 426㉒, 434, 451-, 455, 467, 483, 493, 547, 550, 553-, 556-559, 571-573, 581-, 592-593.
——只是施于我视觉的一种作用, 403-, 411, 424, 555, 559, 566, 571, 581；其有效性-是主观的?

[注①] 征候 D 159；记号 E 143
[注②] 原文泛指, 没标明 ⑰, 恐系遗漏。
[注③] 名宗 C 376；名目论 F160
[注④] 推证 C 377, 推 d 244

424⑪.
——是逻辑的事件也是心理的事件（参看逻辑）226，495-496㉑，545.
——是自我发展，599-601. 并见自我发展 .
——附加或省略定语的，421-422.
——假定的，407，434，455.
——确定的，598.
——依靠一个正体 492-493.（参看蕴涵）
——其发展，504-；各个阶段，626.
——选言的（参看选言结构），379-，391，412-，456⑦、466，490-491，508-509，564-，576㉖；其地位和缺陷，602.
——其中的省略：见省略 .
——终归是判断，598-599.
——明显的和暗含的，481-，503-.
——的错误性，578㊱，617-619.
——其形式和材料，533.
——“直接的”，390，415-，430㉚
——直观的，594⑮.
——是必然的、普遍的，598，600.
——是特殊的、个性的，466-467，618.
——其表记，395.
——应该有同一性的中词，444，457-，571.
——必须超越其材料，467a.
——我的活动在其中，615，632.
——否定的，283-284.
——包罗各种型式的详表是不可能有的，618，619.
——没有推理的规范，267-，519-，618.
——其原理，247-.
——其实在性，579-，615-616.
——其中的选择：见选择 .
——对不同于给定的名词的新关系而言，390，395-，434.
——其真正原理，263，431-.
——其型式是不完全的，617-618.
——独一无二的，533⑥.
——没有给定的中词，405-，435，458-
推理中的代入法 Substitution in inference，374-.
推理中的省略 Elision，in inference，283，395，411-412，423①.
推理中的辅助活动 Subsidiary operations in inference，614.
排中律 Excluded Middle（参看矛盾、选言结构），151-，165-6，381.［注］
不容中律 d 22
排斥（单纯的）Mere exclusion，666.
接近律 Law of contiguity，303，311-.
接续 Conjunction，146-147，164-165，300-301，343-，478-489，540.

［注］不容中立之法则 A 183

基督教 Christianity，688-689.
现实的 Actual（见可能的），82，162，168，186，193②，201，206，551，703.［注①］
现象 Appearance（参看现象）.
——和事实，30-.
理想的、观念的 Ideal，441，502，626，630，702.
——实验：见实验.
理想的结构 Ideal construction，29-、62-，72，256-，285-，396，432，450-，553-，585，5?7-，605-
——仅仅是观念的吗？257，259，397，404，434.
——仅仅是“实在的”吗？396.
——空间的，397-399，404，434，464，492，539；自由空间的，558.
——通过一个非给予的中心，451，454-455，458-，464.
理智的 Intellectual：见逻辑的.
理论是一种实验 Theory as an experiment，726.
基础：见根据.
强制性 Compulsion，45，87-88.

十二画

证明 Demonstration，256-，260③.

［注①］效实 C 380
［注②］端 C 372
［注③］缀系 C 372

普遍的全称 Universal（参看观念、判断、个别的、个别物、抽象、定律）.
——抽象的，82，103-，119，173，188-，192，214，330.
——和集合的：见集合的.
——和必然：见必然.
——和个别、特称，45，186-，361.
——是意象中的同一律，327，351.
——不同程度的普遍性，192-193.
——实在的、真实的，或具体的，44，173，186-，192，293，486-487.
——从最初起就是普遍性，34-，309-，326-，350-351，507-.
场合：见实例.
项、名词 Terms［注②］：
——和关系：见关系.
——其数目，261⑭，396.
系词（判断的）Copula in judgment，21，40㉔，50，56-，117.［注③］
联想 Association（参看接近律、相似性、再现、普遍的），35-，299-，322，
323，507，515.
——和判断：见判断.
——化学的 344-345.
——只能发生在各种普遍性之间，35-，306-，346-347，441，507-.

——分不开的，343-344.
——是逻辑的吗？见逻辑的 .
联续性 Continuity，72，149，293，462，465，472.
——和变化，298⑨.
——是观念的，293.
——空间和时间的，45，51-.
预见 Prediction，726.
预备程序、准备 Preparation，257.
提示 Suggestion，391，407，414，437-440，454-455，466，468⑰，490-1，559.
换质换位 Contraposition，420.［注①］
程度和数量 Degree and quantity，266，399，424⑧.
绝对的 The absolute，700.
——真理，427；理智上不能得到订正，675.
集合、一起 Together（参看和），109，708.
集合体、集体的 Collection，Collective，（参看类），21，27，47，82，110㊲，174-，185-186，191，248-249，254②，355-356，368-369.

十三至十五画

意义 Meaning（见观念，内涵），3，168-.
意志和判断 Will and judgment，17，26. 见实际的 .
意象：见观念 .
遗忘的定律 Law of obliviscence，310-，324-.
数量 Quantity，399-、参看程度［注②］：
——判断的，168-.
——的知觉，424.
数目 Number（参看数学的、计数、数量、程度），182-183，399-.
——不带有独特性，182-183.
数理逻辑 Mathematical logic，387*、388⑨.
溶合律 Law of fusion，347⑮.
综合 Synthesis（参看结构、分析），450-，470-，485-486，499㉟.
——和分析的缺陷，486-489.
——是各种不同的，263-.
感受、感知：见知觉 .
综合判断 Synthetic judgment，49，51，62-，70-，106-107，142，185.
——判断都是综合的，142.
——方法，473.
给予的、与料的 Given，289-290.
绵延 Duration：见当下呈现 .
经验 Experience，725.

［注①］ 更端之转 C 378；换质位法；反言论法

［注②］ 分量 A 182；量 A 378

——其发展，480-.
——直接的：见直接经验．
——的哲学，34-，299-，563.
说明 Explanation，548-549.
——和中介，540-.
——不外同语反复？ 542.
——其限度，88，112㊺．
算术 Arithmetic，391，397-，423④，434-435，464-，558-564.
——其中的假定，559，604.
算术的推理及其缺点 Arithmetical reasoning and its defects，603-.
潜在的、潜在力 Potential，209，309㉓.
模态 Modality［注］：
——逻辑的和心理的，198.
——判断的，197-.

十六画以上

整体 Whole：
——和部分，95，693，694.
——暗含在所有分析和综合中，470-. 参看分析．
——潜在的和"给予的"相对立，471-472.
错误 Error（见现象）.
——是推理的一个标识吗？ 395.
——其一般盖然性，344，675-676.
臆断的：见任意的．
检证 Verification，369⑦，726-727.
蕴涵 Implication，600，601，695-.
——独立自存的实体无从蕴涵，696-698.
——单方面的吗？ 697.
逻辑 Logic：
——和心理学，496-497，616.
——假设的作用，599-600，611，614.
——数学的：见数学的．
——可以运用虚构，611.
——其中的次序，597，640.
——其范围，611-613，620-621.
——其运用，619-621.
逻辑的 Logical（见个体、个性化），309，346⑥，440，445-.
——和心理过程，198，448㉘，449㉟，496-497. 参看推理、判断、心理的、再现．
——和普遍的，444.
——机器，382-.
辩证法 Dialectical method，121，127⑭，148-，153，165⑨，189，391，408-，426⑳，435，458，489，500㊱，570，586，601-602.
——其缺陷，601-602.

［注］ 样态 F 887

图书在版编目(CIP)数据

逻辑原理:上下册/(英)F. H. 布拉德雷著;庆泽彭译. —北京:商务印书馆,2024
(汉译世界学术名著丛书:120年纪念版:珍藏本:增订本)
ISBN 978-7-100-23691-1

Ⅰ.①逻… Ⅱ.①F…②庆… Ⅲ.①逻辑学 Ⅳ.①B81

中国国家版本馆 CIP 数据核字(2024)第 076644 号

汉译世界学术名著丛书
(120 年纪念版·珍藏本·增订本)
逻辑原理
(上下册)
〔英〕F. H. 布拉德雷 著
庆泽彭 译

商 务 印 书 馆 出 版
(北京王府井大街 36 号 邮政编码 100710)
商 务 印 书 馆 发 行
北 京 通 州 皇 家 印 刷 厂 印 刷
ISBN 978-7-100-23691-1

2024 年 5 月第 1 版 开本 710×1000 1/16
2024 年 5 月北京第 1 次印刷 印张 61¾
定价:322.00 元